STUDENT'S MANUAL

EL LIBRO CLAVE DEL ESTUDIANTE DE INGLÉS

Vaughan
SYSTEMS

Autor: *Richard Vaughan*

Coordinación de proyecto: *Rubén Palomero*

Edición: *Augusto Hernández*

Diseño y maquetación: *Fernando González*

Ilustraciones: *Guillermo Berdugo.*

ISBN: *978-84-15978-97-8*

Depósito legal: *M-31495-2013*

Imprime: *Naturprint*

STUDENT'S MANUAL

EL LIBRO CLAVE DEL ESTUDIANTE DE INGLÉS

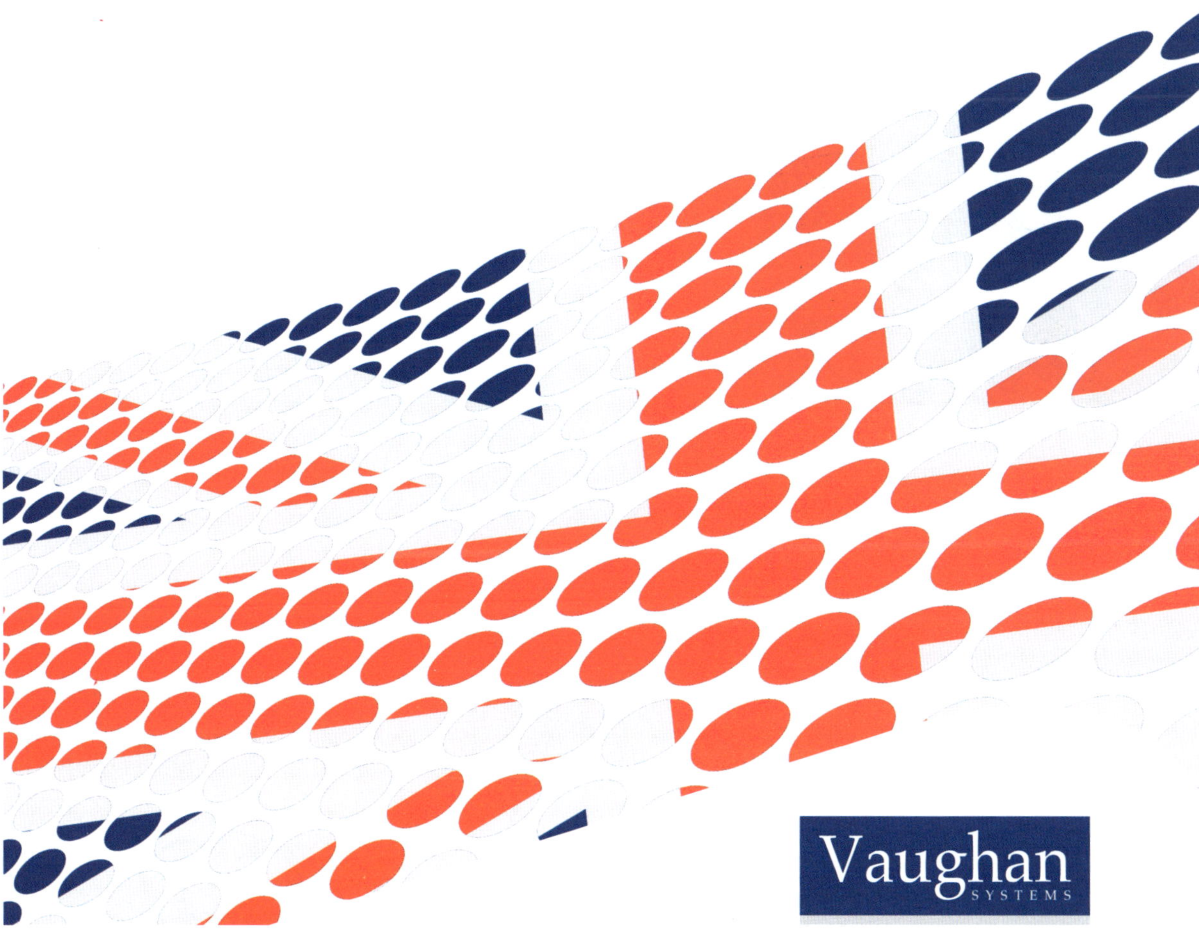

Vaughan SYSTEMS

Vaughan
SYSTEMS

Estimados amigos,

Es para mí un placer muy especial el poder presentar por primera vez una nueva versión del método Vaughan, más concretamente el Student's Manual. Fue en 1997 cuando me senté para reunir y plasmar en 700 páginas todas las "piezas" del método que mis profesores y yo llevábamos años utilizando con excelentes resultados desde el principio. Por eso, sabemos que se trata de un método que está basado en una dilatada experiencia y que "garantiza" el aprendizaje del alumno.

El Student's Manual, como su propio nombre indica, es la parte del método Vaughan diseñada específicamente para el estudiante. A lo largo de los años, hemos notado un fenómeno curioso entre nuestros clientes con respecto a este manual. Muchos lo leen de cabo a rabo en una sola noche o en un solo fin de semana. Esto nos demuestra algo crucial en el mundo de la enseñanza: la forma en que presentamos este material de estudio es cercana, estimulante e incluso divertida.

Aún así, ten presente que se trata de un manual de autoestudio donde en muchas ocasiones se te instará a llevar a cabo ejercicios de construcción de frases, estudio y repaso de listas de vocabulario o listas de traducción inversa. Sin esta participación activa por tu parte nunca notarás progreso, que a la postre será tu motivación para seguir adelante. Si tienes este método en tus manos, esperamos que signifique que estás dispuesto a conseguir un gran nivel de inglés.

Aprender un idioma es una tarea larga y ardua. No te dejes engañar... quien pregone soluciones fáciles o indoloras miente. En Vaughan Systems, nuestra meta es dotarte definitivamente de un buen dominio del idioma y este dominio sólo lo conseguirás a base de práctica y esfuerzo continuo.

El éxito final depende única y exclusivamente del espíritu del alumno y de su nivel de motivación, y la única manera de suscitar ese compromiso y esa complicidad es alimentando su "hambre de aprender" con manjares exquisitos. Esperamos que esta nueva versión de nuestro Student's Manual te sirva como exquisito manjar y a la vez estímulo para seguir avanzando con energía y confianza hacia el objetivo final.

Thank you.

Richard Vaughan

Índice

Índice

Vaughan SYSTEMS

Índice

Índice

Índice

1.1	*A pen* *A book* *A telephone* *A chair* *A table*	Para empezar presentamos estos cinco sustantivos con su artículo indeterminado. Un sustantivo es el nombre de un objeto, una persona o un concepto (***libro, Juan, tristeza, etc.***). Normalmente el sujeto de una frase es un sustantivo (***el libro está en la mesa***). Un **artículo indeterminado (indefinite article)** es como en castellano *'un'* o *'una'*. En inglés existen dos artículos indeterminados: **"a"** y **"an"**. Veremos **"an"** un poco más adelante.
1.2	*Is this a pen?* *Yes, it is*	Ante la pregunta *'¿Es esto un bolígrafo?'* Tú tienes que decir que sí. Ahora bien, la forma en que lo dirás será *'Sí, ello es.'* Por supuesto, podrías decir simplemente **"Yes"** y ya está. Sin embargo, queremos enseñar de momento el modo más formal de hablar, es decir, como si estuvieramos hablando de *'usted'*. Si mi mejor amigo me preguntara **"Is this a pen?"**, yo diría simplemente **"Yes"** o su equivalente más coloquial **"Yeah"**. Ahora bien, si el primer ministro del Reino Unido me lo preguntara, yo diría: **Yes, it is** (Literalmente: *Sí, ello es.*) La palabra **"this"** significa *'esto'*. Es lo que denominamos un **pronombre demostrativo**, ya que lo usamos para demostrar, o en este caso señalar, un objeto (también a una persona). Se pronuncia más o menos: */zis/*. Ahora bien, la "**z**" se pronuncia activando a la vez las cuerdas vocales. Es casi como la "**d**" en castellano. Uno podría escribirlo fonéticamente como */dis/*. Por tanto, cuando alguien te pregunte **"Is this a pen?"**, está preguntando literalmente: *¿Es esto un bolígrafo?* Practica el mismo patrón con los cinco sustantivos.
1.3.	*Is this a pen?* *No, it's not.* *Is it a telephone?* *No, it's not.* *Is it a chair?* *No, it's not.* *What is it?* *It's a book.*	Si la pregunta es formulada señalando a un objeto y preguntando por otro objeto diferente, tendrás que negarlo diciendo **"No, it's not"** *(No, ello no es)*. Si te preguntan **"What is it?"** *(¿Qué es ello?)*, has de contestar **"It's a..."**. **Muy importante:** Haz todo el esfuerzo posible para pronunciar bien la contracción **"it's"**. Se trata de un sonido fonético, es decir la "**t**" más la "**s**", que aparecerá 30.000 veces en el transcurso del aprendizaje del inglés. Si no logras nunca dominar este sonido fonético, difícilmente vas a poder hablar bien inglés. Una contracción es la unión de dos palabras. Las unimos quitando una letra y añadiendo un apóstrofo en su lugar. **"It's"** es la contracción de **"It is"**. En castellano hacéis contracciones también pero sin apóstrofos. Por ejemplo, casi nadie dice sílaba a sílaba la expresión *'tira para adelante'*. Todos dicen *'tira pa'lante'*. ¡Vuestro apóstrofo invisible sustituye en este caso a cinco letras! Veremos con más detalle las contracciones un poco más adelante.

1.4	**Or** *A car* *A train* *A plane* *A bus* *A bicycle*	Ahora te presentamos cinco nuevos sustantivos, así como la conjunción **"or"**, la cual significa *'o'*. Las conjunciones son palabras como *'y'*, *'o'*, *'pero'*, *'así que'*, *'sin embargo'*, etc. Sirven para unir palabras o ideas. Es importante pronunciar bien desde el principio la conjunción **"or"**. La mayoría de los hispanohablantes, cuando aprenden inglés, tienden a seguir con la conjunción suya *'o'*. Suena raro en inglés y los profesores nos desesperamos a veces recordando a nuestros alumnos que en inglés es **"or"** con un sonido de **"r"** al final.
1.5.	**Student questions** *(Is this a...?)* *(Is it a...?)* *(What is it?)*	Ahora es el momento de que formules **preguntas sencillas** sobre los sustantivos presentados hasta ahora. Observa que en inglés, al formular la pregunta, siempre colocamos el verbo delante del sujeto de la frase. Los verbos son palabras como *'ir'*, *'andar'*, *'saber'*, etc. En castellano hay cierta libertad al construir preguntas (el interrogativo). Uno puede decir: *¿Está el perro en la calle?* *¿El perro está en la calle?* *¿Está en la calle el perro?* En inglés sólo vale el primer ejemplo, es decir: Verbo + sujeto + complemento **Is this a book?**
1.6.	**Student summary and initiative:** *This is a book.* *This is a chair.* *This is a telephone.*	Ahora vas a identificar a modo de resumen todos los objetos presentados hasta ahora. Irás identificando objetos de la siguiente forma: ***Esto es un libro; esto es una silla; esto es un teléfono; etc.***
1.7.	**Student summary and initiative:** *This isn't a... It's a...* *This isn't a... It's a...* *This isn't a... It's a...* *Etc.*	Ahora seguirás con el resumen, pero de otra forma. Primero dirás lo que el objeto señalado **no es**, para luego decir lo que es. Dirás literalmente: ***Esto no es un libro, es una silla; esto no es un teléfono, es un bolígrafo.*** Observa que hemos introducido una nueva contracción: **isn't.** Es la contracción de las palabras **"is"** y **"not"** Al decir *'Esto no es un bolígrafo'*, podrías decir: **This is not a pen.** Si quisieras, podrías hablar inglés perfectamente sin contracciones. No lo recomiendo, ya que ningún angloparlante en su sano juicio habla sin ellas. Más vale que te acostumbres a usarlas, ya que nadie va a dirigirse a ti en un inglés ausente de contracciones. Las vas a usar por un tubo.

1.8

Is that a...?

Yes, it is.
No, it's not

What is it?

It's a...

A window
A door.
A watch
A picture
A clock
A coin
A ring
A pencil
A room
A pen (repeated)
A chair (repeated)

(I don't know)

Continua identificando cosas. Aquí te presentamos ocho sustantivos nuevos Muchas serán cosas fuera de tu alcance, por lo que en vez de decir **"this"** ***(esto)***, tendrás que decir **"that"** ***(eso, aquello)***.

En castellano, en el singular, tenéis tres pronombres demostrativos neutros: ***esto***, ***eso*** y ***aquello***.

Tres en femenino: ***esta***, ***esa*** y ***aquella***.

Tres en masculino: ***este***, ***ese*** y ***aquel***.

En inglés tenemos solamente dos: **this** y **that**

This = Cuando haces referencia a un objeto que puedes tocar físicamente ya que está dentro de tu alcance, o cuando haces referencia a un concepto o idea que guardas cerca de ti en tu mente:

This matter requires my personal attention
(Este asunto requiere mi atención personal)

That = Cuando haces referencia a un objeto fuera de tu alcance físico o cuando haces referencia a un concepto o idea de forma más impersonal, como si estuviera sobre el tapete para debatir.

That idea has merit
(Esa idea tiene mérito)

De momento, sin embargo, vamos a olvidarnos de ideas más abstractas y centrarnos en objetos dentro y fuera de nuestro alcance físico **(this – that)**. He aquí ejemplos de su uso:

This is a pen.	*Esto es un bolígrafo* (lo puedes tocar si quieres, está dentro de tu alcance)
That's a window.	*Aquello es una ventana* (no la puedes tocar, está fuera de tu alcance)

Observa cómo hacemos la contracción **"That's"** ***(eso o aquello es)***. Es la contracción de **"That is"**.

Por último, si al señalar un objeto no conoces su identificación y no te lo sabes, di:

I don't know, pronunciación: ***/aidonóu/***. Esto significa ***'No sé'*** o ***'No lo sé'***.

1.9

It this a...?

Is that a...?

Yes, it is.

No, it's not.

What is it?

Vamos a empezar a mezclar **"this"** y **"that"**. Veamos como sería una secuencia típica de preguntas tal y como sería traducida literalmente al castellano:

Is this a book?	*¿Es esto un libro?*
Yes, it is.	*Sí, ello es.*
Is that a book?	*¿Es aquello un libro?*
No, it's not.	*No, ello no es.*
What is it?	*¿Qué es ello?*
It's a door.	*Ello es una puerta.*

Cómo habrás supuesto desde el **punto 1.3**, **"what"** significa *'qué'*. Ahora bien, también puede significar *'cuál'* o *'cuáles'*, según el tipo de uso. Veremos más adelante cómo se diferencia **"what"** y **"which"** (*qué* y *cuál*)

1.10 Student questions

(Is this a...?)

(Is it a...?)

(What is it?)

(Is that a...)

(Is it a...)

(What is it?)

Te toca formular preguntas con lo aprendido hasta ahora. Fíjate en la siguiente secuencia y reprodúcela usando los diferentes sustantivos que ya hemos visto.

Is this a book?	**No, it's not.**
Is it a pen?	**No, it's not.**
What is it?	**It's a chair.**

Fíjate en la segunda pregunta. En ella, no repetimos el pronombre demostrativo **"this"**. Cambiamos al pronombre simple **"it"**. Esto sucede porque no es natural repetir el pronombre demostrativo una vez hayamos señalado el objeto en cuestión. Para mayor aclaración, imaginemos que te señalo un bolígrafo preguntando primero si es una silla y después si es una puerta. En castellano lo diría así:

¿Es esto una silla? (No.)

¿Es una puerta? (No.)

¿Qué es entonces? (Es un bolígrafo)

Sería raro repetir la palabra *'esto'* en la segunda pregunta, ¿no? Pues en inglés también, por lo que sustituimos **"this"** por **"it"** *(¿Es ello una puerta?)*.

En castellano uno puede hablar sin pronombres. Uno puede decir, por ejemplo: ***Es blanco***.

En inglés, hay que incluir el pronombre: **It is white** (o **"It's white"**), es decir: ***Ello es blanco***.

1.11 Student summary and initiative:

This is a...
That's a...
This is a...
That's a...
This is a...
That's a....

Mira a tu alrededor. Vamos a poner en práctica lo aprendido. Elige los objetos que te rodean y emplea **"this"** y **"that"**. Recuerda: objetos dentro de tu alcance con **"this"** y fuera de tu alcance con **"that"**.

Trata de usar la contracción **"That's"** en todo momento. Si te esfuerzas en aprender y dominar las contracciones ahora, te será mucho más fácil más adelante.

1.12 Student summary and initiative:

This isn't a... It's a...

That isn't a ... It's a...

Etc.

Aquí debes hacer otra vez un resumen diciendo primero lo que el objeto señalado no es, para luego decir lo que es.

Con el pronombre demostrativo **"that"**, caben dos tipos de contracción:

That's not ó **That isn't**

Quizá, para simplificarlo, te sea más fácil **"That isn't"**, ya que es idéntico a la contracción hecha con **"This isn't"**.

Practica con 10 objetos diferentes usando **"this"** y con otros 10 usando **"that"**.

1.13	**Unit review**	

Este punto es un repaso a modo de resumen de todo lo presentado hasta ahora. En futuras unidades no habrá un resumen al final. Sin embargo, aquí es muy importante que adquieras una agilidad bárbara con:

this, that, it, what y **is**

Así como con las contracciones:

that's, it's, what's y **isn't**

Porque seguramente estas palabras y sonidos fonéticos salen como mínimo 500 veces por día de la boca de un angloparlante

Si no logras hacerte con estas palabras y sonidos ahora, vas a tener serios problemas más adelante. Tenemos que asegurarnos de que tengas un alto grado de agilidad con estas formas tan sencillas pero tan importantes.

Vuelve a realizar todos los ejercicios de esta unidad las veces que sean necesarias hasta que te sientas seguro y ágil con la identificación de objetos.

En el manual que reciben todos los profesores de Vaughan, aparece un mensaje en letra grande en referencia al aprendizaje de esta unidad. Te lo traduzco a continuación:

Esta unidad proporciona el elemento químico

más importante de los duros cimientos de

hormigón del rascacielos que esperamos

construir con el inglés del alumno. Si este

elemento químico ("**this**", "**that**", "**it**", "**it's**", "**is**"*)*

resulta ser débil, el rascacielos empezará a

hacerse inestable allá por la planta 5ª y no se

podrá subir más.

2.1	*A map* *Of* *The* *A map of Europe* *A map of north america and south America* *A map of Asia* *A map of the world*	Veamos una nueva palabra: **"map"**, la cual significa *'mapa'* o *'plano'*. Y una preposición **"of"**, la cual significa *'de'*. Las preposiciones son palabras o frases prepositivas como *'en'*, *'de'*, *'debajo de'*, *'encima de'*, *'a través de'*, *'sobre'*, *'para'*, *'por'*, *'entre'*, etc. Con respecto a la preposición en castellano *'de'* conviene en este momento precisar que en inglés tenemos dos versiones de la misma: **"of"** y **"from"** De momento, vamos a centrarnos en **"of"**, pero pronto veremos **"from"**. La diferencia radica en que **"from"** significa literalmente *'procedente de'* o *'proveniente de'*. Te pongo dos ejemplos que espero aclaren bien la diferencia: **This is a map of Spain.** — *Esto es un mapa de España.* **The map is from the Geographic Society.** — *El mapa es de la Sociedad Geográfica.* En el primer ejemplo el mapa no procede de España sino que es de España. En el segundo ejemplo sí que hablamos de procedencia. Por último, vamos a mirar la pronunciación de algunas de las palabras nuevas que aparecen en este punto. No es fácil escribir con fonética española la pronunciación exacta, pero trataré de hacerlo de la forma más aproximada posible. Of — */af/* Asia — */éisia/* Europe — */iúrap/* South — */sáoz/*
2.2 →	**In** **Where's** *(Continúa)*	**"In"** (*en* o *dentro de*) es la preposición más importante del idioma inglés. **"Where"** significa *'donde'* o *'adonde'*. Se pronuncia: */juer/* La expresión *'¿Dónde está...?'* en inglés es **"Where is...?"** pero normalmente usamos la contracción: **Where's...?** */juers/* En este punto tendrás que preguntar en alto por ejemplo si Madrid está en Francia (**Is Madrid in France?**), tras lo cual tú responderás que no (**No, it's not**). Al final de una, dos o tres negaciones, pregunta dónde está **(Where is it?)** y di la respuesta correcta **(It's in Spain)**. Por cierto, en castellano existen dos verbos *'ser'* y *'estar'* que en la mayoría de las demás lenguas se funden en un solo verbo. Llevo más de la mitad de mi vida en España y todavía los confundo de vez en cuando.

← 2.2	**In** **Where's** *(Continuación)*	**Nota:** En inglés usamos un solo verbo en las dos frases a continuación: *¿Qué es esto?* — **What is this?** o **What's this?** *¿Dónde está el libro?* — **Where is the book?** o **Where's the book?** Deberías estarnos agradecido a los anglohablantes por salvarte de la necesidad de aprender y usar dos versiones distintas del verbo más importante en cualquier lengua. ¿Cuál se dice?: ***¿Hay un ser humano en el cuarto de estar?*** o ***¿Hay un estar humano en el cuarto de ser?***
2.3	**Student questions**	Tienes que ganar agilidad y confianza con las preguntas también. Conozco a miles de españoles que pueden hablar bastante bien inglés pero que no pueden formular correctamente ni la pregunta más sencilla. Quizá sea porque hay que poner el verbo delante del sujeto y esto requiere un poco de esfuerzo. Sin embargo, debes hacer el esfuerzo porque suena muy mal en inglés formular una pregunta usando el modo afirmativo (**Paris is in France?**). Hay que poner el verbo primero: **Is Paris in France?** Si no lo haces te entenderán perfectamente pero transmitirás una imagen de alguien poco conocedor de nuestra lengua.
2.4	*A city* *A country* *A town* *Is Spain a city or a country?* *Is Chinchón a city or a town?* *Is Paris a city in France or a city in Spain?* *Etc.*	Realiza preguntas como las que te presentamos en la columna izquierda (si tal lugar es una ciudad, un país o un pueblo). He aquí las palabras claves y su pronunciación: **Country** */kántri/* — *País* **City** */siti/* — *Ciudad* **Town** */taon/* — *Pueblo* También existe la palabra **"village"** */vílich/*, la cual significa *'aldea'* o *'pueblo pequeño'*. Ahora bien, esta palabra sólo se usa refiriéndose a pueblos pequeños en países subdesarrollados o en países que todavía conservan pequeñas poblaciones que provienen de épocas de menor desarrollo. A ver si me explico. Talavera de la Reina no puede ser una **"village"** porque es demasiado grande. Es una **"town"**. La Alberca, provincia de Salamanca, sí puede llamarse **"village"** porque es pequeña y todavía conserva el ambiente de una **"village"**, con muchas calles sin asfaltar, burros cargados de paja subiendo una cuesta al amanecer, etc. Ahora bien, mi padre nació en un pueblo pequeño de Tejas llamado Bertram (600 habitantes). Sin embargo, se fundó hace solamente 120 años y las pocas calles que tiene están asfaltadas, hay un cine y todo tiene un aspecto de modernidad. Por lo tanto, se llama **"town"**, no **"village"**. De hecho, en Estados Unidos apenas se usa la palabra **"village"**. En Reino Unido e Irlanda es diferente.

2.5	**The (definite article)** *North, south, east, west, center* *In the north of* *In the south of* *In the east of* *In the west of*	Aquí consolidamos el uso del artículo determinado **"the" (definite article)**. Cuando hablo de artículos "determinados" o "indeterminados", me estoy refiriendo a la diferencia entre, por ejemplo, *'un'* y *'el'*. Me explico: *Un libro* — **Aquí me refiero a un libro cualquiera, es decir, sin determinar y por tanto indeterminado (en inglés decimos "indefinite" – sin definir)** *El libro* — **Aquí me refiero a un libro específico, es decir, determinado o definido** En inglés existe un solo artículo determinado: **The** ¡En castellano tenéis cuatro! *El – La – Los – Las* *El libro* — **The book** *Los libros* — **The books** *La flor* — **The flower** *Las flores* — **The flowers** Quien dice que el inglés es difícil miente. ¡El castellano sí que puede ser complicado a veces! Por último, vamos a repasar la pronunciación de algunas de las palabras nuevas que aparecen en este punto: **North** – */norz/* | **South** - */sáoz/* | **East** - */ist/* | **West** - */uést/* | **Center** - */sénter/*
2.6 →	*A river* *A street* *A motorway* *A highway* *Is the Mississippi a city or a river?* *(Continúa)*	Aquí seguimos con un poco de geografía. Aprendemos *'río'* **(river)**, *'calle'* **(street)** y *'carretera'* (**"motorway"** en Reino Unido e Irlanda y **"highway"** en EE.UU.) **"River"** se pronuncia más o menos como está escrito. Las otras palabras son como sigue: **Street** – */strit/* **Motorway** – */móteruei/* **Highway** - */jáiuei/* No voy a entrar en la pronunciación porque sería largo y laborioso, por lo que tienes que hacer un esfuerzo auditivo para captar la pronunciación. Sin embargo, sólo quiero precisar que el gran río alemán, el Rín, se pronuncia */rain/* en inglés. Incluso los españoles con un alto nivel de inglés pronuncian este río a lo español. Evítalo si puedes desde ahora. Referente a **"motorway"** y **"highway"**, debo comentar que en Reino Unido tienen varias palabras diferentes según el tipo de calzada.

← 2.6	*A motorway* *A highway* *(Continuación)*	En términos estrictos, **"motorway"** en Reino Unido significa ***'autopista'***, ya que tienen otra palabra para ***'autovía'*** **(carriageway)**. En Estados Unidos se usa **"highway"** para todo tipo de carretera de primera. A veces se usa la expresion **"interstate highway"** cuando se hace referencia a las grandes autopistas interestatales. Pero para simplificar de momento, vamos a puntualizar los siguiente: **Motorway** — *Carretera de primera en Reino Unido e Irlanda* **Highway** — *Carretera de primera en EE.UU.* **Road** */roud/* — *Carretera o camino en su sentido genérico* **"Road"** es cualquier tipo de vía rural o interurbana que admite coches (con o sin asfalto)
2.7	*Big, small* *Long, short*	Aquí empezamos por primera vez con adjetivos. Un adjetivo es una palabra que describe un sustantivo. *Libro* **(sustantivo)** *Libro grande* **(sustantivo + adjetivo)** En el segundo ejemplo la palabra "**grande**" describe un poco el libro, precisando que no es pequeño ni normal sino grande. Ahora bien, lo importante aquí es puntualizar que en inglés **los adjetivos siempre van antes del sustantivo**. *'Un libro grande'* — **A big book** (literalmente: un grande libro) *'Un río largo'* — **A long river** *'Un perro pequeño'* — **A small dog** *'Un hombre bajo'* — **A short man** También es importante reseñar que los adjetivos nunca cambian, ya sea el sustantivo en castellano masculino, femenino, plural o singular: *Diez ríos largos* — **Ten long rivers (literalmente:** *Diez largo ríos***)** Menos mal. Te sería mucho más difícil dominar los adjetivos si hubiera, como en castellano, cuatro versiones para cada uno: ***largo, larga, largos, largas***. Con **"long"** cubres todos los casos. Por último, un comentario sobre el adjetivo **"small"** ***(pequeño)***. Algunos alumnos preguntan si pueden usar el adjetivo **"little"**. Sí pueden, ya que es en muchos casos un sinónimo. Ahora bien, hay que tener cuidado porque **"little"** además de su otro significado que es ***'poco'***, significa más bien ***'chiquitito'***. Es mejor usar **"small"** para expresar lo contrario de ***'grande'***.
2.8	**Student questions**	De nuevo te pedimos que hagas el mayor esfuerzo posible para ganar agilidad con el interrogativo. Ayúdanos ahora a evitar el constante problema que siempre tenemos más adelante con la formulación de preguntas. Nos lo agradecerás más tarde si nos ponemos pesados ahora. Practica en casa, pregúntate a ti mismo. Dedícale 5 minutos.

2.9	Review of "where" and "what"	Vamos a trabajar con **"what"** y mucho con **"where"**. **Recuerda:** Debes dominar el **sonido fonético "T+S"**, como en las expresiones: **It's** **What's** **That's** Repasa lo visto anteriormente identificando objetos, pueblos, ciudades, países, etc.

3.1 Numbers 1 to 10

He aquí la pronunciación:

One	*/uán/*	**Six**	*/siks/*
Two	*/tu/*	**Seven**	*/séfen/* (actuando las cuerdas vocales en la "f")
Three	*/zri/*	**Eight**	*/eit/*
Four	*/for/*	**Nine**	*/náin/*
Five	*/faif/*	**Ten**	*/ten/*

Un inciso sobre la pronunciación de la "**v**" en inglés. Verás que en la segunda columna de números especifico que **"seven"** se pronuncia ***/séfen/***. No es exactamente así. Se pronuncia como se escribe, es decir, ***/seven/***. Ahora bien, la "**v**" se pronuncia de una forma muy alejada de la "**b**". Pocos españoles saben pronunciar la "**v**" por lo que pronuncian mal una gran cantidad de palabras en inglés.

La "**v**" se pronuncia como una "**f**" con las cuerdas vocales en acción.

Repite varias veces la palabra siguiente: ***/fictoria/ (victoria)***. Ahora trata de seguir diciéndola pero haciendo sonar las cuerdas vocales al mismo tiempo. Así se pronuncia la "**v**".

Repite este ejercicio cien veces al día, a solas en tu coche o en cualquier otro momento. Trata de desarrollar una correcta pronunciación de la "**v**".

3.2 The Johnson family

Phillip, Nancy, Michael, Denise

This is Phillip Johnson

This is Nancy Johnson
Etc.

Aquí presentamos a los cuatro primeros personajes de los 15 que vamos a llegar a conocer bien a lo largo de este libro.

En inglés decimos *'este es Phillip'* o *'esta es Nancy'*, etc. Observa cómo presentamos a cada persona con **"This is..."**

Fíjate en lo sencillo que es presentar a dos personas que no se conocen:

Mr. Pérez, this is Mr. Smith. Mr. Smith, this is Mr. Pérez.

Existen fórmulas más elaboradas de presentar a personas, pero esta fórmula super sencilla es tan válida como cualquier otra.

3.3	*Is this Phillip Johnson?* *Yes, it is.* *Is this Nancy Johnson?* *No, it's not.* *Is it Phillip Johnson?* *No, it's not.* *Who is it?* *It's Michael Johnson.* *Man, woman, boy, girl*	Fíjate en la siguiente pregunta y respuesta en castellano: *¿Es este Juan Pérez?* *Sí, ello es.* **Is this Juan Pérez?** **Yes, it is.** ¿Cómo es posible que en inglés nos refiramos a personas como **"it"**, o sea, como objetos? En inglés hasta que no se identifique el género de una persona, rige el pronombre **"it"**. Por ejemplo, si alguien llama a la puerta podemos decir **"Who is it?"**. Puesto que en inglés tenemos que usar por fuerza un pronombre, si no sabemos si es hombre o mujer, tenemos que recurrir al único pronombre posible: el neutro **"it"**. También, cuando nace el bebé de un amigo, a veces le preguntamos: **Is it a boy or a girl?** *(¿Es niño o niña?)* Empleamos **"it"** hasta que no sepamos el género.
3.4	**Who** **He, She** **Married** **Single**	Aquí presentamos la tercera palabra clave para preguntar: **Who** *(quién)* También presentamos dos pronombres más: **he** *(él)* y **she** *(ella)* Ahora bien, siguiendo un poco el punto anterior, donde vimos que **"it"** se usa para personas cuando no sabemos si es hombre o mujer, te pongo a continuación una breve conversación donde verás el cambio por **"he"** o **"she"** una vez establecido el género. El teléfono suena y un amigo que está contigo lo coge, habla unos instantes y vuelve hacia ti para decirte que es para ti. La conversación sigue así:

Amigo:	**It's for you.**	*Es para ti*	(la llamada – "it" aquí se refiere a la llamada)
Tú:	**Who is it?**	*¿Quién es?*	(literalmente: ¿Quién es ello?)
Amigo:	**It's Pepe.**	*Es Pepe.*	(literalmente: Ello es Pepe.)
Tú:	**Is he angry?**	*¿Está enfadado?*	(literalmente: ¿Está él enfadado?)
Amigo:	**Yes, he is?**	*Sí, lo está.*	(literalmente: Sí, él está.)

Ahora bien, habrás notado, espero, que en la cuarta línea **"it"** se cambia por **"he"**. Esto es porque la persona ya está identificada como *'Pepe'*, por lo que se sabe que se trata de un hombre, lo cual nos permite ya continuar con el pronombre masculino **"he"**.

Por último, **"who"** se pronuncia */jú/*

"Married" *(casado)* se pronuncia más o menos */merrid/*

"Single" *(soltero)*

3.5 →

Nationalities:

He's not...
She's not...

English, American, Spanish, French, German, Italian, Japanese, Chinese, Russian

This is Nigel Perkins. He's not German; he's English.

This is Phillip Johnson. He's not Japanese; he's American.

This is Inés García. She's not French; she's Spanish.

(Continúa)

Aquí presentamos a 9 personajes más incluidas sus nacionalidades.

Te pongo ejemplos de una secuencia de preguntas y respuestas que podrían surgir en este punto:

Is this Phillip Johnson?

No, it's not.

Is it Michael Johnson?

No, it's not?

Who is it?

It's Nigel Perkins.

Is he German?

No, he's not.

Is he American?

No, he's not.

Is he English?

Yes, he is.

Veamos las nuevas contracciones:

He is	**He's**	
She is	**She's**	
He is not	**He's not**	**ó He isn't**
She is not	**She's not**	**ó She isn't**

En inglés, el adjetivo **"American"** se refiere a estadounidenses solamente. Si quieres hacer referencia a alguien de Canadá o de un país al sur del Río Grande, tienes que decir **"Canadian"** o **"Latin American"** respectivamente. Si es de América del Sur, decimos **"South American"**.

Para rematar definitivamente este punto, te pongo a continuación una larga lista de países (o continentes) con el adjetivo que identifica a las personas procedentes de los mismos:

3.5 Nationalities:

(Continuación)

Spain	**Spanish**	The United States	**American**
France	**French**	Canada */kánada/*	**Canadian**
Germany	**German**	Mexico	**Mexican**
Italy	**Italian**	Peru	**Peruvian (¡ojo!)**
Great Britain	**British**	Colombia	**Colombian**
England	**English**	Chile	**Chilean**
Scotland	**Scottish**	Brazil	**Brazilian**
Ireland */áirland/*	**Irish**	Argentina	**Argentine o Argentinian**
Belgium	**Belgian**	Japan	**Japanese**
Greece */gris/*	**Greek**	China	**Chinese**
Turkey */térki/*	**Turkish**	India	**Indian**
Russia */rásia/*	**Russian**	Africa	**African**
Sweden */suiden/*	**Swedish**	Asia */éisia/*	**Asian (Asiatic)**
Norway */nórwei/*	**Norwegian** */norgüiyen/*	Korea (con "K")	**Korean**
Denmark	**Danish** */déinis/*	Australia	**Australian**
Finland	**Finnish**	Morocco */moráco/*	**Moroccan**
Poland	**Polish**	Egypt */íchipt/*	**Egyptian**
Austria	**Austrian**	Israel	**Israeli** */isréili/*
The Netherlands or Holland	**Dutch (¡ojo!)**	Algeria	**Algerian**
		Iran	**Iranian**
Cuba */kiúba/*	**Cuban** */kiúban/*	Irak (o Iraq)	**Iraki (o Iraqi)**

3.6 What nationality is...?

En castellano, decís *'¿De qué nacionalidad es Pepe?'*. En inglés suprimimos el *'de'* al principio.

What nationality is Pepe?

(Literalmente: *¿Qué nacionalidad es Pepe?*)

3.7 Student questions

Tienes que llegar a formular al menos 20 preguntas con personajes de actualidad. Coge una revista y señala a diferentes personalidades con la siguiente construcción:

Is this Rafa Nadal? (Yes, it is)

Is he French? (No, he's not)

What nationality is he? (He's Spanish)

3.8	**Student summary and initiative:** **(Informal Introduction of "and".)**	Después debes hacer una identificación de personajes y su nacionalidad. Tendrás que hacerlo de la siguiente forma: **This is Nigel Perkins. He's a man and he's English.** He destacado la palabra **"and"**, la cual significa *'y'*, ya que es la primera vez que aparece en este método. Trata de ir identificando y describiendo a cada persona con decisión y confianza.
3.9	**Student summary and initiative:**	Vamos a complicarlo un poco. Ahora te pedimos primero que identifiques a cada persona diciendo primero quién **no es** y luego diciendo quién **es**, acto seguido diciendo de dónde **no es** y, por último de dónde **es**. Puedes seguir utilizando personajes de actualidad. Te pongo dos ejemplos: **This isn't Nigel Perkins. It's Phillip Johnson. He isn't English. He's American.** **This isn't Inés García. It's Aki Morita. He isn't Spanish. He's Japanese.** Otra vez, trata de ganar agilidad y confianza con las formas gramaticales. Si logras ahora dominar con facilidad la gramática al hablar, te será más fácil progresar rápidamente en el futuro.
3.10 →	**I, you** **(Implicit introduction of "me" and direct object "you")** *(Continúa)*	En este punto, añadimos dos pronombres personales más. Hasta ahora, hemos trabajado solamente con tres pronombres personales: **it**, **he**, **she**. Ahora añadimos:

I	*/ái/*	*Yo*
You	*/iú/*	*Tú, Vd., vosotros, Vds.*

La conjugación de estos pronombres con el verbo **"to be"** es como sigue:

I am	*contracción:* **I'm** */áim/*	*Soy, estoy*
You are	*contracción:* **You're** */iúr/*	*Eres, sois, Vd. es, Vds. son* *Estás, estáis, Vd. está, Vds. están*
I am not	*contracción:* **I'm not**	*No soy, no estoy*
You are not	*contracción:* **You're not** *o* **You aren't**	*No eres, no sois, Vd. no es, Vds. no son* *No estás, no estáis, Vd. no está, Vds. no están*

¡Qué fácil es el inglés! Habrás notado que **"you"** vale para cuatro diferentes formas en castellano.

De hecho, con decir simplemente **"you are"** (o **"you're"**), cubres con una sola expresión las siguientes ocho posibilidades:

Vaughan SYSTEMS

← 3.10

I, you

(Continuación)

Tú eres	*Vosotros sois*
Vd. es	*Vds. son*
Tú estás	*Vosotros estáis*
Vd. está	*Vds. están*

Salvo dominar el uso de verbos auxiliares en el negativo y el interrogativo, un aspecto que veremos más adelante, el inglés básico es muy fácil. Realmente no se hace difícil el inglés hasta llegar a un nivel avanzado, en el cual uno debe aprender un sinnúmero de verbos compuestos, es decir, verbos normales cuyo significado varía según qué preposición les siga.

Con el castellano ocurre justo lo contrario. Dominar el castellano básico es complicado y difícil. Ahora bien, una vez dominado, es mucho más fácil que en el caso del inglés adquirir un nivel avanzado.

4.1 Numbers 1-20

Aquí seguimos con los números hasta 20. La pronunciación de 11 a 20 es como sigue:

Eleven	*/eléfen/*	**Sixteen**	*/sikstín/*
Twelve	*/tuelf/*	**Seventeen**	*/sefentín/*
Thirteen	*/zertín/*	**Eighteen**	*/eitín/*
Fourteen	*/fortín/*	**Nineteen**	*/naintín/*
Fifteen	*/fiftín/*	**Twenty**	*/tuénti/*

Los americanos suelen pronunciar "twenty" como */tuéni/*. **No recomiendo que lo intentes pronunciar así de momento. Como política, es mejor pronunciar las palabras dentro de su pronunciación estándar.**

4.2 Review of

I, you, he, she

Too

Either

(Implicit introduction of "me" and direct object "you")

Repaso de los pronombres personales **"I"**, **"you"**, **"he"** y **"she"**. Añadiremos dos expresiones:

Too */tu/* = *También*

Either */íder ó áider/* = *Tampoco*

En cuanto a la pronunciación de **"either"**, elige la que más fácil te resulte. La primera forma */íder/* predomina más en EE.UU.

Practica también en este punto la solicitud de una respuesta diciendo a veces:

...and me? = *...¿y yo?*

Veremos un poco más adelante los pronombres complementos (*me*, *te le*, etc.). Baste de momento precisar que la expresión en castellano *'¿y yo?'* es en inglés literalmente *'¿y mí?'*

4.3 Where... from?

Is Li Tong from China? Yes, he is.

Is Phillip Johnson from China?
No, he's not
Is he from Spain?
No, he's not.
Where is he from?
He's from the United States.

Where are you from?
Where am I from?

Aquí veremos la preposición **"from"** *(de o procedente de)*. También conoceremos a siete personajes más que nos acompañarán a lo largo de este manual.

Lo más importante en este punto es entender y dominar la expresión *'¿De dónde eres?'* o *'¿De dónde es él/ella?'*. Te vas a extrañar de algo que debes aceptar y aprender: la colocación de la preposición al final de la pregunta. Ejemplo:

Where are you from? = Literalmente: *¿Dónde eres de?*

Siempre ponemos la preposición al final al formular preguntas. Acostúmbrate a ello y practícalo así para vencer la extrañeza. Uno puede poner la preposición al principio, pero suena muy rebuscado y la gente te tacharía de presumido.

Por último, para preguntar de dónde eres tú, es importante que consigas pronunciarlo bien, enlazando **"Am"** con **"I"** de la forma siguiente:

Where am I from? = Fonéticamente: */Juér ámai from?/*

Nota que **"am I"** se junta en un solo sonido fonético */ámai/*. Apréndetelo ahora, ya que los españoles tienen la costumbre de no enlazar las dos palabras y acaban pronunciando la "**m**" como una "**n**". Hay que decir **"am I"** como el nombre de mujer "**Amaya**", quitando la "**a**" última.

4.4

Tall – short
Pretty – ugly
Fat – slim

Are you tall or short?
Is Michael Jordan a tall man or a short man?

Am I tall or short?
Is San Sebastián a pretty city or an ugly city?

Is Avilés a pretty city or an ugly city?

Aquí presentamos seis adjetivos nuevos:

Tall	*Alto*
Short	*Bajo ó corto*
Fat	*Gordo*
Slim	*Delgado ó esbelto*
Pretty	*Bonito*
Ugly */ágli/*	*Feo*

El adjetivo **"slim"** es sinónimo en muchos casos del adjetivo **"thin"** */zin/* que no presentamos aquí. "**Thin**" es un adjetivo muy importante pero no significa necesariamente lo contrario de **"fat"**, ya que "**thin**" da a entender que la persona es muy delgada, tirando a flaca. Aquí queremos enseñar "**slim**" porque es un adjetivo **"positivo"**. Todo el mundo aspira a ser "**slim**". Nadie quiere ser "**thin**" salvo las modelos profesionales.

Veremos **"thin"** más adelante como contrario de *'grueso'*, es decir *'fino'*.

4.5

Easy – difficult

Language

Subject

Class

For you

For me

Aquí aprendemos dos adjetivos más: **easy** */ísi/ – fácil* y **difficult** */díficalt/ – difícil*

También aprendemos los sustantivos:

Language */lángüich/* – *'idioma'* y

Subject */sábchect/* – *'tema'* ó *'asignatura'* ó *'sujeto'* (de una frase)

Class - *'clase'* o *'grupo de estudiantes'* (en otro contexto también *'clase social'*.)

Classroom - *'aula'*

También vemos formalmente **"you"** y **"me"** como equivalentes a *'ti'* y *'mi'*

"You" */iú/* equivale tanto para *'tú'* como para *'ti'*

4.6

Rich - poor

King

Queen

President

Prime Minister

Aquí vemos los adjetivos **"rich"** and **"poor"** */pur/ – rico y pobre*

Deberas preguntarte si ciertas personas son ricas o pobres.

Un inciso sobre EE.UU.: *'Estados Unidos'* en castellano suele decirse sin el artículo definido *'los'* delante. En inglés hay que ponerlo siempre. No se puede decir, por ejemplo, *'En Estados Unidos...'*. Hay que decir *'En los Estados Unidos'*:

In the United States

La pronunciación correcta de **"United States"** es: the */iunáited stéitssss/*

Pongo cuatro **"s"** al final de **"states"** para recalcar que hay que pronunciar forzosamente la **"s"** al final de la palabra. Si no, suena muy mal.

4.7 Adjective review

Repasamos todos los adjetivos presentados en los **puntos 2.7, 4.4, 4.5 y 4.6**. También veremos direcciones como **"north"** – **"south"** – **"east"** – **"west"**.

Is Badajoz in the east of Spain or in the west of Spain?
Is Bilbao in the north of Spain or in the south */saoz/* **of Spain?**

Apréndete bien la pronunciación de **"south"** */saoz/*. Muchos españoles no logran nunca pronunciarlo bien. No sé por qué.

4.8 The colors

What color is this?
What color is that?

Y ahora, los colores. He aquí la pronunciación

Black	*/blak/*	*Negro*
White	*/juáit/*	*Blanco*
Red	*/red/*	*Rojo*
Yellow	*/iélou/*	*Amarillo*
Blue	*/blu/*	*Azul*
Green	*/grin/*	*Verde*
Brown	*/braun/*	*Marrón*
Orange	*/óranch/*	*De color naranja*
Purple	*/pérpal/*	*Morado o púrpura*
Pink	*/pink/*	*De color rosa*
Gray/grey	*/gréi/*	*Gris*

Hay dos formas de escribir *'gris'* en inglés:

Gray (EE.UU y Canadá)
Grey (resto del mundo anglosajón)

4.9 →

Which
Which one

The one on/in/under/next to, etc.

A magazine
A cassette
A lamp
A dog
A newspaper
An armchair
The floor

(Continúa)

Este punto será algo complicado posiblemente. Conviene que te hagas experto con las preguntas y respuestas que saldrán de este ejercicio. Tienes que ganar velocidad y confianza con el idioma y este punto te permitirá conseguirlo.

Aquí aprenderás la palabra *'cuál'* **(which)**. Se pronuncia */juich/*

"Which" significa *'cuál'* o *'cuáles'* cuando es una elección entre dos o tres cosas concretas ya identificadas. De otra forma, usamos la palabra **"What"** *(qué)*.

Para dar un ejemplo de la diferencia entre **"which"** y **"what"**, pongamos primero un ejemplo dentro de un castellano un poco deformado para ilustrarlo mejor:

Tendero:	*¿Qué quiere?*	**What do you want?**
Cliente:	*Quiero Fabada.*	**I want Fabada**
Tendero:	*¿Cuál fabada, Litoral o Del norte?*	**Which Fabada, Litoral or Del norte?**
Cliente:	*Litoral, por favor.*	**Litoral, please.**

Siguiendo con la expresión **"which"**, hay otra situación lingüística en la que se usa *'cuál'* en castellano cuando se usa *'qué'* en inglés:

← 4.9 →

Which
Which one

(Continuación)

Castellano:	*¿Cuál es la capital de Suecia?*
Inglés:	**What's the capital of Sweden?**

Personalmente, prefiero la versión inglesa, ya que existen muchas ciudades o comunidades que podrían ser la capital de Suecia si alguien no supiera cuál era. Podría ser Malmo, Gotemburgo, Estocolmo, o muchas más.

Ahora bien, si preguntaramos cuál era la capital de Suecia restringiéndonos a dos posibilidades, entonces se usaría **"which"** en inglés:

Castellano:	*¿Cuál es la capital de Suecia, Estocolmo o Gotemburgo?*
Inglés:	**Which is the capital of Sweden, Stockholm or Gotenburg?**

Por último, vamos a ver en este **punto 4.9** el uso de **"one"** *'uno'* como pronombre.

En castellano, si estáis hablando de dos libros, uno azul y otro verde, podéis decir:

El azul está en la mesa y el verde está en la silla.

En inglés, decimos literalmente: *El azul uno está en la mesa y el verde uno está en la silla.*

The blue one is on the table and the green one is on the chair.

El uso de **"one"** como pronombre se extiende a las siguientes expresiones. Fíjate bien en los ejemplos:

Which book is blue, the big one or the small one?	**The small one is.**
Which one is green?	**The big one is.**
Which one is on the table?	**The blue one is.**
Which one is on the chair?	**The green one is.**
The one on the table is blue.	
The one on the chair is green.	

(Continúa)

← 4.9	**Which** **Which one** *(Continuación)*	En castellano, esta serie de preguntas y afirmaciones sería como sigue: *¿Qué libro es azul, el grande o el pequeño?* — *El pequeño (lo es).* *¿Cuál es verde?* — *El grande (lo es).* *¿Cuál está en la mesa?* — *El azul (lo está).* *¿Cuál está en la silla?* — *El verde (lo está).* *El (que) está en la mesa es azul.* *El (que) está en la silla es verde.* Los dos últimos ejemplos distan bastante de la forma de decirlo en castellano. Donde en tu idioma decís: ***El que está en la mesa es azul***, en inglés decimos literalmente: *El en la mesa es azul* **(The one on the table is blue)** Nos saltamos por completo la expresión ***'...que está...'***, ya que sobra para la comprensión. Se puede decir **"The one that is on the table is blue"**, pero no es necesario ni muy común decirlo así.
4.10	**Student questions**	Vamos a hacer un repaso de lo visto hasta el momento. De nuevo, te pido que hagas un esfuerzo para desarrollar agilidad en la formulación del interrogativo. Te ayudará enormemente más adelante. Realiza 20 preguntas con la estructura: **Which book is blue, the big one or the small one?** *El pequeño (lo es).* **Which one is green?** *El grande (lo es).*

4.11 An

An apple
An orange
An armchair
An elephant
An egg
A diskette
An agenda
A calculator
A calendar
An envelope
A cat
A letter
A camera
A check
An airport
A computer

Aquí vemos el segundo artículo indeterminado **(indefinite article): an**

Los libros de inglés y la mayoría de los profesores te dirán que **"an"** precede palabras que empiezan por vocal y **"a"** precede palabras que empiezan por consonante. Mentira.

"An" precede palabras que empiezan por **un sonido** de vocal.

"A" precede palabras que empiezan por **un sonido** de consonante.

A book	**An apple** *(una manzana)*
A dog	**An airport** *(un aeropuerto)*
A table	**An orange** *(una naranja)*
A university	**An honor** *(un honor)*

El último ejemplo en cada columna incumple la regla que dicen los libros y la mayoría de los profesores. **"University"** empieza por vocal, pero la "**u**" es una "**u**" larga cuyo sonido es como "**iu**", que en inglés es sonido de "**y**" (consonante).

"Honor" empieza por vocal, pero la "**h**" es muda (no se pronuncia), por lo que la palabra realmente empieza por un sonido de "**o**" (vocal).

4.12 Review of:

I'm
You're
He's
She's
It's

Aquí vamos a repasar el verbo **"to be"** *(ser, estar)* en todas las personas del singular y en afirmativo, negativo e interrogativo. Te lo pongo desglosado a continuación

Afirmativo	Contraído	Negativo	Contraído	Interrogativo
I am	**I'm**	**I am not**	**I'm not**	**Am I...?**
You are	**You're**	**You are not**	**You're not ó You aren't**	**Are you...?**
He is	**He's**	**He is not**	**He's not ó He isn't**	**Is he...?**
She is	**She's**	**She is not**	**She's not ó She isn't**	**Is she...?**
It is	**It's**	**It is not**	**It's not ó It isn't**	**Is it...?**

5.1

These are...
Those are...

New words:

Child – children
Person – people

Aquí presentamos dos pronombres demostrativos más: **these** y **those**

Son para sustantivos en plural. Veamos los cuatro que hemos visto hasta ahora:

This is a book.	*Esto es un libro.*
That's a book.	*Eso (o aquello) es un libro.*
These are books.	*Estos son libros.*
Those are books.	*Esos (o aquellos) son libros.*

Estos cuatro pronombres demostrativos sirven también como adjetivos demostrativos:

This book is blue.	*Este libro es azul.*
That book is red.	*Ese (o aquel) libro es rojo.*
These books are white.	*Estos libros son blancos.*
Those books are green.	*Esos (o aquellos) libros son verdes.*

La pronunciación de estas palabras es: **these** */zis o dis/* **those** */zous o dous/*

La pronunciación exacta es la primera, con la "**z**", pero activando las cuerdas vocales al mismo tiempo.

También en este punto vamos a ver dos palabras cuya forma en plural es irregular:

Child */chaild/* - **children** */children/*

Person - **people** */pípal/*

La palabra "**people**" significa "**gente**" o "**personas**". Es siempre plural. Nunca decimos "**people is**". Decimos:

People are...

5.2	**Are these...?** *Yes, they are.* *No, they're not.* *What are they? They are....* **Are those...?** *Yes, they are.* *No, they're not.* *What are they? They are....*	Aquí vemos por primera vez el pronombre personal **"they"** para la tercera persona del plural. "**They**" vale para masculino y femenino. La contracción **"they're"** se pronuncia */zer/*. **Are these men tall?** *(hombres)* — **Yes, they are.** **No, they're not (o "No, they aren't".)** **Are those women short?** *(mujeres) /uémen/* — **Yes, they are.** **No, they're not. (o "No, they aren't".)** **"They"** se pronuncia */zei/* o */dei/*. Habrás notado que hay dos formas alternativas de contraer **"they are not"**: **They're not** */zer nat/* ó **They aren't** */zei arnt/*
5.3	**Mixing:** *Is this a...?* *Yes, it is.* *No, it's not* *What is it? It's a...* *Are these...?* *Yes, they are* *No, they're not* *What are they?* *They're...* *Is that a...?* *Yes, it is.* *No, it's not* *What is it? It's a...* *Are those...?* *Yes, they are* *No, they're not* *What are they?* *They're...*	Es importante que consolides el uso de **"these"** y **"those"**. Lo digo porque muy pocos españoles, independientemente de su nivel de inglés, los dominan. Curiosamente, encuentran formas de esquivar estas dos palabras. No sé por qué. Siguiendo los patrones de la columna de la izquierda, realiza preguntas usando los sustantivos que has aprendido hasta ahora. Sin embargo, los nativos las usamos probablemente cien veces al día. Una dificultad estriba en la pronunciación de la "**s**" en "**these**". Se trata de una "**s**" líquida que se pronuncia como la "**s**" en castellano pero con las cuerdas vocales en acción. Es una especie de "**s**" con zumbido. Si sabes francés, sabrás la diferencia entre pescado y veneno: Poisson - Poison La diferencia entre estas dos palabras tan diferentes en significado estriba en la pronunciación de la "**s**". En la primera (pescado), la "**s**" es casi idéntica a la "**s**" española. En la segunda (veneno), la "**s**" se dice con la voz o las cuerdas vocales en acción. Es igual en inglés entre **"this"** y **"these"**, así como entre **"face"** */feiss/ 'cara'* y **"phase"** */feis/ 'fase'.* Tienes que hacer un esfuerzo para hacerte con este sonido de zumbido, ya que será la única forma de diferenciar muchas palabras que, de otra forma, sonarían iguales.

5.4 Student questions

De nuevo incido en la importancia de llegar a dominar el interrogativo en inglés. Recuerda que el verbo (o el verbo auxiliar, como veremos más adelante) precede al sujeto:

Afirmativo:	**Those books are blue.**	***Aquellos libros son azules.***
Interrogativo:	**Are those books blue?**	***¿Son aquellos libros azules?***

5.5 Numbers 1-100

Aquí seguimos con los números hasta 100. Los españoles tenéis problemas a la hora de diferenciar *'trece'* y *'treinta'*... o *'catorce'* y *'cuarenta'*... etc. Te pongo a continuación la diferencia en pronunciación:

Thirty (30)	*/zírti/*	**Thirteen (13)**	*/zirtín/*
Forty (40)	*/fórti/*	**Fourteen (14)**	*/fortín/*
Fifty (50)	*/fífti/*	**Fifteen (15)**	*/fiftín/*
Sixty (60)	*/síksti/*	**Sixteen (16)**	*/sikstín/*
Seventy (70)	*/séventi/*	**Seventeen (17)**	*/sefentín/*
Eighty (80)	*/éiti/*	**Eighteen (18)**	*/eitín/*
Ninety (90)	*/náinti/*	**Nineteen (19)**	*/naintín/*

5.6 Number pronunciation

Este punto aparecerá en todas las unidades hasta la 35 inclusive. Deberás practicar con números escribiéndolos correctamente. Para ello anotarás al azar 20 números en una hoja y luego los escribirás. Revísalos posteriormente. Vamos a incidir, unidad tras unidad, en esto porque los españoles soléis tener serios problemas a la hora de entender los números cuando se os dicen. Espero que al llegar a la unidad 40, tengas un dominio bárbaro de los mismos.

5.7 Number pronunciation

Aquellos números que no hayas sido capaz de escribir correctamente vuelve a escribirlos.

5.8 People... are

Student initiative and summary:

The people in England are English

The people in France are French

The people in Spain are Spanish

Etc.

Este punto sirve para consolidar el uso de **"people are"**; es decir, *'la gente son o están'*.

Recordarás que la palabra **"people"** siempre es en plural.

Otra cosa importante: En inglés nunca decimos, por ejemplo: la gente ***de*** España...

Decimos: *'los españoles'* **(the Spanish people)** o *'la gente en España'* **(the people in Spain)**

Otro ejemplo: No decimos: *'Soy el mejor de la clase'*, sino *'soy el mejor en la clase'*.

5.9 We are

Yes, we are
No, we're not
(or No, we aren't)

Aquí presentamos el último pronombre personal: **we** */uí/*

Suena como "**sí**" en francés.

"We are" tiene la forma de contracción: **we're** */uír/*

El negativo admite dos tipos de contracción: **we're not** o **we aren't** */uí arnt/*

Vemos en este punto los primeros verbos que no son del verbo "**to be**", pero los vemos en el presente continuo:

sitting *(sentado)* **standing** *(de pie)*

Finalmente, aprendemos formalmente **"men"** *(hombres)* y **"women"** *(mujeres)*

La pronunciación de "**women**" dista mucho de su forma escrita. He aquí la pronunciación en singular y en plural:

woman *(mujer)*	*/uóman/*
women *(mujeres)*	*/uémen/*

No sé por qué el plural "**women**" se escribe con una "**o**". Debe ser que la pronunciación antiguamente era de otra forma. Siglos después se pronuncia: */uémen/*.

Bueno, con la introducción de "**we**", hemos completado el verbo "**to be**". Resumamos su uso:

Afirmativo	Contraído	Negativo	Contraído	Interrogativo
I am	I'm	I am not	I'm not	Am I...?
You are	You're */iúr/*	You are not	You're not ó You aren't	Are you...?
He is	He's	He is not	He's not ó He isn't	Is he...?
She is	She's	She is not	She's not ó She isn't	Is she...?
It is	It's	It is not	It's not ó It isn't	Is it...?
We are	We're */uír/*	We are not	We're not ó We aren't	Are we...?
You are	You're */iúr/*	You are not	You're not ó You aren't	Are you...?
They are	They're */zeir/*	They are not	They're not ó They aren't	Are they...?

5.10 Student questions

Estudia la tabla del punto anterior y practícala todo lo que puedas.

Recuerda que el verbo "**to be**" significa tanto *'estar'* como *'ser'*. Por ello, es sin lugar a dudas el verbo más importante del idioma inglés. Seguramente de todos los verbos que decimos en inglés a lo largo de cada día, el verbo "**to be**" tiene el 30% de "**cuota de mercado**".

Habrás visto un poco con "**sitting**" y "**standing**" que el verbo "**to be**" es lo que llamamos el verbo auxiliar del tiempo del presente continuo:

Estoy sentado - **I'm sitting**

Ella está de pie - **She's standing**

Están hablando - **They're talking (o speaking)**

Etc.

Por lo tanto, si logras adquirir un alto grado de agilidad con el verbo "**to be**", dominarás el 30% de los verbos que se usan en una conversación normal. El restante 70% nos va a costar un poco más de trabajo, pero no dejes que el verbo "**to be**" te cause problemas. Eso sería ya el colmo.

5.11 Review of this/that vs. these/those

Aquí haremos un repaso final del verbo "**to be**", con cierto énfasis en los pronombres o adjetivos demostrativos:

This -	**These**	**That** -	**Those**
(singular)	(plural)	(singular)	(plural)

6.1 →

Review of "sitting/ standing"

In front of
Behind
(Next to)

Aquí repasamos los verbos en presente continuo "**sitting**" (sentado) y "**standing**" (de pie)

Ahora bien, el repaso sirve para introducir tres preposiciones más:

In front of */en frántaf/*	*Delante de*
Behind */bijáind/*	*Detrás de*
Next to */nékstu/*	*Al lado de*

Object pronouns:
Me, you, him, her, us, them

Importante: **"In front of"** significa *'delante de'*, **no** *'enfrente de'*.

Hace años, sufrí las consecuencias de un malentendido en inglés debido a esta expresión. Daba clase a un directivo y hubo unos días en que mi coche estaba en el taller. La clase era a las ocho de la mañana y concerté con el directivo que me recogiera a las 7:30 para ir con él a su oficina para la clase.

Puesto que no me gustaba hablar castellano en clase, le dije que le esperaría **"in front of Nuevos Ministerios"**. El parecía entenderme perfectamente.

A la mañana siguiente, yo estaba tan feliz esperándole **delante de** Nuevos Ministerios y él, igualmente feliz, esperándome **enfrente de Nuevos Ministerios**, es decir, en el lateral de la Castellana en el lado totalmente opuesto.

Una hora más tarde, ya por teléfono, él me acusó de haberle dado el plantón. Yo le acusé de no haber prestado la atención debida a mis explicaciones gramaticales.

Aclarado "**in front of**", sigamos adelante con el aspecto más importante de este punto: los pronombres complementos.

No sé otro nombre mejor para estos pronombres. En inglés, decimos **"object pronouns"**, ya que son el objeto de la acción del verbo o el objeto de una preposición.

En castellano, los pronombres complementos son: ***me, te, le, la, lo, nos, os, les, las, los***

Ahora bien, seguido de una preposición, son: ***mí, ti, él, ella, ello, nosotros, vosotros, ellos, ellas.***

(Continúa)

6.1 Object pronouns: me, you, him, her, us, them

(Continuación)

Veámoslos gráficamente. Usaré el presente continuo del verbo *'dar'* **(to give)** para facilitar parte de la tabla.

Estás dándome un libro	**You're giving me a book**	*Es para mí*	**It's for me**
Estoy dándote un libro	**I'm giving you a book**	*Es para ti*	**It's for you**
Estoy dándole (a él) un libro	**I'm giving him a book**	*Es para él*	**It's for him**
Estoy dándole (a ella) un libro	**I'm giving her a book**	*Es para ella*	**It's for her**
Estás dándonos un libro			
Estoy dándoos un libro	**You're giving us a book**	*Es para nosotros*	**It's for us**
Estoy dándoles un libro	**I'm giving you a book**	*Es para vosotros*	**It's for you**
	I'm giving them a book	*Es para ellos*	**It's for them**

Notarás que en la última columna, como objeto de la preposición **(for)**, usamos pronombres complementos. Decimos literalmente: *'Es para me'*, o *'Es para nos'*, o *'Es para le'*, etc.

Familiarízate con las formas lo mejor que puedas ahora. No obstante, las veremos mucho en las unidades siguientes. También existe el pronombre complemento **"it"** (*dándolo* = **giving it**)

La pronunciación de los pronombres complementos es como sigue:

me */mi/* **you** */iú/* **him** */jem/* **her** */jer/* **us** */as/* **them** */zem o dem/*

6.2 Object pronouns

Me
You
Him
Her
It
Us
You
Them

Este punto consolida aún más lo presentado en el punto anterior.

Ahora te mostramos una tabla de todos los pronombres del idioma menos los denominados pronombres relativos, los cuales no son tan importantes. De momento, fíjate en las primeras dos columnas de la tabla, es decir, los pronombres personales y los pronombres complementos. Reproduzco aquí dichas columnas:

	Pronombres personales	Pronombres complementos
1ª persona del singular:	**I**	**me**
2ª persona del singular:	**you**	**you**
3ª persona del singular:	**he, she, it**	**him, her, it**
1ª persona del plural:	**we**	**us**
2ª persona del plural:	**you**	**you**
3ª persona del plural	**they**	**them**

Pronto veremos los demás pronombres de la tabla.

6.3 →

With
Normal

Smoking
Speaking
Talking
Talking on the phone
Listening to
Looking at

Doing

Talking to
Talking about

Aquí vamos a entrar de lleno en el presente continuo. Otro nombre para este tiempo del verbo es el presente progresivo, ya que expresa acciones en progreso o en vías de realización.

Hay dos tiempos del presente en inglés (y en castellano también):

1) El presente continuo: **I am smoking.** *(Estoy fumando.)*

2) El presente habitual: **I smoke.** *(Yo fumo.)*

En castellano, no es tan importante insistir en la diferencia, ya que se puede usar el presente habitual en ambos casos. En castellano, las dos conversaciones siguientes son correctas:

Pregunta: *¿Qué haces ahora?*	Respuesta: *Fumo.*
Pregunta: *¿Qué estás haciendo ahora?*	Respuesta: *Estoy fumando.*

En inglés, solamente es válido el segundo ejemplo. El primer ejemplo es, en inglés, el presente habitual, el cual expresa acciones que habitualmente realizas pero no en este mismo momento.

Más ejemplos:

¡Oye... que hablo contigo!

Hey... I'm talking to you!

Fíjate que en inglés usamos el presente continuo "**I'm talking...**" *'Estoy hablando...'*. No podemos usar el presente habitual en este caso. El presente habitual, que veremos más adelante, sólo puede usarse para expresar acciones habituales como la siguiente:

Hablo con Pepe todos los días.

I talk to Pepe every day.

En este punto, vamos a ver varios verbos nuevos en el presente continuo. El presente continuo se forma con el verbo "**to be**" como verbo auxiliar más el verbo principal en gerundio.

Un gerundio se forma con la raíz del verbo más las letras "**ing**". Ejemplos:

Talk	**Talking**
Speak	**Speaking**
Sit	**Sitting**

En el tercer ejemplo, se hace "**t**" doble porque normalmente se dobla una consonante cuando va precedida por una única vocal. En "**speak**", la "**k**" va precedida por dos vocales: "**e**" y "**a**".

(Continúa)

Vaughan SYSTEMS

6.3	*Smoking* *Speaking* *Talking* *Talking on the phone* *Listening to* *Looking at* *Doing* **Talking to** **Talking about** *(Continuación)*	Por lo tanto, la formación del presente continuo es, repito, el verbo "**to be**" como verbo auxiliar más el gerundio del verbo principal: **I** **am** **talking** (sujeto) (verbo "**to be**" como auxiliar) (verbo principal – gerundio) El negativo e interrogativo se forman conjungando el verbo "**to be**" como hemos visto hasta ahora:

Afirmativo:	**I'm talking.**	*Estoy hablando.*
Negativo:	**I'm not talking.**	*No estoy hablando.*
Interrogativo:	**Are you talking?**	*¿Estás hablando?*
Afirmativo:	**They're smoking.**	*Están fumando.*
Negativo:	**They're not smoking.**	*No están fumando.*
Interrogativo:	**Are they smoking?**	*¿Están fumando?*
	Etc.	Etc.

6.4 Student questions

Ahora te tocará formular las preguntas.

Aprovecho este momento para comentar algunos aspectos de los verbos en el punto anterior y en éste.

1) Tanto **"talking"** como **"speaking"** significan lo mismo: *'hablando'*. Ahora bien, el verbo **"to speak"** es algo más formal, siempre existe un motivo algo más serio cuando empleamos el verbo **"to speak"**. También usamos **"speak"** cuando nos referimos a "hablar un idioma" **(I speak English)**. Para conversaciones normales, utilizamos el verbo **"to talk"**.

2) *Hablar de* o *hablar sobre* = **to talk about** */abáot/*

3) *Escuchar* = **listen to** (la "**t**" en "**listen**" es muda, por lo que se pronuncia */lísen/*)

4) *Escuchar* = **listen to** - este verbo **siempre va seguido de la preposición "to"** cuando existe un complemento después:

Estoy escuchando.	**I'm listening.**
Estoy escuchando la música.	**I'm listening to the music.**

5) **"Doing"** significa *'haciendo'* y se pronuncia: */dúing/*

6) *Hablando por teléfono* = **"speaking ó talking on the phone"** (ó **telephone**)

6.5	**Asking him/her a question** **Asking him/her about...**	Aquí aprendemos que la expresión *'hacer una pregunta'* se traduce: **To ask a question** *Te estoy haciendo una pregunta* = **I'm asking you a question** Hago hincapié en esta expresión porque los españoles constantemente decís "**to do a question**" o "**to make a question**", una traducción literal del castellano. Ahora bien, el verbo **"to ask"** significa *'preguntar'*, por lo que *'hacer una pregunta'* es literalmente en inglés *'preguntar una cuestión o pregunta'*. Por último, la expresión **"asking about"** significa *'preguntando por o acerca de'*.
6.6	**Going to** **Going from... to** *Ship*	En inglés, para decir *'¿a dónde vas?'*, decimos literalmente: *'¿Dónde estás yendo?'* **Where are you going?** Es decir, conforme a la regla que ya expuse más atrás, utilizamos el presente continuo. En este punto, vamos a describir desde dónde y hacia dónde van unos barcos y aviones. Haz preguntas como por ejemplo: **Where is this plane going?** Según qué avión sea, vas a responder, por ejemplo: **It's going from Tokyo to San Francisco** (desde) (hasta) Por cierto, la palabra genérica para cualquier aparato de vuelo a motor es: **plane** */plein/* El nombre propio podría ser **"airplane"** *(avión de hélice)*, **"jet"** *(avión a reacción)*, **"Concorde"**, etc. Haz las mismas preguntas usando "**ship**" (*barco*) y ciudades con puerto comercial.

6.7

Coming from
Coming to
Coming from... to

Back
Going back to
Coming back to

El contrario de **"going"** *(yendo)*, es **"coming"** *(viniendo)*. Se pronuncia: */cáming/*

Así mismo, veremos la preposición **"back"** *(de vuelta)*

Cuando "**back**" se engancha a los verbos "**going**" o "**coming**", la expresión equivale al verbo **"to return"** *(volver)*. "**Return**" es un verbo importante, pero se usa mucho menos que "**go back**" o "**come back**".

Es curioso; muchos españoles confunden la diferencia teórica entre **"go back"** y **"come back"**, puesto que ambos significan *'volver'*. Ahora bien, uno significa *'volver para allá'* y otro *'volver para acá'*.

Imaginemos que vas a viajar mañana desde Madrid hasta Barcelona y que pasado mañana vas a regresar a Madrid para luego volver a Barcelona la semana que viene para regresar de nuevo al día siguiente. Estudiemos las frases correspondientes en inglés para expresar este plan de viajes. Voy a usar el presente continuo con **"going"** y **"coming"** dentro de una idea de futuro inmediato:

I'm **going** to Barcelona tomorrow. *(Voy a Barcelona mañana.)*	**"Going"** *(yendo)*
I'm **coming back** to Madrid the next day. *(Vuelvo a Madrid al día siguiente)*	**"Coming back"** *(viniendo de regreso)*
Then I'm **going back** to Barcelona next week. *(Luego vuelvo a Barcelona la próxima semana.)*	**"Going back"** *(yendo de regreso)*
Finally, I'm **coming back** to Madrid the next day. *(Por último, vuelvo a Madrid al día siguiente.)*	**"Coming back"** *(viniendo de regreso)*

Así que, recapitulando, si alguien que está sentado contigo en la mesa se levanta y se dirige hacia la puerta, le podrás decir:

You're going to the door.

Si luego vuelve a la mesa donde tú estás, dirás: **You're coming back to the table.**

Si después, vuelve a dirigirse hacia la puerta, dirás: **You're going back to the door.**

6.8	**Review of indefinite articles "a" vs. "an"**	Aquí vamos a practicar un poco con los artículos indeterminados: **"a"** y **"an"** La regla en cuanto a su uso está recogida en el **punto 4.11** anterior. Vamos a ver vocabulario nuevo. Pongo a continuación únicamente las palabras cuya pronunciación merece mención:

An ambulance	*/ámbiulans/*	*Una ambulancia*
A light	*/láit/*	*Una luz*
An answer	*/ánser/* ¡ojo! ("w" muda)	*Una respuesta*
A key	*/kí/*	*Una llave*
A notebook	*/nóutbuk/*	*Un cuaderno o bloc*
An ashtray	*/ástrei/*	*Un cenicero*
A lighter	*/láiter/*	*Un mechero*
An umbrella	*/ambréla/*	*Un paraguas*
A truck	*/trak/*	*Un camión*

6.9	**Numbers 1-1000**	Aquí llegamos **hasta el número mil** inclusive. Al decir un número de tres cifras, como por ejemplo, "**342**", siempre insertamos la palabra **"and"** como sigue: **300 & 42** Es decir: **three hundred and fourty-two**
6.10	**Number pronunciation**	Aquí practicamos la pronunciación de los números. Repasa los puntos 4.1 y 5.5. Vuelvo a reiterar la importancia de ganar la mayor agilidad posible con ellos, ya que sólo así podrás evitar el problema que tienen tantos españoles a la hora de manejar números y cifras en la vida real.

6.11	**My, your**	Aquí empezamos con un nuevo conjunto de pronombres. Me refiero a los Possessive adjectives Son adjetivos puesto que describen el sustantivo. Es decir, describen si el libro, por ejemplo, es **mi** libro, **tu** libro, **nuestro** libro, etc. No obstante, aunque se llamen adjetivos, son de la familia de los pronombres. En este punto, sólo vamos a ver dos adjetivos posesivos: **my** */mái/* - *mi* **your** */iúr/* - *tu*
		My book = *mi libro* **Your book** = *tu libro*
		"Your" se pronuncia igual que la contracción **"you're" (you are)**: */iúr/*
6.12	**Student questions**	Te pediremos de nuevo que demuestres la mayor agilidad posible con el interrogativo. Haz un esfuerzo para hacer el mayor número de preguntas posibles. No seas perezoso en este punto. Desarolla tu imaginación para formular tantas preguntas como puedas.
6.13	**Maria's, Paco's, etc.**	Aquí habrá una breve introducción al GENITIVO SAJON. Esta es la primera forma gramatical hasta ahora que realmente dista de las formas gramaticales en castellano. Cuando en castellano decís: ***Este libro es de Pepe...*** en inglés lo decimos de forma muy distinta, decimos literalmente: *Este es Pepe's libro* **This is Pepe's book** O si decís ***'El bolígrafo de María está en la mesa'***, en inglés decimos literalmente: *María's bolígrafo está en la mesa* **Maria's pen is on the table** Este **punto 6.13** es solamente una breve introducción de esta forma. La veremos con mucho más detenimiento un poco más adelante.

6.14 His, her

Presentamos dos **adjetivos posesivos** más: *su (de él)* y *su (de ella)*

En castellano, "**su**" puede dar lugar a confusión, puesto que puede significar *'de él'*, *'de ella'*, *'de ellos'*, *'de ellas'*, *'de Vd.'*, o *'de Vds'*.

En el año 1962, Fidel Castro recibió a un grupo de periodistas españoles. Durante el transcurso de la conferencia de prensa, un periodista español le preguntó: ¿Dónde se encuentra ahora Che Guevara?

Castro le respondió: Está en su país.

El periodista quiso aclarar: ¿Quiere decir que está en Cuba, en su país natal de Argentina o en mi país, España? Castro sonrió y dijo: Vd. tendrá que encontrar la respuesta a esa pregunta.

En inglés, afortunadamente, no solemos sufrir confusiones de este tipo. Nuetros adjetivos posesivos son más precisos.

En este punto, solamente nos centramos en los dos adjetivos posesivos de la tercera persona del singular, es decir:

His */jis/* = *su (de él)*

Her */jer/* = *su (de ella)*

Te pongo dos frases que contienen los cuatro adjetivos que hemos visto hasta ahora:

My book is next to his book.

(Mi libro está al lado de su libro – de él)

Your pen is next to her pen.

(Tu bolígrafo está al lado de su bolígrafo – de ella)

6.15 Its

...is famous for its...

El último adjetivo posesivo del singular es el neutro: **its**

Se pronuncia igual que la contracción "**it's**" (it is). Sin embargo, significa *'su (de ello)'* y no tiene apóstrofo. Aquí tienes un ejemplo de su uso:

Salamanca is famous for its university

(Salamanca es famosa por su universidad)

"**Its**" se usa refiriéndose a lugares, entidades o animales.

Paris is famous for its art.	*París es famoso por su arte.*
Its sales are important.	*Sus ventas son importantes. (Una empresa)*
The dog and its bone...	*El perro y su hueso...*

Por cierto, **"famous"** se pronuncia: */féimas/* (Recuérdalo, casi nadie lo pronuncia bien)

"Bone" *(hueso)* se pronuncia: */bóun/*

Por último, para contestar a una pregunta que muchos se harán en este momento, siempre usamos el adjetivo posesivo "**its**" para animales que nos son ajenos. Sin embargo, es frecuente que personifiquemos animales que son nuestros: **his bone** (*hueso*) o **her bone**.

6.16 → Our, their, your (plural)

Side (of the table)

Aquí, de un plumazo, cubrimos lo que queda de los adjetivos posesivos, es decir, los del plural:

Our	*/áor/*	*Nuestro o nuestros*
Your	*/iúr/*	*Vuestro o vuestros o su o sus (de Vds.)*
Their	*/zer/ o /der/*	*Su o sus (de ellos o ellas)*

Fíjate en la pronunciación de "**their**" (su de ellos). La pronunciación es:

Their = */zer/* ó */der/*

La pronunciación **no es** *"zeir"* o *"deir"*.

Casi nadie en España pronuncia este adjetivo posesivo correctamente.

Por último, aprendemos la palabra **"side"**, la cual significa *'lado'* y se pronuncia */sáid/*

Is Vicente Calderón stadium on the north side or south side of the Manzanares?

¿Está el estadio Vicente Calderón en el lado norte o en el lado sur del Manzanares?

(Continúa)

6.16

Our, their, your (plural)

Side (of the table)

(Continuación)

Ahora ya podemos poner todos los ejemplos posibles de adjetivos posesivos:

My book is blue. **My books are blue.**	*Mi libro es azul.* *Mis libros son azules.*
Your book is blue. **Your books are blue.**	*Tu libro es azul ó Su libro (de Vd.) es azul.* *Tus libros son azules ó Sus libros (de Vd.) son azules.*
His book is blue. **His books are blue.**	*Su libro (de él) es azul.* *Sus libros (de él) son azules.*
Her book is blue. **Her books are blue.**	*Su libro (de ella) es azul.* *Sus libros (de ella) son azules.*
Its bone is in the garden. **Its bones are in the garden**	*Su hueso (del perro) está en el jardín.* *Sus huesos están en el jardín.*

Our book is blue. **Our books are blue.**	*Nuestro libro es azul.* *Nuestros libros son azules.*
Your book is blue. **Your books are blue.**	*Vuestro libro es azul ó Su libro (de Vds.) es azul.* *Vuestros libros son azules o Sus libros (de Vds) son azules.*
Their book is blue. **Their books are blue.**	*Su libro (de ellos o ellas) es azul.* *Sus libros (de ellos o ellas) son azules.*

Vistos ya todos los adjetivos posesivos, podemos volver a ver la tabla de pronombres con una columna adicional:

	Pronombres Personales	Pronombres Complementos	Adjetivos Posesivos
1ª p. del singular:	**I**	**Me**	**My**
2ª p. del singular:	**You**	**You**	**Your**
3ª p. del singular:	**He, she, it**	**Him, her, it**	**His, her, its**
1ª p. del plural:	**We**	**Us**	**Our**
2ª p. del plural:	**You**	**You**	**Your**
3ª p. del plural:	**They**	**Them**	**Their**

6.17 Review of colors and possessive adjectives

Vamos a repasar los **colores**, los **adjetivos posesivos** y el **Genitivo Sajón**.

He aquí algunas preguntas y respuestas para darte una idea de lo que vamos a hacer en este punto.

Is Pepe's pen white?	**Yes, it is.**
What color is María's book?	**It's blue.**
Is her book big or small?	**It's small.**
Etc.	Etc.

Continúa de la misma forma haciendo preguntas con los elementos propuestos.

6.18 Review of "this-that" & "these-those"

Repasamos los cuatro **pronombres** o **adjetivos demostrativos**:

This	**That**	**These**	**Those**
(Esto)	*(Eso o aquello)*	*(Estos)*	*(Esos o aquellos)*

7.1 **Numbers up to one million**

Ahora seguimos con los **números hasta un millón** inclusive.

Lo primero a resaltar es que en los países anglosajones, usamos comas, no puntos: **542,862**

Usamos "**puntos**" donde vosotros usáis comas para escribir decimales: **0,42** = **0.42**

Es decir, hacemos todo al revés respecto a los puntos y las comas en los números.

En segundo lugar, quiero volver a resaltar el uso de "**and**" al decir números más largos. Aquí te pongo un ejemplo:

542,862

Five hundred and forty-two thousand, eight hundred and sixty-two

7.2 **Number pronunciation**

Puede que te cueste trabajo en estos momentos escribirlos fielmente, pero habrá tiempo de sobra para que te hagas experto en ello. De ahora en adelante, cada unidad hasta la 39 contendrá un apartado dedicado a este tema de los números. Anota 20 números al azar (pon alguno complicado) y luego escríbelos correctamente.

7.3 **Number pronunciation**

Puede que en estos momentos digas los números con lentitud y tropiezos pero pronto adquirirás agilidad.

Aquellos números que no hayas sido capaz de escribir correctamente vuelve a escribirlos.

7.4 **Today, tomorrow, yesterday**

Was (informally introduced here)

Monday, Tuesday, Wednesday, Thursday

Friday, Saturday, Sunday

Aquí veremos los días de la semana y "**hoy**", "**ayer**" y "**mañana**".

Monday	*/mándei/*	*Lunes*
Tuesday	*/tiúsdei ó túsdei/*	*Martes*
Wednesday	*/uénsdei/*	*Miércoles*
Thursday	*/zérsdei/*	*Jueves*
Friday	*/fráidei/*	*Viernes*
Saturday	*/sáterdei/*	*Sábado*
Sunday	*/sándei/*	*Domingo*
Today	*/tudéi/*	*Hoy*
Yesterday	*/iésterdei/*	*Ayer*
Tomorrow	*/tumárrou/* **más o menos**	*Mañana*

Nota: Los días de la semana en inglés siempre se escriben con mayúscula: **M**onday

Cuando te pregunten qué día fue ayer, usarán el pasado **"was"** *(fue o era)*. No te preocupes por esta forma de momento. La veremos con profundidad más adelante.

En cuanto a *'mañana'*, se puede usar el presente como en castellano: **Tomorrow is Sunday** *(mañana es domingo.)* No hace falta usar aquí el futuro.

7.5 →

There's a/an...
Is there...?

Yes, there is
No, there's not

Este punto es sumamente importante. ¿Cuántas veces al día dices *'hay'* en castellano?. Pues ahora vamos a ver cómo lo decimos en inglés:

			Contracción	Pronunciación
Singular:	*Hay...*	**There is...**	**There's**	*/ders/*
	¿Hay...?	**Is there...?**	--	
	No hay...	**There is not...**	**There's not ó There isn't**	*/ders nat/* */der isent/*
Plural:	*Hay...*	**There are...**	--	
	¿Hay...?	**Are there...?**	--	
	No hay...	**There are not**	**There aren't**	*/der arnt/*

Observa que, a diferencia del castellano, la forma cambia al pasar al plural. Esto a veces ocurre también en castellano. Es un defecto que se oye sobre todo en Levante. Se oye:

Habían varios casos

Han habido dos tormentas.

El defecto en castellano es una virtud en inglés. Diferenciamos siempre entre singular y plural:

There is (+ sustantivo en singular) - **There are** (+ sustantivo en plural)

Veamos ejemplos:

There's a book on the table.	*Hay un libro en la mesa.*
There are two pens in my pocket.	*Hay dos bolígrafos en mi bolsillo.*
Is there a book on the table?	*¿Hay un libro en la mesa?*
Are there any pens in my pocket?	*¿Hay bolígrafos en mi bolsillo?*
There isn't a book on the table.	*No hay un libro en la mesa.*
There aren't any pens in my pocket.	*No hay bolígrafos en mi bolsillo.*

(Continúa)

Observa que en el singular, decimos **"There is a book..."**

← 7.5	**There's a/an...** **Is there...?** **Yes, there is** **No, there's not** *(Continuación)*	No estamos especificando aquí el número de libros (*uno*), sino el hecho de que hay un libro en la mesa. Por lo tanto, no usamos el número "**one**". Sólo usaríamos el número si quisiéramos precisar que hay solamente un libro, no dos o más: **There is only one book on the table.** *(Hay solamente un libro en la mesa.)* También he destacado en los ejemplos la palabra **"any"**. No le hagas caso todavía. La veremos muy pronto. No obstante lo anterior, en este punto vamos a centrarnos en el singular: **There is** ó **There's**
7.6	**Student questions**	Vamos a pedirte que hagas preguntas dentro del singular. Haz por lo menos 20. **Is there a book on the table?** **Is there a calendar on the wall?** Etc.
7.7 →	**There's a/an** **There's some** **There isn't a/an** **There isn't any** *(Continúa)*	Aquí vamos a entrar en algo que a los españoles les parece claro cuando lo aprenden, pero que se hace confuso después. Quizás sea porque los libros de texto siempre hablan de "**contables e incontables**", lo cual obliga al alumno a hacer una especie de estudio en abstracto.

A book *(Un libro)*	Este sustantivo **(book)** es una palabra concreta. Puedes señalarlo, por ejemplo, y decir: ***un libro***. También puedes contar libros si tienes bastantes: **one**, **two**, **three**, etc.
Water *(Agua)*	Este sustantivo **(water)** es una palabra abstracta. Si lo señalas, no puedes decir: ***un agua***. No puedes contar ***'agua'*** sino que tienes que referirte a palabras concretas o unitarias: ***Una botella de agua*** ***Dos litros de agua, etc.***
Money *(Dinero)*	Este sustantivo también es abstracto, incontable. Ahora me dirás: ¿Cómo que es incontable el dinero? A mucha gente le encanta contar su dinero. Estoy de acuerdo, pero sigo en mis trece: El dinero no es contable. Uno no puede decir: ***Tengo tres dineros.*** Tienes que referirte a una unidad contable: ***Tengo tres euros*** ***Tengo dos sacos de dinero, etc.*** Las palabras ***'euro'*** o ***'saco'*** son palabras concretas, contables. Uno puede contar ***'sacos'*** o ***'euros'***. Ahora bien, uno no puede contar ***'dineros'*** o ***'aguas'***.

← 7.7	**There's a/an** **There's some** **There isn't a/an** **There isn't any** *(Continuación)*	Estudia las siguientes frases de momento:

There is a book on the table.	*Hay un libro en la mesa.*	*- Contable y concreto*
There isn't a book on the table.	*No hay un libro en la mesa.*	*- Contable y concreto*
Is there a book on the table?	*¿Hay un libro en la mesa?*	*- Contable y concreto*
There is some water in the glass.	*Hay agua en el vaso.*	*- Incontable y abstracto*
There isn't any water in the glass.	*No hay agua en el vaso.*	*- Incontable y abstracto*
Is there any water in the glass?	*¿Hay agua en el vaso?*	*- Incontable y abstracto*

Si dijéramos literalmente en inglés *'hay dinero en mi bolsillo'*, nuestro interlocutor podría sacar la conclusión de que hay muchísimo dinero en mi bolsillo, ya que suena a *'una masa de dinero'*. Por ello, usamos la palabra **"some"**, la cual en sentido puro significa *'alguno, algunos'* o *'algo de'*, para poner las cosas en su justa medida:

There's some money in my pocket.

Literalmente: *Hay <u>algo de</u> dinero en mi bolsillo.*

Al hacer la negación o la interrogación, usamos **"any"** */éni/* en vez de **"some"**.

"Any" es una palabra neutra. No niega ni afirma. Sin embargo, solamente aparece en frases en negativo o interrogativo excepto cuando significa *'cualquier'*, aspecto que veremos más adelante.

There isn't any money in my pocket.

Literalmente: *No hay <u>nada de</u> dinero en mi bolsillo.*

Is there any money in your pocket?

Literalmente: *¿Hay <u>algo de</u> dinero en tu bolsillo?*

7.8	**Student questions**	Tendrás que hacer preguntas con **"contables"** e **"incontables"**. He aquí ejemplos:

Is there a bottle of ink on the table?	*¿Hay una botella de tinta en la mesa?*
Is there any ink in the bottle?	*¿Hay tinta en la botella?*

Observa que cuando usamos *'botella'*, un sustantivo contable (*una botella*, *dos botellas*, etc.) usamos simplemente el artículo indeterminado **"a"**.

Cuando usamos *'tinta'*, un sustantivo incontable (no puedes contar *tintas*), usamos "**any**", aun cuando en castellano no soléis poner nada.

Recuerda: 20 preguntas al menos.

7.9 →

There are some...
There aren't any...

How many...?

Aquí empezamos con el plural de *'hay'* - **There are**

De nuevo, nos tropezamos con "**some**" y "**any**". Vamos a completar, pues, la explicación.

1) Cuando la palabra es **singular y contable** (*libro*, *silla*, etc.) usamos "**a**" o "**an**":

There's a book on the table.	**There's an apple in my pocket.**
There isn't a book on the table.	**There isn't an apple in my pocket.**
Is there a book on the table?	**Is there an apple in my pocket?**

2) Cuando la palabra es **singular e incontable** (*tinta*, *dinero*, etc.) usamos "**some**" o "**any**":

There's some ink in the bottle.
There isn't any ink in the bottle.
Is there any ink in the bottle?

3) Cuando la palabra es **plural y contable** (*libros*, *sillas*, etc.), usamos "**some**" o "**any**"

There are some books on the table.
There aren't any books on the table.
Are there any books on the table?

4) No existen palabras que sean **plurales e incontables**. Es imposible. No podemos decir *'dineros'*, *'aguas'* o *'tintas'* en inglés. En castellano a veces sí, sobre todo con la palabra *'leche'*, pero éstos usos no son usos estándar.

Finalmente, existe una forma alternativa de hacer la negación. Primero un ejemplo con la forma que ya conocemos:

There isn't any milk in the bottle. (incontable)

There aren't any bottles of milk in the refrigerator. (contable plural)

Ahora la forma alternativa, con la palabra "**no**":

There's no milk in the bottle. (incontable)

There are no bottles of milk in the refrigerator. (contable plural)

Observa que en los dos últimos ejemplos, empezamos la frase como si fuera afirmativa (**There's**... o **There are**...), insertando el agente negador "**no**".

En los primeros dos ejemplos, puesto que "**any**" no es negativo sino neutro, tenemos que empezar la frase con el negativo (**There isn't**... o **There aren't**...)

(Continúa)

← 7.9	**There are some...** **There aren't any...** **How many...?** *(Continuación)*	No tenemos en inglés la doble negación como en castellano. No sé cómo fue posible que entrase en su día en el castellano la doble negación. He aquí un ejemplo: *No hay ninguna posibilidad.* Para anglohablantes, esta frase no tiene sentido. De hecho, si la analizamos, llegamos a la conclusión de que sí hay posibilidades, ya que la frase nos suena un poco así: *Ninguna posibilidad no hay.* Lo cual quiere decir que sí hay alguna posibilidad. Puesto que en inglés no puede haber doble negación, ya que, como en la matemática, ello equivaldría a un número positivo o, en este caso, una afirmación, **sólo podemos tener un solo agente negador en una frase negativa.**

There's not any ink in the bottle. (ó **"There isn't"**)	Agente negador: **not** (**"any" es neutro**)
There's no ink in the bottle.	Agente negador: **no**
There aren't any pens in my pocket.	Agente negador: **not** (**"any" es neutro**)
There are no pens in my pocket.	Agente negador: **no**

También en este **punto 7.9**, vemos la expresion **"How many...?"**, la cual significa *'¿Cuántos?'*

"**How many**" se pronuncia */jao méni/* y sólo se usa para palabras en plural (contables)

"**How many**" podría traducirse **literalmente** como *'¿Cuán muchos?'*

Veremos muy pronto su equivalente para incontables: **How much?**

He aquí preguntas formuladas con "**How many**":

How many books are there on the table?	*¿Cuántos libros hay en la mesa?*
How many people are there in California?	*¿Cuánta gente hay en California?*
How many elephants are there in Africa?	*¿Cuántos elefantes hay en África?*

Fíjate en el segundo ejemplo. En castellano es incontable: *gente*. No puedes decir **'Hay 20 millones de gente en California'**. Sin embargo, como vimos más atrás, la palabra inglesa "**people**" es siempre plural (**people are**). Por lo tanto, la traducción literal del segundo ejemplo en inglés sería: *¿Cuántas personas hay en California?*

7.10	**How many**	Tendrás que hacer cientos de preguntas con **"How many"**, a fin de que te familiarices completamente con la expresión. Es así de fácil: **How many <u>sustantivo en plural</u> are there...** (nunca cambia, siempre es así)

7.11	**Near** **Far from**	**Near** */nir/* = *cerca de* **Far from** = *lejos de* Fíjate que no usamos otra preposición con "**near**". **Por lo tanto, no digas jamás:** **Near to** ó **Near of**
7.12	**Near** *(Continuación)*	¿Hay ciertos lugares cerca de tu casa, como una farmacia, un cine, etc? Ejemplo: **Is there a pharmacy near your house?** **Is there a football stadium near your house?** Etc. Si respondes que sí, recuerda: **"Near" nunca** va seguido de **"to"** ni **"of"**.
7.13	**Some**	Puesto que ya hemos estado viendo "**some**" para incontables y contables en plural, ahora aprovechemos el momento para presentarlo en su sentido puro: **Some** = *algunos* ó *algo de* **Some books are on the table and some are on the chair.** *(Algunos libros están en la mesa y algunos están en la silla.)* **Some water is in the bottle and some is in the glass.** *(Algo del agua está en la botella y algo (de ella) está en el vaso.)* A título informativo únicamente, voy a comparar aquí "**some**", en su sentido puro, con "**any**" y "**no**", también en su sentido puro. Fíjate en estos tres ejemplos y trata de entender su lógica: **Some water here is drinkable** = *Algo del agua aquí es potable.* **Any water here is drinkable** = *Cualquier agua aquí es potable.* **No water here is drinkable** = *Nada del agua aquí es potable.* "**Any**" en su sentido puro significa *'cualquier'* o *'cualquiera'*.
7.14	**Review of "How many"**	La expresión "**How many**" es muy importante, y permite machacar al mismo tiempo la expresión "**there are...**". Construye frases con ambas expresiones.
7.15	**Student questions**	En este punto veremos preguntas con "**How many**", así como otras preguntas dentro del singular contable e incontable. Practica con otros objetivos. Ejemplos: **How many books are there on the table?** **Is there a dog in this room?** **Are there any people in Antartica?** **Is there any water in the Sahara Desert?**

7.16	**How much** **Money** **Pocket** **Wallet**	**"How much...?"** significa *'¿Cuánto...?'*. Se usa para **incontables** (**bread**, **wine**, **water**, **ink**, etc.) Su pronunciación es */jáo mach/* Se podría decir que literalmente se traduce por: *¿Cuán mucho?* Para diferenciarlo de "**How many**", fíjate en los dos ejemplos: **How much money is there in the your bank account?** **How many euros are there in your bank account?** **"Money"** es incontable. Recuerda: No puedes decir que tienes dineros. Tienes que convertir el dinero en palabras contables e unitarias como *'euros'*. **<u>Muy importante</u>: la pronunciación de "money" es** */máni/* A lo mejor sabes decir *'gracioso'* en inglés. Decimos: **"funny"**, pronunciado: */fáni/* Pues si ya conoces la palabra **"funny"** en inglés, entonces haz cada día el ejercicio consistente en decir mil veces: *dinero gracioso*: **Funny money** Las dos palabras suenan exactamente iguales, riman. Pratícalas, porque en los 25 años que llevo enseñando inglés a españoles, todavía no conozco a nadie que pronuncie bien la palabra tan importante **"money"**. También introducimos aquí 2 palabras nuevas: **"Pocket"** (*bolsillo*) y **"wallet"** (*cartera*).
7.17	**Student questions**	Te damos una nueva palabra *'cuenta bancaria'*: **account** */acáont/* para que practiques el dinero que tienes en tu cuenta. Tendrás que decir: **There is 500€ in my account.** Practica con diferentes cantidades.
7.18 →	**Review of the days of the week** **Before** **After** **Between** **Ordinal numbers** *(Continúa)*	Aquí repasaremos los días de la semana y, mucho más importante, aprenderemos los siete primeros numeros ordinales. Los números ordinales son: *primero*, *segundo*, *tercero*, etc. *<u>Después de</u> la fiesta, fui a la discoteca.* — **After the party, I went to the discotheque.** *<u>Antes</u> del partido, llamé a mi madre.* — **Before the match, I called my mother.** *<u>Después</u>, fui a la discoteca.* — **Then, I went to the discotheque.** Veremos **"then"** más adelante. Por último, **"between"** significa *'físicamente'* entre dos objetos, personas, fechas, años, etc.

← 7.18

Review of the days of the week

(Continuación)

No utilizamos la preposición "**between**" cuando queremos decir algo así: *Le ví entre la multitud.* Este último uso de *'entre'* se traduciría por **"among"**, una preposición que veremos también más adelante.

7.19 →

Ordinal numbers

Este punto es una presentación completa de los números ordinales (1º, 2º, 3º, etc.)

Te pongo más abajo los números y su pronunciación. Tienes que aprendértelos todos, ya que siempre usamos números ordinales para las fechas, los pisos de un edificio y muchos más usos. Te pongo ejemplos:

En castellano	En inglés	Literalmente
La planta nueve	**The ninth floor**	La novena planta
El tres de marzo	**The third of March**	El tercero de marzo
El 25 aniversario	**The twenty-fifth anniversary**	El vigéstimo quinto aniversario
La vez número 15 que...	**The fifteenth time that...**	La décimoquinta vez que...

Puesto que los números ordinales aparecen mucho más en inglés que en castellano, hay que aprenderlos.

1st	**First**	*/ferst/*	17th	**Seventeeth**	*/sefentínz/*
2nd	**Second**	*/sécand/*	18th	**Eighteenth**	*/eitínz/*
3rd	**Third**	*/zerd/*	19th	**Nineteenth**	*/naintínz/*
4th	**Fourth**	*/forz/*	20th	**Twentieth**	*/tuéntiez/*
5th	**Fifth**	*/fifz/*	21st	**Twenty-first**	*/tuenti-férst/*
6th	**Sixth**	*/siksz/*	22nd	**Twenty-second**	*/tuenti-sécand/*
7th	**Seventh**	*/séfenz/*	etc.	**Etc.**	*etc.*
8th	**Eighth**	*/éitz/*			
9th	**Ninth**	*/náinz/*	30th	**Thirtieth**	*/zértiez/*
10th	**Tenth**	*/tenz/*	40th	**Fortieth**	*/fórtiez/*
11th	**Eleventh**	*/eléfenz/*	50th	**Fiftieth**	*/fíftiez/*
12th	**Twelfth**	*/tuélfz/*	60th	**Sixtieth**	*/síkstiez/*
13th	**Thirteenth**	*/zertínz/*	70th	**Seventieth**	*/séfentiez/*
14th	**Fourteenth**	*/fortínz/*	80th	**Eightieth**	*/éitiez/*
15th	**Fifteenth**	*/fiftínz/*	90th	**Nintieth**	*/náintiez/*
16th	**Sixteenth**	*/sikstínz/*	100th	**One-hundredth**	*/uan-jándretz/*

(Continúa)

← 7.19	**Ordinal numbers** *(Continuación)*	¿Cuántas veces cada semana en el trabajo se dicen frases que contienen referencia a fechas concretas tales como: *'el día 3'*... ó ... *'el lunes día 6'* ... ó ... *'el martes día 27'* ... etc. Pues, en inglés, recurrimos a esta forma de precisar fechas también, pero usando números ordinales: **...on the 3rd** **... Monday, the 6th** **... Tuesday, the 27th** Etc. Así que no te queda más remedio que aprender a manejar ágilmente los números ordinales. Si no lo logras, tus futuros interlocutores en inglés te notarán flojo con el idioma aunque en mucho de lo demás lo hables bien.
7.20 →	**Saxon genitive** **(Sandro's father)** *(Continúa)*	Aquí entramos de lleno en el GENITIVO SAJÓN (Saxon genitive). Recordarás que es cuando decimos **"Pepe's libro"** en lugar de *'el libro de Pepe'*. Fíjate en este ejemplo del uso de genitivo sajón: **Pepe's book is blue.** *El libro de Pepe es azul.* Fíjate que no ponemos el artículo determinado "**the**" delante de "**Pepe**". O sea, no decimos: **The Pepe's book is blue**. Esto, traducido al inglés, significaría lo siguiente: **El libro del Pepe es azul.** Este **punto 7.20** también nos permite aprender un sinnúmero de relaciones de parentesco. Te pongo la lista de rigor:

Parents	*Padres*	**Grandmother**	*Abuela*
Father	*Padre*	**Grandson**	*Nieto*
Mother	*Madre*	**Granddaughter**	*Nieta*
Sister	*Hermana*	**Grandchildren**	*Nietos*
Brother	*Hermano*	**Aunt** */ant/*	*Tía*
Brothers & sisters	*Hermanos*	**Uncle** */áncal/*	*Tío*
Son	*Hijo*	**Aunt and uncle**	*Tíos*
Daugther	*Hija*	**Nephew** */néfiu/*	*Sobrino*
Children	*Hijos (o niños)*	**Niece** */nis/*	*Sobrina*
Grandparents	*Abuelos*	**Cousin** */kásen/*	*Primo o prima*

7.20 Saxon genitive (Sandro's father)

(Continuación)

Parents-in-law	*Suegros*	**Son-in-law**	*Yerno*
Father-in-law	*Suegro*	**Daughter-in-law**	*Nuera*
Mother-in-law	*Suegra*	**In-laws**	*Parientes políticos*
Sister-in-law	*Cuñada*	**Relatives**	*Parientes en general*
Brother-in-law	*Cuñado*		

La expresión **"in-law"** se pronuncia: */en-láa/*

Si queremos referirnos, por ejemplo, a dos yernos, ponemos la "**s**" del plural al final de "**son**":

Mis yernos = **My sons-in law**

Cuando usamos el genitivo sajón refiriéndonos a un pariente político, ponemos el apóstrofo y la "**s**" al final:

La casa de mi yerno = **My son-in-law's house**

Si tardas una eternidad en aprender a usar ágilmente todos los parentescos, te lo perdono. Llevo 35 años en España y todavía a veces tengo que pararme a pensar cuando quiero referirme a parientes no del día a día como *'yerno'*, *'nuera'*, *'sobrino'*, etc.

7.21 The first / The last

Picture
Page

Este punto es fácil. Puesto que ya hemos enseñado el número ordinal **"first"** *(primero)*, conviene que también enseñemos **"last"** *(último)*.

Esta es la última página de esta unidad.

This is the last page of this unit.

Hay una mesa en la primera imagen del libro de imágenes.

There's a table in the first picture of the picture book.

Ojalá todos los puntos en este manual fueran tan fáciles como éste.

(I wish all the points in this manual were as easy as this one.)

8.1 →

Number pronunciation

A partir de este punto, ya presentamos todos los números, hasta los trillones si quieres.

A partir de ahora, cada unidad tendrá un punto como éste, dedicado al dictado de números y su lectura en voz alta. Me vas a llegar a odiar por ello, pero alguien tiene que velar por tu bien con el idioma inglés. Pregunta a colegas tuyos que tengan que usar los números constantemente en su trabajo. Te dirán que lo pasan muy mal normalmente. El que yo me ponga pesado, unidad tras unidad, es por tu bien. Te aseguro que me lo agradecerás algún día.

Recuerda: en los países anglosajones, usamos comas, no puntos:

542,862

Usamos puntos donde vosotros usáis comas para escribir decimales: **0,42** = **0.42**

Vuelvo también a resaltar el uso de "**and**" al decir números más largos. Aquí te pongo el ejemplo:

542,862

Five hundred and forty-two thousand, eight hundred and sixty-two

Permíteme ahora un inciso sobre *'millón'*, *'billón'* y *'trillón'* en inglés.

En el mundo anglosajón, al igual que en todas partes, se cambia de *'mil'* a *'millón'* después de **mil miles**. Me explico:

Mil miles = *un millón*

1,000 thousands = **one million**

Ahora fíjate: un millón cambia a un billón después de **mil millones**, es decir:

Mil millones = *un billón*

1,000,000,000 = **one billion**

En la Europa continental, un *'billón'* equivale a un millón de millones (1,000,000,000,000)

Ahora bien, el billón español o europeo equivale a un trillón en el mundo anglosajón.

En otras palabras, cambiamos de nombre *'mil'* – *'millón'* – *'billón'* – *'trillón'*, después de cada **mil** unidades de una categoría de números.

1,000	**One thousand**	*(Igual que en español)*
1,000,000	**One million**	*(Igual que en español)*
1,000,000,000	**One billion**	*(Mil millones en español)*
1,000,000,000,000	**One trillion**	*(Un billón en español)*

(Continúa)

← 8.1	**Number pronunciation** *(Continuación)*	En teoría, Reino Unido y su "**commonwealth**" siguen el patrón continental. Pero desde hace años, los financieros ingleses y las publicaciones de negocios de dicho país usan el sistema americano. Por eso, no te asustes si lees en la prensa española que la deuda del estado en EE.UU. asciende a 27 trillones de dólares. Lo que habrá pasado es que el periodista español tomó la cifra de las agencias de prensa y no la convirtió al sistema de números español. De haberlo hecho, habría puesto: 27 billones... que siguen siendo muchos dólares.
8.2	**Numbers**	Una cosa sobre los números. Fíjate en estas dos columnas y nota la rareza de la segunda columna:

Dos mil pájaros.	*Dos mil pájaros.*
Dos millones de pájaros.	*Dos millón pájaros.*
Dos billones de pájaros.	*Dos billón párajos.*

La columna derecha es una aberración en castellano. Sin embargo, así lo decimos en inglés:

Two thousand birds.

Two million birds.

Two billion birds.

Es decir, en inglés, *'million'*, *'billion'*, *'trillion'*, etc., tiene el mismo tratamiento que *'mil'*.

Al igual que no dices en castellano *'tengo dos miles de euros'*, en inglés no decimos *'tengo dos millones de euros'.* Decimos *'tengo dos millón euros'*.

La única vez que puedes pluralizar palabras como *'millón'*, *'billón'*, etc., es cuando incurres en una exageración que realmente no es expresar un número:

¡Mira, Mamá, hay millones de pájaros en el cielo!

Look, Mom, there are millions of birds in the sky!

Luego, seguro que la mamá le dice al niño:

¡No te he dicho un millón de veces que no exageres!

Haven't I told you a million times not to exaggerate!

8.3	**Review of the days of the week**	En cada unidad vamos a hacer un breve repaso de los días de la semana. Es por una sencilla razón: conozco a mucha gente con nivel alto de inglés que todavía no sabe diferenciar *'martes'* de *'jueves'* en inglés. Conozco a otros que no sabe pronunciar bien *'miércoles'*. Veamos estos tres casos: *Martes* – **Tuesday** */tiúsdei o túsdei/* *Miércoles* – **Wednesday** */uénsdei/* *Jueves* – **Thursday** */zérsdei/* A lo mejor oirás a algún profesor o nativo de habla inglesa pronunciar la última sílaba de los días de la semana de la siguiente forma: **Thursday** = */zérsdi/* Esta pronunciación es muy corriente en EE.UU. Sin embargo, no es la pronunciación estándar y correcta.
8.4	**Review of ordinal numbers**	Repasamos los días de la semana junto con números ordinales. Tendrás que decir cosas como: **The first day of the week is Monday, the second day of the week is Tuesday...** y así sucesivamente. Es pesado pero conviene hacerlo. Es imposible aprender bien un idioma si tratas siempre de eludir la parte menos divertida. Siempre hay ciertos aspectos del aprendizaje que son odiosos. Pero el verdadero dominio exige que te sometas a estos aspectos.
8.5 →	**Months of the year** *(Continúa)*	Aquí tienes los meses del año:

January	*/chániueri/*	*Enero*
February	*/fébrueri/*	*Febrero*
March	*/march/*	*Marzo*
April	*/éipral/*	*Abril*
May	*/méi/*	*Mayo*
June	*/chún/*	*Junio*
July	*/chulái/*	*Julio*
August	*/áugast/*	*Agosto*
September	*/septémbe/*	*Septiembre*
October	*/aktóber/*	*Octubre*
November	*/nofémber/*	*Noviembre*
December	*/disémber/*	*Diciembre*

8.5 Months of the year

(Continuación)

Primer punto: Los meses, al igual de los días de la semana, **siempre se escriben con mayúscula:**

March

Segundo punto: En la lista anterior de los meses del año he hecho un intento de acercarme lo más posible a la pronunciación de la *'j'* en inglés. Se trata de un sonido fonético que no existe en castellano. Realmente, el sonido es una *'ch'* usando las cuerdas vocales al mismo tiempo.

8.6 Dates

Christmas

Birthday

When...?

Existen dos formas estándar de decir las fechas, la británica y la americana. Te pongo las dos:

Forma británica:	*The third of May, 1999*	Literalmente: *el tercero de mayo, 1999*
Forma americana:	*May third, 1999*	Literalmente: *mayo tercero, 1999*

"on" vs. "in"

Cuando nos referimos a un día, usamos: on	**On Monday... On Friday...** etc. *Hay una fiesta el viernes.* **There's a party on Friday.**
Cuando nos referimos a una fecha, usamos: on	**On the 1st of June... On June 1st** *Hay una fiesta el uno de junio.* **There's a party on June 1st.**
Cuando nos referimos a un mes, usamos: in	**In January... In May...** etc. *Hay una reunión en mayo.* **There's a meeting in May.**
Cuando nos referimos a un año, usamos: in	**In 1995... In 1999...** etc. *Hay una celebración en 1999.* **There's a celebration in 1999.**

En este punto, también vamos a ver una nueva palabra para preguntar: **when**

"When" significa *'cuando'* y se pronuncia: */juén/*

Con el verbo "**to be**", solemos hacer la contracción: **when's (when is)** */juéns/*

When's Christmas? *¿Cuándo es Navidad?*

When's your birthday? *¿Cuándo es tu cumpleaños?*

8.7	**Student questions**	Aquí tendrás que esforzarte de nuevo para hacer buenas preguntas, esta vez sobre fechas, años, meses, etc. Te doy una ayuda para arrancar: **When's Easter?** *Semana Santa* – pronunciado: */íster/* **When's the independence day in Mexico? (May 5th)** **When's labor day in the United States? (the 1st Monday in September)** **"Labor Day"** es el día de los trabajadores, como el 1 de mayo aquí.
8.8	**Dates**	Este punto aparecerá en todas las unidades hasta la 35 inclusive. Lo vas a llegar a odiar pero te dotará de un dominio y una agilidad con las fechas que nadie, repito, nadie tiene en España cuando habla inglés. Se trata de decir, día a día, la fecha a través de todo un mes de 31 días. O sea, tendrás que decir: *'el lunes día 1'*, *'el martes día 2'*, *'el miércoles día 3'*, y así sucesivamente hasta el día 31. En inglés, será como sigue: **Monday, the 1st... Tuesday, the 2nd... Wednesday, the 3rd...** Como dije en un apartado anterior, esta forma de decir el día y su fecha es la forma más comúnmente usada en el mundo de los negocios. Tienes que hacerte con ella. *Mi jefe llega el jueves, día 24* = **My boss is arriving on Thursday, the 24th**
8.9	**The years**	En español decís los años como un número normal: *mil novecientos noventa y nueve* En inglés abreviamos. Decimos literalmente: *diecinueve noventa y nueve* **Nineteen ninety-nine.** Es importante que aprendas a decir rápido y bien los años porque es realmente violento estar delante de alguien y darte cuenta que estás metiendo la pata con algo tan sencillo como la pronunciación del año. Esto lo he visto repetidas veces en pruebas de inglés que he hecho a lo largo de los años a aspirantes a puestos de trabajo en empresas que son clientes míos. Una de las primeras preguntas que les hago a los jóvenes candidatos es "¿Cuándo terminaste tus estudios?". Más de la mitad dicen mal el año, mientras que otros tardan hasta 10 segundos en decirlo, lo cual casi les elimina de entrada de cualquier posibilidad de acceder al puesto en liza.

8.10 What time is it?

O'clock

What time is it? = *¿Qué hora es?*

Te pongo a continuación las dos formas estándar de decir la hora:

Forma americana	Forma británica
It's one o'clock	**It's one o'clock**
It's one o' five	**It's 5 past one**
It's one-ten	**It's ten past one**
It's one-fifteen	**It's a quarter past one**
It's one twenty	**It's 20 past one**
It's one twenty-five	**It's 25 past one**
It's one thirty	**It's half past one**
It's one thirty-five ó 25 to two	**It's 25 minutes to two**
It's one forty ó 20 to two	**It's 20 minutes to two**
It's one forty-five ó a quarter to two	**It's a quarter to two**
It's one fifty ó 10 to two	**It's 10 minutes to two**
It's one fifty-five ó 5 minutes to two	**It's five minutes to two**

La expresión **"o'clock"** no significa nada. Sólo se usa para las horas en punto y muchas veces no se usa. Proviene, creo, de una expresión muy antigua en inglés que era: **...of the clock**.

8.11 → Salutations

Este es el primer punto dedicado a saludos, despedidas y otras formas verbales de etiqueta diaria. Para mí, son formas necesarias pero menos importantes en el contexto del aprendizaje de un idioma. Es mucho más importante, por ejemplo, asegurar un buen dominio del verbo "**to be**" que dedicar demasiado tiempo a dominar los saludos, despedidas, etc. No osbstante, es necesario saberlos.

Hello	*Hola*	De uso universal
Hi!	*Hola*	De uso universal ahora, antes sólo de EE.UU.
Good morning	*Buenos días*	Se dice hasta mediodía
Good afternoon	*Buenas tardes*	Se dice entre mediodía y la caída del sol o hasta que uno termine de trabajar.
Good evening	*Buenas tardes*	Se dice por la tarde cuando uno ya está más relajado, después de trabajar. Algunos dicen que "**afternoon**" cambia a "**evening**" con el primer whisky.
Good night	*Buenas noches*	Saludo de despedida cuando uno va a la cama o se despide de anfitriones ya muy de noche.
Good bye	*Adiós*	Despedida estándar, pero quizá la mejor
Bye	*Adiós*	Despedida breve y rápida, muy usada
Bye, bye	*Adiós*	Despedida más cariñosa
See you later	*Hasta luego*	Muy corriente

(Continúa)

← 8.11 Salutations

(Continuación)

See you tomorrow	*Hasta mañana*	Se usa más en castellano que en inglés
See you soon	*Hasta pronto*	Se usa más en cartas que al hablar
How do you do?	*Mucho gusto*	Saludo formal al ser presentado a un extraño
How are you?	*¿Cómo estás?*	Saludo menos formal para conocidos.
How are you doing?	*¿Qué tal?*	Saludo familiar usado con amigos
How's it going?	*¿Cómo van las cosas?*	Saludo muy corriente
How are things going?	*¿Cómo van las cosas?*	Saludo muy corriente
Very well, thank you	*Muy bien, gracias*	Muy formal
Fine, thank you	*Bien, gracias*	Usa esta forma siempre
Pleased to meet you	*Encantado*	Saludo algo formal al ser presentado
It's a pleasure	*Es un placer*	Saludo algo formal al ser presentado
Nice to meet you	*Encantado*	Saludo menos formal al ser presentado
Glad to meet you	*Encantado*	Saludo menos formal al ser presentado
Good to meet you	*Encantado*	Saludo menos formal al ser presentado
Thank you	*Gracias*	Agradecimiento preferido
Thanks	*Gracias*	Agradecimiento rápido entre amigos
Thank you very much	*Muchas gracias*	El mejor de los agradecimientos
Thanks a lot	*Muchas gracias*	Cuidado con esta forma. Es la que se usa cuando dices *'muchas gracias'* de forma sarcástica.
You're welcome	*De nada*	Usado en EE.UU. (pero se está imponiendo)
Not at all	*De nada*	De uso universal
Don't mention it	*De nada*	Usado algo menos
Thank you	*A Vd.*	Muy usado, sobre todo al decir *'A Vd.' a* dependientes de tienda o similar. Se acentúa "**you**"

8.12 Review of "going from/to"

Aquí hacemos un pequeño repaso de **"going from...to"** *(yendo desde...hasta...)*

The plane is going from New York to London.

Ya sabes, practica la fórmula con diferentes orígenes y destinos.

8.13 → Imperatives (commands)

El imperativo es cuando uno da órdenes como *'véte'*, *'no te vayas'*, *'mira'*, *'fíjate'*, etc.

La formación del imperativo es fácil. Simplemente tomas el infinitivo y le quitas el "**to**", y ya está:

Infinitivo del verbo *'mirar'*: **To look**

Imperativo (*mira o mire*): **Look**

En este punto, vamos a ver el imperativo en su sentido puro. Es decir, no vamos a entrar en otras formas de *'vestir'* el imperativo para que sea más educado o suplicatorio como, por ejemplo, decir: *'¿Podrías abrir la puerta por favor?'*. Vamos a centrarnos de momento en expresiones como *'Abra la puerta por favor'* (**Open the door please**).

Introduction to present continuous

Doing
Opening
Closing
Going (review)
Coming
Going back
Coming back
Getting up
Sitting down
Writing
Reading

En este ejercicio tendrás que decir lo que te pidan que digas. Como alumno deberás seguir las órdenes de este profesor. Continúa el modelo con los verbos presentados en la columna de la izquierda.

Profesor:	**Tell me to get up.**	*Dime que me levante.*
Alumno:	**Get up please.**	*Levántate, por favor.*
Profesor:	**What am I doing?**	*¿Qué estoy haciendo?*
Alumno:	**You're getting up.**	*Te estás levantando.*
Profesor:	**Now, tell me sit down.**	*Ahora, dime que me siente.*
	Etc.	Etc.

Vamos a ver los siguientes verbos:

To get up */guetáp/*	*Levantarse*	**To close** */clous/*	*Cerrar*
To sit down */sit dáon/*	*Sentarse*	**To come**	*Venir*
To write */ráit/*	*Escribir*	**To come back**	*Volver (viniendo)*
To read */rid/*	*Leer*	**To go**	*Ir*
To open	*Abrir*	**To go back**	*Volver (yendo)*
To do	*Hacer*	**To tell**	*Decir*

Quickly
Slowly

También veremos dos adverbios:

Quickly */kuíkli/*	*Rápido o rápidamente*
Slowly */slóuli/*	*Despacio o lentamente*

(Continúa)

← 8.13	*Quickly* *Slowly* *(Continuación)*	Un adverbio es una palabra que describe el verbo. Ejemplo: *El chico está escribiendo rápidamente.* **The boy is writing quickly.** La palabra *'rápidamente'* (**quickly**) describe cómo está escribiendo el chico. Es decir, describe el verbo. En la mayoría de los casos, los adverbios son los adjetivos más las letras "**ly**". Hay excepciones, pero las veremos más adelante. Adjetivo: **slow** *(lento)* — *El es un corredor lento* **(He's a slow runner.)** Adverbio: **slowly** *(lentamente)* — *Está corriendo lentamente* **(He's running slowly.)** Adjetivo: **good** *(bueno)* — *El es un buen corredor* **(He's a good runner)** Adverbio: **well** *(bien)* — *El está corriendo bien* **(He's running well.)** En este último ejemplo, el adverbio "**well**" es irregular, ya que no decimos "**goodly**"
8.14 →	**Present continuous** *Why* *Because* *Windy* *Headphones* *Video game* *Television / tv* *Potato chips / potato crisps* *Something* *(Continúa)*	Aquí entramos de lleno en el presente continuo para expresar acciones que están en estos momentos en vías de realización. Vamos a ver los siguientes verbos: **Smoking** — *Fumando* **Showing** — *Mostrando, enseñando* **Smiling** */smáiling/* — *Sonriendo* **Running** — *Corriendo* **Walking** */uáking/* — *Andando, caminando* (la "l" es prácticamente muda) **Raining** */réining/* — *Lloviendo* **Carrying** */kérilling/* — *Llevando* (portando) **Calling** — *Llamando* (con la voz o por teléfono) **Riding** */ráiding/* — *Montando* (en bicicleta, a caballo, etc.) **Playing** */pléilling/* — *Jugando* **Eating** */íting/* — *Comiendo* **Drinking** — *Bebiendo* **Filling** — *Llenando* **Laughing** */láfing/* — *Riéndose* (fíjate en la pronunciación) **Having lunch** — *Comiendo* (la comida de mediodía) **Watching** */uáching/* — *Viendo* (la tele o fijando la vista en la acción de algo o alguien) **Looking at** — *Mirando* (fijando la vista en algo o alguien, no en su acción) **Wearing** */uéring/* — *Llevando puesto* (prendas de vestir, joyas, gafas, reloj, etc.) **Snowing** — *Nevando*

← 8.14	**Present continuous** *Why* *Because* *(Continuación)*	

Looking out	*Mirando por (hacia fuera, como por la ventana)*
Leaving */lífing/*	*Saliendo de, dejando, marchándose*
Saying goodbye */séilling/*	*Despidiéndose*
Shining (sháining)	*Brillando o luciendo (el sol)*
Sitting	*Sentado*
Listening to	*Escuchando*
Coming into	*Entrando en (hacia el que habla)*
Bringing	*Trayendo*
Talking */táking/*	*Hablando (la "l" es prácticamente muda)*
Writing	*Escribiendo*
Doing homework	*Haciendo los deberes (del colegio)*
Sleeping */slíping/*	*Durmiendo*
Standing	*De pie*
Taking	*Llevando (de un sitio a otro)*
Saying something	*Diciendo algo*

También vamos a ver un poco las palabras:

Why...? */juái/ = ¿Por qué...?* **Because** */bicás/ = Porque*

Te cito algunas palabras para que las aprendas:

Windy	*Ventoso*	**Potato chips**	*Patatas fritas de bolsa (EE.UU)*
TV	*Televisión*	**Potato crisps**	*Patatas fritas de bolsa (R.U.)*
Headphones	*Cascos o auriculares*	**Something**	*Algo*

8.15 Student review

Repaso. Mira a tu alrededor y trata de describir lo que sucede. Apréndete bien los verbos, ya que sin un buen dominio de los verbos, no hablarás nunca bien inglés.

8.16 Student questions

Aquí tienes que hacer tú las preguntas. Te doy pistas:

What is Nigel doing?
Is he looking at Phillip or at the map?
Is Phillip looking at Nigel or at the map?
Is Phillip talking to Nigel or to Denise?

¿Qué está haciendo Nigel?
¿Está mirando a Phillip o el mapa?
¿Está Phillip mirando el mapa o a Nigel?
¿Está Phillip hablando con Nigel o con Denise?

9.1	**Number pronunciation**	Esta es la quinta vez que nos dedicamos al dictado y pronunciación de números, escribe tus 20 números en un papel. Que estén entre el 1 y el 999.
9.2	**Number pronunciation**	Recuerda la regla: **"and"** se inserta entre la cifra de 100 y la cifra de 10: **392** **Three hundred and ninety-two**
9.3	**Second review of the days of the week**	Seguimos con el repaso de los días de la semana. Lo importante es conseguir agilidad y buena pronunciación de **"Tuesday"**, **"Wednesday"** y **"Thursday"** */tiúsdei/* - */uénsdei/* - */zérsdei/* Pronuncia los 7 días de la semana en alto.
9.4	**Second review of ordinal numbers**	Seguimos con el repaso de los números ordinales: **The first day of the week is Monday, the second day of the week is Tuesday**, etc. El número ordinal más difícil de pronunciar es *'sexto'*: **SIXTH** */siksz/* Para conseguir pronunciarlo bien, empieza diciendo muchas veces el sonido fonético siguiente: */síkesez/* A medida que lo vas diciendo, trata de ir comiéndote las **"es"**.
9.5	**Second review of months of the year**	**Which month is between March and May?** **Which month is before October?** Continúa con el modelo usando las preposiciones, los adverbios y los meses del año.
9.6	**Review of dates**	**Monday, the first. Tuesday, the second. Wednesday, the third. Thursday, the fourth. Friday, the fifth. Saturday, the sixth. Sunday, the seventh. Monday, the eighth. Tuesday, the ninth. Etc.** Hazte con esta forma de decir días y fechas. Es la que se usa más comunmente en el mundo de la empresa.
9.7	**Review of telling time**	American way: **Digital – It's 11:05** British way: **Analog – It's five past eleven** Es triste cuando a un alumno de nivel intermedio todavía se le oye decir mal la hora.
9.8	**Review of salutations**	Aquí hacemos un breve repaso de saludos, despedidas, etc. Te aconsejo que vuelvas atrás al **punto 8.11** para estudiarlos.

9.9 **Review of imperatives**

introduction of indirect imperatives

(Tell him to go to the door, etc.)

Ahora vamos a situarte en nuestra clase virtual. Estás con nuestro profesor. La clase es individual y el profesor hará lo siguiente:

Teacher:	**Tell me to get up.**
Student:	**Get up, please.**
Teacher:	**What are you telling me?**
Student:	**I'm telling you to get up.**

De repente Paco y María (tus compañeros virtuales) se unen a la clase. Ahora el sistema cambia:

Teacher:	**Paco, tell María to tell me to get up.**
Paco:	**María, tell the teacher to get up.**
María:	**Get up, please.**
Teacher:	**Paco, what is María telling me?**
Paco:	**She's telling you to get up.**
	Etc.

Practica 10 minutos en ambas clases. Ahora bien, vamos a estudiar este último intercambio breve de instrucciones y preguntas. Primero voy a traducirlo al castellano:

Profesor:	**Paco, di a María que me diga que me levante.**
Paco:	**María, di al profesor que se levente.**
María:	**Levántate, por favor.**
Profesor:	**Paco, ¿qué me está diciendo María?**
Paco:	**Te está diciendo que te levantes.**

Por supuesto, una conversación de este tipo no va a ocurrir nunca. Sin embargo, ponemos en juego algo muy importante: el uso de "**tell**" para dar instrucciones.

Tell him to come to my office as soon as possible.

Dile que venga a mi oficina lo antes posible.

Fíjate en la parte destacada de la instrucción "**Tell him to come...**"

En inglés no decimos: ***Dile que venga*** sino literalmente ***'Dile venir'***

Recuerdo esto. No vamos a entrar profundamente con ello en estos momentos, pero vas a verlo hasta la saciedad más adelante.

9.10	**Continuation of the above point with new verbs** *Take* *Bring (review)* *Put* *Put on* *Take off* *Put in* *Take out of*	Aquí vamos a seguir el patrón del punto anterior, pero con más verbos. Vamos a ver los verbos opuestos: **take – bring** **"Take"** significa *'llevar'*. Ahora bien, no es *'llevar'* en el sentido de llevar a alguien en brazos o de *'llevar'* una cosa pesada. Para esto usamos el verbo "**carry**". El verbo "**take**" es cuando llevamos algo o alguien de un sitio a otro. Ejemplo: **Take the plates to the kitchen.** *(Lleva los platos a la cocina)* El verbo **"to bring"** es lo contrario: **Bring me the plates** – *(Tráeme los platos)* Por último, vamos a ver los verbos:

Put	*Poner*	*Ponlo en la mesa*	**Put it on the table.**
Put on	*Ponerse (prendas, etc.)*	*Pónte*lo	**Put it on.**
Take off	*Quitarse (prendas, etc.)*	*Quítatelo.*	**Take it off.**
Put in	*Meter*	*Mételo en la caja*	**Put it in the box.**
Take out (of)	*Sacar (de)*	*Sácalo de la caja*	**Take it out of the box.**

9.11 →	**I have** **You have** *(Continúa)*	Por fin llegamos al verbo **'tener'** **have** – */jaf/* Este punto y varios de que los que siguen desarrollarán por completo este verbo dentro del tiempo presente. No obstante, voy a dedicar este espacio a presentar el verbo en todas sus personas del presente.

Tengo	**I have**	*No tengo*	**I don't have**
Tienes	**You have**	*No tienes*	**You don't have**
El tiene	**He has**	*El no tiene*	**He doesn't have**
Ella tiene	**She has**	*Ella no tiene*	**She doesn't have**
Ello tiene	**It has**	*Ello no tiene*	**It doesn't have**
Tenemos	**We have**	*No tenemos*	**We don't have**
Tenéis	**You have**	*No tenéis*	**You don't have**
Ellos tienen	**They have**	*No tienen*	**They don't have**

Vaughan SYSTEMS

← 9.11 →

I have

you have

(Continuación)

¿Tengo...?	**Do I have...?**	*¿Tenemos...?*	**Do we have...?**
¿Tienes...?	**Do you have...?**	*¿Tenéis...?*	**Do you have...?**
¿Tiene él...?	**Does he have...?**	*¿Tienen...?*	**Do they have...?**
¿Tiene ella...?	**Does she have...?**		
¿Tiene ello...?	**Does it have...?**		

Primero vamos a estudiar el verbo "to have" en el afirmativo

→ No hay contracción.

→ La tercera persona del singular (**he**, **she**, **it**) se conjuga con "**has**" en lugar de "**have**".

→ Por último, conviene precisar que existe otra forma alternativa de conjugar *'tener'*, añadiendo la palabra "**got**" después de "**have**" (**I have got** ó **I've got**). Esta forma alternativa es muy corriente, se usa a diario. Sin embargo, es una forma irregular que no es aplicable en todos los casos. Por ello, prefiero enseñarte la forma regular que se usa también a diario y que es aplicable en absolutamente todos los casos.

Ejemplo: En las dos frases siguientes, las dos formas son iguales en su significado. Se pueden usar una u otra.

I have a book. = *Tengo un libro*

I've got a book. = *Tengo un libro*

Ahora bien, también empleamos el verbo "**to have**" para comidas o bebidas. Te pongo ejemplos:

I have lunch at home every day. = *Como en casa todos los días*

I have a drink after work every day. = *Tomo una copa después de trabajar cada día.*

En estos dos últimos casos, no podemos usar la expresion: **I've got**

Por último, cuando cambiamos del presente al pasado, tenemos por obligación que usar "**to have**" en su versión regular:

I had a meeting yesterday. = *Tuve una reunión ayer*

En este ejemplo, no podemos decir: **I had got** (ó **I'd got**)

Por lo tanto, recomiendo que no trates de aprender las dos versiones, sino que centres tu atención en la versión estándar: **I have - I don't have - Do you have?**

(Continúa)

← 9.11 →

I have

you have

(Continuación)

Ahora bien, voy a volver a poner la conjugación del verbo "**to have**" en esta página para que nos sirva de refencia sin tener que volver a la página anterior.

Tengo	**I have**	*No tengo*	**I don't have**
Tienes	**You have**	*No tienes*	**You don't have**
El tiene	**He has**	*El no tiene*	**He doesn't have**
Ella tiene	**She has**	*Ella no tiene*	**She doesn't have**
Ello tiene	**It has**	*Ello no tiene*	**It doesn't have**
Tenemos	**We have**	*No tenemos*	**We don't have**
Tenéis	**You have**	*No tenéis*	**You don't have**
Ellos tienen	**They have**	*No tienen*	**They don't have**

¿Tengo...?	**Do I have...?**
¿Tienes...?	**Do you have...?**
¿Tiene él...?	**Does he have...?**
¿Tiene ella...?	**Does she have...?**
¿Tiene ello...?	**Does it have...?**
¿Tenemos...?	**Do we have...?**
¿Tenéis...?	**Do you have...?**
¿Tienen...?	**Do they have...?**

En el presente habitual (***tengo***, ***fumo***, ***vivo***, etc.), el verbo auxiliar es "**does**" en la tercera persona del singular y "**do**" en las demás personas.

¿Qué es un verbo auxiliar? Pues, la verdad no lo sé. Entró en mi idioma hace siglos. Aunque como verbo significa ***'hacer'***, cuando sirve como verbo auxiliar, no significa nada, simplemente tiene que estar ahí, en las preguntas con sujeto identificado y en la negación.

Do you have a book?	*¿Tienes un libro?*
Does he have a book?	*¿Tiene él un libro?*
I don't have a book.	*No tengo un libro.*
He doesn't have a book.	*El no tiene un libro.*
Who has a book?	*¿Quién tiene un libro?*

(Continúa)

← 9.11 →

I have

you have

(Continuación)

Fíjate en la última pregunta (**Who has a book?**). No tiene el verbo auxiliar. Es porque el sujeto de la frase no ha sido todavía identificado. No sabemos todavía quién tiene un libro. Realmente el sujeto es "**Who**". En estos casos, es decir, en casos donde el sujeto no está todavía identificado, o más sencillamente, cuando el sujeto de la pregunta es "**who**", "**what**", "**which**" etc., no se usa un verbo auxiliar.

Por último, al igual que "**to be**" tiene contracciones con "**not**" (**isn't** – **aren't**), el verbo "**to do**" también.

Do not = **don't** */dóunt/*

Does not = **doesn't** */dásent/*

Para terminar con la idea de verbos auxiliares, vamos a aceptarlos tal cual. Existen simplemente para auxiliar al sujeto, para ayudarle. Si no está identificado el sujeto, pues no aparecen, digamos, para prestar el auxilio.

Finalmente, voy a poner frases usando el verbo "**to have**" abarcando todas las posibilidades dentro del presente habitual:

I have a problem.	*Tengo un problema*
I don't have a problem.	*No tengo un problema.*
Do I have a problem?	*¿Tengo un problema?*
You have a meeting tomorrow.	*Tienes una reunión mañana.*
You don't have a meeting tomorrow.	*No tienes una reunión mañana.*
Do you have a meeting tomorrow?	*¿Tienes una reunión mañana?*
He has a headache. */jédeik/*	*El tiene dolor de cabeza.*
He doesn't have a headache.	*El no tiene dolor de cabeza.*
Does he have a headache?	*¿Tiene él dolor de cabeza?*
She has three children	*Ella tiene tres hijos.*
She doesn't have three children.	*Ella no tiene tres hijos.*
Does she have three children?	*¿Tiene ella tres hijos?*
Peter has a good job.	*Pedro tiene un buen empleo.*
Peter doesn't have a good job.	*Pedro no tiene un buen empleo.*
Does Peter have a good job?	*¿Tiene Pedro un buen empleo?*
It has a conservative government. (España)	*(España) tiene un gobierno conservador.*
It doesn't have a conservative government.	*No tiene un gobierno conservador.*
Does it have a conservative government?	*¿Tiene un gobierno conservador?*

(Continúa)

← 9.11	**I have** **you have** *(Continuación)*	**We have some alternatives.** **We don't have any alternatives.** **Do we have any alternatives?** **You have my support.** **You don't have my support.** **Do you have my support?** **They have some experience.** **They don't have any experience.** **Do they have any experience?**	*Tenemos alternativas.* *No tenemos alternativas.* *¿Tenemos alternativas?* *Tenéis mi apoyo.* *No tenéis mi apoyo.* *¿Tenéis mi apoyo?* *Tienen (algo de) experiencia.* *No tienen experiencia.* *¿Tienen experiencia?*

9.12 **I don't have**

Espero que todo lo anterior te haya ayudado para comprender la lógica de la formación del verbo "**to have**" y el uso del verbo auxiliar "**do-does**".

En este punto, simplemente practicaremos el negativo con el auxiliar "**do**". Por lo tanto, no entraremos en la tercera persona del singular donde se usa "**does**".

Imagina el diálogo entre dos personas, una dice cosas en negativo y pide la respuesta de la otra. Sigue los ejemplos:

I don't have a million dollars. And you?

I don't have a million dollars, either.

I don't have dinner in expensive restaurants every day. And you?

I don't have dinner in expensive restaurants every day, either.

Recordarás que **"either"**, pronunciado */íder/* o */áider/*, significa *'tampoco'*

Por último, como dije hace dos páginas, en inglés decimos lo siguiente para las comidas:

Desayuno	*I have breakfast /brékfast/*
Como o almuerzo	*I have lunch /lanch/*
Ceno	*I have dinner /déner/*

9.13

The house

Review of Saxon genitive

Whose

Aquí descansamos por unos instantes del verbo "**to have**" para dedicarnos a aprender las diferentes habitaciones de una casa. Vamos a ver la casa de la familia Johnson que vive en Lincoln, la capital del estado de Nebraska.

Para ello, vamos a tener que hacer uso de nuevo del Genitivo Sajón:

This is Michael's bedroom. *(Este es el dormitorio de Michael)*

Un nativo te haría una pregunta como ésta: **Whose bedroom is this?**

Esto significa: *¿De quién es este dormitorio?*

Para los españoles, es difícil hacerse con esta forma de preguntar. **"Whose"**, en su sentido puro, significa *'cuyo'* o *'cuya'*:

He's the man whose son is a poet.

El es el señor cuyo hijo es poeta.

En este caso, sin embargo, vale también para la pregunta *'¿de quién...?'*

Fíjate cómo construimos la pregunta: **Whose bedroom is this?**

Literalmente la pregunta está formulanda como sigue: *¿De quién dormitorio es éste?*

¿A qué es raro? También se puede decir **"Whose is this bedroom"**, pero esta forma se usa mucho menos en inglés.

Terminemos este punto repasando las diferentes partes de la casa:

Kitchen	*/kíchen/*	*Cocina*
Dining room	*/dáining rum/*	*Comedor*
Living room	*/líving rum/*	*Salón*
Hall	*/jal/*	*Pasillo*
Garage	*/gárach o garách/*	*Garaje*
Bedroom	*/bédrum/*	*Dormitorio*
Bathroom	*/bázrum/*	*Cuarto de baño*
Guest room	*/guest rum/*	*Cuarto de invitados*

9.14 Do you have...? Do I have...?

Aquí volvemos a "**to have**" para profundizar algo más en la formulación de preguntas. Nota que cuando alguien te pregunta, por ejemplo, si tienes un coche, puedes responder de dos formas:

Do you have a car?	*Yes, I do*
Do you have a car?	*Yes, I have a car.*
Do you have a million dollars?	*No, I don't*
Do you have a million dollars?	*No, I don't have a million dollars.*

Por cierto, **"dollars"** se pronuncia: */dálers/*

En los cuatro ejemplos, observa que puedes responder de forma breve o de forma completa. Esto es igual en la tercera persona: **Yes, he does** - **No, he doesn't**.

9.15 → Possessive pronouns

En este punto ponemos "punto final" prácticamente a los pronombres. También entramos de lleno en **"whose"** como *'¿de quién...?'*

Primero los pronombres. Recordarás que hemos aprendido los pronombres personales **(I, you, he, etc.)**, los pronombres complementos **(me, him, us, etc.)** y los adjetivos posesivos **(my, your, our, etc.)**.

Ahora te presento los pronombres posesivos: *mío, tuyo, suyo, nuestro, vuestro*, etc. Aquí los tienes:

Mine	*/máin/*	*Mío o el mío*
Yours	*/iúrs/*	*Tuyo o el tuyo*
His	*/jis/*	*Suyo o el suyo (de él)*
Hers	*/jers/*	*Suyo o el suyo (de ella)*
Ours	*/áors/*	*Nuestro o el nuestro*
Yours		*Vuestro o el vuestro*
Theirs	*/ders/*	*Suyo o el suyo (de ellos)*

Vamos a poner ejemplos de su uso:

That book is mine.	*Aquel libro es mío.*
Where's yours?	*¿Dónde está el tuyo?*
Those pens are his.	*Aquellos bolígrafos son suyos (de él)*
Hers are on the table.	*Los suyos (de ella) están en la mesa.*
This is yours and that's ours.	*Este es vuestro y aquello es nuestro.*
Is yours blue?	*¿Es el tuyo azul?*
This one is theirs.	*Este es suyo (de ellos)*

(Continúa)

9.15

Possessive pronouns

(Continuación)

Fíjate en los siguientes ejemplos:

El mío es verde.	**Mine is green.**
Los míos son verdes.	**Mine are green.**
El de ellos está en la mesa.	**Theirs is on the table.**
Los de ellos están en la mesa.	**Theirs are on the table.**

Lo único que cambia en estas frases son los verbos. Los **pronombres posesivos** son siempre fijos e inmóviles. Nunca cambian.

Nota también que cuando en castellano decís *'el mío'*, en inglés no insertamos el artículo "**the**". Seguimos diciendo simplemente: **mine**

El mío y el tuyo son similares.

Mine and yours are similar.

Con esto ya podemos completar la tabla de pronombres. Aquí la tienes:

	Pronombres personales	Pronombres complementos	Adjetivos posesivos	Pronombres posesivos
1ª p. del singular:	**I**	**Me**	**My**	**Mine**
2ª p. del singular:	**You**	**You**	**Your**	**Yours**
3ª p. del singular:	**He, she, it**	**Him, her, it**	**His, her, its**	**His, hers, ---**
1ª p. del plural:	**We**	**Us**	**Our**	**Ours**
2ª p. del plural:	**You**	**You**	**Your**	**Yours**
3ª p. del plural:	**They**	**Them**	**Their**	**Theirs**

9.16	Translation booklet Vocabulary booklet	Aquí empezamos con algo que veremos 100 veces en este manual. Son listas en español y en inglés para traducir inversamente. **Translation booklet:** Es muy importante estudiar este libro para mejorar la agilidad oral. Tapa la columna del inglés e intenta traducir las frases. **Vocabulary booklet:** Sigue estudiando progresivamente este libro. Te recomendamos una lista nueva al día, repasando la lista del día anterior. Si no tienes el "**Translation Booklet**" o "**Vocabulary Booklet**", puedes conseguirlo en **www.vaughantienda.com** "**Translation Booklet 1**" contiene 30 listas de 25 frases cada una, frases de uso diario. En total, tienes 750 frases. Hay 13 libros más. "**Vocabulary Booklet 1**" contiene 900 palabras de vocabulario entre sustantivos, verbos, adjetivos, adverbios, conjunciones, etc. Existen 6 de estos libros, los cuales suman en total 5.400 términos. Recomendamos estudiar a fondo todos ellos para lograr un domino del idioma. Ahora bien, llegados a este **punto 9.16** notarás que la primera lista es sumamente fácil. Esto lo hago a propósito. Quiero que estas listas sean para repasar, no para aprender cosas nuevas. A medida que avancemos por este manual, las listas supondrán cada vez un mayor reto. Sin embargo, hasta el "**Translation Booklet 8**", el cual es francamente difícil, todo será siempre repaso. Considera estos libros como ejercicios de agilidad gramatical, como una especie de gimnasia mental. Todos los grandes maestros del piano, cuando se sientan cada mañana para iniciar su sesión de prácticas y ensayo, calientan haciendo escalas musicales sencillas. Esto es lo que queremos hacer aquí. Queremos que vayas adquiriendo agilidad y confianza y, por ello, no queremos someterte a cosas difíciles. Al repasar rápidamente cosas que uno ya sabe, uno va ganando confianza y sensación de dominio sobre éstas. Esta sensación, espero, te hará sentir más dispuesto y capacitado para seguir adelante y acometer formas y estructuras nuevas, a veces más difíciles.

10.1 Fractions and percentages

Percent
Half
Point (decimal point)

...is the same as...

Aquí aprendemos tres cosas importantes:

1) Cómo decir fracciones en inglés (**fractions**)

2) Cómo decir porcentajes (**percentages**)

3) La expresión "**the same as**..."

Aquí tienes ejemplos de fracciones:

1/2	**One-half**	5/8	**Five-eighths** */eitzs/*
1/4	**One-fourth**	6/7	**Six-sevenths**
2/3	**Two-thirds**	2/9	**Two-ninths**
3/5	**Three-fifths**	1/10	**One-tenth**

Observa las siguientes equivalencias:

1/2 = 50%	2/3 = 66.7%	2/5 = 40%	1/10 of a kilometer = 100 meters
1/4 = 25%	1/10 = 10%	4/5 = 80%	3/10 of a kilometer = 300 meters
1/3 = 33.3%	1/8 = 12.5%	2/9 = 22.2 %	1.6 kilometers = 1 mile
3/4 = 75%	7/8 = 87.5%	5/8 = 62.5%	1 kilometer = 0.63 miles

Tendrás que ir diciendo estas equivalencias hasta el final siguiendo el ejemplo siguiente:
1/2 is the same as 50% (one-half is the same as 50%). Is the same as... *(Es lo mismo que)*
1/4 is the same as 25% (one-fourth is the same as 25%)
1/3 is the same as 33.3% (one-third is the same as thirty-three point three percent)

Con respecto a los porcentajes, hay un solo aspecto que es importante. A diferencia del castellano, nunca ponemos el artículo determinado "**the**" o el artículo indeterminado "**a**" delante de los porcentajes:

El 20% de los chinos son calvos.	**20% of Chinese people are bald.**
Un 30% de los ingleses tienen gato.	**30% of English people have a cat.**

Fíjate que en los dos ejemplos en inglés, no ponemos nada delante del porcentaje.

10.2 Number pronunciation

Esta es la sexta vez que nos dedicamos al dictado y pronunciación de números.

Recuerda: **Two hundred and thirty-three thousand eight hundred and fifty-four (233,854)**

Recuerda también las comas en vez de los puntos.

Así decimos números superiores a un millón:

Three million eight hundred and forty-six thousand nine hundred and eleven (3,846,911)

Escribe 20 números en un papel. Hazlo al azar.

10.3 Number pronunciation

Seguimos aquí con la pronunciación y vocalización de los números. ¡A por ello!

Aquellos números que no hayas sido capaz de escribir correctamente vuelve a escribirlos.

10.4 Review of the days of the week

Seguimos aquí con la pronunciación de los días de la semana. Recuerda:

Martes – **Tuesday** */tiúsdei o túsdei/*

Miércoles – **Wednesday** */uénsdei/*

Jueves – **Thursday** */zérsdei/*

Pronuncia los 7 días de la semana en alto, en orden inverso.

10.5 Review of the months of the year

Repasamos aquí los meses. Te los vuelvo a poner fonéticamente, debes pronunciarlos en alto:

January	*/chánieuri/*	**May**	*/méi/*	**September**	*/septémber/*
February	*/fébrueri/*	**June**	*/chun/*	**October**	*/actóber/*
March	*/march/*	**July**	*/chulái/*	**November**	*/nofémber/*
April	*/éipral/*	**August**	*/áugast/*	**December**	*/disémber/*

10.6 Review of ordinal numbers and dates

Se tarda mucho en dominar bien los números ordinales. Por eso, vamos a hacer este ejercicio en todas las unidades hasta la 35 inclusive.

Tienes que volver a hacer esto. No continuarás hasta que digas un mes entero de fechas como sigue:

Monday, the first. Tuesday, the second. Wednesday, the third. Thursday, the fourth. Friday, the fifth. Saturday, the sixth. Sunday, the seventh. Monday, the eighth. Tuesday, the ninth. Etc. etc. etc. hasta el día 31 (..., the 31st).

10.7 Review of dates

Ahora te pediremos que digas fechas enteras. Te pongo a continuación las formas estándar en Reino Unido y EE.UU.

Britántico: **The fifth of January, 1999** (literalmente: ***el quinto de Enero, 1999***)

Americano: **January fifth, 1999** (literalmente: ***Enero quinto, 1999***)

En esta sección debes inventar 10 fechas y formularlas en alto en las dos formas conocidas.

10.8 Review of years

Escribe 20 años en un papel y prueba a pronunciarlos en alto correctamente.

Recuerda que decimos los años como sigue: **Diecinueve noventa y nueve (1999)**

Recuerda también que en inglés nunca ponemos una coma o punto en el año. Escribimos **1999**. No escribimos **1.999** o **1,999**.

10.9

How old are you?

How old is he?

About

Around

Para decir en inglés *'¿Cuántos años tienes?'*, decimos literalmente *'¿Cuán viejo eres?'* o *'¿Cuán mayor eres?'*

How old are you?
How old is she?
How old is your car?
How old is the Spanish Constitution?
Etc.

"**Old**" puede significar *'viejo'*, *'antiguo'* o *'mayor'*, según el uso.

También, aprendemos aquí las dos formas más comunes de decir *'acerca de'* o *'aproximadamente'*:

About ó **around**
/abáot/ *Iaráond/*

"Around" significa literalmente: *alrededor de*

How old is Robert Redford? He's about 65 years old ó **He's around 65 years old**

Fíjate en cómo terminamos las respuestas: *He's about 65 years old.*

Hay dos formas de decir la edad:

He's 65.	*Tiene 65 años.*
He's 65 years old.	*Tiene 65 años.*

Lo que no puedes decir jamás es: **He's 65 years**. (Esto suena a que su nombre es *'65 años'*)

10.10

Translation booklet

Vocabulary booklet

Translation booklet y Vocabulary booklet:

Repasa la lista del día anterior antes de estudiar una lista nueva. Debes hacerlo diariamente.

10.11 He/she/it has

Yes, he/she/it does

No, he/she/it doesn't

What kind of...

Aquí volvemos a repasar el verbo "**to have**". Dedicaremos más tiempo en este punto a la tercera persona del singular. Te pongo a continuación un ejemplo de una conversación en tercera persona:

What's your boss's name?	**His name is Pedro.**
Does he have a car?	**Yes, he does.**
What kind of car does he have?	**He has a Renault.**
Does he have any children?	**Yes, he does.**
How many children does he have?	**He has two children.**
Does he have a computer?	**Yes, he does.**
What kind of computer does he have?	**He has a Dell computer.**
Etc.	**Etc.**

Nota la expresión: **What kind of car...?** Es nuestra forma de decir qué clase o marca de algo

Kind */káind/* = *clase, tipo, marca, índole, etc.*

What kind of watch do you have? **I have a Rolex watch.**

Un sinónimo de "**kind**" es **"type"** */táip/*

10.12 Do you/I have

Yes, I do / No, I don't

Yes, you do / No, you don't.

Esto es un repaso del verbo "**to have**" con la primera y segunda persona del singular. Fíjate en estas preguntas que sólo requieren la respuesta corta.

Do you have a car?	**Yes, I do.**
Do your children have computers?	**No, they don't.**
Does your boss have a bank account?	**Yes, he does.**
Does Madrid have a river?	**Yes, it does.**

10.13 Does he/she/it have (the interrogative)

Ahora te toca a ti formular preguntas. Debes usar el verbo "**to have**", respondiendo a lo que te sugieren que preguntes:

Tú sugerirás: **Ask me if my wife has a car.**

Y tú mismo responderás: **Does your wife have a car?**

Realiza siguiendo esta pauta 20 sugerencias y 20 respuestas interrogativas.

Debes plantear preguntas de este tipo también: **Paco, tell María to ask Felipe if his wife has a car.** *(Paco, dile a María que le pregunte a Felipe si su mujer tiene coche.)*

Hay formas de iniciar preguntas que pueden involucrar a cuatro personas al mismo tiempo.

10.14	**We / they have**	Aquí seguimos repasando el verbo "**to have**" con las personas del plural.

Do you and your wife have a house?	Yes, we do.
Where do you have a house?	We have a house in Alcobendas.
Do the King and Queen have any children?	Yes, they do.
How many children do they have?	They have three children
Do they have any grandchildren?	Yes, they do.
How many grandchildren do they have?	They have one grandchild.
Do you and I have a common ancestor?	No, we don't.
Do we have the same kind of car?	No, we don't.
Etc.	Etc.

King = *Rey* **Queen** = *Reina /kuín/* **Common** = *común /cáman/*

10.15	**Short answer practice**	Este punto está dedicado a las respuestas cortas. Te pongo ejemplos en las seis personas del presente habitual y en afirmativo y negativo:

Do I have a car?	Yes, you do.
Do I have 10 children?	No, you don't
Do you have a bank account?	Yes, I do.
Do you have a house in Canada?	No, I don't
Does Spain have a King?	Yes, it does.
Does Japan have a famous river?	No, it doesn't.
Does Pelé have a lot of money?	Yes, he does.
Does your boss have 10 cars?	No, he doesn't
Do you and I have a lot of work?	Yes, we do.
Do you and I have polio?	No, we don't
Do the Beatles have a lot of money?	Yes, they do.
Do the Chinese have good highways?	No, they don't.
Does the Prado Museum have good art?	Yes, it does.

"Museum" se pronuncia: */miusíiammm/*

10.16	**Translation booklet** **Vocabulary booklet**	Translation booklet y Vocabulary booklet: ¡Trabájalos duro! Repasa la lista del día anterior antes de estudiar una lista nueva. Debes hacerlo diariamente. Coge el libro, tapa la columna de la derecha que está en inglés y trata de formular en inglés las frases que ves en castellano. Si realmente dedicas tiempo a estos "**booklets**" notarás un avance muy sustancial en un plazo bastante breve.

10.17 The present simple – third person only

Phillip Johnson

El resto de esta unidad se dedicará a presentar 12 de los 15 personajes cuyas vidas llegaremos a conocer a lo largo de este manual. Existe un audio de estas lecturas que puedes conseguir en nuestra tienda online. Se llama **Vaughan World**.

Los conoceremos mediante lecturas cortas. Haz un esfuerzo para conseguir gradualmente una buena producción oral al leer. Te ayudará enormemente en el futuro para pronunciar bien y hablar con buen ritmo y cadencia.

Phillip Johnson is 39 years old. He's married and has two children. He lives in a nice house in Lincoln, Nebraska. He is a businessman and he works in a bank in the center of Lincoln. He is the general manager of the bank. He goes to work every day at 8:30 in the morning. He gets to the office at 9:00. He parks his car under the bank in the parking garage. In the morning, he usually works from 9:00 to 12:30. He spends a lot of time talking on the telephone and reading financial reports. He usually has lunch near his office. There are many good restaurants in the center of Lincoln. He goes back to the office at 1:30 and stays there until 6.00. After work, he usually goes home, but sometimes he goes to his son's school to watch him play basketball or baseball. He usually gets home from work at 6:30, but when he goes to see his son, he gets home around 8:00. He likes his job because he has a good salary and because he works with a lot of interesting people. He doesn't travel very often in his job, but from time to time he needs to go to Omaha, a city 150 miles from Lincoln. When he goes to Omaha, he usually comes back to Lincoln on the same day, but sometimes he needs to spend the night there. He usually stays in the Omaha Sheraton Hotel, but sometimes he stays in the Holiday Inn. He prefers the Sheraton because it has a breakfast buffet.

Comentario

Nice house	*Buena casa* – el adjetivo "**nice**" */náis/* significa *'majo', simpático, bueno, amable...'*
	Hombre de negocios /bísnesman/.
Businessman	En Reino Unido se llama "**car park**".
Parking garage	Este verbo aparece aquí como *'pasar'* tiempo. También significa *'gastar'* en el
To spend	sentido de gastar dinero.
Reports	*Informes* – se pronuncia: */repórts/.*
Usually	Usamos esta palabra normalmente para expresar *'normalmente'.*
To get home	*Llegar a casa.* Usamos mucho el verbo "**to get**" en el sentido de *'llegar a'*
Very often	*Muy a menudo.*
From time to	*De vez en cuando.*
Time	*Pasar la noche.*
Spend the night	Este verbo significa *'quedarse'* o *'permanecer'*. También se usa, como en este
To stay	caso, para alojarse u hospedarse.

10.18 The present simple – third person only

Nancy Johnson

Nancy Johnson is 38 years old. She is Phillip's wife. She lives with her husband and children in Lincoln, Nebraska. She's from Kansas, the state immediately south of Nebraska. She is an interior decorator. In the morning, she teaches interior design at a technical school 20 miles from Lincoln. She starts her classes every day at 10:00 and finishes at 12:00. She has two classes, each with about 15 students. Then she goes home to have lunch. After lunch, she goes to her husband's bank where she spends about 30 minutes with the woman responsible for expansion. She looks at the plans for the new branch banks and gives recommendations about the interior design and decoration. She doesn't receive a salary for this. She does it because the woman is a good friend of hers. In the afternoon, she works as an independent decorator. Some days, she spends two or three hours visiting different clients and other days she stays at home creating decoration plans or calling people. She decorates offices, restaurants, and homes. She doesn't like to decorate offices very much because the companies usually prefer functional decoration and this is boring for her. She doesn't like to decorate restaurants either, because often the owner of the restaurant thinks that he's a professional decorator too. She likes to decorate homes because she is free to make more decisions and to be more creative.

Comentario

Immediately	Pronunciación: */emídiatli/.*
Teaches	Nota que al cambiar el verbo **"teach"** a tercera persona del singular, añadimos una sílaba más: **teaches** */tíches/*
Design	*Diseño /disáin/*
Technical	Se pronuncia: */ténical/*
Finishes	Igual que **"teaches"**: se añade una sílaba más en la tercera persona.
Each	*Cada o cada uno*. Se pronuncia: */ich/.*
Goes home	*Va a casa* – nota que no se inserta la preposición "**to**" entre "**go**" y "**home**".
Responsible	Nota la ortografía: responsible (con *'i'* latina).
A good friend of hers	*Una buena amiga suya* (de ella).
Boring	*Aburrido.*
To make...decisions	*Tomar decisiones.*

Vaughan SYSTEMS

10.19 The present simple – third person only

Michael Johnson

Michael Johnson is 14 years old. He lives with his parents and sister in Lincoln, Nebraska. He goes to a public school 10 minutes from his house by car. His sister goes to a different school three blocks from his. Michael is in the ninth grade and he studies Math, Science, History, English, Speech, and Music. He plays the trumpet in music class, but he isn't a member of the school band because he doesn't have time to practice with the band after school. School starts at 9:00 o'clock. Michael gets to school a little early because his father takes him every day and leaves him there at 8:40. Michael spends the 20 minutes before his first class talking with some of his friends. Lunch is at 12:00 and Michael usually eats a sandwich and a bowl of soup and drinks a coke. His mother doesn't like this, so Michael tells his mother that he drinks milk for lunch. His classes in the afternoon end at 3:30. Michael is a member of the football, basketball, and baseball teams at the school. He is a good athlete. He's fast and strong. He plays football in the fall, between September and December. He plays basketball in the winter, between January and April, and he plays baseball in the spring. He is a very popular boy because he is good at sports. He's intelligent but he doesn't work very hard in class and he doesn't spend much time on his homework. His teachers like him but they tell his parents that he needs to think more about his studies and less about sports.

Comentario

Blocks	*Manzanas* (de calles).
From his	*Del suyo.*
Ninth grade	*El noveno año de colegio.*
Math	Forma breve de decir *'matemáticas'*. Se pronuncia: */maz/.*
Science	Se pronuncia: */sáiens/.*
Speech	*/spich/* – clase de comunicación interpersonal.
Music	Se pronuncia: */miúsik/.*
His father takes him...	*Su padre le lleva...*
Leaves him there...	*...le deja allí.*
So	*Asi que.*
To end	*Terminar.* **"To end"** se usa para cosas. **"To finish"** se usa para personas. Es decir: **I finish - it ends.**
Athlete	*Atleta* – se pronuncia: */ázlit/.*
In the fall	*En el otoño*. Esta es la forma americana. Se dice **"autumn"** en Reino Unido.
Popular	Se pronuncia */pápiular/.*
He doesn't work very hard	*No trabaja mucho.* Es común en ingés usar la palabra **"hard"** *(duro)* cuando hablamos de trabajar *'mucho'*.

10.20	**Translation booklet** **Vocabulary booklet**	**Translation booklet** y **Vocabulary booklet:** Recuerda que exiten 11 translation booklet + 3 Focus Pack. Poco a poco deberías ir avanzando con todos los libros. Repasa la lista del día anterior antes de estudiar una lista nueva. Debes hacerlo diariamente.

10.21 **The present simple – third person only**

Denise Johnson

Denise Johnson is 11 years old. She lives with her parents and brother in Lincoln, Nebraska. She goes to a primary school near her brother's school. She is in her last year of primary school. Her father takes her to school every day with her brother. She gets to school at 8:45 and goes to the playground to play with her friends. Her first class begins at 9:00. She has the same teacher all morning, until 12:00. Then she has lunch in the school cafeteria. She always eats with her two friends, Jenny and Pamela. They live on the same block and study in the same class. They spend more than six hours together at school and probably three or four hours together after school. Denise's mother likes Jenny but she doesn't like Pamela very much. She thinks Pamela is very bossy. Two days a week, Denise stays after school in the gym for ballet classes. She doesn't have a natural talent for ballet, but she likes to dance and has very good technique. The teacher thinks that she has the potential to become a good dancer, especially if she doesn't grow too fast. On the days that Denise has ballet, she stays at the school until 4:30. Jenny takes ballet lessons, too, and Jenny's mother takes both of them home after the lessons.

Comentario

...gets to school	*Llega al colegio.*
Playground	Zona exterior de recreo.
Begins	*Comienza*. Es un sinónimo de "**start**".
Cafeteria	En EE.UU. esta palabra se usa para *'restaurante de autoservicio'*.
Always	*Siempre /álueis/.*
Together	*Juntas.*
Bossy	*Mandona.*
Two days a week	*Dos días por semana.* Decimos literalmente: *'Dos días una semana'*.
Gym	*Gimnasio.* Es una forma corta de decir "**gymnasium**".
Ballet	Se pronuncia: */balé/.*
Technique	*Técnica*. Se pronuncia: */tekník/.*
Especially	*Sobre todo, especialmente.*
Grow too fast	*Crecer demasiado rápido.*

10.22 The present simple – third person only

Nigel Perkins

Nigel Perkins is 55 years old. He's English and lives in a country estate 35 miles north of London near the M-1 motorway. He's married to Margaret Perkins and has one son, Ronny. Nigel owns a company that investigates suspicious people who receive big payments from insurance companies. His company is very famous in the United Kingdom and it has a lot of important clients. It even has some clients in France and in the United States. Nigel doesn't work every day. He goes to the office in the center of London two or three times a week. He has a good team of managers who run the company very well. On the days that Nigel doesn't go to London, he likes to spend his time reading and taking care of his garden. His estate is big. It covers almost 30,000 square meters. Nigel has three full-time gardeners to help him to take care of the estate. Nigel wants to write a book about some of the interesting investigations from his company's past. He thinks that one or two of the investigations are good material for a novel or even for a suspense movie. His son, Ronny, thinks he's crazy, but Nigel doesn't pay any attention to his son. Ronny spends his time on the French Riviera, where he owns a small company that rents yachts for short cruises between Monte Carlo and the Balearic Islands. He makes a lot of money in the summer and asks his father for money in the winter.

Comentario

Country estate	Casa señorial de campo.
Married to	En inglés decimos *'casado a'*.
Owns	*Posee en propiedad.*
Payments	*Pagos.*
Insurance companies	*Compañías de seguros.*
Famous	Pronunciación: */fámas/.*
The United Kingdom	Pronunciación: */de iunáinted kingdom/.*
Clients	Existen dos palabras en inglés para *'cliente'*: "**client**" */cláient/* para servicios y "**customer**" */cástamer/* para productos.
Even	*Incluso.*
The United States	Pronunciación: */de iunáinted stéits/.*
Who run the company	*Quienes dirigen la compañía*.
Taking care of	*Cuidando de.*
Almost	*Casi.*
Full-time	*A tiempo total* (a diferencia de *'a tiempo parcial'*).
Crazy	*Loco.*
Pay attention to	*Prestar atención* (en inglés la atención *'se paga'*... no se presta).
Rents	*Alquila.*
Yachts	*Yates.* No te asustes... se pronuncia: */iáts/.*
Cruises	*Cruceros*. Se pronuncia: */krúses/.*
He makes a lot of money	*Gana mucho dinero.*

10.23

The present simple – third person only

Luigi Barghini

Luigi Barghini – Luigi Barghini is 49 years old. He's from a small town in the north of Italy and lives now, with his wife, Sofia, in a beautiful villa outside Verona. He has a lot of money because he owns a big factory that supplies car seats to Fiat in Turin. Luigi is the chairman of the company, but his daughter, Ana, is the managing director. She takes care of the day-to-day business, while Luigi spends a lot of his time visiting different members of the Agnelli family that owns Fiat. He also spends a lot of time in Germany, because his company is negotiating with Mercedes Benz a big contract to supply car seats for the small models that Mercedes makes in Stuttgart. He is a very busy man, but he enjoys his work. When he's at his villa near Verona, he always goes to the factory, 23 kilometers away, to see his daughter and to visit with the workers. He probably spends at least three hours on the floor of the factory talking with workers, inviting them to coffee, telling jokes, and having a good time. He likes the people in the north of Italy and really enjoys human contact. That's probably the reason why his company is strong and healthy. He doesn't consider that his work is a job. He considers it a game, something that he likes to play. Of course, he wants to win and he wins, but he has a good disposition all the time and he doesn't like to take things too seriously. His daughter, Ana, is different, but she is a manager, not an owner.

Comentario

Villa	Casa señorial de campo de tipo italiano.
Supplies	*Administra.*
Car seats	*Asientos de coches.*
Chairman	*Presidente del consejo de administración.*
Managing director	*Consejero delegado.*
She takes care of	*Ella se ocupa de.*
The day-to-day business	*Las actividades del día a día.*
Busy	*Ocupado, atareado* – se pronuncia: */bísi/.*
He enjoys...	*Él disfruta de, a él le gusta.*
23 kilometers away	*A 23 kilómetros de distancia.*
At least	*Al menos* - se pronuncia: */at list/.*
Telling jokes	*Contando chistes.*
To have a good time	*Pasarlo bien, divertirse.*
Healthy	*Sano, saludable.*
To win	*Ganar /uén/* - ganar un partido o cuando le toca a uno un premio.
To take things too seriously	*Tomar las cosas demasiado en serio.*

10.24 → The present simple – third person only

Pierre Monet

Pierre Monet is 45 years old and lives in the suburbs of Paris. He is married and has three children. All of his children live at home except Gerard, who lives in a student residence not far from the Sorbonne, where he studies Architecture. Pierre is a civil servant. He works in the translation and interpretation department of the Foreign Ministry in the center of Paris. Every day he goes by train and subway from his house outside of Paris to the ministry. It takes him almost an hour to go and about 45 minutes to come back in the afternoon. He leaves home at 7:00 and gets to the ministry just before 8:00. When he gets to his office, he always has a lot of letters and documents waiting for him. He is responsible for a very special area of his department. He decodes and translates all secret documents that come in English and Spanish. He speaks and writes both languages fluently. His wife is Spanish and his mother is English. Pierre is an expert translator. He usually doesn't translate documents in writing. He dictates the translation verbally directly into a microphone. Later, a secretary transcribes the recording onto paper. This way, Pierre translates very quickly and finishes his work early. He usually goes home around 4:00 p.m. He doesn't have lunch in the dining hall of the ministry. He takes a sandwich to work every day and eats it at 12:00 o'clock sharp. He prefers to continue his work without interruptions in order to go home as soon as possible. When he gets home, he starts his second job. He is a free-lance translator and he dictates his translations into his own microphone. The same evening, or the next morning, his wife, Anne-Marie, enters the recording into a computer and sends it by e-mail to Pierre's clients. Pierre has a good salary at the ministry, but he earns double at home. He needs the money because his three children are very intelligent and all of them want to go to the university.

(Continúa)

← 10.24	Pierre Monet **Comentario** *(Continuación)*	**The suburbs**	*Las afueras.*
		Except	Pronunciación: */eksépt/.*
		Architecture	Pronunciación: */árkitekchur/.*
		Civil servant	*Funcionario.*
		Foreign Ministry	*Ministerio de Asuntos Exteriores.* "**Foreign**" se pronuncia */fóren/.*
		It takes him	*Tarda... ello le lleva* (en tiempo).
		Translation	*Traducción.*
		Subway	Metro en EE.UU. En Reino Unido se dice "**underground**" o "**tube**". "**Subway**" se pronuncia: */sábuei/.*
		Documents	Se pronuncia: */dákiuments/.*
		Waiting for him	*Esperándole.*
		Area	Se pronuncia: */éria/.*
		Decodes	*Descodifica.*
		Both	*Ambos.* Se pronuncia: */bouz/.*
		Fluently	*Fluidamente, con soltura.*
		In writing	*Por escrito.*
		Dictates	*Dicta.*
		Recording	*Grabación.*
		This way	*De esta manera.* Nota que no ponemos "**in**" delante de la expresión.
		Early	*Temprano, pronto.*
		Dining hall	Comedor grande en una entidad */dáining jal/.*
		12:00 o'clock sharp	*Las doce en punto.*
		To continue	Pronunciación: */contíniu/.*
		Without	*Sin.* Se pronuncia: */uizáot/.*
		As soon as possible	*Lo antes posible.*
		Free-lance	*Por libre.*
		His own microphone	*Su propio micrófono.* Pronunciación de "own" = */óun/.*
		He earns	*Él gana.* El verbo "**to earn**" significa *'ganar mediante el trabajo'*.
10.25	**Translation booklet** **Vocabulary booklet**	**Translation booklet** y **Vocabulary booklet**: Ambos libros cuentan con unos CDs de audio. Si no los tienes puedes adquirilos en **www.vaughantienda.com** Repasa la lista del día anterior antes de estudiar una lista nueva. Debes hacerlo diariamente.	

10.26 The present simple – third person only

Paula Eisenbach

Paula Eisenbach is 22 years old. She is in her last year at the University of Heidelberg, where she is studying computer systems and graphic arts. She is from Munich, in the south of Germany. Heidelberg is a town in Germany famous for its beauty and for its university. Paula likes it very much. She lives in a flat with two other friends. One of them studies graphic arts, too, and the other works in a fashion shop in the center of the town. Paula spends all of her time attending classes, doing homework, and helping Tom, an American student who lives near her in Heidelberg. Tom is studying graphic arts, too, but he is also working part-time for Walt Disney Corporation as an artist for Disney cartoons. Tom receives a lot of instructions from the Disney people in California over the Internet. With these instructions, he draws the cartoon characters and scenes and sends them back to California by computer. Disney sends him a lot of work and he gives some of it to Paula. Paula helps him in the evenings and sometimes on the weekends. She likes the artistic work because she wants to improve her technique. She likes to draw, and she's very artistic, but she doesn't have the patience or discipline to spend a long time developing complicated scenes or characters. Tom is the opposite and Paula is learning a lot working with him. They are very good friends. Tom is from California and he wants to go back for the Christmas holidays. He wants to invite Paula to go with him. She's not sure because she doesn't know Tom very well yet.

Comentario

A flat	*Un piso.* En EE.UU. se dice "apartment" o "condominium".
Fashion shop	*Tienda de moda.*
Part-time	*A tiempo parcial.*
As an artist	*Como artista.* Observa cómo en inglés insertamos el artículo "An" (*como un artista*).
Cartoons	*Dibujos animados.* Se pronuncia: */kartúns/.*
He draws	*Él dibuja.*
Scenes	*Escenas.* Se pronuncia: */sins/.*
Characters	*Personajes.* Se pronuncia: */kérekters/.*
On the weekends	*Los fines de semana.* En Reino Unido se dice: **at weekends.**
To improve	*Mejorar.* Se pronuncia: */imprúf/.*
Patience	*Paciencia.* Se pronuncia: */péisens/.*
Discipline	*Disciplina.* Se pronuncia: */dísiplin/.*
A long time	*Mucho tiempo.*
Yet	*Todavía.*

10.27 The present simple – third person only

Li Tong

Li Tong is 36 years old. He lives in a small apartment with his wife and young daughter in Shanghai, a city with a population of 15 million people. He works in a factory near the port that makes telephones for the big demand that exists in the new China. Li's apartment is very small. He and his wife sleep in one bedroom and their daughter sleeps on a small bed in the living room. Li's factory is going very well and Li's salary is increasing. Now he has a television, a telephone, and a washing machine. His wife wants to work and she is looking for a job. His daughter goes to a public school every day near their house. Her grandfather comes to the house at 8:30 every morning and takes her to school. He takes her home again at 1:00 o'clock for lunch and takes her back to school at 2:00. Her last class ends at 5:00 and the grandfather takes her home again. The grandfather has lunch every day with his granddaughter. Li goes to work every day by bicycle. He leaves home at 5:00 o'clock in the morning. It takes him almost an hour to get to the factory. He works there from 6:00 a.m. to 2:00 p.m. He gets back home at 3:00. He takes some food to work every morning. His wife prepares the food the night before and puts it in Li's shoulder bag. He usually eats a chicken sandwich, but sometimes his wife doesn't have any chicken. In these cases, she prepares tofu, a popular food made from soy beans. Li lives relatively well in comparison with the majority of the people in Shanghai. He is a member of the new middle class that is starting to appear in China.

Comentario

Population	*Población*. Se pronuncia: */papiuléisan/.*
Increasing	*Aumentando.*
Washing machine	*Lavadora.*
Public	Se pronuncia: */páblik/.*
It takes him	*Él tarda... ello le lleva a él* (en tiempo).
Food	*Comida.*
The night before	*La noche anterior.*
Shoulder bag	*Bolsa de hombro.*
Chicken	*Pollo.*
Soy beans	*Soja.*
In comparison with	*En comparación con*. Observa que en inglés la palabra es: **com-par-i-son**. Se pronuncia: */kampérisan/.*

10.28 The present simple – third person only

Aki Morita

Aki Morita is 39 years old. He is a member of the young group of executives at Honda that want to have an influence on the future of the company. He is an engineer, but he doesn't work in an engineering job. He is the manager of the department for quality analysis. This means counting all the parts and components in the factory that have a defect. Aki really doesn't have to count many defects because he and his people spend a lot of time visiting Honda's suppliers. Honda has a strict quality manual that Aki gives to every new supplier that works for the company. After this, he and his people spend about 50% of their time with the new supplier, watching the process and finding ways to make it better. Aki's department is probably responsible for the excellent quality record at Honda and Aki knows that his bosses know this. He has a very good salary and lives in a nice area of Osaka, an industrial city south of Tokyo. He has a wife and two children, but he doesn't see them very often because he works 14 hours every day and 5 or 6 hours on Saturday. He doesn't like to work so many hours, but he thinks that this is the only way to move up in the organization and pay for the expensive private school where he sends his children. His wife doesn't say anything about the hours that her husband works. In fact, she prefers the situation because it gives her a lot of money to go shopping and to take care of the children.

Comentario

Future	**Se pronuncia:** */fiúcher/.*
Engineer	*Ingeniero.* **Se pronuncia:** */enchenír/.*
Engineering	**Se pronuncia:** */encheníring/.*
This means	*Esto significa.*
Counting	**Se pronuncia:** */káonting/.*
Components	**Se pronuncia:** */kampónents/.* **Nadie en España pronuncia bien esta palabra.**
Doesn't have to	*No tiene que.*
Suppliers	*Proveedores.* **Se pronuncia:** */sapláiers/.*
Ways	*Maneras, formas.*
Better	*Mejor.*
Record	**Aquí significa** *'historial'.* **Tambien puede signifiar** *'disco'* **o** *'récord'.*
So many hours	*Tantas horas.*
To move up	*Subir* **(en el escalafón).**
To pay for	*Pagar.* **En inglés decimos:** *pagar por.*
Private	**Se pronuncia:** */práivat/.*
In fact	*De hecho.*
To go shopping	*Ir de compras.*
To take care of	*Cuidar de.*

10.29 The present simple – third person only

Natasha Zarakovich

Natasha Zarakovich is 28 years old. She lives with her mother and brother in a small apartment near Gorki Park in Moscow. She is a chemist and works in the Russian State Laboratory that analyzes and gives approval to pharmaceutical drugs that Russian laboratories produce or that foreign companies want to sell in Russia. She likes her job because she has a good salary and the laboratory is not far from her house. She goes to work every morning on the subway. The laboratory is only three subway stops away from her house and she usually reads novels in English while she goes to work. She wants to improve her English because she has a cousin who lives in Scotland. Her cousin invites Natasha to visit her in Scotland every year, but Natasha doesn't have enough money to go. She wants to go next year, but she's not sure yet. Every day Natasha starts work in the laboratory at 7:30 in the morning. She prefers to begin early because there are fewer people in the subway at that time. She works continuously in the lab until 12:00, when she goes home to have lunch with her mother. She gets back to the lab at 1:30 and continues until 4:30. Sometimes she stays past 4:30 if her boss needs her help, but usually she goes to the national library, near the laboratory, and reads until 6:30 or 7:00. Her house is small and noisy, especially when her brother and his friends are there, and she prefers the quiet and solitude of the library. She always reads in English because she wants to take the State English Examination. If she passes it, she automatically receives an increase in her salary.

Comentario

Chemist	*Químico*. **Se pronuncia:** */kémest/*.
Approval	*Aprobación*. **Se pronuncia:** */aprúfal/*.
Pharmaceutical	**Se pronuncia:** */farmaciútical/*.
Foreign	*Extranjero*. **Recuerda que se pronuncia:** */fóren/*.
While	*Mientras*. **Se pronuncia:** */juáil/*.
Cousin	**Ya sabes que esta palabra se pronuncia:** */kásen/*.
Enough	*Suficiente*. **Se pronuncia:** */ináf/*.
She's not sure yet	*Ella no está segura todavía.*
Fewer people	*Menos gente, menos personas.*
At that time	*En ese momento.*
The lab	**Forma breve de decir "laboratory".**
She gets back to	*Ella llega de regreso a.*
Library	*Biblioteca*. **Se pronuncia:** */láibreri/*.
Noisy	*Ruidoso.*
Especially	*Sobre todo, especialmente.*
Quiet	*Silencio*. **Se pronuncia:** */kuáiet/*.
If she passes it	*Si ella lo aprueba* **(un examen).**

10.30 The present simple – third person only

Inés García

Inés García is 24 years old. She lives with her parents about 20 kilometers east of Seville, in the south of Spain. She is a lawyer and works in her father's law firm in the center of Seville. This is her first year in the firm and she does a lot of the jobs that the other lawyers don't like to do. She knows how to use computers well and the other lawyers and secretaries in the office always ask her for help. She doesn't mind helping them, but sometimes she gets the impression that they are taking advantage of her. She also works in some of the legal cases that other lawyers don't want to handle. She spends a lot of time at the court defending labor cases. Her father's law firm has a lot of big companies as clients and Inés spends a lot of time preparing cases concerning labor disputes. Her father says that it's good experience and Inés agrees. She prepares the cases very well, but she doesn't want to work in the area of labor law for many years. In the future, she wants to work in mergers and acquisitions, where one company buys another company or two companies join to create a new one. She likes this area of law because it includes a lot of financial aspects that she is studying now at night in a special course that she is taking in business management and finance at the University of Seville. She goes there three nights a week from 6:00 p.m. to 9:00 p.m.

Comentario

Lawyer	*Abogado*. Se pronuncia: */lóiyer/.*
Law firm	*Bufete*. Se pronuncia: */láa ferm/.*
She knows how to use	*Ella sabe usar.*
Ask her for help	*Le piden ayuda.*
She doesn't mind	*A ella no le importa.*
Taking advantage of	*Aprovechándose de.*
To handle	*Ocuparse de.*
Court	*Juzgado, tribunal.*
Concerning	*Referente a, concerniente a.*
Labor	*Laboral*. Se pronuncia: */léiber/.*
Agrees	*Está de acuerdo.*
Labor law	*Derecho laboral.*
Mergers	*Fusiones* (de empresas).
To join	*Unir, juntar.*
To create	*Crear*. Se pronuncia: */kriéit/.*
At night	*De noche.*
Course	*Curso*. Se pronuncia: */kors/.*
Business management	*Dirección de empresas.*

11.1	**Fractions and percentages** *Percent* *Half* *Point (decimal point)* *Is the same as…*	Aquí seguimos con la revisión de fracciones, porcentajes, decimales y **"the same as"** **1/2 is the same as 50% (one-half is the same as 50%)** **1/4 is the same as 25% (one-fourth is the same as 25%)** Tienes que escribir 10 ejemplos de fracciones y leerlas en alto. He aquí ejemplos de fracciones: 1/2 **One-half** · 5/8 **Five-eighths** */eitzs/* 1/4 **One-fourth** · 6/7 **Six-sevenths** 2/3 **Two-thirds** · 2/9 **Two-ninths** 3/5 **Three-fifths** · 1/10 **One-tenth**
11.2	**Number pronunciation**	Esta es la séptima vez que nos dedicamos al dictado y pronunciación de números. Recuerda: **Two hundred and thirty-three thousand eight hundred and fifty-four (233,854)** Recuerda también las comas en vez de los puntos. Así decimos números superiores a un millón: **Three million eight hundred and forty-six thousand nine hundred and eleven** **(3,846,911)** Escribe 20 números en un papel. Hazlo al azar.
11.3	**Number pronunciation**	Seguimos aquí con la pronunciación y vocalización de los números. Venga… tus 20 números. Imagino que ya serán más completos. Aquellos números que no hayas sido capaz de escribir correctamente vuelve a escribirlos.
11.4	**Review of the days of the week**	Seguimos aquí con la pronunciación de los días de la semana. Recuerda: *Martes* – **Tuesday** */tiúsdei o túsdei/* *Miércoles* – **Wednesday** */uénsdei/* *Jueves* – **Thursday** */zérsdei/* Pronuncia los 7 días de la semana en alto.
11.5	**Review of the mon-ths of the year**	Repasamos aquí los meses. Te los vuelvo a poner fonéticamente, debes pronunciarlos en alto: **January** */chánieuri/* · **May** */méi/* · **September** */septémber/* **February** */fébrueri/* · **June** */chun/* · **October** */actóber/* **March** */march/* · **July** */chulái/* · **November** */nofémber/* **April** */éipral/* · **August** */áugast/* · **December** */disémber/*

11.6	**Review of ordinal numbers and dates**	Se tarda mucho en dominar bien los números ordinales. Por eso, vamos a hacer este ejercicio en todas las unidades hasta la 35 inclusive. Tienes que decir un mes entero de fechas como sigue: **Monday, the first. Tuesday, the second. Wednesday, the third. Thursday, the fourth. Friday, the fifth. Saturday, the sixth. Sunday, the seventh. Monday, the eighth. Tuesday, the ninth.** Etc. etc. etc. hasta el día 31 **(..., the 31st).**
11.7	**Review of dates**	Ahora dirás fechas enteras. Te pongo a continuación las formas estándar en Reino Unido y EE.UU. Practica tu solo. Britántico: **the fifth of January, 1999** (literalmente: ***el quinto de Enero, 1999***) Americano: **January fifth, 1999** (literalmente: ***Enero quinto, 1999***) En esta sección debes inventar 10 fechas y formularlas en alto de las dos formas conocidas.
11.8	**Review of years**	Recordaremos los años para potenciar tu comprensión de los mismos cuando se dicen y te pediremos que los digas en voz alta también. Recuerda que decimos los años como sigue: ***Diecinueve noventa y nueve (1999)*** Recuerda también que en inglés nunca ponemos una coma o punto en el año. Escribimos **1999**. No escribimos **1.999** o **1,999**. Escribe al menos 20 fechas y dilas en alto.
11.9	**To have** *Breakfast* *Lunch* *Dinner, supper* *A snack* *A drink* *Something to eat* *A cup of coffee* *A beer* *Etc.*	En inglés, empleamos el verbo "**to have**" para consumiciones. En castellano empleáis ***'tomar'*** o usáis un verbo específico como ***'desayunar'***, ***'almorzar'*** o ***'cenar'***. Te suplico que recuerdes esto siempre, ya que los profesores de inglés estamos cansados de oír "**to take a coffee**". Se dice: "**to have a coffee**" Te pongo ejemplos del uso de "**to have**" en el sentido de "**tomar**":

To have breakfast	*Desayunar*
To have lunch	*Almorzar o comer*
To have dinner	*Cenar*
To have a drink	*Tomar una copa*
To have something to eat	*Tomar algo de comer*
To have a beer	*Tomar una cerveza*
To have a snack	*Merendar*
To have a cup of coffee	*Tomar una taza de café*
To have a cup of tea	*Tomar una taza de té*

11.10 → Frequency adverbs:

How often...?

"Be more specific"

Once a week
Once a year
Twice a week
Twice a month
Three times a week
Five times a month
Etc.

Aquí vamos a ver adverbios de tiempo o frecuencia y otras expresiones como *'dos veces por semana'*, etc. Los adverbios de tiempo o de frecuencia son palabras como *'siempre'*, *'nunca'*, *'a menudo'*, etc.

Aquí tienes una lista de los adverbios más comunes. Los cito en orden de la frecuencia aproximada que implican:

Always	**100%**	*Siempre*
Almost always	**95%**	*Casi siempre*
Usually	**80%**	*Normalmente*
Generally	**80%**	*Generalmente*
Normally	**80%**	*Normalmente*
Often	**60%**	*A menudo*
Sometimes	**30%**	*Algunas veces*
Occasionally	**10%**	*En ocasiones*
Seldom	**5%**	*Muy pocas veces*
Hardly ever	**2%**	*Casi nunca*
Never	**0%**	*Nunca*

La colocación de estos adverbios en las frases es como sigue:

1) Si la frase contiene el verbo "**to be**" y es afirmativa, el adverbio se coloca inmediatamente después del verbo "**to be**":

He is always angry.	*El siempre está enfadado.*
She is never ready.	*Ella nunca está lista.*
They are always complaining.	*Ellos siempre están quejándose.*

2) Si la frase contiene el verbo "**to be**" y es interrogativa, el adverbio se coloca inmediatamente después de sujeto de la frase:

Is he always angry.	*¿Está él siempre enfadado?*
Is she usually tired?	*¿Está ella normalmente cansada?*
Are they always complaining?	*¿Están ellos siempre quejándose?*

3) Si la frase contiene un verbo que no sea "**to be**" y es afirmativa, el adverbo se coloca entre el sujeto y el verbo:

He often has lunch at home.	*El a menudo almuerza en casa.*
She never has time for me.	*Ella nunca tiene tiempo para mí.*
They usually have coffee.	*Ellos normalmente toman café.*
	(Suelen tomar café)

(Continúa)

Vaughan SYSTEMS

← 11.10 →

Frequency adverbs:

(Continuación)

4) Si la frase contiene un verbo que no sea "**to be**" y es negativa, el adverbio se coloca entre el verbo auxiliar y el verbo principal:

He doesn't usually have time.	*El no tiene normalmente tiempo.*
I don't always have enough money.	*No siempre tengo suficiente dinero.*

5) Si la frase contiene un verbo que no sea "**to be**" y es interrogativa, el adverbio se coloca entre el sujeto y el verbo principal:

Do you always have lunch at home?	*¿Siempre almuerzas en casa?*
Does he usually have enough time?	*¿Normalmente tiene él suficiente tiempo?*

También en este punto aprendemos las siguientes expresiones:

Once	*/uáns/*	*Una vez*
Twice	*/tuáis/*	*Dos veces*
Three times		*Tres veces*
Four times		*Cuatro veces*
Etc.		*Etc.*

Veamos ejemplos de su uso:

I go there once a week.	*Voy allí una vez por semana.*
He plays tennis twice a month.	*El juega al tenis dos veces al mes.*
She travels three times a year.	*Ella viaja tres veces al año.*

Las expresiones **"once"** y **"twice"** sustituyen a las expresiones **"one time"** y **"two times"**. No obstante, estas dos últimas expresiones también son correctas, pero se usan mucho menos.

Por último, la pregunta que habitualmente provoca una expresión como las que acabamos de ver se inicia con **"how often"**.

"How often" significa *'¿Con qué frecuencia...?'*. Literalmente significa: *¿Cuán a menudo?*

La pronunciación es */jáo ófen/* La "**t**" en "**often**" es muda. Ahora bien, algunos angloparlantes pronuncian la "**t**".

Vamos a terminar con una serie de ejemplos de preguntas y respuestas con lo visto en este punto:

How often do you have lunch at home?	**I have lunch at home every day.**
How often does your boss play tennis?	**He plays tennis twice a month.**
How often do the Beatles play together?	**They never play together.**
How often does it rain in Madrid?	**It rains in Madrid about three times a month.**
How often do the French speak French?	**They always speak French.**

Observa que donde decís en castellano *'por semana'*, *'al año'*, *'al mes'*, etc., en inglés decimos:

a week   a year   a month   etc.

(Continúa)

11.11	**To last** *Lunch break* *Coffee break*	Este verbo merece una sección aparte, puesto que los españoles casi nunca lo usáis. Sin embargo, significa *'durar'*, por lo que es importante usarlo, ¿no crees? Quizá no lo uséis porque es idéntico al adjetivo "**last**" (*último*) y os entra la duda. Sin embargo, tienes que hacerte con este verbo porque se usa mucho. Te pongo a continuación frases con el verbo **"to last"**.

Those meetings always last a long time.	*Esas reuniones siempre duran mucho tiempo.*
How long does a movie last?	*¿Cuánto tiempo dura una película?*
How long does this class last?	*¿Cuánto tiempo dura esta clase?*
It lasts one hour.	*Dura una hora.*
How long does a cigarette last?	*¿Cuánto tiempo dura un cigarro?*
It lasts 5 minutes.	*Dura 5 minutos.*
How long does a video game usually last?	*¿Cuánto tiempo suele durar un videojuego?*
It lasts about 10 minutes.	*Dura unos 10 minutos.*
Etc.	*Etc.*

Aquí verás la expresión **"How long...?"**. Significa *'¿Cuánto tiempo...?'* Literalmente significa *'¿Cuán largo?'*

Observa también que en la tercera persona del singular, ponemos, como siempre, la "**s**" al final del verbo, lo cual convierte "**last**" en "**lasts**". Esto es difícil de pronunciar fonéticamente, por lo que debes practicarlo mucho para hacerte con la "**s**" más "**t**" más "**s**" otra vez.

11.12	**Translation booklet** **Vocabulary booklet**	**Translation booklet** y **Vocabulary booklet**: Coge tú el libro, tapa la columna derecha que está en inglés y trata de formular en inglés las frases que ves en castellano. Si realmente dedicas tiempo a estos "**booklets**" notarás un avance muy sustancial en un plazo bastante breve. Repasa la lista del día anterior antes de estudiar una lista nueva. Debes hacerlo diariamente.
11.13	**Review of telling time**	Repasaremos el uso oral de las horas. Aprende bien a decirlas, puesto que es bastante embarazoso fallar en algo tan corriente y sencillo. Escribe 10 horas en un papel y dilas en alto. **It's 2 o'clock** **It's 15 minutes to 3:00** **It's ten-thirty** **It's five forty-five**

11.14 →

To like

To enjoy

To like = *gustarle a uno*

To enjoy = *disfrutar de, gustarle a uno*

El verbo **"to like"** es el más confuso del inglés para los hispanohablantes. Por ejemplo, en vez de decir *'me gustan las flores'*, decís frecuentemente: *'Yo gusto a las flores'*.

Me gustan las flores = **I like flowers**

Observa que en inglés soy yo quien ejerce la influencia sobre las flores, no las flores sobre mí. Quizá para aclarar la diferencia aún más, se podría traducir el verbo "**to like**" como *'apreciar'* o *'valorar'*:

I like flowers = *Aprecio las flores*

En otras palabras, expresamos *'gustar'* al revés en inglés. Recuerdo que cuando hace años los soldados americanos de la base de Torrejón iban a discotecas, a veces se les oía, en su mal castellano, decir a un chica guapa: *Yo gusto tú*. Estaban traduciendo literalmente del inglés: **"I like you"**.

El verbo "**to like**" muchas veces va seguido de un segundo verbo:

Me gusta conducir

En estos casos, se puede usar el infinitivo o el gerundio:

I like to drive = **I like** driving

Recomiendo la primera versión (I like to drive), no porque sea mejor, sino simplemente porque más adelante veremos la expresión *'me gustaría'* (**I would like**), y en este caso, la expresión siempre va seguida del infinitivo:

I would like to drive = *Me gustaría conducir*

Ahora bien, el verbo "**to enjoy**" */enchói/* siempre va seguido del gerundio:

I enjoy driving = *Disfruto conduciendo*

Te pongo ejemplos a continuación del uso de los dos verbos:

1. I like him.	*El me cae bien.*
2. I enjoy playing tennis with him	*Disfruto jugando al tenis con él.*
3. Does she like her class?	*¿Le gusta a ella su clase?*
4. Do you enjoy working in this company?	*¿Te gusta trabajar en esta empresa?*
5. This company likes to set rules.	*A esta empresa le gusta fijar reglas.*
6. I don't like to pay taxes.	*No me gusta pagar impuestos.*
7. I don't like it.	*No me gusta.*

(Continúa)

← 11.14 To like / To enjoy

(Continuación)

Fíjate en el primer ejemplo. Cuando digo "**I like him**", no estoy diciendo necesariamente que *'él me guste'*. Esta expresión podría entenderse mal en castellano. Significa simplemente que la persona en cuestión me cae bien. Por lo tanto, si dices, por ejemplo:

I like my boss

estás diciendo simplemente que tu jefe te cae bien o que le aprecias.

Fíjate ahora en el ejemplo **nº 7**. Fíjate en cómo ponemos el complemento directo "**it**" después del verbo. Esto, de nuevo, es porque el tratamiento de "**to like**" va en la misma línea que *'apreciar'* o *'valorar'*:

I don't like it = Literalmente: *No apréciolo*

Por último, fíjate en estos dos intercambios:

Do you like my new car?	*Yes, I like it.*
Do you like to play golf?	*Yes, I like to.*

Por supuesto, en ambas respuestas, podrías decir simplemente: **"Yes, I do"**. Sin embargo, en las dos respuestas algo más elaboradas que cito arriba, notarás que cuando se hace referencia a un objeto, usamos "**it**" (me gusta ello... el objeto... el coche). Ahora bien, si se hace referencia a la realización de una actividad (*jugar al golf*), entonces no insertamos "**it**", sino que cortamos la respuesta después del inicio del infinitivo (**to**). Se entiende que el resto de la frase no pronunciada hace referencia a *'jugar al golf'*.

'Jugar al golf' no es un objeto como un coche, sino la realización de una actividad.

11.15 → To try to

El verbo **"to try"** */trái/* puede significar varias cosas según qué preposición se le añada. Ejemplos:

1. Try to study	*Intenta estudiar / procura estudiar / trata de estudiar*
2. Try the potatoes	*Prueba las patatas*
3. Try on this shirt	*Pruébate esta camisa*
4. Try out the new system	*Ensaya el nuevo sistema*

En este punto, vamos a centrarnos únicamente en el primer ejemplo: **"to try to"**.

Esta expresión es muy fácil de aprender y usar. Te pongo unos ejemplos para mayor ilustración:

1. Try.	*Inténtalo.*
2. Try to impress them.	*Intenta impresionarles.*
3. Don't try to call me.	*No intentes llamarme.*
4. She doesn't try to help her coworkers.	*Ella no intenta ayudar a sus compañeros.*
5. You always try to intimidate people.	*Siempre intentas intimidar a la gente.*
6. He never tries to win the match.	*Él nunca intenta ganar la partida.*

(Continúa)

← 11.15

To try to

(Continuación)

Fíjate en el primer ejemplo. Ves que no añadimos el complemento directo "**it**" como en castellano. Si pusiéramos "**it**" después de "**try**", significaría ***'pruébalo'***, y tu interlocutor pensaría que le estás diciendo que pruebe alguna comida.

Try = *Inténtalo*

Try it = *Pruébalo*

Ahora fíjate en el último ejemplo. Observa que en la tercera persona del singular (***él nunca intenta...***), cambiamos la ortografía del verbo. En vez de añadir una "**s**" simplemente, quitamos la *'y'* y añadimos *'ies'*.

La regla dice que cuando una palabra termina en *'y'* precedida por una consonante, se retira la *'y'*, sustituyéndola por *'ies'*. Ejemplos:

I try	*Yo intento*
He tries	*Él intenta*
I carry...	*Yo llevo...*
He carries...	*Él lleva...*
I stay...	*Yo me quedo...*
He stays...	*Él se queda...*

En el último ejemplo, no hay sustitución, puesto que la *'y'* va precedida por una vocal.

Por último, quiero hacer un inciso con respecto a la frase número 5 citada en el principio de este **punto 11.15**. He subrayado la palabra "**people**" porque quiero que te fijes en el hecho de que no va precedida por el artículo determinado "**the**". En la columna derecha en castellano, sí que va con el artículo *'la'*.

La regla en inglés dice que cuando nos referimos a cosas en general, no usamos ningún artículo:

Los elefantes son grises = **Elephants are gray**

Soy partidario de la forma inglesa, o sea, no comparto con el castellano la práctica de poner un artículo determinado delante de sustantivos "generalizados". Creo que es incorrecto en su esencia. Cuando me refiero a "elefantes" en general, no debo usar un artículo "determinado" porque estoy hablando de elefantes "indeterminadamente", es decir, en general. Espero que los dos ejemplos siguientes te aclaren mi punto de vista respecto al castellano y la regla en inglés:

Elephants are gray.	*Los elefantes son grises. (una generalización)*
The elephants that are in my garage are red.	*Los elefantes que están en mi garaje son rojos.*

En el segundo ejemplo, sí que estoy haciendo una referencia "determinada" a un grupo específico de elefantes, es decir, los que se encuentran en estos momentos en mi garaje.

11.16 Review of imperatives

Introduction of

- He wants you to...

- I want him to...

Este punto está dedicado a repasar el uso de los imperativos. Sin embargo, aparecerá una forma de hablar en inglés que te chocará. Esta forma la veremos con mayor profundidad más adelante, pero conviene, no obstante, explicarla aquí.

Estudia este intercambio de órdenes y preguntas:

Profesor:	**Paco, tell me to get up.**	*Paco, dime que me levante.*
Paco:	**Get up please**	*Levántate por favor*
Profesor:	**María, what does Paco want me to do?**	*María, ¿qué quiere Paco que yo haga?*
María:	**He wants you to get up.**	*El quiere que te levantes*

Cuando el profesor pregunta a María qué es lo que Paco quiere que él haga, dice literalmente *'Qué es lo que Paco quiéreme hacer'*.

Esto en castellano suena horriblemente mal. Sin embargo, en inglés no usamos el subjuntivo en estos casos. (Subjuntivo: *Quiero que tú vengas*).

Fíjate en estas dos frases en castellano:

Quiero venir - *Quiero que él venga*

Ahora míralas en inglés:

I want to come - I want **him** to come

Notarás que la parte resaltada de las dos frases no cambia en absoluto. Únicamente insertamos el pronombre de complemento directo "**him**".

Es muy sencillo y, de hecho, es mucho más fácil en inglés que en castellano, ya que en tu idioma hay que aprender toda una serie de conjugaciones dentro del subjuntivo (*venga, vengas, venga, vengamos, vengáis, vengan*). Ahora bien, la forma en inglés de expresar esta idea es muy diferente al castellano, por lo que debes hacer un esfuerzo para asimilarlo.

11.17 → Parts of the body

Este punto es simplemente para aprender las diferentes partes del cuerpo.

Eyes	*/áis/*	*Ojos*	**Stomach**	*/stámak/*	*Estómago*
Nose	*/nóus/*	*Nariz*	**Arms**	*/arms/*	*Brazos*
Head	*/jed/*	*Cabeza*	**Legs**	*/leks/*	*Piernas, patas*
Hair	*/jer/*	*Pelo*	**Foot**	*/fut/*	*Pie*
Ears	*/irs/*	*Oídos, orejas*	**Feet**	*/fit/*	*Pies*
Mouth	*/máoz/*	*Boca*	**Neck**	*/nek/*	*Cuello*
Tooth	*/tuz/*	*Diente*	**Knee**	*/ni/*	*Rodilla*
Teeth	*/tiz/*	*Dientes*	**Elbow**	*/élbou/*	*Codo*
Tongue	*/tang/*	*Lengua*	**Shoulder**	*/sóulder/*	*Hombro*
Back	*/bak/*	*Espalda*	**Finger**	*/fínguer/*	*Dedo (de la mano)*
Chest	*/chest/*	*Pecho*	**Toe**	*/tóu/*	*Dedo (del pie)*

(Continúa)

← 11.17	**Parts of the body** *(Continuación)*	**1)** Nota que *'diente'* y *'pie'* cambian al pasar al plural **2)** Apréndete bien la pronunciación de *'cabeza'* y *'pelo'*. Los hispanohablantes continuamente confunden la pronunciación de estas dos palabras. **3)** No confundas la pronunciación de *'oído'* (**ear** – */ir/*) con el verbo *'oír'* (**hear** – */jir/*). **4)** Importante: No digas jamás "**fingers**" cuando te refieras a los dedos del pie. Si lo haces, tu interlocutor pensará en los dedos de la mano y, tras tu aclaración, seguramente se reirá un poco de ti.
11.18 →	**Direct & indirect objects** *(Continúa)*	Direct object pronoun = pronombre de complemento directo Indirect object pronoun = pronombre de complemento indirecto Primero explicaré su uso en castellano. A lo mejor lo sabes mejor que yo, pero sé que muchos alumnos tropiezan con ellos porque no acaban de entender la teoría. Los complementos directos en castellano son: ***me***, ***te***, ***lo/la***, ***nos***, ***os***, ***los/las*** Los complementos indirectos son: ***me***, ***te***, ***le*** (ó ***se***), ***nos***, ***os***, ***les*** (ó <u>***se***</u>) Un complemento directo recibe **directamente** la acción del verbo. Pongo el ejemplo con el sustantivo y con su pronombre: *Estoy enviando <u>el paquete</u>.* ***<u>Lo</u> estoy enviando.*** Un complemento indirecto recibe indirectamente la acción del verbo: *Estoy enviando el paquete a <u>Juana</u>.* ***<u>Se</u> lo estoy enviando.*** En este último ejemplo, *'Juana'* recibe **indirectamente** la acción del verbo *'enviar'*, ya que es el paquete el que está siendo enviado y que, por tanto está recibiendo **directamente** la acción del verbo. Esta es la diferencia entre complementos directos e indirectos. Habrás oído la expresión "**laísmo**". Esto ocurre en España cuando una persona usa un complemento directo cuando debe usar un complemento indirecto: ***La dije mis motivos.*** Aunque me esté refiriendo a una mujer, debo decir: Le dije mis motivos. El complemento directo es *'mis motivos'* y el complemento indirecto es la mujer, y los pronombres *'lo'* y *'la'* solamente son complementos directos en castellano. Sirva este largo preámbulo para ayudarte a entrar en caliente en el mismo tema en inglés. Es muy, muy difícil llegar a dominar los complementos en castellano. Llevo más de la mitad de mi vida aquí y todavía me equivoco a veces, sobre todo con masculinos y femeninos. En inglés es algo más fácil, pero sigue siendo complicado también. En inglés, tanto los complementos directos como los complementos indirectos en su versión "**pronombre**" son los mismos:

← 11.18 →

Direct & indirect objects

(Continuación)

me - you - him - her - it - us - you - them

Vamos a poner primero frases sin pronombres y luego su equivalente con pronombres:

I'm giving John the book.	*Estoy dando a Juan el libro.*
I'm giving it to him.	*Estoy dándoselo.*
I'm showing María the picture.	*Estoy enseñando a María la foto.*
I'm showing it to her.	*Estoy enseñándosela.*
I'm giving you the books.	*Estoy dándote los libros.*
I'm giving them to you.	*Estoy dándotelos.*
She's showing Peter and Tom the picture.	*Ella está enseñando la foto a Peter y Tom.*
She's showing it to them.	*Ella está enseñándosela.*

Cuando el complemento directo es un sustantivo (no un pronombre), normalmente ponemos primero el complemento indirecto seguido del complemento directo:

I'm giving John the book
John ↓ (c. indirecto) the book ↓ (c. directo)

Ahora bien, cuando ambos complementos son pronombres, lo hacemos al revés:

I'm giving it to him
it ↓ (c. directo) to him ↓ (c. indirecto)

Hasta ahora, puede que sea complicado recordar el orden de los pronombres, pero es fácil entender la regla. Te pongo a continuación todos los posibles usos de los complementos. Usaré el verbo *'dar'*:

Están dándomelo	*They're giving it to me.*
Están dándomelos.	*They're giving them to me.*
Están dándotelo.	*They're giving it to you.*
Están dándotelos.	*They're giving them to you.*
Están dándoselo a él.	*They're giving it to him.*
Están dándoselos a él.	*They're giving them to him.*
Están dándoselo a ella.	*They're giving it to her.*
Están dándoselos a ella.	*They're giving them to her.*
Están dándonoslo.	*They're giving it to us.*
Están dándonoslos.	*They're giving them to us.*
Están dándooslo.	*They're giving it to you.*
Están dándooslos.	*They're giving them to you.*
Estoy dándoselo a ellos.	*I'm giving it to them.*
Estoy dándoselos a ellos.	*I'm giving them to them.*

(Continúa)

← 11.18 **Direct & indirect objects**

(Continuación)

Aprender a manejar con agilidad los pronombres complementos es un reto en inglés y en español.

Ahora bien, quiero centrarme ahora en algunos verbos que siempre crean problemas para los hispanohablantes:

To buy */bái/* – *comprar*: Cuando compras algo a alguien, en inglés *'compras algo de alguien'*.

Se lo estoy comprando a Juan.

I'm buying it from John.

Al igual que en castellano *'das a'* y *'recibes de'*, en inglés *'vendemos a'* y *'compramos de'*.

To take */téik/* – en este caso *'tomar'* o *'coger'* (este verbo también significa *'llevar'*)

Estoy cogiendo el libro a Juan. (ó Se lo estoy cogiendo)

I'm taking the book from John. (or I'm taking it from him)

Al igual que en castellano *'das a'* y *'recibes de'*, en inglés *'damos a'* y *'cogemos o tomamos de'*

To ask for – *pedir*. Ya sabemos el verbo **"to ask"** *(preguntar)*. Ahora bien, **"to ask for"** es *"pedir"*. Incluye la preposición "**for**", lo cual cambia un poco su tratamiento.

John is asking Mary for a book. **He's asking her for it.**	*Juan está pidiendo a María un libro.* *Él se lo está pidiendo.*

En este caso, el orden de los complementos directo e indirecto no cambia al pasar a pronombres. Decimos literalmente: *Él está pidiéndole por ello*. Cuando alumnos míos me dicen que les pida algo, suelen decir:

Ask it to me.

Esto no tiene sentido en inglés. Deben decir: **Ask me for it**. *(Pídemelo.)*

12.1	**Fractions and percentages** *Percent* *Half* *Point (decimal point)* *Is the same as...*	Aquí seguimos con la revisión de fracciones, porcentajes, decimales y **"the same as"** **1/2 is the same as 50% (one-half is the same as 50%)** **1/4 is the same as 25% (one-fourth is the same as 25%)** Tienes que escribir 10 ejemplos de fracciones y leerlas en alto. He aquí ejemplos de fracciones: 1/2 **One-half** · 1/4 **One-fourth** · 2/3 **Two-thirds** · 3/5 **Three-fifths** · 5/8 **Five-eighths** */eitzs/* · 6/7 **Six-sevenths** · 2/9 **Two-ninths** · 1/10 **One-tenth**
12.2	**Number pronunciation**	Esta es la octava vez que nos dedicamos al dictado y pronunciación de números. Recuerda: **Two hundred and thirty-three thousand eight hundred and fifty-four (233,854)** Recuerda también las comas en vez de los puntos. Así decimos números superiores a un millón: **Three million eight hundred and forty-six thousand nine hundred and eleven** **(3,846,911)** Escribe 20 números en un papel. Hazlo al azar.
12.3	**Number pronunciation**	Seguimos aquí con la pronunciación y vocalización de los números. Aquellos números que no hayas sido capaz de escribir correctamente vuelve a escribirlos.
12.4	**Review of the days of the week**	Seguimos aquí con la pronunciación de los días de la semana. Recuerda: *Martes* – **Tuesday** */tiúsdei o túsdei/* *Miércoles* – **Wednesday** */uénsdei/* *Jueves* – **Thursday** */zérsdei/* Pronuncia los 7 días de la semana en alto.

Fraction examples (12.1):

1/2	**One-half**	5/8	**Five-eighths** */eitzs/*
1/4	**One-fourth**	6/7	**Six-sevenths**
2/3	**Two-thirds**	2/9	**Two-ninths**
3/5	**Three-fifths**	1/10	**One-tenth**

12.5	**Review of the months of the year**	Repasamos aquí los meses. Te los vuelvo a poner fonéticamente, debes pronunciar en alto los 12:

January	*/chánieuri/*	**May**	*/méi/*	**September**	*/septémber/*
February	*/fébrueri/*	**June**	*/chun/*	**October**	*/actóber/*
March	*/march/*	**July**	*/chulái/*	**November**	*/nofémber/*
April	*/éipral/*	**August**	*/áugast/*	**December**	*/disémber/*

12.6	**Review of ordinal numbers and dates**	Se tarda mucho en dominar bien los números ordinales. Por eso, vamos a hacer este ejercicio en todas las unidades hasta la 35 inclusive. Ya sabes como hay que hacerlo. Tendrás que decir un mes entero de fechas como sigue: **Tuesday, the first. Wednesday, the second. Thursday, the third. Friday, the fourth. Saturday, the fifth. Sunday, the sixth. Monday, the seventh. Tuesday, the eighth. Wednesday, the ninth. Etc. etc. etc. hasta el día 31 (..., the 31st).**
12.7	**Review of dates**	Te recordamos a continuación las formas estándar de fechas en Reino Unido y EE.UU. Británico: **the fifth of January, 1999** (literalmente: ***el quinto de Enero, 1999***) Americano: **January fifth, 1999** (literalmente: ***Enero quinto, 1999***) En esta sección debes inventar 10 fechas y formularlas en alto en las dos formas conocidas.
12.8	**Review of years**	Escribe 20 años en un papel y prueba a pronunciarlos en alto. Recuerda que decimos los años como sigue: ***Diecinueve noventa y nueve (1999)*** Recuerda también que en inglés nunca ponemos una coma o punto en el año. Escribimos **1999**. No escribimos **1.999** o **1,999**. Escribe 20 años en un papel y prueba a pronunciarlos en alto correctamente.
12.9	**Review of telling time**	Aprende bien a decir las horas. Haz 10 ejemplos y practica como decirlas. **It's 2 o'clock** **It's 15 minutes to 3:00** **It's ten-thirty** **It's five forty-five**
12.10	**Review of the verb "to last"**	Aquí vamos a repasar el uso de verbo ***'durar'*** - "**to last**" **A film usually lasts 2 hours** **How long does this class last?** **It lasts one hour.** **Etc.**
12.11	**Review of the parts of the body**	Aquí vamos a repasar de nuevo las partes del cuerpo. Repasa el **punto 11.17**

12.12 Review of "like" and "enjoy"

Aquí haremos un breve repaso del uso de los verbos **"to like"** y **"to enjoy"**

I like my job	*Me gusta mi trabajo.*
They enjoy coming here.	*Les gusta venir aquí.* (ó *Disfrutan viniendo aquí.*)
Do you like them?	*¿Te caen bien?*
Does he like to attend meetings?	*¿Le gusta a él asistir a reuniones?*

12.13 Translation booklet / Vocabulary booklet

Translation booklet y **Vocabulary booklet**: Ser constante en el estudio de estas listas es vital para mejorar con ellas.

Si realmente dedicas tiempo a estos "**booklets**" notarás un avance muy sustancial en un plazo bastante breve. Repasa la lista del día anterior antes de estudiar una lista nueva. Debes hacerlo diariamente.

12.14 → Reflexive pronouns

Myself
Yourself
Himself
Herself
Ourselves
Yourselves
Themselves

En este punto, vamos a conocer los pronombres reflexivos. Son éstos:

Myself	*Yo mismo, mí mismo*
Yourself	*Tú mismo, ti mismo*
Himself	*Él mismo, sí mismo*
Herself	*Ella misma, sí misma*
Itself	*Ello mismo, sí mismo, en sí*
Ourselves	*Nosotros mismos*
Yourselves	*Vosotros mismos*
Themselves	*Ellos mismos, sí mismos, en sí*

Antes de entrar en explicaciones, veamos algunos ejemplos de su uso:

1.	**I'm talking to myself.**	*Estoy hablando conmigo mismo.*
2.	**You're looking at yourself in the mirror.**	*Estás mirándote en el espejo.*
3.	**Help yourself.**	*Sírvete tu mismo. (una invitación a servirse)*
4.	**He always chooses himself.**	*El siempre se elige a sí mismo.*
5.	**She often tries to put herself to the test.**	*Ella a menudo intenta ponerse a prueba.*
6.	**The place itself isn't too bad, but...**	*El sitio en sí no está demasiado mal, pero...*
7.	**We always do it ourselves.**	*Siempre lo hacemos nosotros mismos.*
8.	**You usually save the best for yourselves.**	*Soléis guardar lo mejor para vosotros mismos.*
9.	**They consider themselves very important.**	*Se consideran a sí mismos muy importantes.*
10.	**Ask yourself the following question...**	*Házte la siguiente pregunta...*
11.	**Look at yourself!**	*¡Mírate!*
12.	**He takes himself very seriously.**	*El se toma a sí mismo muy en serio.*
13.	**You have to sell yourself.**	*Tienes que venderte a ti mismo.*

(Continúa)

← 12.14 Reflexive pronouns

(Continuación)

En inglés, no tenemos realmente verbos reflexivos como algunos en castellano. En tu idioma, por ejemplo, decís:

Me lavo las manos todos los días.	*I wash my hands every day.*
Siempre se me olvida el paraguas	*I always forget my umbrella.*
Me canso con facilidad.	*I get tired easily.*
El siempre se enfada.	*He always gets angry.*

En los dos primeros ejemplos, no hacemos "reflexivos" los verbos *'lavar'* y *'olvidar'*, ya que no estamos, por ejemplo, lavándonos a nosotros mismos, sino lavando nuestras manos. En el segundo ejemplo, no estamos olvidándonos a nosotros mismos, sino olvidando el paraguas. En los dos últimos ejemplos, no es que *'me canse de mí mismo'*, sino que *'me canso'* (**I get tired**).

Usamos verbos reflexivos en inglés solamente cuando uno podría, en castellano, añadir *'a mí mismo'*, *'a ti mismo'* o parecido a la frase sin caer en un error lingüístico.

Por ejemplo: Si dijeras la frase *'Me estoy mirando'*, podrías también alargarla diciendo: *'Me estoy mirando a mí mismo'*. En este caso sí usamos el reflexivo en inglés:

I'm looking at myself.

Ahora bien, no podrías añadir *'a mí mismo'* a la frase: *'Me muero por verla'*, puesto que no se puede decir *'me muero a mí mismo...'*. En este caso, el verbo no es reflexivo en inglés:

I'm dying to see her. (literalmente: *Estoy muriendo por verla*)

Por último, algunos alumnos usan la expresión "**by myself**", "**by himself**", etc. Esta expresión significa *'solo'* o *'todo solito'*. Fíjate en la pequeña diferencia entre las dos frases siguientes:

I always do it myself.	*Siempre lo hago yo mismo.*
I always do it by myself.	*Siempre lo hago solo.*

El pequeño matiz de diferencia entre estas dos frases en castellano es igual en inglés también.

12.15 → Both - neither / All - none

Both	*Ambos, los dos, tanto el uno como el otro*	Se pronuncia: */bóuz/*
Neither	*Ni el uno ni el otro*	Se pronuncia: */nízer o náizer/*
All	*Todos (3 o más)*	
None	*Ninguno (3 o más)*	Se pronuncia: */nan/*

(Continúa)

12.15

Both - neither

All - none

(Continuación)

1) Si yo te pregunto: *'¿Quién es español, tú o tu jefe?'*, tu respuesta puede ser una de las dos siguientes alternativas si tanto tú como tu jefe sois españoles:

We are both Spanish. or **Both of us are Spanish.**

2) Si te pregunto: *'¿Quién es búlgaro, tú o tu jefe?'*, tu respuesta sería seguramente:

Neither of us are Bulgarian.
(Aquí se trata de dos personas solamente)

3) Ahora bien, si te preguntara: *'¿Quién es español, tú, tu jefe, o el presidente español?'*, tu dirías:

All of us are Spanish.
(Aquí se trata de más de dos personas)

4) Finalmente, si te preguntara: *'¿Quién es Búlgaro, tú, tu jefe o el presidente español?'*, dirías:

None of us are Bulgarian.
(Aquí se trata de más de dos personas)

Un purista de la gramática me diría que el verbo "**are**" en los ejemplos **2** y **4** debería ser "**is**". Cierto, pero en la práctica, la gente casi siempre usa "**are**" *(ninguno de nosotros somos...)*.

Para que te familiarices aún más con estas cuatro expresiones, te pongo más ejemplos:

They both agree with me.	*Los dos están de acuerdo conmigo.*
Both of them have a house in Madrid.	*Ambos tienen una casa en Madrid.*
Neither of us understand the question.	*Ninguno de los dos entendemos la pregunta.*
None of them come very often.	*Ninguno de ellos (3 o más) vienen a menudo.*
All of us have problems like yours.	*Todos nosotros tenemos problemas como el tuyo.*
None of us know the way.	*Ninguno de nosotros (3 o más) conocemos el camino.*
Both John and Mary have a car.	*Tanto Juan como María tienen coche.*

1) Fíjate en los dos primeros ejemplos. Ahí ves dos formas de usar **"both"**:

They both agree... (ó **Both of them agree...**)

Both of them have... (ó **They both have...**)

Ambas formas son igualmente válidas.

2) Fíjate ahora en el último ejemplo. Nuestra forma de decir *'tanto el uno como el otro...'* consiste simplemente en poner "**both**" delante del *'uno'* y del *'otro'*. Te pongo un ejemplo más:

Both Madrid and Barcelona have good football teams.
Tanto Madrid como Barcelona tienen buenos equipos de fútbol.

12.16 **The future with "going to"**

Cuando vine a España a los 21 años, no hablaba español muy bien que digamos. Sin embargo, en dos días era capaz de hablar sobre acciones de futuro sin grandes problemas. ¿Cómo lo conseguí? Aprendí la expresión *'voy a'* y luego me hice con todos los infinitivos que podía: ***ir, comer, venir, llamar, etc***. Luego los juntaba y ya está: hablaba fluidamente dentro del tiempo del futuro:

Voy a ir - *Voy a comer* - *Voy a venir* - *Voy a llamar* - *Etc.*

Pues en inglés, te recomiendo lo mismo: Apréndete bien **"I'm going to"** y luego añade todos los verbos que puedas:

I'm going to go - **I'm going to eat** - **I'm going to come** - **I'm going to call**

Después, cambia "**I'm**" a "**you're**", "**he's**", "**she's**", "**it's**", "**we're**", "**they're**"... y ya está. Sabes perfectamente hablar sobre acciones de futuro.

Ahora bien, existen otras dos formas de hablar sobre el futuro. Te pongo ejemplos de la forma que acabamos de ver más las otras dos:

I'm going to come here tomorrow.	*Voy a venir aquí mañana.*
I will come here tomorrow.	*Vendré aquí mañana.*
I'm coming here tomorrow.	*Vengo aquí mañana.*

El primer ejemplo ya lo acabamos de ver. Ahora bien, el segundo ejemplo se llama futuro simple. Lo veremos un poco más adelante. Es muy importante, pero si te aferras a la forma usada en el primer ejemplo, casi nunca fallarás. Solamente tendemos a usar la segunda forma cuando añadimos una condición:

I will come here tomorrow if it doesn't rain.	*Vendré aquí mañana si no llueve.*

Si quisiéramos rizar el rizo, podríamos encontrar otros casos en los cuales es mejor usar la segunda forma que la primera, pero no es recomendable, en mi opinión, profundizar tanto en los matices de mi idioma. Repito: aférrate a la expresión "**going to + infinitivo**" y úsala a tope. Rápidamente llegarás a tener soltura al hablar sobre acciones de futuro.

Ahora bien, el último ejemplo citado arriba es también muy corriente en inglés (**I'm coming here tomorrow**). En español es corriente también. Veremos esta forma del futuro en el **punto 13.14**. Pero para resumirlo brevemente, baste decir que al igual que en español se usa el presente para acciones futuras '*Mañana voy a la playa*', en inglés usamos el presente continuo para el mismo fin (**Tomorrow I'm going to the beach** - Literalmente: *'Mañana estoy yendo a la playa'*).

12.17 **"Going to" future**

(Continuación)

En este punto, harás muchas preguntas usando la expresión de futuro "**going to**". También harás sugerencias para que alguien pregunte a alguien como en la tercera frase de estos ejemplos.

Are you going to come to class next week?

Is this company going to build a factory in Santander?

Ask me if I'm going to play tennis next Saturday

Etc.

13.1	**Fractions and percentages** *Percent* *Half* *Point (decimal point)* *Is the same as...*	Aquí seguimos con la revisión de fracciones, porcentajes, decimales y "**the same as**" **1/2 is the same as 50% (one-half is the same as 50%)** **1/4 is the same as 25% (one-fourth is the same as 25%)** Tienes que escribir 10 ejemplos de fracciones y leerlas en alto. He aquí ejemplos de fracciones:
13.2	**Number pronunciation**	Ésta es la novena (**ninth**) vez que nos dedicamos al dictado y pronunciación de números. Recuerda: **Two hundred and thirty-three thousand eight hundred and fifty-four (233,854)** Recuerda también las comas en vez de los puntos. Así decimos números superiores a un millón: **Three million eight hundred and forty-six thousand nine hundred and eleven** **(3,846,911)** Escribe 20 números en un papel. Hazlo al azar.
13.3	**Number pronunciation**	Seguimos aquí con la pronunciación y vocalización de los números. Aquellos números que no hayas sido capaz de escribir correctamente vuelve a escribirlos.
13.4	**Review of the days of the week**	Seguimos aquí con la pronunciación de los días de la semana. Recuerda: *Martes* – **Tuesday** */tiúsdei o túsdei/* *Miércoles* – **Wednesday** */uénsdei/* *Jueves* – **Thursday** */zérsdei/* Pronuncia los 7 días de la semana en alto.

Fraction examples (13.1):

1/2	**One-half**	5/8	**Five-eighths** */eitzs/*
1/4	**One-fourth**	6/7	**Six-sevenths**
2/3	**Two-thirds**	2/9	**Two-ninths**
3/5	**Three-fifths**	1/10	**One-tenth**

13.5	**Review of the months of the year**	Repasamos aquí los meses. Debes pronunciar en alto los 12 meses. Fíjate bien en la fonética que te ponemos:

January	*/chániueri/*	**May**	*/méi/*	**September**	*septémber/*
February	*/fébrueri/*	**June**	*/chun/*	**October**	*/actóber/*
March	*/march/*	**July**	*/chulái/*	**November**	*/nofémber/*
April	*/éipral/*	**August**	*/áugast/*	**December**	*/disémber/*

13.6	**Review of ordinal numbers and dates**	Se tarda mucho en dominar bien los números ordinales. Por eso, vamos a hacer este ejercicio en todas las unidades hasta la 35 inclusive. Otra vez te pedimos que hagas un mes, ya sabes como hacerlo: **Wednesday, the first. Thursday, the second. Friday, the third. Saturday, the fourth. Sunday, the fifth. Monday, the sixth. Tuesday, the seventh. Wednesday, the eighth. Thursday, the ninth. Etc. etc. etc. hasta el día 31 (..., the 31st).** Es un poco aburrido pero mejorarás la forma de expresar las fecha en inglés.
13.7	**Review of dates**	Haz 20 fechas con las formas estándar en Reino Unido y EE.UU. Britántico: **the fifth of January, 1999** (literalmente: *el quinto de Enero, 1999*) Americano: **January fifth, 1999** (literalmente: *Enero quinto, 1999*) En esta sección debes inventar 10 fechas y formularlas en alto en las dos formas conocidas.
13.8	**Review of years**	Ahora trabaja con los años, es importante mejorar tu comprensión auditiva para reconocerlos a la primera y también si tienes que usarlos en un momento dado. No te puedes quedar paralizado. Recuerda que decimos los años como sigue: *Diecinueve noventa y nueve (1999)* Recuerda también que en inglés nunca ponemos una coma o punto en el año. Escribimos **1999**. No escribimos **1.999** o **1,999.** Escribe 20 años en un papel y prueba a pronunciarlos en alto correctamente.
13.9	**Review of telling time**	Repasaremos el uso oral de las horas. Aprende bien a decirlas, puesto que es embarazoso fallar en algo tan corriente y sencillo. **It's 2 o'clock** **It's 15 minutes to 3:00** **It's ten-thirty** **It's five forty-five** Escribe 10 horas en un papel y dilas en alto.

13.10 → The future with "will": introduction only

Como lo prometido es deuda, aquí tienes el futuro con "**will**":

Para formar el futuro, se coge el verbo y se le inserta "**will**" justo antes y ya está:

Tiempo presente habitual:	**I go.**	*Voy.*
Tiempo futuro simple:	**I will go.**	*Iré.*

El verbo auxiliar "**will**" no significa nada. Es simplemente una palabra que indica que el verbo se está expresando en el futuro. Ahora bien, el sustantivo "**will**" significa *'voluntad'*, lo cual nos conduce a pensar que antiguamente se introdujo en el idioma como verbo auxiliar para expresar que *'yo tengo la voluntad de ir'* - **I will go**. Sin embargo, éstas son suposiciones mías.

Como con casi todos los verbos y verbos auxiliares, tenemos que aprender las contracciones:

Sin contracción	Con contracción	Pronunciación	Ejemplos de uso	
I will	**I'll**	*/áil/*	**I'll go there.**	*Iré allí.*
You will	**You'll**	*/iúl/*	**You'll do it.**	*Lo harás.*
He will	**He'll**	*/jil/*	**He'll show it to me.**	*El me lo enseñará.*
She will	**She'll**	*/síl/*	**She'll come soon.**	*Ella vendrá pronto.*
It will	**It'll**	*/ital/*	**It'll be easy.**	*Será fácil.*
We will	**We'll**	*/uíl/*	**We'll see you later.**	*Te veremos más tarde.*
You will	**You'll**	*/iúl/*	**You'll like it.**	*Os gustará.*
They will	**They'll**	*/déil/*	**They'll take you.**	*Te llevarán.*

Como te dije en el **punto 12.16**, recomiendo el uso del futuro con **"going to"**, ya que suele ser más fácil y, de hecho, es más corriente cuando expresas tus intenciones:

I'm going to see her tomorrow. *(Voy a verla mañana)*

Ahora bien, si insertas una condición, entonces es más corriente el futuro simple:

I'll see her tomorrow if I have time. *(La veré mañana si tengo tiempo)*

En el negativo, se añade después de "**will**" la palabra "**not**": **I will not go.** (*No iré.*)

La contracción de **"will not"** es **"won't"** y se pronuncia: */uóunt/*

Al pronunciar la contracción "**won't**", tienes que cerrar mucho la *'o'*, haciendo que suene como *'ou'*. Si no lo haces, tu interlocutor puede pensar que estás diciendo "**want**" (*querer*).

Al formular preguntas en el futuro, simplemente ponemos el auxiliar "**will**" delante del sujeto:

Will you come tomorrow? *(¿Vendrás mañana?)*

(Continúa)

13.10 The future with "will": introduction only

(Continuación)

Con esto, ya podemos poner una tabla de ejemplos:

Afirmativo:	Negativo:	Interrogativo:
I'll see him.	**I won't see him.**	**Will I see him?**
You'll go with them.	**You won't go with them.**	**Will you go with them?**
He'll play tennis with me.	**He won't play tennis with me.**	**Will he play tennis with me?**
She'll ask me for it.	**She won't ask me for it.**	**Will she ask me for it?**
It'll happen soon.	**It won't happen soon.**	**Will it happen soon?**
We'll try to convince him.	**We won't try to convince him.**	**Will we try to convince him?**
You'll take them tomorrow.	**You won't take them tomorrow.**	**Will you take them tomorrow?**
They'll call you.	**They won't call you.**	**Will they call you?**

Algunos libros de gramática, sobre todo libros más antiguos, dirán que en la primera persona del singular y del plural (*yo – nosotros*), se usa el auxiliar "**shall**" en lugar de "**will**".

El uso de "**shall**" como auxiliar para el tiempo futuro es cada vez menos frecuente en inglés. Todavía se oye en algunas zonas del mundo de habla inglesa y es perfectamente correcto. Sin embargo, es prácticamente universal el uso de "**will**" en todas las personas.

"**Shall**" sí se usa mucho en lenguaje contractual:

Both parties shall sign this agreement on each page.

Ambas partes firmarán el presente acuerdo en cada página

También se usa para recomendar a todos (tú incluido) una acción, o bien para sugerir algo:

Shall we go? - *¿Nos vamos?*

Shall I start? - *¿Empiezo yo?*

Este último ejemplo del uso de "**shall**" lo veremos más adelante.

13.11 "Will" in short answers

Do you have a book? Yes, I do.

Are you Spanish? Yes, I am.

Estas son las respuestas cortas que hemos visto de vez en cuando en unidades anteriores. Con respecto al tiempo futuro, también podemos usar respuestas cortas cuando no hace falta elaborar una respuesta larga. Ejemplos:

Will John come here tomorrow?	**Yes, he will.**
Will they call us later?	**No, they won't.**
Will you be here at 2:00 o'clock?	**Yes, I will.**
Will she give me a copy of the report?	**No, she won't**

13.12	**Future conditional:** *If...will...*	Ya hemos visto este uso de "**will**" cuando se inserta una condición en la frase. Aquí lo repasamos formalmente. Se llama el condicional del futuro (future condicional). Muchos libros también lo denominan the first condicional (el primer condicional), ya que existen dos más que veremos más adelante. El condicional es simplemente la expresión de un hecho que tendrá lugar o una acción que se realizará ***si*** **(if)** otra condición se cumple. Un ejemplo sencillo: *Aprenderé mucho inglés si estudio mucho.* **I'll learn a lot of English if I study a lot.** El hecho o la acción se expresa en el futuro *(aprenderé)* y la condición se expresa en el presente *(si estudio)*. **Te pongo más ejemplos:**

Will you come here tomorrow if it rains?	*¿Vendrás aquí mañana si llueve?*
I'll leave this company if they don't promote me.	*Dejaré esta empresa si no me promocionan.*
What will you do if you lose your job tomorrow?	*¿Qué harás si pierdes tu empleo mañana?*
She'll do it if she has time.	*Ella lo hará si tiene tiempo.*
They won't come if you don't come too.	*No vendrán si tú no vienes también.*
How will I call her if I don't have her number?	*¿Cómo la llamaré si no tengo su número?*
I'll buy you a present if you pass the exam.	*Te compraré un regalo si apruebas el examen.*
Will you give me a tip if I teach well today?	*¿Me darás una propina si enseño bien hoy?*
I'll stay at home if it rains tomorrow.	*Me quedaré en casa si llueve mañana.*

13.13 →	**Review of the "going to" future** *(Continúa)*	Aquí hacemos un repaso de "mi futuro preferido": el futuro con **"going to"** Aunque lo prefiera, el futuro con "**going to**" no se usa para el condicional del futuro (el punto anterior) El futuro con "**going to**" se usa tanto, que mucha gente, sobre todo en EE.UU. han deformado la pronunciación de la expresión, al igual que los españoles a veces deforman la pronunciación del participio, diciendo, por ejemplo, *'he trabajao mucho hoy'* en vez de *'he trabajado mucho hoy'*.

En lugar de:	**I'm going to see him tomorrow.**	*'Voy a verle mañana'*
Decimos:	**I'm gonna see him tomorrow.**	Pronunciado: */gána/*

Enlazamos "**going**" con "**to**" tan rápidamente que se convierte en un sonido fonético diferente.

← 13.13 Review of the "going to" future

(Continuación)

No te pongo este ejemplo para que lo aprendas. No debes ni intentar decirlo. Lo hago simplemente para que te des cuenta de lo mucho que se usa esta forma del futuro. Un angloparlante dirá "**going to**" (o "**gonna**") cien veces al día. Ahora bien, conviene que conozcas esta forma "informal" de contracción, ya que lo oirás mucho cuando salgas al "mundo cruel" para usar tu inglés.

Por último, para que este punto se desarrolle correctamente, te pongo más ejemplos de frases en futuro con "**going to**":

Are you going to come to class next week?	**Yes, I am.**
What time is your boss going to leave today?	**He's going to leave at 6:00 o'clock.**
When are they going to approve the plan?	**They're going to approve it next week.**
Are you going to kill me?	**No, I'm not.**
Do you think it's going to rain tomorrow?	**No, I don't. It's not going to rain.**

13.14 → The present continuous as future

Mencioné brevemente este punto en la introducción a la expresión "**going to**" en la unidad anterior. Aquí quiero presentarla formalmente:

Recordarás las tres formas del futuro:

I'm going to come here tomorrow.	*Voy a venir aquí mañana.*
I will come here tomorrow.	*Vendré aquí mañana.*
I'm coming here tomorrow.	*Vengo aquí mañana.*

Aquí me quiero centrar en el tercer ejemplo: El uso del presente continuo como futuro.

Fíjate en estas frases en castellano:

¿Qué haces mañana por la mañana?
¿Cuándo vas a la clínica?
Voy mañana a Barcelona.
Mañana nos traen los resultados.
Llevo a mi mujer al médico mañana.

En todas estas frases en castellano, estamos utilizando el tiempo presente para expresar acciones que van a tener lugar en el futuro.

En inglés, muchas veces hacemos lo mismo, pero usamos el presente continuo. Te pongo los mismos ejemplos:

What are you doing tomorrow morning?
When are you going to the clinic?
I'm going to Barcelona tomorrow.
They're bringing the results tomorrow.
I'm taking my wife to the doctor tomorrow.

(Continúa)

← 13.14 The present continuous as future

(Continuación)

Esta forma muy corriente de expresar futuras acciones solamente puede usarse para un número limitado de verbos. Las frases siguientes contienen todos los verbos que se me ocurren como aptos para este tipo de tratamiento:

Are you going to Barcelona tomorrow?	*¿Vas a Barcelona mañana?*
Are you coming to the next class?	*¿Vienes a la próxima clase?*
What are you doing this evening after work?	*¿Qué haces esta tarde después del trabajo?*
Are you taking your wife out to dinner tonight?	*¿Llevas a tu mujer a cenar esta noche?*
I'm bringing the report to class tomorrow	*Traigo el informe a clase mañana.*
I'm driving to France next week	*Voy (en coche) a Francia la semana próxima.*
I'm flying to London next month	*Voy (en avión) a Londres el mes próximo.*
Next week I'm staying in the Palace Hotel.	*La semana próxima me alojo en el Hotel Palace.*

Los demás verbos tienen que expresarse en el futuro bien mediante "**going to**" o bien mediante "**will**".

De nuevo, te digo que no te preocupes por los pequeños matices de diferencia entre las tres maneras de formular el tiempo del futuro. Quizá lo mejor sea usar siempre "**going to** + infinitivo" salvo cuando quieras expresar una condición, en cuyo caso conviene usar "**will**".

13.15 → Can - can't - short answers

Ahora vamos a ver uno de los aspectos más importantes del idioma inglés. ¿Cuántas veces al día usas la expresión ***'poder'*** en castellano? Puedo, no puedo, ¿puedes?, pueden, no podemos, etc.

Si hablas de vez en cuando, seguramente usas el verbo ***'poder'*** 100 veces cada día. En inglés, el verbo ***'poder'*** es un verbo "diferente". Por "diferente" quiero decir que no es ni regular ni irregular. Es, digamos, un poco raro.

De momento, sin embargo, no voy a entrar en la naturaleza de su rareza. Me voy a limitar simplemente a enseñártelo tal y como se usa en el tiempo presente. Voy a enganchar ***'poder'*** al verbo ***'ir'*** (ejemplo: ***puedo ir***)

Yo puedo ir.	**I can go.**
Tu puedes ir.	**You can go.**
El puede ir.	**He can go.**
Ella puede ir.	**She can go.**
Ello puede ir.	**It can go.**
Podemos ir.	**We can go.**
Podéis ir.	**You can go.**
Pueden ir.	**They can go.**

(Continúa)

13.15

Can - can't - short answers

(Continuación)

En el afirmativo desarrollado anteriormente, no hay nunca contracciones. Tampoco en el interrogativo:

¿Puedo ir?	**Can I go?**
¿Puedes ir?	**Can you go?**
¿Puede él ir?	**Can he go?**
¿Puede ella ir?	**Can she go?**
¿Puede ello ir?	**Can it go?**
¿Podemos ir?	**Can we go?**
¿Podéis ir?	**Can you go?**
¿Pueden ir?	**Can they go?**

Ahora bien, en el negativo sí usamos contracciones. Te pongo tres columnas, una en castellano, una en inglés sin contracción y otra con contracción:

No puedo ir.	**I cannot go.**	**I can't go.**
No puedes ir.	**You cannot go.**	**You can't go.**
El no puede ir.	**He cannot go.**	**He can't go.**
Ella no puede ir.	**She cannot go.**	**She can't go.**
Ello no puede ir.	**It cannot go.**	**It can't go.**
No podemos ir.	**We cannot go.**	**We can't go.**
No podéis ir.	**You cannot go.**	**You can't go.**
No pueden ir.	**They cannot go.**	**They can't go.**

Realmente, el uso de "**can**" es bastante fácil. El problema empieza cuando quieres diferenciar entre el afirmativo y el negativo, ya que suenan muy parecidos "**can**" y la contracción "**can't**".

I can go. **I can't go.**

Suenan tan parecidos que incluso nativos a veces tienen que confirmar si su interlocutor, también nativo, está afirmando o negando.

Por ello, yo muchas veces recomiendo a mis alumnos que no usen la contracción "**can't**", con el fin de evitar posibles malentendidos. Tú decides. Si optas por intentar usar la contracción, entonces te ayudaré con dos explicaciones más:

1) Cuando afirmamos, diciendo, por ejemplo "**I can go**", solemos, sin darnos cuenta, asentir con la cabeza. Inversamente, cuando negamos, diciendo, por ejemplo "**I can't go**", solemos, sin darnos cuenta, negar con la cabeza. Es curioso.

2) Más importante: Cuando afirmamos, acentuamos mucho el sujeto: "**I can go**". Cuando negamos, acentuamos mucho la palabra "**can't**": **"I can't go"**.

13.16 → **Student questions**

Este punto es para que tú hagas preguntas con "**can**". Sin embargo, voy a dedicarlo a explicar un poco más el uso de esta expresión.

Al igual que con los otros tiempos de los verbos, existe la posibilidad de la respuesta corta cuando no hace falta decir toda una frase como respuesta. Ejemplos:

Can you speak German?	**No, I can't.**
Can Peter Pan fly?	**Yes, he can.**
Can Batman fly?	**No, he can't.**
Can your boss speak English?	**Yes, he can.**

Espero que no se te haya olvidado lo que dije en la primera página de este manual, **punto 1.2.**

Si un amigo mío me preguntara si yo puedo volar, yo diría: **No**.

Si el Rey de España me lo preguntara en inglés, yo diría : **No, I can't**.

Recordarás que las respuestas cortas que estamos viendo a lo largo de estas páginas son nuestra forma de emplear el *'Vd.'*; es decir, al rematar una respuesta con el verbo auxiliar, estás mostrando un poco de deferencia hacia tu interlocutor.

Ahora voy a poner un fragmento de una pregunta que quiero que destierres para siempre de tu inglés. El fragmento es éste:

Is it possible...?

Me da miedo incluso poner la expresión en negrita, por temor a que se te quede para siempre grabada en la mente. Lo que quiero es todo lo contrario. Lo que quiero es que digas:

Can I...?

Can he...?

Can we...?

Etc.

Los profesores de inglés estamos más que hartos de oír, por ejemplo:

Is it possible to use the presente continuous in this case?
(¿Es posible usar el presente continuo en este caso?)

Esta frase es correcta gramaticalmente, pero casi nunca la decimos así. Lo que pasa es que los españoles la usáis hasta la saciedad y muchos profesores simplemente tiran la toalla o empiezan a usarla también por contaminación.

(Continúa)

← 13.16 Student questions

(Continuación)

Voy a poner ejemplos de la expresión prohibida junto con la expresión recomendada:

No utilices:	Utiliza:
Is it possible to bring water to class?	**Can I bring some water to class?**
Is it possible to change the class time?	**Can we change the class time?**
Is it possible to have more hours of class?	**Can I have more hours of class?**
Etc.	**Etc.**

Por último, voy a dedicar la mitad de toda la página siguiente a una sola advertencia. Quiero que la grabes en tu mente para siempre:

I can ~~to~~ go

I can't ~~to~~ find my umbrella.

Can your wife ~~to~~ play the piano?

NO PONGAS JAMAS LA PARTICULA "TO" DESPUÉS DE "CAN"

Quedas advertido. Sé que vas a caer en este error, un error que suena fatal, fatal, fatal en inglés. Suena horriblemente mal. Sin embargo, parece que los españoles tenéis un apego tan fuerte a esta partícula que no podéis vivir sin ella.

Es una partícula importante que se usa en miles de expresiones. **PERO NO CON "CAN"**.

13.17 → Like

As well as

As fast as

Aquí vamos a ver el uso de *'como'* sin acento, *'como'* en la frase que estoy escribiendo ahora.

Hablas como un loro. = **You talk like a parrot.**

Otra palabra que también puede traducirse como *'como'* es "**as**". Sin embargo, no vamos a entrar de momento en la diferencia entre "**like**" y "**as**". Eso vendrá más tarde.

"**Like**" significa *'como'* en el sentido de *'al igual que'* o *'parecido a'* o *'similar a'*.

No tiene nada que ver con el verbo "**to like**". Es una simple coincidencia el que esta palabra se escriba igual (**like**) que el verbo "**to like**".

También en este punto vamos a entrar tímidamente en los comparativos de tipo *'tan... como'*. Ejemplo:

Toco la guitarra tan bien como Andrés Segovia = **I play the guitar as well as Andrés Segovia**

Puedo correr tan rápido como Carl Lewis = **I can run as fast as Carl Lewis**

En estos casos, sí se usa "**as**" en vez de "**like**", pero son comparativos. "**Like**" significa simplemente *'como'* en el sentido de *'similar a'*.

(Continúa)

← 13.17

Like

As well as

As fast as

(Continuación)

Vamos con los ejemplos:

Can you play football like Maradona?	*¿Puedes jugar al fútbol como Maradona?*
Can you write like William Shakespeare?	*¿Puedes escribir como William Shakespeare?*
Can you speak English as well as me?	*¿Puedes hablar inglés tan bien como yo?*
Can you fight as well as Mike Tyson?	*¿Puedes pelear tan bien como Mike Tyson?*
Can you type as fast as a secretary?	*¿Puedes escribir a máquina tan rápido como una secretaria?*

13.18

Student initiative

Aquí tú tomas la iniciativa, diciendo lo que sabes y lo que no sabes hacer.

Observa que he usado el verbo *'saber'*, no *'poder'*.

Esto es porque en inglés, la expresión "**can**" puede significar:

1) Estar física o mentalmente capacitado para

I can lift more than 200 kilos.
(Puedo levantar más de 200 kilos)

2) Saber hacer algo, tener los conocimientos suficientes para

I can read philosophy treatises with no problem.
(Puedo o sé leer tratados filosóficos sin problema)

3) Tener permiso para

I can use a company car whenever I want.
(Puedo usar un coche de la empresa cuando quiera)

Can I go with them?
(¿Puedo ir con ellos?)

Para finalizar estas páginas sobre "**can**", permíteme volver a incidir sobre la entonación de las frases con "**can**" según sean afirmativas o negativas. (He usado la tilde del castellano para que lo veas claro.)

Afirmativo:	**Hé can do it**	
	Í can do it	
Negativo:	**He cán't do it**	
	I cán't do it	

13.19	**Translation booklet** **Vocabulary booklet**	**Translation booklet** y **Vocabulary booklet**: Si realmente dedicas tiempo a estos "**booklets**" notarás un avance muy sustancial en un plazo bastante breve. Repasa la lista del día anterior antes de estudiar una lista nueva. Debes hacerlo diariamente.

Unit 14

14.1 Fractions and percentages

Percent

Half

Point (decimal point)

Is the same as...

Aquí seguimos con la revisión de fracciones, porcentajes, decimales y "**the same as**".

1/2 is the same as 50% (one-half is the same as 50%)

1/4 is the same as 25% (one-fourth is the same as 25%)

Tienes que escribir 10 ejemplos de fracciones, porcentajes y decimales. Léelas en alto.

He aquí ejemplos de fracciones:

1/2	**One-half**	5/8	**Five-eighths** */eitzs/*
1/4	**One-fourth**	6/7	**Six-sevenths**
2/3	**Two-thirds**	2/9	**Two-ninths**
3/5	**Three-fifths**	1/10	**One-tenth**

14.2 Number pronunciation

Ésta es la décima (**tenth**) vez que nos dedicamos al dictado y pronunciación de números.

Recuerda: **Two hundred and thirty-three thousand eight hundred and fifty-four (233,854)**

Recuerda también las comas en vez de los puntos.

Así decimos números superiores a un millón:

Three million eight hundred and forty-six thousand nine hundred and eleven

(3,846,911)

Escribe 20 números en un papel. Hazlo al azar.

14.3 Number pronunciation

Seguimos con la pronunciación y vocalización de los números.

Aquellos números que no hayas sido capaz de escribir correctamente vuelve a escribirlos.

14.4 Review of the days of the week

Seguimos aquí con la pronunciación de los días de la semana. Recuerda:

Martes – **Tuesday** */tiúsdei o túsdei/*

Miércoles – **Wednesday** */uénsdei/*

Jueves – **Thursday** */zérsdei/*

Pronuncia los 7 días de la semana en alto.

14.5 Review of the months of the year

Repasamos aquí los meses. Te los vuelvo a poner fonéticamente, debes pronunciarlos en alto:

January	*/chánieuri/*	**May**	*/méi/*	**September**	*/septémber/*
February	*/fébrueri/*	**June**	*/chun/*	**October**	*/actóber/*
March	*/march/*	**July**	*/chulái/*	**November**	*/nofémber/*
April	*/éipral/*	**August**	*/áugast/*	**December**	*/disémber/*

14.6	**Review of ordinal numbers and dates**	Se tarda mucho en dominar bien los números ordinales. Por eso, vamos a hacer este ejercicio en todas las unidades hasta la 35 inclusive. Tendrás que decir una vez más un mes entero de fechas como sigue: **Thursday, the first. Friday, the second. Saturday, the third. Sunday, the fourth. Monday, the fifth. Tuesday, the sixth. Wednesday, the seventh. Thursday, the eighth. Friday, the ninth. Etc. etc. etc. hasta el día 31 (..., the 31st).**
14.7	**Review of dates**	Te pongo a continuación las formas estándar en Reino Unido y EE.UU. Británico: **the fifth of January, 1999** (literalmente: *el quinto de Enero, 1999)* Americano: **January fifth, 1999** (literalmente: *Enero quinto, 1999)* En esta sección debes inventar 10 fechas y formularlas en alto en las dos formas conocidas.
14.8	**Review of years**	Recuerda que decimos los años como sigue: *Diecinueve noventa y nueve (1999)* Recuerda también que en inglés nunca ponemos una coma o punto en el año. Escribimos **1999**. No escribimos **1.999** o **1,999**. Escribe 20 años en un papel y prueba a pronunciarlos en alto correctamente.
14.9	**Review of telling time**	Aprende bien a decirlas, puesto que es embarazoso fallar en algo tan corriente y sencillo. **It's 2 o'clock** **It's 15 minutes to 3:00** **It's ten-thirty** **It's five forty-five** Escribe 10 horas en un papel y dilas en alto.
14.10	**Translation booklet** **Vocabulary booklet**	Translation booklet y Vocabulary booklet: A estas alturas tienes que estar notando la mejora de tu inglés. Repasa la lista del día anterior antes de estudiar una lista nueva. Debes hacerlo diariamente.
14.11 →	**Much, many, a lot of** **Theoretical explanation** *(Continúa)*	Este punto es una explicación teórica de la diferencia entre: **many - much - a lot of** Muchos alumnos, incluso en niveles avanzados, me piden que vuelva a explicarles cuando usar una expresión y cuando otra. Para mí, es sencillo. **1) MUCH** – significa *'mucho'* pero sólo se usa en el negativo o el interrogativo cuando el objeto de la frase es singular o incontable. **I don't have much time.** *(No tengo mucho tiempo)* **Do you have much time?** *(¿Tienes mucho tiempo?)*

← 14.11

Much, many, a lot of

Theoretical explanation

(Continuación)

2) MANY – signfica *'muchos'* y normalmente se usa en el negativo o el interrogativo cuando el objeto de la frase es plural.

I don't have many problems. *(No tengo muchos problemas)*

Do you have many problems? *(¿Tienes muchos problemas?)*

También se puede usar "**many**" en afirmativo, pero es menos común que lo siguiente:

3) A LOT OF – significa *'mucho'* o *'muchos'* y puede usarse en el afirmativo, negativo e interrogativo. Es, digamos, una expresión "universal". Vale para todo, sobre todo para el afirmativo.

I have a lot of time. *(Tengo mucho tiempo)*

I have a lot of problems. *(Tengo muchos problemas)*

I don't have a lot of time. *(No tengo mucho tiempo)*

I don't have a lot of problems. *(No tengo muchos problemas)*

Do you have a lot of time? *(¿Tienes mucho tiempo?)*

Do you have a lot of problems? *(¿Tienes muchos problemas?)*

Al analizar los tres puntos anteriores, uno llega a la conclusión de que es mejor ir a lo más sencillo, es decir, usar siempre

A lot of

Estoy de acuerdo con esta conclusión, por lo que te recomiendo que uses "**a lot of**" siempre, puesto que jamás caerás en un error. "**A lot of**" se pronuncia más o menos: */alátaf/*.

Ahora bien, te advierto que cuando en la respuesta no mencionamos el objeto, quitamos la última palabra "**of**":

Con mención del objeto:	**Do you have a lot of money?**	**Yes, I have a lot of money.**
Sin mencionar el objeto:	**Do you have a lot of money?**	**Yes, I have a lot.**

El objeto de estas frases es "**money**" (pronunciado como "**funny**"). Nota que en la respuesta a la segunda pregunta, donde se dice *'sí, tengo mucho'*, quitamos la partícula "**of**".

Te pongo a continuación todas las alternativas con "**much**", "**many**" y "**a lot of**".

	Do you have much time?	**Yes, I have a lot of time.**	**No, I don't have much time.**
ó	**Do you have a lot of time?**	**Yes, I have a lot of time.**	**No, I don't have a lot of time.**
	Do you have many books?	**Yes, I have a lot of books.**	**No, I don't have many books.**
ó	**Do you have a lot of books?**	**Yes, I have a lot of books.**	**No, I don't have a lot of books.**

14.12	To know how to	*Sé hablar inglés* = **I know how to speak English.** El verbo **"to know"** *(nóu)* significa *'saber'* o *'conocer'* *Sabes mucho* = **You know a lot** *Conoces a mucha gente* = **You know a lot of people** Ahora bien, en castellano la expresión *'saber'* + otro verbo es vuestra forma de explicar que sabéis hacer cosas. En inglés también, pero insertamos la palabra *'cómo'* (**how**): *Sé nadar* = **I know how to swim** "**How**" se pronuncia */jao/*. Recuerda esto porque los españoles muchas veces decís */jóu/* Vamos a poner ejemplos de "**know how to**": **I know how to play the guitar.** **She knows how to cook paella.** **They know how to design software.** **We know how to repair cars.** **Do you know how to program a computer?** **Does your boss know how to convince you?** **Etc.**

14.13 Do you know

Where...
When...
What time...
Why...
How often...
Which...
Who...
How far...
How long...
How tall...
Etc.

Do you know what time it is?
Yes, I know what time it is.
What time is it?
It's 2:00 o'clock.

En este intercambio notarás que "**it is**" en las dos primeras frases es en sentido afirmativo (sujeto + verbo). La tercera frase es diferente, ya que es una pregunta directa, por lo que "**it is**" se invierte a "**...is it?**"

Regla: Sólo pones el verbo delante del sujeto cuando se trata de una pregunta directa. La primera pregunta es, también, una pregunta directa, pero la pregunta es "**do you know...?**"

Ahora analiza el siguiente intercambio:

Do you know where Robert Redford lives?
Yes, I know where he lives.
Where does he live?
He lives in California.

Regla: Sólo se usa un verbo auxiliar ("**do**" en este caso) cuando es pregunta directa. Mira las dos primeras frases. El verbo "**lives**" es en sentido afirmativo. En la primera frase es porque la pregunta no es sobre dónde vive sino si *'sabes'* dónde vive. La segunda frase es afirmativa en todos los sentidos. Solamente la tercera frase es una pregunta directa con "**live**", por lo que se usa el auxiliar "**does**".

Te pongo más ejemplos:

Do you know who I am? **Yes, I know who you are.** **Who am I?** **You're the teacher.**	**Do you know what this is?** **Yes, I know what it is.** **What is it?** **It's a book.**	**Do you know where I live?** **Yes, I know where you live.** **Where do I live?** **You live in Madrid.**
Do you know where Rome is? **Yes, I know where Rome is.** **Where's Rome?** **It's in Italy.**	**Do you know how tall he is?** **Yes, I know how tall he is.** **How tall is he?** **He's 2 meters tall.**	**Do you know who Prince is?** **Yes, I know who Prince is.** **Who is Prince?** **He's a rock star from Minnesota.**

14.14 → Was / Were

Aquí empezamos con el **pasado**, pero solamente con el verbo "**to be**"

I was	*Yo fui, era, estuve, estaba*
You were	*Fuiste, eras, estuviste, estabas / Vd. fue, era, estuvo, estaba*
He was	*El fue, era, estuvo, estaba*
She was	*Ella fue, era, estuvo, estaba*
It was	*Ello fue, era, estuvo, estaba*
We were	*Fuimos, éramos, estuvimos, estábamos*
You were	*Fuistéis, erais, estuvisteis, estábais / Vds. fueron, eran, estuvieron, estaban*
They were	*Fueron, eran, estuvieron, estaban*

A la vista de esta tabla, todavía me maravillo del hecho de que logré aprender castellano. Tenéis 40 formas diferentes para cubrir solamente ocho formas en inglés.

Como habrás notado en la tabla, "**was**" cambia a "**were**" en la segunda persona del singular y en todas las personas del plural. Es imposible escribir fonéticamente la pronunciación de "**were**". No existe en castellano un sonido parecido. Lo más aproximado es */uér/*

Al igual que en el tiempo presente, el verbo "**to be**" en el pasado no tiene verbo auxiliar en el negativo o interrogativo:

I was there.	**I was not there.**	**Was I there?**

Veamos ahora una tabla con la conjugación completa de "**was/were**", con las contracciones de rigor:

Afirmativo	Contraído	Negativo	Contraído	Interrogativo
I was	---	**I was not**	**I wasn't**	**Was I...?**
You were	---	**You were not**	**You weren't**	**Were you...?**
He was	---	**He was not**	**He wasn't**	**Was he...?**
She was	---	**She was not**	**She wasn't**	**Was she...?**
It was	---	**It was not**	**It wasn't**	**Was it...?**
We were	---	**We were not**	**We weren't**	**Were we...?**
You were	---	**You were not**	**You weren't**	**Were you...?**
They were	---	**They were not**	**They weren't**	**Were they...?**

(Continúa)

14.14 Was / Were

(Continuación)

Vamos a ver a continuación ejemplos de "**was – were**" con 20 de las 40 posibles traducciones de las dos palabras en castellano.

Fui profesor cuando era joven.	I was a teacher when I was young.
Estuve con él una vez cuando yo estaba allí.	I was with him once when I was there.
Fuiste mi salvación el otro día.	You were my salvation the other day.
Eras el mejor en esa época.	You were the best at that time.
¿Dónde estuviste ayer?	Where were you yesterday?
¿Con quién estabas hace un momento?	Who were you with a moment ago?
El fue un gran hombre.	He was a great man.
Ella era su mujer.	She was his wife.
El estuvo aquí una vez.	He was here once.
El estaba aquí a esta hora ayer.	He was here at this time yesterday.
Fuimos profesores cuando éramos jóvenes.	We were teachers when we were young.
Estuvimos con él cuando estábamos allí.	We were with him when we were there.
Fueron los mejores candidatos en mi opinión.	They were the best candidates in my opinion.
Mis abuelos eran agricultores.	My grandparents were farmers.
Estaban en Tejas en 1930.	They were in Texas in 1930.
Estuvieron aquí una vez hace 10 años.	They were here once ten years ago.

14.15 Was – were

SHORT ANSWERS

Ago

Este punto está dedicado a las respuestas cortas:

Were you here yesterday?	Yes, I was.
Was John Kennedy Spanish?	No, he wasn't.
Were the Beatles famous?	Yes, they were.
Were the Marx Brothers German?	No, they weren't.
Was I on the list?	Yes, you were.
Was I the first on the list?	No, you weren't
Etc.	Etc.

También seguramente surgirá la palabra "**ago**" durante el desarrollo de este punto. Significa *'atrás en el tiempo'*. En castellano usáis la expresión *'hace'*.

...hace tres años.	...three years ago.
...hace dos días.	...two days ago.
...hace millones de años.	...millions of years ago.
...hace un momento.	...a moment ago.

Cuando aprendía castellano, me pareció rarísima la expresión *'hace tres años'* y similar. Yo decía: ¿qué tiene que ver el verbo *'hacer'* con tiempo atrás? Ahora la uso sin pestañear, pero tienes que admitir que es una forma poco lógica.

(Continúa)

14.15 ← **Was – were**

SHORT ANSWERS

(Continuación)

Para simplificación, digamos que "**ago**" signfica *'atrás'*. Por lo tanto, cuando decimos, por ejemplo:

I was in Greece two years ago. *(Estuve en Grecia hace dos años)*

Estamos diciendo literalmente: ***Estuve en Grecia dos años atrás.***

14.16 **Was – were**

FULL TREATMENT

Past continuous:

Was / were doing...

En este punto, entramos de lleno en el manejo de "**was – were**", usando estas formas del verbo "**to be**" no sólo en su sentido estricto sino como verbos auxiliares para lo que llamamos:

El pasado continuo

El pasado continuo es el pasado del presente continuo. Ejemplo:

Presente continuo:	**I'm working.**	*Estoy trabajando.*
Pasado continuo:	**I was working at this time yesterday.**	*Estaba trabajando a esta hora ayer.*
Presente continuo:	**They're working.**	*Están trabajando.*
Pasado continuo:	**They were working at 1:00 a.m.**	*Estaban trabajando a la una de la madrugada.*

Es una forma sencilla para expresar acciones que estaban en vías de realización en un momento dado del pasado o cuando otra acción ocurrió. Veremos esta forma otra vez un poco más adelante.

De momento, sin embargo, vamos a ver algunos ejemplos más:

Where were you yesterday at 10:00 p.m.?	*¿Dónde estabas ayer a las 10 de la noche?*
I was at home.	*Estaba en casa.*
What were you doing?	*¿Qué estabas haciendo?*
I was watching TV.	*Estaba viendo la tele.*
Was your wife with you?	*Estaba tu mujer contigo?*
Yes, she was.	*Sí.*
What was she doing?	*¿Qué estaba haciendo ella?*
She was watching TV, too.	*Ella estaba viendo la tele también.*

14.17 **Pronunciation of "were"**

Este punto está dedicado exclusivamente a practicar con la pronunciación de "**were**", ya que los españoles soléis pronunciarlo un poco mal.

Como te dije un poco más arriba, no te puedo ayudar fonéticamente con esta palabra. Tienes que escuchar los Cds de los **translation booklets**.

14.18	**To be born**	El verbo *'nacer'* no existe en inglés. Sin embargo, los angloparlantes nacemos igual que vosotros los hispanohablantes. Lo que hacemos en los países de habla inglesa es *'ser paridos'* (**to be born**). La palabra "**born**" es un participio pasado que proviene del verbo "**to bear**", verbo que significa *'parir'*. Por lo tanto, para decir que un niño nace cada 5 segundos en el mundo, decimos literalmente *'Un niño es parido cada 5 segundos en el mundo'*: **A baby is born every 5 seconds in the world.** Así que para decir *'yo nací'*, tienes que decir "**I was born**" (*fui parido*) Veamos algunos ejemplos: **When were you born?** — *¿Cuándo naciste?* **I was born in 1951.** — *Nací en 1951.* **Where were you born?** — *¿Dónde naciste?* **I was born in Houston.** — *Nací en Houston.* Creo que no me hace falta extenderme más sobre esto. Lo importante aquí no es hacerte con el participio "**born**", sino ganar agilidad con "**was**" y "**were**".
14.19	**Compound use of "was" and "were"**	El título a la izquiera se traduce como: el uso compuesto de "**was**" y "**were**". Por uso compuesto quiero decir frases que contienen ambas conjugaciones; es decir, una frase donde aparece tanto "**was**" como "**were**". No quiero con este punto enseñar nada nuevo. Simplemente quiero que vayas ganando confianza y agilidad con las dos conjugaciones. Por ello, te presentamos cosas como estas: **How old was your mother when you were born?** *(¿Cuántos años tenía tu madre cuando tú naciste?)* **She was 28 years old when I was born.**
14.20	**Translation booklet** **Vocabulary booklet**	**Translation booklet** y **Vocabulary booklet**: No se te olvide trabajar correctamente las listas Repasa la lista del día anterior antes de estudiar una lista nueva. Debes hacerlo diariamente..

15.1 Fractions and percentages

Percent

Half

Point (decimal point)

Is the same as...

Aquí seguimos con la revisión de fracciones, porcentajes, decimales y "**the same as**"

1/2 is the same as 50% (one-half is the same as 50%)

1/4 is the same as 25% (one-fourth is the same as 25%)

Tienes que escribir 10 ejemplos de fracciones y leerlas en alto.

He aquí ejemplos de fracciones:

1/2	**One-half**	5/8	**Five-eighths** */eitzs/*
1/4	**One-fourth**	6/7	**Six-sevenths**
2/3	**Two-thirds**	2/9	**Two-ninths**
3/5	**Three-fifths**	1/10	**One-tenth**

15.2 Number pronunciation

Esta es la undécima (**eleventh**) vez que nos dedicamos al dictado y pronunciación de números.

Recuerda: **Two hundred and thirty-three thousand eight hundred and fifty-four (233,854)**

Recuerda también las comas en vez de los puntos.

Así decimos números superiores a un millón:

Three million eight hundred and forty-six thousand nine hundred and eleven

(3,846,911)

Escribe 20 números en un papel. Hazlo al azar.

15.3 Number pronunciation

Seguimos aquí con la pronunciación y vocalización de los números.

Aquellos números que no hayas sido capaz de escribir correctamente vuelve a escribirlos.

15.4 Review of the days of the week

Seguimos aquí con la pronunciación de los días de la semana. Recuerda:

Martes – **Tuesday** */tiúsdei o túsdei/*
Miércoles – **Wednesday** */uénsdei/*
Jueves – **Thursday** */zérsdei/*

Pronuncia los 7 días de la semana en alto.

15.5 Review of the months of the year

Repasamos aquí los meses. Te los vuelvo a poner fonéticamente, debes pronunciarlos en alto:

January	*/chánuieri/*	**May**	*/méi/*	**September**	*/septémber/*
February	*/fébrueri/*	**June**	*/chun/*	**October**	*/actóber/*
March	*/march/*	**July**	*/chulái/*	**November**	*/nofémber/*
April	*/éipral/*	**August**	*/áugast/*	**December**	*/disémber/*

15.6	**Review of ordinal numbers and dates**	Se tarda mucho en dominar bien los números ordinales. Por eso, vamos a hacer este ejercicio en todas las unidades hasta la 35 inclusive. Tendrás que decir una vez más un mes entero de fechas como sigue: **Thursday, the first. Friday, the second. Saturday, the third. Sunday, the fourth. Monday, the fifth. Tuesday, the sixth. Wednesday, the seventh. Thursday, the eighth. Friday, the ninth. Etc. etc. etc. hasta el día 31 (..., the 31st).**
15.7	**Review of dates**	Repasamos de nuevo fechas completas. Te pongo a continuación las formas estándar en Reino Unido y EE.UU. Británico: **the tenth of August, 1999** (literalmente: *el décimo de agosto, 1999*) Americano: **August tenth, 1999** (literalmente: *Agosto décimo, 1999*) En esta sección debes inventar 10 fechas y formularlas en alto en las dos formas conocidas.
15.8	**Review of years**	Recuerda que decimos los años como sigue: *Diecinueve noventa y nueve (1999)* Recuerda también que en inglés nunca ponemos una coma o punto en el año. Escribimos **1999**. No escribimos **1.999** o **1,999**. Escribe 20 años en un papel y prueba a pronunciarlos en alto correctamente.
15.9	**Review of telling time**	Volvemos con las horas. Escribe 10 horas en un papel y dilas en alto. **It's 2 o'clock** **It's 15 minutes to 3:00** **It's ten-thirty** **It's five forty-five**
15.10	**Review of "going to" future**	Este punto es un repaso del futuro con "**going to**". **I'm going to call her.** **He's going to be here in 10 minutes.** **They're going to ask you for money.** **We're going to sell our house.** **Are you going to do it?** **Where are they going to buy the merchandise?** **When is she going to be here?** **How are we going to convince them?**

15.11 And then,... (narrative)

Primero voy a ir a la playa, y después al restaurante, y después al quiosco... etc.

En la frase de arriba, verás la palabra *'después'* tres veces. No se te ocurra usar la palabra "**after**" en estos casos. Si vas atrás, al **punto 7.18**, verás lo siguiente:

After = *después de*

Then = *después*

Si usaras la palabra "**after**" en la primera frase arriba, estarías diciendo lo siguiente: *Primero voy a ir a la playa, y después de al restaurante, y después de al quiosco... etc.*

Por lo tanto, no uses nunca "**after**" cuando quieras expresar, en forma narrativa, *'después'* o *'luego'*. Usa "**then...**" o "**and then...**".

Lee la siguiente narrativa de los planes de Paula y su amigo Tom. Fíjate en cómo usamos "**then**" o "**and then**" para pasar de un actividad a otra en el tiempo:

Paula Eisenbach is going to start her vacation tomorrow morning. She's going to rent a car and drive to Paris. She's going to go to Paris with her friend, Tom. They're going to spend three days in Paris and then they're going to drive to Monte Carlo, where they're going to stay for two nights. Then, they're going to drive to Italy, where they're going to visit Pisa, Florence, and Venice. They're going to stay about six days in Italy. Then, they're going to drive back to Germany through the Austrian Alps. They're going to stay one night in Innsbruck and then drive back to Heidelberg on the next day.

15.12 → Much / many / a lot of

Very little / very few

Aquí vemos los contrarios de "**much - many - a lot of**"

Tengo mucho dinero. *Tengo muchos dólares.*	*Tengo poco dinero.* *Tengo pocos dólares.*

En inglés, decimos **"little"** */lítel/* y **"few"** */fiú/*

I have a lot of money. **I have a lot of dollars.**	**I have** little **money.** **I have** few **dollars.**

"**Little**" se usa para incontables y "**few**" para contables.

Ahora bien, es muy común en inglés insertar el adverbio **"very"** *(muy)* delante de estas dos palabras.

I have very little money.

I have very few dollars.

(Continúa)

← 15.12 Much / many / a lot of — Very little / very few

(Continuación)

Por último, no confundas "**little**" y "**few**" con las expresiones "**a little**" y "**a few**". Veamos frases con las cuatro expresiones:

There's little water. *(Hay poca agua.)*	**There's a little water.** *(Hay un poco de agua.)*
There are few problems. *(Hay pocos problemas.)*	**There are a few problems.** *(Hay unos cuantos problemas.)*

Hay una diferencia importante entre "**little water**" y "**a little water**" en los ejemplos citados. La primera frase es francamente pesimista, mientras que la frase a su derecha es neutra, ni pesimista ni optimista.

En cuanto al segundo ejemplo de frases, la primera "**few problems**" es muy positiva. Nos encantaría a todos que hubiera *'pocos problemas'*. La segunda frase, sin embargo, es capaz de producirnos un vuelco al corazón. Si nos dicen que hay unos cuantos problemas, hay motivo para la preocupación.

15.13 More / less than... (uncountables)

Tengo más que tú	**I have more than you.**
Tengo menos que tú	**I have less than you.**
Tengo más agua que tú	**I have more water than you**
Tengo menos agua que tú	**I have less water than you**
Tengo más problemas que tú	**I have more problems than you**
Tengo menos problemas que tú	**I have fewer problems than you**

En este punto, focalizaremos nuestra atención en sustantivos incontables (**water, money, time, etc.**). No obstante, he incluido en el último ejemplo (**fewer**) un sustantivo contable simplemente para anticiparte un poco el punto siguiente.

No creo que sea necesario que te explique teóricamente la formación de *'más...que'* y *'menos... que'*. Es muy parecido al castellano.

15.14 → More than — Less than — Fewer than

Este punto desarrolla aún más las expresiones *'más que'* y *'menos que'*. Esta vez sí que vamos a ver tanto los contables como los incontables.

I know more people than you	**You know fewer people than me**
He earns more money than her	**She earns less money than him**
We go to more football games than them	**They go to fewer football games than us**
I drink more wine than my wife	**She drinks less wine than me**

En la segunda columna, notarás que cuando el sustantivo es contable (**people, games**), usamos "**fewer**" en lugar de "**less**".

"Fewer" se pronuncia: */fiúer/*

(Continúa)

← 15.14 More than / Less than / Fewer than

(Continuación)

Un inciso: es gramaticalmente más correcto en las frases citadas usar el pronombre personal al final de cada frase + el verbo auxiliar. Te pongo el primer ejemplo:

I know more people than you do = **You know fewer people than I do**

Sin embargo, en el lenguaje normal del día a día, una mayoría de los angloparlantes dejamos fuera el verbo auxiliar y cambiamos el pronombre personal por un pronombre complemento. Decimos frases como: *Tú juegas al tenis mejor que mí.* **You play tennis better than me.**

Esto no es correcto gramaticalmente en inglés, pero es casi universal en su uso, por lo que prefiero enseñarlo, ya que es lo que más se oye. Ahora bien, si prefieres intentar usar la forma gramaticalmente correcta, tienes todo mi apoyo para ello. Pero para usarlo correctamente, tendrás que tener un excelente dominio de todos los verbos auxiliares (**am, is, do, does, did, has, was, etc.**)

15.15 Much – little / Many – few

Este punto vuelve sobre los usos de "**much – many – a lot of**" y "**little - few**"

Volvemos a presentarte a tu profesor virtual que te dirá una frase de una manera y tú dirás lo mismo de otra forma. Veamos:

Profesor	*Alumno*
There isn't much water in the desert.	**There's very little water in the desert.**
I don't have much time.	**I have very little time.**
He doesn't have many opportunities.	**He has very few opportunities.**
She doesn't know many people.	**She knows very few people.**
The King of Spain doesn't have much free time.	**The King of Spain has very little free time.**
There isn't much vodka in Somalia.	**There's very little vodka in Somalia.**
There aren't many people in Greenland.	**There are very few people in Greenland.**
There aren't many olive trees in Germany.	**There are very few olive trees in Germany.**

Fíjate bien en las frases a cada lado. Cada pareja significa lo mismo (*no hay mucho = hay poco*). Fíjate también en los casos donde "**little**" cambia a "**few**" (singular / plural ó contable / incontable).

15.16 → Comparatives

Un comparativo es una frase donde una cosa se compara con otra cosa. Ejemplo:

Soy más alto que mi padre.

Me comparo aquí con mi padre. A diferencia del **punto 15.14**, donde veíamos cosas como *'Tengo más dinero que tú'*, aquí vamos a usar el comparativo con adjetivos. Veamos una frase con sustantivo y otra con adjetivo:

(Continúa)

← 15.16 →

Comparatives

(Continuación)

I have more books than you.	*Tengo más libros que tú.*
German is more difficult than Spanish.	*El alemán es más difícil que el inglés.*

En la primera frase, "**books**" es un sustantivo. En la segunda frase "**difficult**" es un adjetivo.

Mirando las dos frases, realmente no se ve una diferencia. La construcción es igual en ambos casos salvo el hecho de que una contiene un sustantivo y otra un adjetivo.

Cierto; pero ojo, "**difficult**" es un adjetivo de tres sílabas.

Si tuviera menos sílabas, probablemente no insertaríamos previamente la palabra "**more**".

Omitiríamos "**more**" a favor de añadir las letras "**er**" al final del adjetivo.

Adjetivo simple	Adjetivo en sentido comparativo
Hard	**Harder** *(más duro)*
Long	**Longer** *(más largo)*
Difficult	**More difficult** *(más difícil)*

Mira las frases siguientes y fíjate cómo formulamos el comparativo de distinta forma según la longitud del adjetivo:

1. The Mississippi is longer than the Tajo.	*El Misisipi es más largo que el Tajo.*
2. Superman is stronger than Batman.	*Superman es más fuerte que Batman.*
3. Michael Jordan is taller than me.	*Michael Jordan es más alto que yo.*
4. English is easier than Russian.	*El inglés es más fácil que el ruso.*
5. Granada is more beautiful than Albacete.	*Granada es más hermosa que Albacete.*
6. My English is better than yours.	*Mi inglés es mejor que el tuyo.*
7. Your English is worse than mine.	*Tu inglés es peor que el mío.*
8. Valencia is farther from Madrid than Ávila.	*Valencia está más lejos de Madrid que Ávila.*
9. Sweden is colder than Spain.	*Suecia es más fría que España.*

Anomalías:

4. Al formular el comparativo de "**easy**", quitamos la "**y**" y añadimos "**ier**".

6. El comparativo de "**good**" es irregular. Decimos: **better**

7. El comparativo de "**bad**" es irregular también. Decimos: **worse** */uérs/*

8. El comparativo de "**far**" es algo irregular. Decimos: **farther** */fárder/*

En la página siguiente te proporciono una lista de muchos adjetivos y la forma de expresarlos en el comparativo.

Fíjate bien en ellos, ya que cuando se trata de adjetivos de dos sílabas, a veces usamos "**more**" y a veces añadimos "**er**".

(Continúa)

← 15.16

Comparatives

(Continuación)

** Las expresiones de la segunda columna que figuran destacadas son irregulares de alguna manera.*

Te pongo a continuación 42 adjetivos y su forma en el comparativo:

Tall	**Taller than**	*Más alto que*
Short	**Shorter than**	*Más bajo que*
Long	**Longer than**	*Más largo que*
Short	**Shorter than**	*Más corto que*
Big	**Bigger than**	*Más grande que*
Small	**Smaller than**	*Más pequeño que*
Easy	**Easier than**	*Más fácil que*
Difficult	**More difficult than**	*Más difícil que*
Hard	**Harder than**	*Más duro que*
Soft	**Softer than**	*Más blando o suave que*
Fast	**Faster than**	*Más rápido que*
Slow	**Slower than**	*Más lento que*
Cheap	**Cheaper than**	*Más barato que*
Expensive	**More expensive than**	*Más caro que*
New	**Newer than**	*Más nuevo que*
Young	**Younger than**	*Más joven que*
Old	**Older than**	*Más viejo o antiguo que*
Thick	**Thicker than**	*Más grueso o espeso que*
Thin	**Thinner than**	*Más fino o delgado que*
Simple	**Simpler than**	*Más sencillo que*
Complicated	**More complicated than**	*Más complicado que*
Far	**Farther than**	*Más lejos que*
Near	**Nearer than**	*Más cerca que*
High	**Higher than**	*Más alto (de nivel) que*
Low	**Lower than**	*Más bajo (de nivel) que*
Good	**Better than**	*Mejor que*
Bad	**Worse than**	*Peor que*
Rich	**Richer than**	*Más rico que*
Poor	**Poorer than**	*Más pobre que*
Clean	**Cleaner than**	*Más limpio que*
Dirty	**Dirtier than**	*Más sucio que*
Hot	**Hotter than**	*Más caluroso o caliente que*
Cold	**Colder than**	*Más frío que*
Wet	**Wetter than**	*Más húmedo o mojado que*
Dry	**Drier than**	*Más seco que*
Important	**More important than**	*Más importante que*
Interesting	**More interesting than**	*Más interesante que*
Attractive	**More attractive than**	*Más atractivo que*
Beautiful	**More beautiful than**	*Más hermoso que*
Intelligent	**More intelligent than**	*Más inteligente que*
Famous	**More famous than**	*Más famoso que*
Popular	**More popular than**	*Más popular que*

15.17 Comparatives: As...as

En castellano, hay una forma adicional de hacer el comparativo. Es la forma que pongo aquí abajo a la derecha:

Soy más inteligente que mi jefe.	*Mi jefe no es tan inteligente como yo.*

En inglés tenemos la misma forma alternativa también:

I'm more intelligent than my boss.	**My boss isn't as intelligent as me.**

...tan...como... = **...as...as...**

...no tan como... = **...not as...as**

Los libros antiguos dicen que el negativo se hace con **"not so...as"** (**I'm not so tall as you**).

Esto está en desuso. "**So**" se usa cuando no es comparativo: **He is so fat that he needs 2 chairs.** *(Es tan gordo que necesita 2 sillas)*

15.18 → As much... as / As many... as

As much... as = *tanto... como*

As many... as = *tantos... como*

En el punto anterior, hemos visto: **as + adjetivo + as**

En este punto, veremos: **as much + sustantivo incontable + as**

as many + sustantivo contable plural + as

Frases con adjetivo: **Ronny is as tall as his father.**

Napoleon wasn't as tall as Wellington.

Frases con sustantivo incontable: **There is as much sunlight in Italy as in Spain.**

There isn't as much olive oil in Germany as in Spain.

Frases con sustantivo contable plural: **My son has as many toys as my neighbor's son.**

There aren't as many elephants in Spain as in Africa.

También hacemos, al igual que en castellano, frases en las que el sustantivo está implícito y no aparece:

I have as much as you.	*Tengo tanto como tú.*
I have as many as you.	*Tengo tantos como tú.*

(Continúa)

← 15.18 As much... as / As many... as

(Continuación)

En el punto anterior, te expliqué que los libros más antiguos de gramática inglesa especifican que en el negativo, el primer "**as**" se cambia a "**so**". Estos libros dirán lo mismo con respecto a "**as much/many...as**".

Sin embargo, hoy en día, es prácticamente universal el uso de "**as**" siempre:

Afirmativo:	**He has as much free time as me.**
Negativo:	**He doesn't have as much free time as me.**
Afirmativo:	**Women have as many opportunities as men.**
Negativo:	**Women don't have as many opportunities as men.**

Para terminar, vamos a ver algunos ejemplos de frases con estas expresiones:

Do you have as much money as Madonna?	*¿Tienes tanto dinero como Madonna?*
Do you earn as much money as your boss?	*¿Ganas tanto dinero como tu jefe?*
Is there as much oil in Spain as in Texas?	*¿Hay tanto petróleo en España como en Tejas?*
Are there as many ships in Spain as in Syria?	*¿Hay tantos barcos en España como en Siria?*
I know as many important people as you.	*Conozco a tanta gente importante como tú.*
He doesn't earn as much as me.	*El no gana tanto como yo.*
She doesn't miss as many classes as you.	*Ella no pierde tantas clases como tú.*

15.19 → Not as much as vs. less / Not as many as vs. fewer

En castellano y en inglés hay dos formas de hacer una comparación usando sustantivos:

1.	*Tengo menos tiempo que tú.*	**I have less time than you.**
2.	*No tengo tanto tiempo como tú.*	**I don't have as much time as you.**
1.	*Tengo menos problemas que tú.*	**I have fewer problems than you.**
2.	*No tengo tantos problemas como tú.*	**I don't have as many problems as you.**

En el lenguaje diario en inglés, oirás más la versión número 2 que la número 1. Ambas versiones son perfectamente correctas y debes elegir usar la que más fácil te resulte. Ahora bien, tus interlocutores en inglés, si son nativos, problablemente emplearán la segunda versión el 80% de las veces, sobre todo si la conversación no es en un ambiente muy formal.

Antes de terminar estos puntos sobre comparativos, quiero echarle un cable a la palabra "**so**". Hasta ahora, he dicho reiteradas veces que "**so**" en los comparativos está en desuso. Es cierto.

"**So**" se usa mucho sin embargo en expresiones como las siguientes:

(Continúa)

← 15.19	**Not as much as vs. less** **Not as many as vs. fewer** *(Continuación)*	**He's so tired that he can't work.** *(Está tan cansado que no puede trabajar)* **He has so much money that he doesn't need to work.** *(Tiene tanto dinero que no necesita trabajar)* **He has so many problems that he can't concentrate.** *(Tiene tantos problemas que no puede concentrarse)* En casos como éstos, no usamos "**as**", sino "**so**". Pero estos casos no son comparativos.
15.20	**Translation booklet** **Vocabulary booklet**	**Translation booklet** y **Vocabulary booklet:** Repasa la lista del día anterior antes de estudiar una lista nueva. Debes hacerlo diariamente.

Unit 16

16.1	**Fractions and percentages** *Percent* *Half* *Point (decimal point)* *Is the same as...*	Aquí seguimos con la revisión de fracciones, porcentajes, decimales y "**the same as**" **1/2 is the same as 50% (one-half is the same as 50%)** **1/4 is the same as 25% (one-fourth is the same as 25%)** Tienes que escribir 10 ejemplos de fracciones y leerlas en alto. He aquí ejemplos de fracciones: 1/2 **One-half** · 5/8 **Five-eighths** */eitzs/* 1/4 **One-fourth** · 6/7 **Six-sevenths** 2/3 **Two-thirds** · 2/9 **Two-ninths** 3/5 **Three-fifths** · 1/10 **One-tenth**
16.2	**Number pronunciation**	Esta es la duodécima vez que nos dedicamos al dictado y pronunciación de números. Recuerda: **Two hundred** and **thirty-three thousand eight hundred** and **fifty-four (233,854)** Recuerda también las comas en vez de los puntos. Así decimos números superiores a un millón: **Three million eight hundred** and **forty-six thousand nine hundred** and **eleven** **(3,846,911)** Escribe 20 números en un papel. Hazlo al azar.
16.3	**Number pronunciation**	Seguimos aquí con la pronunciación y vocalización de los números. Aquellos números que no hayas sido capaz de escribir correctamente vuelve a escribirlos.
16.4	**Review of the days of the week**	Seguimos aquí con la pronunciación de los días de la semana. Recuerda: *Martes* – **Tuesday** */tiúsdei o túsdei/* *Miércoles* – **Wednesday** */uénsdei/* *Jueves* – **Thursday** */zérsdei/* Pronuncia los 7 días de la semana en alto.
16.5	**Review of the mon-ths of the year**	Repasamos aquí los meses. Te los vuelvo a poner fonéticamente, debes pronunciarlos en alto: **January** */chániueri/* · **May** */méi/* · **September** */septémber/* **February** */fébrueri/* · **June** */chun/* · **October** */actóber/* **March** */march/* · **July** */chulái/* · **November** */nofémber/* **April** */éipral/* · **August** */áugast/* · **December** */disémber/*

16.6	**Review of ordinal numbers and dates**	Se tarda mucho en dominar bien los números ordinales. Por eso, vamos a hacer este ejercicio en todas las unidades hasta la 35 inclusive. Tendrás que decir una vez más un mes entero de fechas como sigue: **Thursday, the first. Friday, the second. Saturday, the third. Sunday, the fourth. Monday, the fifth. Tuesday, the sixth. Wednesday, the seventh. Thursday, the eighth. Friday, the ninth. Etc. etc. etc. hasta el día 31 (..., the 31st).**
16.7	**Review of dates**	En esta sección debes inventar 10 fechas y formularlas en alto en las dos formas conocidas. Britántico: **the twenty-first of August, 1999** (literalmente: *el vigésimo primero de agosto, 1999*) Americano: **August twenty-first, 1999** (literalmente: *Agosto vigésimo primero, 1999*)
16.8	**Review of years**	Escribe 20 años en un papel y prueba a pronunciarlos en alto correctamente. Recuerda que decimos los años como sigue: *Diecinueve noventa y nueve (1999)* Recuerda también que en inglés nunca ponemos una coma o punto en el año. Escribimos **1999**. No escribimos **1.999** o **1,999**.
16.9	**Review of telling time**	Escribe 10 horas en un papel y dilas en alto. **It's 2 o'clock** **It's 15 minutes to 3:00** **It's ten-thirty** **It's five forty-five**
16.10	**Review of "going to" future** **Review of "And then..."**	Aquí repasaremos una vez más el futuro con "**going to**". Asimismo, volveremos posiblemente a hablar sobre el viaje de Paula y Tom a Francia, Italia y Suiza. **Paula Eisenbach** is going to start her vacation tomorrow morning. She's going to rent a car and drive to Paris. She's going to go to Paris with her friend, Tom. They're going to spend three days in Paris and **then** they're going to drive to Monte Carlo, where they're going to stay for two nights. **Then**, they're going to drive to Italy, where they're going to visit Pisa, Florence, and Venice. They're going to stay about six days in Italy. **Then**, they're going to drive back to Germany through the Austrian Alps. They're going to stay one night in Innsbruck and **then** drive back to Heidelberg on the next day.

16.11 Past continuous form

Imaginemos que Paula y Tom cancelan su viaje y tú, al saberlo, le cuentas a un amigo qué es lo que *'iban a hacer'* (pero que al final no van a hacer). Tu narrativa sería como sigue:

Paula Eisenbach was going to start her vacation tomorrow morning. She **was going to** rent a car and drive to Paris. She **was going to** go to Paris with her friend, Tom. They **were going to** spend three days in Paris and then they **were going to** drive to Monte Carlo, where t**hey were going to** stay for two nights. Then, they **were going to** drive to Italy, where they **were going to** visit Pisa, Florence, and Venice. They **were going to** stay about six days in Italy. Then, they **were going to** drive back to Germany through the Austrian Alps. They **were going to** stay one night in Innsbruck and then drive back to Heidelberg on the next day.

Es sencillo: **"She's going to go"** *(va a ir)* cambia a **"She was going to go"** *(iba a ir)*

Te pongo algunas frases más con *'iba a'*:

Were you going to tell me something?	*¿Ibas a decirme algo?*
They were going to come but...	*Iban a venir pero...*
What were you going to say?	*¿Qué ibas a decir?*

16.12 Past continuous

Empezamos a practicar el pasado continuo.

Present continuous		Past continuous	
Is Phillip with Paula?	**No, he's not.**	**Was Phillip with Paula?**	**No, he wasn't**
Is he with Nigel?	**Yes, he is.**	**Was he with Nigel?**	**Yes, he was**
Is he sitting or standing?	**He's sitting.**	**Was he sitting or standing?**	**He was sitting.**
Is he talking or listening?	**He's talking.**	**Was he talking or listening?**	**He was talking.**
What is he saying?	**He's saying...**	**What was he saying?**	**He was saying...**

16.13 Review of "was/ were born"

En este punto, repasaremos el uso de *'nacer'* en inglés:

She was born in Philadelpia.
When were you born?
Where was Napoleon born?
How old was your father when you were born?
Etc.

16.14 → There was / There were / Are you sure?

(Continúa)

Hay un libro en la mesa.	**There is a book on the table.** (o **There's a...**)
Hay dos libros en la mesa.	**There are two books on the table.**
Había un libro en la mesa ayer.	**There was a book on the table yesterday.**
Había dos libros en la mesa ayer.	**There were two books on the table yesterday.**

← 16.14

There was

There were

Are you sure?

(Continuación)

Para decir en inglés *'había'* o *'hubo'*, decimos: **There was** (singular) **There were** (plural)

En el negativo decimos : **There wasn't** or **There weren't**

En el interrogativo decimos: **Was there...?** or **Were there...?**

Más ejemplos:

Was there a fire in the factory last week?

(¿Hubo un incendio en la fábrica la semana pasada?)

There weren't any problems with the system last month.

(No había problemas con el sistema el mes pasado.)

How many people were there in the meeting?

(¿Cuánta gente había en la reunión?)

Dominar esta forma pasada de la expresión "**there + to be**" es bastante fácil. Simplemente tienes que recordar cambiar de "**was**" a "**were**" cuando dices algo en el plural.

16.15 →

There will be

Ahora vamos a continuar con la expresión "**there + to be**". Te añado el futuro al presente y pasado:

Presente:	**There is a party now.** **There are several parties now.**	*Hay una fiesta ahora.* *Hay varias fiestas ahora.*
Pasado:	**There was a party yesterday.** **There were several parties yesterday.**	*Hubo una fiesta ayer.* *Hubo varias fiestas ayer.*
Futuro:	**There will be a party tomorrow.**	*Habrá una fiesta mañana.*

Observa cómo siempre empezamos la frase con la palabra "**there**", seguida de una conjugación del verbo "**to be**":

There is
There are
There was
There were
There will be

Veremos más adelante que esta regla nunca cambia. Veremos expresiones más desarrolladas de esta fórmula como *'ha habido'*, *'habría'*, *'debe haber'*, *'tiene que haber'*, etc. Siempre es la palabra "**there**" más una conjugación del verbo "**to be**".

(Continúa)

← 16.15	**There will be** *(Continuación)*	Vamos a ver algunos ejemplos con el futuro "**there will be**":
16.16	**Review of "whose" and possessive pronouns**	Este punto es para repasar de nuevo los pronombres posesivos y la palabra "**whose**" (de quién). Para ello repasemos los pronombres posesivos:
16.17	**Translation booklet** **Vocabulary booklet**	**Translation booklet** y **Vocabulary booklet:** Repasa la lista del día anterior antes de estudiar una lista nueva. Debes hacerlo diariamente.

16.15 examples:

When will there be a meeting?	*¿Cuándo habrá una reunión?*
There will be a meeting tomorrow.	*Habrá una reunión mañana.*
Will there be an opportunity for me?	*¿Habrá una oportunidad para mí?*
There won't be a decision until next week.	*No habrá una decisión hasta la semana que viene.*
There will be a lot of people at the wedding.	*Habrá mucha gente en la boda.*

16.16 examples:

Mine is better than yours.	*El mío es mejor que el tuyo.*
His is more expensive than hers.	*El suyo (de él) es más caro que el suyo (de ella).*
Ours is cheaper than theirs.	*El nuestro es más barato que el de ellos.*
Whose book is this?	*¿De quién es este libro?*
It's Mario's.	*Es de Mario.*

17.1	**Fractions and percentages** *Percent* *Half* *Point (decimal point)* *Is the same as...*	Aquí seguimos con la revisión de fracciones, porcentajes, decimales y "**the same as**" **1/2 is the same as 50% (one-half is the same as 50%)** **1/4 is the same as 25% (one-fourth is the same as 25%)** Tienes que escribir 10 ejemplos de fracciones y leerlas en alto. He aquí ejemplos de fracciones:
17.2	**Number pronunciation**	Esta es la decimotercera vez que nos dedicamos al dictado y pronunciación de números. Recuerda: **Two hundred and thirty-three thousand eight hundred and fifty-four (233,854)** Recuerda también las comas en vez de los puntos. Así decimos números superiores a un millón: **Three million eight hundred and forty-six thousand nine hundred and eleven** **(3,846,911)** Escribe 20 números en un papel. Hazlo al azar.
17.3	**Number pronunciation**	Seguimos aquí con la pronunciación y vocalización de los números. Aquellos números que no hayas sido capaz de escribir correctamente vuelve a escribirlos.
17.4	**Review of the days of the week**	Seguimos aquí con la pronunciación de los días de la semana. Recuerda: *Martes* – **Tuesday** */tiúsdei o túsdei/* *Miércoles* – **Wednesday** */uénsdei/* *Jueves* – **Thursday** */zérsdei/* Pronuncia los 7 días de la semana en alto.
17.5	**Review of the mon-ths of the year**	Repasamos aquí los meses. Te los vuelvo a poner fonéticamente, debes pronunciarlos en alto:

Fracciones (17.1):

1/2	**One-half**	5/8	**Five-eighths** */eitzs/*
1/4	**One-fourth**	6/7	**Six-sevenths**
2/3	**Two-thirds**	2/9	**Two-ninths**
3/5	**Three-fifths**	1/10	**One-tenth**

Meses (17.5):

January	*/chánieuri/*	**May**	*/méi/*	**September**	*/septémber/*
February	*/fébrueri/*	**June**	*/chun/*	**October**	*/actóber/*
March	*/march/*	**July**	*/chulái/*	**November**	*/nofémber/*
April	*/éipral/*	**August**	*/áugast/*	**December**	*/disémber/*

17.6	**Review of ordinal numbers and dates**	Se tarda mucho en dominar bien los números ordinales. Por eso, vamos a hacer este ejercicio en todas las unidades hasta la 35 inclusive. Tendrás que decir una vez más un mes entero de fechas como sigue: **Thursday, the first. Friday, the second. Saturday, the third. Sunday, the fourth. Monday, the fifth. Tuesday, the sixth. Wednesday, the seventh. Thursday, the eighth. Friday, the ninth. Etc. etc. etc. hasta el día 31 (..., the 31st).**
17.7	**Review of dates**	En esta sección debes inventar 10 fechas y formularlas en alto en las dos formas conocidas. Britántico: **the fourteenth of June, 1999** (literalmente: *el décimocuarto de junio, 1999*) Americano: **June fourteenth, 1999** (literalmente: *junio décimocuarto, 1999*)
17.8	**Review of years**	Escribe 20 años en un papel y prueba a pronunciarlos en alto correctamente. Recuerda que decimos los años como sigue: *Diecinueve noventa y nueve (1999)* Recuerda también que en inglés nunca ponemos una coma o punto en el año. Escribimos **1999**. No escribimos **1.999** o **1,999**.
17.9	**Review of telling time**	Escribe 10 horas en un papel y dilas en alto. **It's 2 o'clock** **It's 15 minutes to 3:00** **It's ten-thirty** **It's five forty-five**
17.10	**People are** **Country and nationality review**	Este punto es para recordar y repasar las nacionalidades y el importantísimo hecho de que la palabra en inglés "**people**" **siempre es plural**, es decir, siempre decimos: **people are** **The people in Italy are Italian** (literalmente: *La gente en Italia son Italiano*) **The people in Spain work hard** (literalmente: *La gente en España trabajan mucho*) Nunca decimos en inglés: *'La gente de España...'* sino *'la gente en España...'*
17.11	**The people speak...**	Este punto es una continuación del anterior, recalcando sin embargo el verbo **"to speak"** *(hablar)*. **The people in Canada speak English and French** (literalmente: *La gente en Canadá hablan inglés y francés*) **The people in Russia speak Russian.**

17.12 Review of "whose"

En este punto, veremos cosas que hay en la mesa. Volveremos a intentar que te hagas con la forma, un poco rara para españoles, de preguntar sobre posesión:

Whose book is this? *(¿De quién es este libro?)*	**It's ours.** *(Es nuestro)*
Whose pencils are those? *(¿De quién son esos lápices?)*	**They're hers.** *(Son de ella)*

Formula 20 preguntas con objetos en una mesa o habitación.

17.13 → Simple past – short answers

Este punto introduce el tiempo que yo llamo 'el pasado simple'.

Ya hemos visto un poco el pasado continuo: **I was eating** *(Yo estaba comiendo)*

Ahora veremos el pasado simple: **I ate** *(Yo comí)*

En un sentido, el pasado simple es más fácil que el presente habitual, ya que el verbo auxiliar en la pregunta y en el negativo nunca cambia. En el presente, tenemos que cambiar de "**do**" a "**does**" en la tercera persona del singular.

Donde se hace complicado el pasado es en la necesidad de dominar los llamados 'verbos irregulares' (unos 70) y de pronunciar bien las terminaciones en los verbos regulares.

Veamos primero la conjugación completa de un verbo en el pasado simple. Usemos el verbo irregular "**to go**" *(ir)*.

Afirmativo		Negativo	Interrogativo
I went	*Fui*	**I didn't go**	**Did I go...?**
You went	*Fuiste*	**You didn't go**	**Did you go...?**
He went	*Él fue*	**He didn't go**	**Did he go...?**
She went	*Ella fue*	**She didn't go**	**Did she go...?**
It went	*Ello fue*	**It didn't go**	**Did it go...?**
We went	*Fuimos*	**We didn't go**	**Did we go...?**
You went	*Fuisteis*	**You didn't go**	**Did you go...?**
They went	*Fueron*	**They didn't go**	**Did they go...?**

(Continúa)

← 17.13

Simple past - short answers

(Continuación)

El verbo auxiliar es "**did**" y la contración "**didn't**" */dídent/* se deriva de: **did not**

Nota lo fácil que es en el afirmativo. Simplemente dices el sujeto (en la tabla un pronombre) más la palabra "**went**". En castellano tenéis seis conjugaciones distintas según la persona. En inglés tenemos una sola forma.

Luego en el negativo e interrogativo, usas el verbo auxiliar "**did**" más el infinitivo del verbo *'ir'* (**go**)

Las dos páginas siguientes contienen listas de los verbos irregulares relevantes y de los verbos regulares más importantes. Antes de pasar a estas listas sin embargo, vamos a ver cómo hacemos las respuestas cortas en el pasado.

Did you go to Russia last week?	**No, I didn't.**
Did you work yesterday?	**Yes, I did.**
Did you speak to your boss before class?	**No, I didn't.**
Did you see a good film last night?	**Yes, I did.**

Verbos irregulares

La página siguiente es una lista de los 70 verbos irregulares más importantes. Hay otros 50 verbos más aproximadamente, pero son verbos poco usados en el lenguaje diario.

La forma irregular del verbo solamente aparece en el afirmativo. Como te dije un poco más arriba, el negativo e interrogativo se forman con el auxiliar "**did**" más el verbo en infinitivo (**I didn't go**).

Verbos regulares

En el afirmativo solamente, los verbos regulares se forman añadiendo "**ed**" al final del verbo. Si el verbo ya termina en '**e**', sólo añadimos una "**d**" para rematarlo.

La segunda página a continuación contiene una lista de verbos regulares ordenados en tres columnas. Cada columna corresponde a una forma distinta de pronunciar la terminación del verbo. Te pongo los tres ejemplos ahora con los verbos "**play" – "work**" – "**decide**"

En el presente:	**En el pasado:**	
I play o he plays	**I played** */pleid/*	*Sonido de "**d**" dura al final*
I work o he works	**I worked** */uérkt/*	*Sonido de "**t**" al final*
I decide o he decides	**I decided** */disáided/*	*Adición de una sílaba más con sonido de "**ed**"*

Verbos irregulares (los 70 más importantes)		
Presente	**Pasado**	**En castellano**
Am, is, are	**Was, were**	Era/estuvo/fue, etc.
Become	**Became**	Se hizo, se convirtió
Begin	**Began**	Empezó
Blow	**Blew**	Sopló
Break	**Broke**	Rompió
Bring	**Brought**	Trajo
Build	**Built**	Construyó
Buy	**Bought**	Compró
Catch	**Caught**	Cogió
Choose	**Chose**	Eligió
Come	**Came**	Vino
Cost	**Cost**	Costó
Cut	**Cut**	Cortó
Deal with	**Dealt with**	Trató con
Do	**Did**	Hizo
Drink	**Drank**	Bebió
Drive	**Drove**	Condujo
Eat	**Ate**	Comió
Fall	**Fell**	Cayó
Feel	**Felt**	Se sintió
Fight	**Fought**	Luchó, peleó
Find	**Found**	Encontró, halló
Fly	**Flew**	Voló, fue en avión
Forget	**Forgot**	Olvidó
Get	**Got**	Consiguió, obtuvo
Give	**Gave**	Dio
Go	**Went**	Fue
Grow	**Grew**	Creció
Have	**Had**	Tuvo
Hear	**Heard**	Oyó
Hold	**Held**	Sostuvo, sujetó
Hurt	**Hurt**	Hizo daño, perjudicó
Keep	**Kept**	Conservó, se quedó con

En la columna en castellano, he puesto únicamente la tercera persona del singular. No obstante, la forma pasada de todos los verbos citados es idéntica en las demás personas también.

Más adelante, añadiremos una tercera columna, la cual contendrá los participios pasados (ido, comido, bebido, etc.). De momento, sin embargo, no nos interesan los participios.

Es imperativo que aprendas bien estos verbos, muchos de los cuales son los más usados cuando hablamos en inglés.

A continuación, te vuelvo a poner seis de los verbos de la columna de al lado cuya pronunciación en el pasado es igual:

Bring	**Brought**
Buy	**Bought**
Catch	**Caught**
Fight	**Fought**
Teach	**Taught**
Think	**Thought**

Recuerda: Estas formas irregulares solamente aparecen en el afirmativo cuando usamos el pasado. En cuanto cambiemos al negativo o interrogativo, usamos el auxiliar "did" más el verbo en infinitivo:

I went - **I didn't** go - **Did you** go**?**

I saw - **I didn't** see - **Did you** see**?**

Vaughan SYSTEMS

Presente	Pasado	En castellano
Know	Knew	Sabía, conocía
Lead	Led	Dirigió, condujo
Leave	Left	Se fue,se marchó, salió
Lend	Lent	Prestó
Let	Let	Permitió, dejó
Lose	Lost	Perdió
Make	Made	Hizo
Mean	Meant	Significó, quería decir
Meet	Met	Conoció, quedó con
Pay	Paid	Pagó
Put	Put	Puso
Quit	Quit	Abandonó, dejó de
Read	Read	Leyó
Ring	Rang	Sonó
Rise	Rose	Subió
Run	Ran	Corrió
Say	Said	Dijo, comentó
See	Saw	Vio
Sell	Sold	Vendió
Send	Sent	Envió
Set	Set	Fijó, colocó
Shut	Shut	Cerró
Sit	Sat	Se sentó, estuvo sentado
Sleep	Slept	Durmió
Speak	Spoke	Habló
Spend	Spent	Gastó
Stand	Stood	Estuvo de pie
Steal	Stole	Robó
Take	Took	Llevó, tomó
Teach	Taught	Enseñó
Tell	Told	Dijo, contó
Think	Thought	Pensó, creyó
Throw	Threw	Tiró, arrojó, lanzó
Understand	Understood	Entendió, comprendió
Wear	Wore	Llevó puesto
Win	Won	Ganó
Write	Wrote	Escribió

VERBOS REGULARES (los más comunes)					
Hard "d" sound		**"t" sound**		**"ed" sound**	
Los verbos de esta columna aparecen en su forma afirmativa del pasado. Al infinitivo del verbo, se añade "**ed**" o, si el infinitivo termina en "**e**", una "**d**" simple. La pronunciación es de una "**d**" dura al final de la palabra. Al añadir la "**d**" o "**ed**" al final, no se añade una sílaba más. Donde hay un verbo que termina en "**y**" precedida por un vocal, se quita la "**y**" y se añade "**ied**" (**cry – cried**)		Los verbos de esta columna aparecen en su forma afirmativa del pasado. Al infinitivo del verbo, se añade "**ed**" o, si el infinitivo termina en "**e**", una "**d**" simple. La pronunciación es de una "**t**" al final de la palabra. Al añadir la "**d**" o "**ed**" al final, no se añade una sílaba más.		Los verbos de esta columna aparecen en su forma afirmativa del pasado. Al infinitivo del verbo, se añade "**ed**" o, si el infinitivo termina en "**e**", una "**d**" simple. La pronunciación es de una "**ed**" al final de la palabra, lo cual hace que el verbo tenga una sílaba más (**accept – accepted**).	
Agreed	Estuvo de acuerdo	Asked	Preguntó, pidió	Accepted	Aceptó
Allowed	Permitió	Checked	Comprobó	Acted	Actuó, se portó
Answered	Contestó	Cooked	Cocinó	Added	Sumó, añadió
Appeared	Apareció	Crossed	Cruzó	Attended	Asistió a
Arrived	Llegó	Danced	Bailó	Attracted	Atrajo
Believed	Creyó	Escaped	Se escapó	Avoided	Evitó
Belonged	Perteneció	Finished	Terminó	Contacted	Se puso en contacto con
Called	Llamó	Helped	Ayudó	Counted	Contó
Carried	Llevó	Hoped	Esperaba	Created	Creó
Changed	Cambió	Jumped	Saltó	Decided	Decidió
Cleaned	Limpió	Laughed	Se rió	Depended	Dependió
Closed	Cerró	Liked	Apreció, gustó a uno	Divided	Dividió
Continued	Continuó	Looked	Miró, pareció	Eliminated	Eliminó
Copied	Copió	Missed	Perdió, echó de menos	Existed	Existió
Covered	Cubrió	Noticed	Notó	Expanded	Amplió
Cried	Lloró	Parked	Aparcó	Expected	Esperó, previó
Died	Murió	Passed	Pasó, adelantó	Hated	Odió
Earned	Ganó	Picked	Eligió	Included	Incluyó
Enjoyed	Distrutó	Progressed	Progresó	Insisted	Insistió
Explained	Explicó	Promised	Prometió	Invented	Inventó
Followed	Siguió	Pushed	Empujó	Invited	Invitó
Gained	Ganó	Reached	Alcanzó	Landed	Aterrizó
Happened	Pasó, ocurrió	Stopped	Se paró, se detuvo	Lifted	Levantó

Hard "d" sound		"t" sound		"ed" sound	
Joined	Ingresó en, se juntó	Talked	Conversó, habló	Lasted	Duró
Listened to	Escuchó	Walked	Anduvo, caminó	Needed	Necesitó
Lived	Vivió	Washed	Lavó	Pointed	Señaló
Moved	Se mudó, movió	Watched	Vio	Printed	Imprimió
Offered	Ofreció	Wished	Quiso, ojalá (en pasado)	Rented	Alquiló
Owned	Tuvo en propiedad	Worked	Trabajó	Rested	Descansó
Planned	Planificó			Shouted	Gritó
Prepared	Preparó			Started	Empezó
Played	Jugó			Treated	Trató (tratamiento)
Preferred	Prefirió			Waited	Esperó
Pulled	Tiró			Wanted	Quiso
Rained	Llovió			Wasted	Malgastó, desperdició
Raised	Subió, elevó				
Received	Recibió				
Retired	Se jubiló				
Saved	Salvó, ahorró				
Seemed	Pareció				
Served	Sirvió				
Showed	Mostró				
Smiled	Sonrió				
Snowed	Nevó				
Stayed	Se quedó				
Studied	Estudió				
Tried	Intentó				
Used	Utilizó				
Worried	Se preocupó				

Es difícil para hispanohablantes pronunciar fonéticamente la "**d**" dura al final de estas palabras. En la realidad, cuando el verbo en pasado se enlaza con otra palabra que empieza por vocal, se unen mediante la "**d**" dura **(we stayed at home: stay-dat)**. Cuando no se enlaza, el sonido se acerca a la "**t**".	Es dificil también pronunciar fonéticamente la "**t**", en esta columna. Hay que practicarlo mucho. El verbo más difícil de todos es "**asked**" */askt/* Sin embargo, cuando hablamos rápidamente decimos muchas veces: ast.	Esta columna es la más fácil para pronunciar. El único verbo realmente difícil de pronunciar para españoles es el primero de la lista (**accepted**). Se pronuncia: */aksépted/*. Tiene que oirse claramente el sonido de "**k**" y el sonido de "**p**".

17.14 Simple past: 18 irregular verbs

Este punto es un ejercicio algo mecánico y seco cuyo objetivo es ayudarte a adquirir un dominio automático y espontáneo con los 70 verbos irregulares ya vistos. En este punto, veremos 18 de dichos verbos. El ejercicio será como sigue. Nuestro profesor virtual te presentará una frase y tu deberás traducirlo:

Profesor:	*Todos los días voy.*	**Every day I go.**
Alumno:	*Ayer fui.*	**Yesterday I went.**
Profesor:	*Todos los días vengo.*	**Every day I come.**
Alumno:	*Ayer vine.*	**Yesterday I came.**

Se trata de un ejercicio que para algunos podrá llegar a ser odioso. Sin embargo, es absolutamente necesario dominar con total perfección y en la práctica estos 70 verbos irregulares. Si no lo consigues, nunca hablarás decentemente el inglés.

Habrá otros puntos más adelante basados en ejercicios más interesantes, pero la importancia de estos verbos exige también una práctica mecánica.

En este punto, cubriremos como mínimo los siguientes verbos:

Go	**Went**	**Take**	**Took**	**Teach**	**Taught**
Come	**Came**	**Bring**	**Brought**	**Begin**	**Began**
See	**Saw**	**Buy**	**Bought**	**Break**	**Broke**
Have	**Had**	**Catch**	**Caught**	**Do**	**Did**
Send	**Sent**	**Think**	**Thought**	**Drink**	**Drank**
Speak	**Spoke**	**Fight**	**Fought**	**Eat**	**Ate**

17.15 Review of

"Not as much...as" vs. "less than"

"Not as many...as" vs. "fewer than"

(previous point 15.19)

Este punto repasa los comparativos. Veremos dos formas de comparar:

1) I have less water than you.	*Tengo menos agua que tú.*
2) I don't have as much water as you.	*No tengo tanta agua como tú.*
1) I have fewer books than you.	*Tengo menos libros que tú.*
2) I don't have as many books as you.	*No tengo tantos libros como tú.*

17.16 → Simple past: 18 irregular verbs

Ahora seguimos con 18 verbos irregulares más, haciendo el mismo ejercicio que en el **punto 17.14**.

Profesor:	*Todos los días construyo.*	**Every day I build.**
Alumno:	*Ayer construí.*	**Yesterday I built.**
Profesor:	*Todos los días corto.*	**Every day I cut.**
Alumno:	*Ayer corté.*	**Yesterday I cut.**

(Continúa)

← 17.16 Simple past: 18 irregular verbs

(Continuación)

En este punto, cubriremos los siguientes verbos:

Build	**Built**	**Forget**	**Forgot**	**Keep**	**Kept**
Cut	**Cut**	**Get**	**Got**	**Know**	**Knew** */nú o niú/*
Fall	**Fell**	**Give**	**Gave**	**Leave**	**Left**
Feel	**Felt**	**Grow**	**Grew** */gru/*	**Lose**	**Lost**
Find	**Found**	**Hear**	**Heard** */jerd/*	**Make**	**Made**
Fly	**Flew** */flu/*	**Hold**	**Held**	**Meet**	**Met**

17.17 Review point 11.18

Aquí hacemos un repaso de la complicada mecánica de los complementos directos e indirectos (direct & indirect objects). Repasémoslos en su teoría:

Cuando el complemento directo es un sustantivo (no un pronombre), normalmente el complemento indirecto va primero:

She gave me the book. *(Ella me dio el libro)*
(me = c. indirecto) (the book = c. directo)

Cuando el complemento directo es un pronombre, siempre va primero, antes del complemento indirecto:

She gave it to me. *(Ella me lo dio)*
(it = c. directo) (me = c. indirecto)

La excepción es el verbo *'pedir'* (**to ask for**):

I asked Peter for the book. *(Pedí a Pedro el libro)*

I asked him for it. *(Se lo pedí)*

17.18 Simple past: 18 irregular verbs →

Ahora seguimos con 18 verbos irregulares más, haciendo el mismo ejercicio que en el **punto 17.14**.

Profesor:	*Todos los días pago.*	**Every day I pay.**
Alumno:	*Ayer pagué.*	**Yesterday I paid.**
Profesor:	*Todos los días pongo.*	**Every day I put.**
Alumno:	*Ayer puse.*	**Yesterday I put.**

(Continúa)

← 17.18	**Simple past: 18 irregular verbs** *(Continuación)*	En este punto, abarcaremos los siguientes verbos:

Pay	**Paid**	**Sleep**	**Slept**	**Unders-**	**Understood**
Put	**Put**	**Spend**	**Spent**	**tand**	**Wore**
Read */rid/*	**Read** */red/*	**Write**	**Wrote**	**Wear**	**Won** *(pronunciar como el nº 1)*
Run	**Ran**	**Steal**	**Stole**	**Win**	**Chose**
Sell	**Sold**	**Tell**	**Told**	**Choose**	**Drove**
Sit	**Sat**	**Throw**	**Threw** */zru/*	**Drive**	**Became**
				Become	

17.19	**Simple past: Question-answer routine**	Comenzaremos a hacer un tratamiento más normal del pasado, hazte una serie de preguntas usando los verbos irregulares.

Did you go to the cinema last week?	**Yes, I went to the cinema last week.** **No, I didn't go to the cinema last week.**
What time did you come to work today?	**I came to work at 8:30.**

17.20	**Translation booklet** **Vocabulary booklet**	**Translation booklet** y **Vocabulary booklet:** Repasa la lista del día anterior antes de estudiar una lista nueva. Debes hacerlo diariamente.

18.1	**Fractions and percentages** *Percent* *Half* *Point (decimal point)* *Is the same as...*	Aquí seguimos con la revisión de fracciones, porcentajes, decimales y "**the same as**" **1/2 is the same as 50% (one-half is the same as 50%)** **1/4 is the same as 25% (one-fourth is the same as 25%)** Tienes que escribir 10 ejemplos de fracciones y leerlas en alto. He aquí ejemplos de fracciones:

1/2	**One-half**	5/8	**Five-eighths** */eitzs/*
1/4	**One-fourth**	6/7	**Six-sevenths**
2/3	**Two-thirds**	2/9	**Two-ninths**
3/5	**Three-fifths**	1/10	**One-tenth**

18.2	**Number pronunciation**	Esta es la enésima vez que nos dedicamos al dictado y pronunciación de números. Recuerda: **Two hundred and thirty-three thousand eight hundred and fifty-four (233,854)** Recuerda también las comas en vez de los puntos. Así decimos números superiores a un millón: **Three million eight hundred and forty-six thousand nine hundred and eleven** **(3,846,911)** Escribe 20 números en un papel. Hazlo al azar.
18.3	**Number pronunciation**	Seguimos aquí con la pronunciación y vocalización de los números. Aquellos números que no hayas sido capaz de escribir correctamente vuelve a escribirlos.
18.4	**Review of the days of the week**	Seguimos aquí con la pronunciación de los días de la semana. Recuerda: *Martes* – **Tuesday** */tiúsdei o túsdei/* *Miércoles* – **Wednesday** */uénsdei/* *Jueves* – **Thursday** */zérsdei/* Pronuncia los 7 días de la semana en alto.
18.5	**Review of the months of the year**	Repasamos aquí los meses. Te los vuelvo a poner fonéticamente, debes pronunciarlos en alto:

January	*/chániueri/*	**May**	*/méi/*	**September**	*/septémber/*
February	*/fébrueri/*	**June**	*/chun/*	**October**	*/actóber/*
March	*/march/*	**July**	*/chulái/*	**November**	*/nofémber/*
April	*/éipral/*	**August**	*/áugast/*	**December**	*/disémber/*

18.6	**Review of ordinal numbers and dates**	Se tarda mucho en dominar bien los números ordinales. Por eso, vamos a hacer este ejercicio en todas las unidades hasta la 35 inclusive. Tendrás que decir una vez más un mes entero de fechas como sigue: **Thursday, the first. Friday, the second. Saturday, the third. Sunday, the fourth. Monday, the fifth. Tuesday, the sixth. Wednesday, the seventh. Thursday, the eighth. Friday, the ninth. Etc. etc. etc. hasta el día 31 (..., the 31st).**
18.7	**Review of dates**	En esta sección debes inventar 10 fechas y formularlas en alto en las dos formas conocidas. Británico: **the eleventh of June, 1999** (literalmente: *el undécimo de junio, 1999*) Americano: **June eleventh, 1999** (literalmente: *junio undécimo, 1999*)
18.8	**Review of years**	Escribe 20 años en un papel y prueba a pronunciarlos en alto correctamente. Recuerda que decimos los años como sigue: *Diecinueve noventa y nueve (1999)* Recuerda también que en inglés nunca ponemos una coma o punto en el año. Escribimos **1999**. No escribimos **1.999** o **1,999**.
18.9	**Review of telling time**	Escribe 10 horas en un papel y dilas en alto. **It's 2 o'clock** **It's 15 minutes to 3:00** **It's ten-thirty** **It's five forty-five**
18.10	**Simple past: regular verbs**	Estamos ante la introducción formal del pasado simple dentro de lo que son los verbos regulares. Ya recordarás que te puse las tres columnas en la unidad anterior. **Recuerda**: Tienes que hacer un esfuerzo para hacerte con la pronuncación de las terminaciones de los verbos regulares. Si no lo logras, tu interlocutor podrá pensar que estás hablando en el presente, diciendo, *'yo juego'* en vez de *'yo jugué'*. (**I play - I played**) Más adelante veremos cómo las terminaciones de los verbos regulares en el pasado muchas veces se enlazan con las palabras que los siguen: **We worked it out** */We work-tit-out/ (lo solucionamos)* **I called him** */I call-dim/ (Le llamé)* **I showed it to her** */I shóu-dit to her/ (Se lo mostré a ella)* **She smiled at me.** */She smáil-dat me/ (Ella me sonrió)* **I parked in the garage.** */I park-tin the garage/ (Aparqué en el garaje)* **He copied it from a book.** */He cápi-dit from a book/ (El lo copió de un libro)* En un principio, será difícil enlazar las palabras como lo hacemos los nativos. Sin embargo, a medida que vayas adquiriendo un mayor nivel de inglés, llegará el momento en el cual comenzarás tímidamente a enlazar palabras sin darte cuenta. Ese momento coincidirá posiblemente con la fase más avanzada de aprendizaje de verbos compuestos (phrasal verbs). En ese momento, será importante que empieces ya a enlazar bien.

18.11	**The simple past**	En esta unidad, volvemos a seguir la vida y aventuras de nuestros 15 personajes (sólo conoces a 12 hasta ahora). Las 12 lecturas que aparecen en esta unidad hacen un uso completo del tiempo pasado de los verbos, tanto los irregulares como los regulares. Existe un audio de estas lecturas. Lo puedes conseguir en nuestra tienda Vaughan. Primero leerás el texto. Es importante que hagas un esfuerzo para ir gradualmente consiguiendo una buena producción oral al leer. Esto te ayudará enormemente en el futuro para pronunciar bien y hablar con buen ritmo y cadencia.

18.11 The Simple Past

Philip Johnson

Yesterday, **Phillip Johnson** had a busy morning. Usually he gets up at 7:30 every morning, but yesterday he got up at 7:00 because his wife, Nancy, had to leave home very early to take a report to a client of hers 70 miles from Lincoln. Nancy left home at 7:25 and Phillip made breakfast for himself and for the children. Usually Nancy makes breakfast for all three, but yesterday was an exception. Phillip took a shower and had breakfast before the children got up. He prepared fried eggs and toast for Michael and Denise and at 8:30 he took them to school. He got to the office at ten minutes past nine. He had three meetings during the morning. The first one was at 10:00 o'clock with the bank's lawyer. They discussed a problem with an important client who wanted to suspend payments on a loan. They decided to wait until the meeting of the bank's board of directors to make a final decision. At 11:30, he received the owner of a ceramic factory near Lincoln. The man needed $500,000 to add a new building to his factory. The ceramic factory was one the best in Nebraska and Phillip knew the man very well and trusted him. At 12:00, Phillip met with the chief commercial officer of the bank to discuss a salary question concerning one of the employees in the commercial department. He went to lunch with the chief commercial officer at 12:30. They had lunch in a small restaurant near the office.

Comentario:

Took a shower	*Se duchó.* En Reino Unido se dice: *had a shower.*
Fried eggs	*Huevos fritos.*
Lawyer	*Abogado.* Se pronuncia: */lóier/.*
Suspend payments	*Suspender los pagos.*
Loan	*Préstamo.* Se pronuncia: */lóun/.*
Board of directors	*Consejo de administración.*
...And trusted him	*...y confiaba en él.*
Met with	*Se reunió con.*
Chief	*Jefe.*
Employees	*Empleados.* **Se pronuncia:** */emplóiyis/.*

18.12 Irregular verb practice

Aquí practicaremos preguntas normales que exigen una respuesta usando los verbos irregulares.

Utilizo habitualmente una escala de niveles de inglés que va del uno al diez. El máximo nivel alcanzable sin vivir una larga temporada en un país de habla inglesa es el **8,5**. Pues te diré que de todos los alumnos que conozco de nivel **8,0** y **8,5,** ninguno es capaz de manejar con agilidad los 70 verbos irregulares presentados en la unidad anterior.

No lo entiendo. Se trata de verbos muy importantes que se usan a diario... y sólo son 70. Por ello, verás que este manual hará mucho hincapié en el dominio de los verbos irregulares. Es uno de los aspectos más importantes del inglés.

Te pongo a continuación más ejemplos de preguntas y respuestas con algunos verbos irregulares:

How many movies did you see last week?	**I saw one movie last week.**
What time did you get home yesterday?	**I got home at 7:00 p.m.**
When did John Kennedy become famous?	**He became famous in 1960.**
Where did Napoleon lose to Wellington?	**He lost to Wellington at Waterloo.**
When did you begin to study English?	**I began to study English one year ago.**
Did Adam and Eve eat an apple or an orange?	**They ate an apple.**
Did I teach you the future or the past tense in unit 17?	**You taught us the past tense.**

18.13 The Simple Past

Nancy Johnson

Yesterday morning wasn't a normal morning for **Nancy Johnson**. Usually she gets up at 7:30, but yesterday she got up at 6:30. She took a shower, got dressed, and had breakfast in less than 45 minutes. She left home at 7:25 because she had to drive 70 miles to the west of Lincoln to deliver an interior design plan to John Evans, the owner of a house that she was decorating. Mr. Evans needed to give the plan to the company that was building a new master bedroom for him and his wife. Nancy had to deliver it early in the morning because she didn't have any time the rest of the day to drive to Mr. Evan's house. Her problem was that she had to be at the technical school where she taught interior design at 10:00 o'clock, when her first class started. The technical school was 20 miles east of Lincoln, so Nancy had to drive a total of 160 miles before 10:00. She drove relatively fast and got to Mr. Evan's house at 8:35. She spent ten minutes talking to him about some details of the plan and then started her drive to the school at 8:45. She had to drive 90 miles in an hour and fifteen minutes. Fortunately, Lincoln is a relatively small city and there isn't a lot of traffic. She got to the school at exactly five minutes to ten. She had a quick coffee with one of the other teachers and entered her class at two minutes past ten.

Comentario:

Got dressed	*Se vistió.*
To deliver	*Entregar.*
Interior design plan	*Plan de decoración interior.*
Owner	*Propietario.* Se pronuncia: */óuner/.*
Master bedroom	*Dormitorio principal (de matrimonio).*
Details	*Detalles.* Se pronuncia: */diteils/.*
Her drive	*Su trayecto en coche.*
She had to drive	*Ella tuvo que conducir.*
Fortunately	*Afortunadamente.* Se pronuncia: */fórchunatli/.*
A quick coffee	*Un café rápido.*

18.14 Irregular verb practice

Aquí te seguiremos haciendo preguntas normales que exigen una respuesta usando los verbos irregulares.

Te pongo a continuación más ejemplos todavía de preguntas y respuestas con algunos verbos irregulares:

Where did Al Capone build his mafia business?	**He built it in Chicago.**
When did Spain lose Cuba?	**It lost Cuba in 1898.**
When did Real Madrid win 6 European Cups?	**It won 6 European Cups in the 1960s.**
When did Charles Lindberg fly across the Atlantic?	**He flew** */flu/* **across the Atlantic in 1927.**
How many faxes did you send yesterday?	**I sent two faxes yesterday.**
Where did you sleep last night?	**I slept at home last night.**
What kind of clothes did you wear yesterday?	**I wore formal clothes yesterday.**
How many letters did you write last week?	**I wrote** */róut/* **one letter last week.**
What time did you leave home this morning?	**I left home this morning at 7:30.**
How many novels did you read */rid/* last year?	**I read** */red/* **two novels last year.**
How did you feel when you got up this morning?	**I felt sleepy when I got up this morning.**
Did you know me two months ago?	**Yes, I knew you two months ago.**
How much money did you spend yesterday?	**I spent 18 euros yesterday.**
When did you sell your last car?	**I sold my last car four years ago.**
How many centimeters did your son grow last year?	**He grew** */gru/* **10 centimeters last year.**
How much did a subway ticket cost in 1972?	**It cost 3 cents in 1972.**

18.15 →

The Simple Past

Nigel Perkins

Otra lectura. Nos encanta a los profesores que nuestros alumnos nos sorprendan. Quedamos impresionados con facilidad. Presta mucha atención a las correcciones de pronunciación.

Last week, **Nigel Perkins** flew to Monte Carlo with his wife to visit their son, Ronny. Nigel and his wife go to Monte Carlo two or three times every year between November and March because Ronny is too busy the other half of the year to be with them. They drove to Gatwick Airport on Wednesday morning and left the car at the airport parking lot. They had first class reservations for the two-hour flight. The plane left Gatwick on time at 11:15 and got to Monte Carlo ten minutes early, at five minutes past one. Nigel and his wife weren't expecting to meet Ronny at the airport, so they caught a taxi and went to his apartment near the port. They were surprised to find that their son wasn't at home. Nigel didn't have a key to the apartment, so he and his wife spent some time looking at the shop windows along the street. After 20 minutes, they went back to the apartment building and tried again. Ronny still wasn't there. The temperature was around 15 degrees and Nigel's wife felt a little cold. They decided to go to a small bookshop about 300 meters from Ronny's apartment building. Nigel likes to spend time in bookshops, but his wife, Margaret, doesn't, so Nigel asked permission to use the telephone and called Ronny's mobile number. Ronny was in a meeting with a tour operator not far from the bookshop. He said he was sorry and told Nigel that the porter in his apartment building had a key to his apartment. Nigel and Margaret walked back to the building, called the porter, and asked for the key. Ronny arrived two hours later.

(Continúa)

18.15 Nigel Perkins

Comentario:

(Continuación)

Too busy	*Demasiado ocupado*
The other half	*La otra mitad*
Parking lot	*Aparcamiento exterior (EE.UU).* En Reino Unido: **Car park**
Reservations	*Reservas*
The two-hour flight	*El vuelo de dos horas.* Insertamos un guión porque *'dos horas'* es un adjetivo en este caso.
On time	*Puntual, puntualmente*
Weren't expecting	*No esperaban*
To meet ronny	*Quedar con Ronny, coincidir con Ronny*
So	*Así que*
They were surprised	*Estaban sorprendidos*
A key to	*Una llave para, una llave de.* En inglés, decimos: *la llave a la puerta.*
Spent some time	*Pasaron algo de tiempo.* El verbo **"spend"** es *'gastar'* o *'pasar tiempo'*
Shop windows	*Escaparates*
Along the street	*A lo largo de la calle*
They went back	*Volvieron (yendo)*
Apartment building	*Bloque de viviendas (EE.UU).* En Reino Unido: **block of flats**
Ronny still wasn't there	*Ronny todavía no estaba allí*
Bookshop	*Librería.* También se puede decir: **bookstore**
Asked permission	*Pidió permiso*
He was sorry	*Él lo sentía, lo lamentaba*
Walked back	*Volvieron andando*

18.16 **Irregular verb practice**

En este punto, continuamos practicando los verbos irregulares en el pasado.

When **did** you **buy** your last car?	**I bought it two years ago.**
Where **did** you **meet** your wife?	**I met her at a party.**
Did you **understand** my last question?	**Yes, I understood your last question.**
How much money **did** Jesse James **steal**?	**He stole 80,000 dollars.**
What **did** God **tell** Noah?	**He told him to build an ark.**
How much **did** you **pay** for your last car?	**I paid two million euros for my last car.**
Did the prices **rise** or fall last year?	**They rose last year.**
When **did** the Roman Empire **fall**?	**It fell in the fifth century.**
How many jokes **did** you **hear** yesterday?	**I heard** */jerd/* **one joke yesterday.**
How many taxis **did** you **catch** last week?	**I caught three taxis last week.**
How many days **did** you **drive** to work last week?	**I drove to work every day last week.**
How many books **did** you **bring** to the last class?	**I brought two books to the last class.**
Where **did** you **put** your books when you got here?	**I put them on the table in front of me.**
Where **did** you **sit** during the last class?	**I sat in the same chair as today.**

18.17 →

The Simple Past

Natasha Zarakovich

Otra lectura. Este manual contiene 68 lecturas como ésta. Si haces un esfuerzo sincero por entenderlas perfectamente y si las lees en voz alta varias veces en busca de buen ritmo y entonación, al final irás adquiriendo la habilidad para hablar con soltura y aplomo.

Last night **Natasha** had a big surprise. Yesterday was her birthday and she thought that nobody at the laboratory knew it. She didn't want to tell them because Russian people always bring a lot of food to the office to celebrate and Natasha was on a strict diet. But she didn't remember that her boss, Gregori, was going out a lot with one of her best friends, Karina. Gregori and Karina had lunch together yesterday and Karina told him that it was Natasha's birthday. At 4:20, ten minutes before Natasha was planning to go to the national library, as every day, Gregori called her on the phone and asked her to help him with a report he was trying to finish before 5:30. She thought this was strange, because usually Gregori didn't ask her to work late. At 4:30, she went to his office on the third floor. When she got there, there were probably 10 people with cakes and tea waiting to celebrate her birthday. They stayed in the office, having a good time, until 7:00 p.m. Then Gregori invited all of them to a nightclub in the center of Moscow where there was good vodka and a gypsy group that played folk music. They stayed at the nightclub, eating, drinking, and dancing until 10:30. Natasha got home at 11:00. She talked to her mother for a few minutes and then went to bed, because she had to get up early this morning to go to the laboratory. She was glad that today was Friday.

(Continúa)

18.17 Natasha Zarakovich

Comentario:

(Continuación)

Birthday	*Cumpleaños.* Se pronuncia: */bérzdei/.*
Nobody	*Nadie.*
Laboratory	*Laboratorio.* Dos pronunciaciones: EE.UU– */lábratori/*; R.U.– */labóratori/*
Because	*Porque.*
On a strict diet	*Sometida a un régimen estricto de adelgazamiento.*
Was going out...With	*Salía con* (amigos, novios).
Was planning to	*Pensaba, tenía intención de.*
Library	*Biblioteca.* Se pronuncia: */láibreri/.*
On the phone	*Por teléfono.* Observa que decimos literalmente: *en o sobre el teléfono.*
Asked her to help him	*Le pidió (a ella) que le ayudara.*
Trying to	*Intentando.*
Cakes	*Pastas.* Se pronuncia: */kéiks/.*
Having a good time	*Pasándoselo bien, divirtiéndose.*
Until	*Hasta.*
Then...	*Después,...*
Gypsy	*Gitano.* Se pronuncia: */chípsi/.*
For a few minutes	*Durante unos minutos.*
She was glad that...	*Ella se alegraba de que...*

18.18 Irregular verb practice

Más verbos irregulares. Cuanto más te esfuerces ahora para asimilarlos, menos repaso necesitarás más adelante. Además, suena fatal en inglés cuando uno dice, por ejemplo a un colega de fuera: I see him last week (Le veo la semana pasada).

When did you see him?	**I saw him last week.**
How many important things did you do yesterday?	**I did two important things yesterday.**
What did Tarzan say when he saw Jane?	**He said: "Me Tarzan... you Jane".**
How many times did you cut your finger last year?	**I cut my finger twice last year.**
How did you come here this morning?	**I came here by car this morning.**
What did you have for dinner last night?	**I had roast beef for dinner last night.**
What time did you alarm clock ring this morning?	**It rang at 6:30 this morning.**
How many plates did you break last year?	**I broke four plates last year.**
How many mistakes did you make in the last class?	**I made 30 mistakes in the last class.**
How many classes did I give last week?	**You gave 12 classes last week.**
How many classes did you take last week?	**I took four classes last week.**
How many ships did Columbus take to America?	**He took three ships to America.**
How many beers did you drink last week?	**I drank two beers last week.**

18.19 →

The simple past

Aki Morita

En 1973, entre febrero y mayo, leí en voz alta cuatro novelas de Pío Baroja. Alguien me había dicho que Baroja tenia un estilo de escribir que se asemejaba mucho al español de la calle. No me acuerdo, pero los cuatro libros probablemente sumaban unas 1.500 páginas, cada una con 400 palabras (600,000 palabras en total). Me metía cada día en mi habitación y leía como si hubiera un público de mil personas escuchando. Desde entonces, jamás he vuelto a tener problemas para expresarme con eficacia en castellano. Fue el trabajo personal más productivo que hice en mis años de aprendizaje de tu lengua.

Last Friday, **Aki Morita** had a meeting with his boss and with his boss's boss. He knew he was going to have the meeting and he thought that the subject of the meeting was going to be about a new supplier. When he got to the meeting room, Aki's boss offered him a coffee and told him that the subject of the meeting was about Louisiana. At first, Aki didn't understand. Then he remembered that Honda was building a new factory in the United States in a city called Baton Rouge. He didn't know why his bosses wanted to talk about the new factory in Louisiana, but he tried to be calm. His direct boss told him that Honda wanted a good man to go to Louisiana to organize the quality department. He told Aki that it was necessary to establish in the United States the same quality system that, thanks to Aki, was so successful in Japan. Aki didn't know what to say. He immediately thought about his family. He asked his boss about the duration of the stay in Louisiana and his boss told him that it was for three years or maybe more. Aki spoke English well but his wife didn't. His two childern were young and they had English classes every day at school. He told his bosses that he wanted to discuss the matter with his family. They said that they needed an answer during the next week. Aki went home after the meeting. He got home at 9:30. His wife was busy helping the children with their homework. Aki decided to tell her about the offer... or order... to go to the United States the next day, which was Saturday.

(Continúa)

← 18.19	Aki Morita **Comentario:** *(Continuación)*	**His boss's boss**	*El jefe de su jefe.* Se pronuncia: */bóses bos/.*
		He knew he was going to have	*El sabía que iba a tener.*
		Subject	*Tema* (de una conversación, reunión, etc.).
		Supplier	*Proveedor.* Se pronuncia: */sapláier/.*
		To be calm	*Estar tranquilo.*
		Thanks to aki	*Gracias a Aki.*
		Was so successful	*Tenía tanto éxito* (literalmente: *era tan exitoso*). **"Successful"** se pronuncia: */saksésfal/.*
		Aki didn't know what to say	*Aki no sabía qué decir.*
		Immediately	*Inmediatamente.* Se pronuncia: */emídiatli/.*
		Thought about	*Pensó en.*
		He asked his boss about...	*El preguntó a su jefe por...*
		The stay	*La estancia.*
		Maybe	*Quizá.*
		To discuss	En inglés **"discuss"** es *'comentar'*, no *'discutir'* en el sentido de tener una discusión acalorada.
		The matter	*El asunto, el tema.*
		The offer	*La oferta.*
		The order	*La orden.*
		Which	En este caso: *el cual.*
18.20	**Translation booklet** **Vocabulary booklet**	**Translation booklet** y **Vocabulary booklet:** Repasa la lista del día anterior antes de estudiar una lista nueva. Debes hacerlo diariamente.	

18.21 Irregular verb practice

Para dominar el castellano, estuve horas y horas practicando las conjugaciones de los verbos en sus diferentes tiempos. Decía cosas como: Ayer fui – mañana iré – ya he ido – siempre voy – si pudiera iría – si hubiera podido habría ido – puedo ir – puede que vaya – quieren que vaya – vete – no te vayas – iros – no os vayáis – váyase – no se vaya – váyanse – no se vayan – etc., etc.

La agilidad gramatical que conseguí a través de esta obsesión por los verbos me ayudó enormemente a hablar bien. Si pudieras encontrar tiempo para leer una y otra vez las preguntas y respuestas a continuación, así como las que aparecen en los puntos anteriores, no tardarías mucho en sentirte dueño de la mecánica del idioma. Un buen dominio de la mecánica básica hace que se te despeje el camino posterior de una forma sorprendente.

What did you do last weekend?	**I did nothing.**
Where did you catch the train?	**I caught the train in Chamartin station.**
Whose car did you drive yesterday?	**I drove Pepe's car.**
Why did Pepe lead the meeting?	**He led the meeting because Paco was ill.**
How much money did you lend her?	**I lent her 20 dollars.**
When did you speak to your boss?	**I spoke to him last Friday.**
Where did you throw the coin?	**I threw it into the fountain.**
When did you set your alarm clock?	**I set it last night.**
Which tie did you choose?	**I chose the red one.**
How much did the company grow last year?	**It grew** */gru/* **20 percent last year.**
How far did the athlete run yesterday?	**He ran 10 kilometers yesterday.**
What did you think when you saw my new car?	**I thought you were showing me a rented car.**

18.22 →

The simple past

Pierre Monet

Aquí seguimos con las lecturas. Leela en alto.

Pierre Monet considered himself an artist and a technician in the difficult job of translating. He was happy because he was going to meet the Prime Minister of France the next day. The Prime Minister wanted to congratulate Pierre on a job well done. For Pierre, it was simply another translation job and he did it like he did every translation. This time, however, he did a special job. Last Tuesday, he received a document from the office of the Prime Minister. It was a speech in French that the Prime Minister was going to give in front of the British Parliament in English. The instructions were simply, to translate the document into English. However, Pierre knew that the Prime Minister didn't speak English well, so he made the decision to translate the speech into simple, direct English. The problem was that the Prime Minister always wrote his speeches in a complicated French, so Pierre had to do more than translating; he had to change the style of the speech completely without changing the power of the message. He started on the document at 9:30 in the morning and finished it just before 3:00 p.m. His boss sent the translation by special e-mail to the office of the Prime Minister. Two days later, the boss received a telephone call from the Prime Minister himself, inviting him and Pierre to a coffee the next day. The Prime Minister told Pierre's boss that when he read the speech, he was surprised at first. It was so different from the speech in French. But as he continued reading it, he saw that the message was perfectly expressed. In fact, he thought that Pierre's version was a new speech that was more effective and more powerful than the original. Pierre's boss congratulated Pierre. He was as excited as his translator about the opportunity to have a coffee with the Prime Minister.

(Continúa)

← 18.22

Pierre Monet

Comentario

(Continuación)

Considered himself	*Se consideraba a sí mismo.*
Technician	*Un técnico especialista.*
Translating	En este caso: *la traducción.*
He was going to meet	*Él iba a conocer* (por primera vez).
The prime minister	Se pronuncia: */the prái-minister/.*
To congratulate	*Felicitar, dar la enhorabuena.*
A job well done	*Un trabajo bien hecho.*
Translation	*Traducción.*
Speech	*Discurso.*
To translate into	*Traducir al.*
So	*Así que.*
He made the decision	*Él tomó la decisión.*
Style	*Estilo.* Se pronuncia: */stáil/.*
Power	*Poder, potencia.* Se pronuncia: */páouer/.*
A telephone call	*Una llamada telefónica.*
At first	*Al principio, en un principio.*
As he continued	*A medida que continuaba.*
Was perfectly expressed	*Estaba perfectamente expresado.*
More effective and more powerful	*Más eficaz y más poderoso.*
Excited	*Emocionado.*

18.23 Irregular verb practice

Recuerdo la primera vez en mi vida que tuve que usar el español en una situación real de comunicación. Había estudiado el idioma como una asignatura más en el colegio (era obligatorio). Dos años más tarde, fui con un grupo de estudiantes a visitar la Unión Soviética en enero de 1972 (pleno invierno). Estuvimos dos amigos y yo andando por una calle de Moscú cuando tres estudiantes peruanos se nos acercaron para hacernos una pregunta en ruso. No sabíamos ruso y ellos no sabían inglés. Al tercer intento de comunicación, me di cuenta que eran hispanohablantes y me presté como intérprete. Al final, terminamos los seis yendo a una pista exterior de patinaje sobre hielo durante tres horas. Esas tres horas fueron mi primera prueba de fuego con el castellano y la mayor dificultad que tenía estaba en la conjugación de los verbos más sencillos, conjugaciones como "estábamos", "estuvieron", "hemos comido", "comieron", "conoceis", "íbamos a preguntar", "no vayáis", etc. Tuve que hacer un esfuerzo mental brutal para sacar bien los verbos. Mi problema no era el saber suficientes palabras. El problema era enlazarlas con una estructura gramatical inteligible. Sigamos entonces viendo una parte muy importante de la estructura gramatical inglesa: los verbos irregulares.

How did you make that castle?	**I made it with sand and cement.**
Where did you catch that cold?	**I caught it during my trip to Sweden.**
How much spaghetti did you eat last night?	**I ate two plates of spaghetti.**
Who did you deal with concerning that problem?	**I dealt with the general manager.**
When did you get permission to go?	**I got permission last week.**
How many drinks did you have last night?	**I had two drinks last night.**
Did you pay for it in dollars or in euros?	**I paid for it in dollars.**
Where did you stand when you gave the speech?	**I stood in front of the audience.**
How many students did you teach last year?	**I taught 25 students last year.**
How did you hurt your arm?	**I hurt it playing tennis.**
How much did it cost?	**It cost 50 euros.**
When did you quit smoking?	**I quit smoking last month.**

18.24 **The simple past**

Denise Johnson

Aquí seguimos con las lecturas.

Last Monday, **Denise Johnson** was nervous. She was in her ballet class after school and the teacher told her and the other students that a woman was coming to give them an examination on Thursday. The woman was from the American Academy of Dance. The exam was every year for all the girls who wanted to continue with ballet under the supervision of the Academy. If they passed this first exam, then they became members of the Academy and started officially in the category of elementary one. The teacher told the students to go home and tell their parents that the exam cost 15 dollars and the membership 10 dollars a year. Denise didn't like to take examinations. She always got very nervous when she had to take a test or an exam. That night, she told her mother about the exam and the Academy. She also told her that she didn't want to become a member because she didn't like to take exams. Nancy told Denise that the teacher thought she had a lot of potential. She told her that she had good technique and that the exam was probably very easy. Denise still didn't want to take the exam. The next day, after school, Nancy took her daughter to the best shop in Lincoln for ballet shoes. They bought a pair of beautiful shoes and other things. Denise liked the shoes so much that she decided to take the exam. Nancy knew that Denise only needed a little persuasion in a special way.

Comentario

Nervous	Se pronuncia: */nérvas/*
A woman was coming	*Una señora venía*
To continue	Se pronuncia: */cantíniu/*
Ballet	Se pronuncia a lo francés: */balé/*
Category	Se pronuncia: */kátegori/*
Elementary	Se pronuncia: */eleméntari/*
Membership	*Afiliación* (como socio o miembro)
She always got very nervous	*Siempre se ponía muy nerviosa*
Also	*También.* Esta forma de *'también'* se usa en medio de la frase
Good technique	*Buena técnica.* Se pronuncia: */tekník/*
Still	*Todavía*
Pair	*Par.* Se pronuncia: */per/*
So much	*Tanto*
Persuasion	Se pronuncia: */persuéisan/*

18.25 Irregular verb practice

La lectura pasiva también ayuda mucho no sólo para ampliar vocabulario sino para hacerse con firmes nociones gramaticales. No me refiero ahora a lecturas cortas como las que estamos viendo en esta unidad, sino a la lectura pasiva de novelas. En mi propio caso del aprendizaje del español, recuerdo que en cuanto sabía lo suficiente como para sacar el sentido de lo que leía, aunque sólo fuera por los pelos, me puse a leer novelas de suspense o de acción. Leí probablemente unas 20 novelas en dos años. Las leía sin diccionario, saltando un sinfín de palabras y expresiones que no conocía. Mi objetivo era seguir la trama... el hilo de lo que pasaba. Muchas de las novelas eran tan buenas que me agarraban. Había momentos en que no me daba cuenta de que estaba leyendo en otro idioma, era tal la fuerza de la narrativa... Ahora bien, me di cuenta de que la gran mayoría de las palabras que desconocía no quitaban de la comprensión del texto. Cuando sí recurría a un diccionario, vi que la gran mayoría de estas palabras no eran necesariamente palabras relevantes para el lenguaje diario. Si una novela tiene 200,000 palabras, calculo que tendrá aproximadamente 20,000 frases. Al leer 20 novelas en dos años, seguramente acabé por leer 400,000 frases correctamente construidas en castellano. Esta absorción pasiva de tanta gramática correcta dejó, sin duda, una profunda huella positiva en mi dominio práctico de la lengua. Y al final, acabé entendiendo las palabras y expresiones que no conocía. Si eran importantes, volvían a aparecer una y otra vez en los libros de modo que ya iba intuyendo su significado.

Perdona el inciso. Sigamos con los verbos irregulares.

When did you fly to Rome?	**I flew there last week.**
Where did you keep the money you won?	**I kept it in a safe place.**
Who did you see yesterday at the game?	**I saw my cousin.**
When did you speak to the general manager?	**I spoke to him yesterday morning.**
How much of the speech did you understand?	**I understood 50 percent of it.**
When did the Egyptians build the Pyramids?	**They built them 4,000 years before Christ.**
How did you break your leg?	**I broke it in a car accident.**
What did you say when you saw him?	**I said "good morning".**
How far did you throw the ball?	**I threw it 70 meters.**
Where did you spend all your money?	**I spent it in the local casino.**
Where did you hold the meeting?	**We held it in the blue room.**
What time did you leave work last night?	**I left work at 9:00 p.m.**

18.26 The simple past

Luigi Barghini

Luigi Barghini spent three days in Germany last week. He flew to Stuttgart with his daughter, Ana, the managing director of Luigi's company. They stayed in the Regency Hotel. On the first day, they had a meeting in the morning with the chairman of Mercedes Benz. The meeting started at 11:00 a.m. and lasted 45 minutes. They spent a lot of the 45 minutes talking about the Agnelli family at Fiat. At 12:00 o'clock, Luigi and Ana had lunch with the chairman and with the managing director in the private dining room on the top floor. They talked about the market situation for luxury cars and about the competition from Japanese models. After lunch, Luigi and Ana went back to the hotel and spent two hours planning the three meetings for the next day. In the evening, they had dinner with the purchasing manager of Mercedes, Karl Polster. Karl knew Ana very well because the two companies were negotiating a contract for car seats. Karl was 34 years old and single and he liked Ana very much. He was in favor of working with Luigi's company because he wanted to continue seeing Ana as much as possible. She was beautiful and rich. He knew that she was single but he didn't know if she had a relationship with anyone in Italy. During the dinner, Luigi noticed that Karl was paying a lot of attention to Ana, but he didn't say anything to his daughter later that night. He wanted to concentrate on the important meetings for the next day.

Comentario

Chairman	*Presidente del consejo de administración*
Managing director	*Consejero delegado.* También decimos: **chief executive officer**
Private dining room	*Comedor privado.* **"Private"** se pronuncia: */práivat/*
On the top floor	*En la última planta*
Luxury cars	*Coches de lujo.* Se pronuncia: */láksuri/*
The competition	*La competencia*
Models	Se pronuncia: */mádals/*
The purchasing manager	*El director de compras.* Se pronuncia: */pérchasing/*
In favor of working	Observa el gerundio (literalmente: *a favor de 'trabajando'*)
As much as possible	*Tanto como sea posible*
A relationship	En este caso: *una relación sentimental*

18.27 Translation booklet / Vocabulary booklet

Translation booklet y **Vocabulary booklet:**

Repasa la lista del día anterior antes de estudiar una lista nueva. Debes hacerlo diariamente.

18.28 Irregular verb practice

En este punto, volvemos a hacerte preguntas con los verbos irregulares. Harías bien en leer en voz alta las preguntas y respuestas a continuación, así como las que aparecen en puntos anteriores como éste.

What did you bring here yesterday?	I brought a set of books and tapes.
Who did you go to the party with?	I went to the party with María.
When did you read the article about me?	I read it one week ago.
How many paintings did they steal?	They stole at least 10 paintings.
Which part of the report did you write?	I wrote the part about equipment sales.
Where did you get that new calculator?	I got it in a specialty shop.
How much did you sell your house for?	I sold it for 200 thousand euros.
How did you think I was going to do it?	I thought you were going to do it manually.
Why did you let the prisoner escape?	I let him escape because he was innocent.
How many copies did you make?	I made four copies.
Where did you find your umbrella?	I found it behind the door.
What did you tell your people?	I told them to prepare a special report.

18.29 **The simple past**

Li Tong

Esta lectura será algo más fácil

Yesterday, **Li Tong** decided to learn English. He made the decision at exactly 11:15 in the morning. He was working in the telephone factory, as every day. At about 11:00, Li saw one of the young employees from the process engineering department with two tall men who appeared to be English or American. They were wearing ties. The young employee was talking to them in English and explaining the production process. At one moment, the young employee asked Li a few questions about his job. Li explained that he was responsible for inserting the microphone in the telephone receiver. Then the young employee said two or three sentences to the foreign men and they looked at the work that Li was doing. They smiled at Li and said something in English. He supposed they said "thank you" and he said "thank you" in Chinese. Then the three people left and continued walking around the factory. Li went back to his work, but he was thinking about the young Chinese employee. Li was sure that the young man probably earned a lot more money than him. He knew that the company was growing very fast. Some of the workers in the factory were now in office jobs and were earning more money than Li. At that moment, he made the decision to learn English. He didn't know how much it cost to take classes, but he decided to ask one of his friends who was working in the same department as the young man. He knew that his friend was going to a language school less than 500 meters from where Li lived.

Comentario:

At about 11:00	*A eso de las 11:00.*
Process engineering	*Ingeniería de procesos.*
Telephone receiver	*El auricular del teléfono.*
Li went back to his work	*Li volvió a su trabajo.*
The young man probably earned	*El joven probablemente ganaba.*
The company was growing	*La empresa crecía.*
Office jobs	*Puestos de trabajo de oficina.*

18.30 Irregular verb practice

Continuamos con los verbos irregulares. No serán seguramente los mismos verbos que aparecen a continuación, pero convendría de todas formas que los practicaras todo lo que puedas.

Where did you leave your umbrella?	I left it in the back seat of my car.
Where did you sit in the meeting?	I sat opposite the chairman.
When did you hold the meeting?	We held the meeting last Thursday.
How did you send the package?	I sent it by airmail.
Who did you see at the reception?	I saw several old friends at the reception.
How many medals did you win?	I won two gold medals and one silver medal.
Why did you shut the door?	I shut it because it was cold outside.
Where did you keep the lottery ticket?	I kept it next to my bed.
How did you know I was here?	I knew you were here because Paco told me.
What did you forget to bring?	I forgot to bring your copy of the report.
Where did you fight in the Second World War?	I fought in the Pacific.
How much money did you put in her account?	I put 2,000 dollars in her account.

18.31 Translation booklet / Vocabulary booklet

Translation booklet y **Vocabulary booklet:**

Repasa la lista del día anterior antes de estudiar una lista nueva. Debes hacerlo diariamente.

18.32 **The simple past**

Inés García

Una nueva lectura para practicar en voz alta. Si dos alumnos comienzan al mismo nivel y uno lee tres veces en voz alta cada una de las 68 historietas como ésta contenidas en este manual mientras que el otro no, el primero acabará con un nivel un 20% superior al del segundo.

Yesterday, **Inés García** had a traffic accident. It happened at about 5:45 p.m. when she was driving to the University of Seville for her evening course in Business Management and Finance. The accident was her fault. She was driving her car, a Ford Puma, through the narrow streets in the center of Seville. At the same time, she was talking with Paco, her boyfriend, on her mobile telephone. She was listening to her boyfriend and didn't notice a stop sign in front of her. She ran the stop sign and another car hit her on the passenger side. Fortunately, it was a small car too, an Opel Corsa, and, as a result, the accident wasn't serious. Inés cut her phone conversation and got out of the car. She went to the other car to speak to the driver. She was happy to see that the other driver was a young man, probably the same age as her. When he got out of his car, he smiled and said hello in Spanish but with a French accent. Inés simply looked at him and didn't say anything. He was tall and very attractive. He seemed like a very pleasant person. Inés usually talks a lot, but this time she didn't know what to say. The young man asked her if she had her car papers. Inés went back to her car and got the papers. They finished the paperwork in less than ten minutes. Then, the young Frenchman, whose name was François Monet, invited her to have a coffee in a coffee shop across the street. Inés accepted and disconnected her mobile telephone.

Evening course	*Curso de tarde* (o nocturno.)
Business management	*Dirección de empresas.*
Her fault	*Su culpa.*
Through	*A través de.* Se pronuncia: */zru/.*
A stop sign	*Una señal de stop.*
Got out of the car	*Salió del coche.*
Accent	Se pronuncia: */áksent/.*
Didn't say anything	*No dijo nada.*
Pleasant	*Agradable.*
The paperwork	*El papeleo.*
Whose name was...	*Cuyo nombre era...*
A coffee shop	*Una cafetería.*
Across the street	*Enfrente* (en el lado opuesto de la calle).
Accepted	Se pronuncia: */aksépted/.*

18.33 Irregular verb practice

Más verbos irregulares. Una advertencia: no te fijes tanto en la forma irregular del verbo en afirmativo que te olvides de adquirir agilidad con el verbo auxiliar + sujeto + verbo en infinitivo que aparece siempre en el interrogativo. Conviene estudiar y practicar las formas que figuran en cada una de las dos columnas siguientes.

How did you do it?	**I did it slowly and carefully.**
How did you feel when you received the news?	**I felt surprised.**
When did you lose the document?	**I lost it last week.**
What did you wear for the party?	**I wore a military uniform.**
What time did you set the meeting for?	**I set it for 9:00 a.m.**
How far did you drive on the first day?	**I drove 600 kilometers on the first day.**
Which candidate did you choose?	**I chose the candidate from Wisconsin.**
Where did you meet with him?	**I met with him in my office.**
What did you throw at the dog?	**I threw a stone at it.**
How many presents did you get for Christmas?	**I got seven presents for Christmas.**
Where did you hear the news about the accident?	**I heard the news last night on TV.**
How many gifts did you buy?	**I bought three gifts.**

18.34 **The simple past**

Michael Johnson

Las 68 lecturas en este manual cubren más de 500 verbos. En el año 1972, estuve tres semanas haciendo autostop por toda Italia. Al segundo día ya me había hecho con cuatro verbos: ***tengo***, ***voy***, ***quiero*** y ***soy***. Con estos cuatro verbos, fui capaz de comunicarme bastante bien con los italianos durante las tres semanas. Por supuesto, me ayudó el que supiera castellano, ya que a veces es muy similar al italiano. Pero vi que con cuatro verbos solamente, podía salir del paso. Solamente en estas lecturas te voy a dar más de 500 verbos. Si logras aprender bien a utilizar sólo un tercio de ellos, estarás en condiciones de hacer prácticamente lo que sea con tu inglés.

Last Saturday, **Michael Johnson** was the star of his basketball team. They were playing in the regional finals. His team won the game easily. The final score was 67 to 42. The other team was the favorite to win the game, but Michael set a team record and a record for the state of Nebraska. He scored 41 points during the game, 16 points in the first half and 25 points in the second half. The next day his picture was in the Lincoln newspaper, with a long article about the game. Michael made seven baskets in the first three minutes of the second half and only two of his points during the game were freethrows. The next day, after Michael read the article, he started to receive phone calls from some of his friends. He also received a phone call from the basketball coach at the high school that he was going to attend next year. The coach told Michael that he was going to watch the next game between Michael's school and the Omaha Buffaloes. The coach told Michael that the Buffaloes were the best basketball team in Nebraska at the middle school level. Michael wasn't worried. He knew that the Buffaloes were not a good defensive team. Michael planned to play the same way as in the last game. He was sure that with a little luck his team was going to win. His father agreed with him, but his mother told him that he needed to concentrate more on his studies and less on basketball.

(Continúa)

18.34 Comentario

Michael Johnson

(Continuación)

Team	*Equipo.*
Easily	*Con facilidad.*
Score	*Tanteo, resultado.*
He scored	*El marcó, puntuó.*
Baskets	*Canastas.*
Freethrows	*Tiros libres.* Se pronuncia: */frízrous/*.
Phone calls	*Llamadas telefónicas.*
Basketball coach	*Entrenador de baloncesto.* Se pronuncia: */kóuch/*.
High school	Escuela secundaria: años 9 a 12 (edades de 15 a 18).
Middle school	Escuela media: años 6 a 8 (edades 12 a 14).
Level	*Nivel.*
Michael wasn't worried	*Michael no estaba preocupado.*
He was sure	*El estaba seguro.*
Luck	*Suerte.*

18.35 Irregular verb practice

Esta unidad está dedicada casi por entero a lecturas y ejercicios para potenciar el uso del pasado simple. Si dominas bien el presente, pasado y futuro, cubres el 80% de todas las frases que se dicen en inglés.

When did you take him to the airport?	**I took him to the airport last night.**
What did he tell you when he arrived?	**He told me he was ill.**
When did she buy the tickets?	**She bought the tickets yesterday.**
How much money did he lend them?	**He lent them 100 dollars.**
How did he become so famous?	**He became famous because of his voice.**
What time did you have lunch yesterday?	**I had lunch at 1:00 p.m.**
When did you quit working for that company?	**I quit working for that company last year.**
When did you teach the irregular verbs?	**I taught the irregular verbs last week.**
How much money did you win in the casino?	**I won ten dollars in the casino.**
How much money did you spend in Las Vegas?	**I spent 400 dollars there.**
Where did you eat last night?	**I ate in McDonald's.**
When did you write to them?	**I wrote to them two months ago.**

18.36 Translation booklet

Vocabulary booklet

Translation booklet y **Vocabulary booklet:**

Repasa la lista del día anterior antes de estudiar una lista nueva. Debes hacerlo diariamente.

18.37 The simple past

Paula Eisenbach

Last Tuesday, **Paula Eisenbach** spent the afternoon with Tom Sanders. She spent about 10 hours a week helping him with drawings for the Disney Corporation. Tom was a student at the University of Heidelberg like Paula, but he also had a contract with Disney to draw cartoons for Disney animated movies. Tom was an excellent artist and Paula liked working with him because she learned a lot about drawing technique. Tom paid her $15 an hour for her work. He paid her in dollars because the Disney Corporation paid him in dollars, too. During their drawing session, Tom told Paula that he wanted to take her to California to meet his parents. Paula knew that Tom wanted to take her to California, but she wasn't sure that she wanted to go. She liked Tom as a person, but she wasn't sure about her feelings for him. He was a wonderful person and a fantastic artist, but Paula felt she wasn't ready to expand her relationship with him. She didn't understand his reason for inviting her to California because they were only friends. That night, she called her parents in Munich and told them about the situation with Tom. Her father told her that she had to make the decision herself. Her mother told her that it wasn't a good idea. She said that if Paula didn't feel anything special for Tom now, then it was dangerous for her to go to California with him. Paula decided to think about it for a few days before giving Tom a final answer.

Drawings	*Dibujos.*
Cartoons	*Dibujos animados.*
Animated movies	*Películas de animación.*
Her feelings for him	*Sus sentimientos hacia él.*
Wonderful	*Maravilloso.*
Paula felt	Literalmente *'paula sentía'.* Sin embargo, tal y como se usa aquí significa *'paula pensaba'.* Cuando uno piensa con la cabeza y el corazón, muchas veces usamos el verbo **"to feel"** *(sentir).*
She wasn't ready	*Ella no estaba preparada.*
Dangerous	*Peligroso.* Se pronuncia: */déincheras/.*

18.38	**Irregular verb practice**	Este es el último punto de este tipo sobre verbos irregulares. No obstante, seguiremos repasando estos verbos hasta más allá de la unidad 45. Te cansarás de practicar hasta la saciedad los mismos 70 verbos, pero al final, si te sometes a los ejercicios sin rechistar, notarás una agilidad que muy pocas personas en España poseen. No olvides tampoco que en dos unidades, comenzaremos con los tiempos perfectos de los verbos, los cuales incorporan una columna más de formas irregulares para los mismos 70 verbos, así que vale la pena aprender bien y lo antes posible las formas pasadas de los mismos.

Where did you hear that?	**I heard it on the radio.**
What did they say about the food?	**They said they didn't like it.**
When did you drive there?	**I drove there last week.**
How did you come here?	**I came here by taxi.**
What did you give her?	**I gave her a diamond ring.**
How much did we grow last year?	**We grew** */gru/* **23 percent.**
How did the old boss run the department?	**He ran the department in a traditional way.**
How much rent did you pay every month?	**I paid 650 euros every month.**
When did you speak to the chairman?	**I spoke to him yesterday morning.**
When did you read */rid/* **that article?**	**I read** */red/* **it last Sunday.**
How did you get your license?	**I got it through the Automobile Club.**
How much did the stock market fall?	**It fell seven percent.**

18.39	**Translation booklet** **Vocabulary booklet**	**Translation booklet** y **Vocabulary booklet:** Repasa la lista del día anterior antes de estudiar una lista nueva. Debes hacerlo diariamente.

19.1	**Fractions and percentages** *Percent* *Half* *Point (decimal point)* *Is the same as...*	Aquí seguimos con la revisión de fracciones, porcentajes, decimales y "**the same as**" **1/2 is the same as 50% (one-half is the same as 50%)** **1/4 is the same as 25% (one-fourth is the same as 25%)** Tienes que escribir 10 ejemplos de fracciones y leerlas en alto. He aquí ejemplos de fracciones:

1/2	**One-half**	5/8	**Five-eighths** */eitzs/*
1/4	**One-fourth**	6/7	**Six-sevenths**
2/3	**Two-thirds**	2/9	**Two-ninths**
3/5	**Three-fifths**	1/10	**One-tenth**

19.2	**Number pronunciation**	Esta es la decimotercera (**thirteenth**) vez que nos dedicamos al dictado y pronunciación de números. Recuerda: **Two hundred and thirty-three thousand eight hundred and fifty-four (233,854)** Recuerda también las comas en vez de los puntos. Así decimos números superiores a un millón: **Three million eight hundred and forty-six thousand nine hundred and eleven** **(3,846,911)** Escribe 20 números en un papel. Hazlo al azar.
19.3	**Number pronunciation**	Seguimos aquí con la pronunciación y vocalización de los números. Aquellos números que no hayas sido capaz de escribir correctamente vuelve a escribirlos.
19.4	**Review of the days of the week**	Seguimos aquí con la pronunciación de los días de la semana. Recuerda: *Martes* – **Tuesday** */tiúsdei o túsdei/* *Miércoles* – **Wednesday** */uénsdei/* *Jueves* – **Thursday** */zérsdei/* Pronuncia los 7 días de la semana en alto.
19.5	**Review of the months of the year**	Repasamos aquí los meses. Te los vuelvo a poner fonéticamente, debes pronunciarlos en alto:

January	*/chánuieri/*	**May**	*/méi/*	**September**	*/septémber/*
February	*/fébrueri/*	**June**	*/chun/*	**October**	*/actóber/*
March	*/march/*	**July**	*/chulái/*	**November**	*/nofémber/*
April	*/éipral/*	**August**	*/áugast/*	**December**	*/disémber/*

19.6	**Review of ordinal numbers and dates**	Se tarda mucho en dominar bien los números ordinales. Por eso, vamos a hacer este ejercicio en todas las unidades hasta la 35 inclusive. Tendrás que decir una vez más un mes entero de fechas como sigue: **Thursday, the first. Friday, the second. Saturday, the third. Sunday, the fourth. Monday, the fifth. Tuesday, the sixth. Wednesday, the seventh. Thursday, the eighth. Friday, the ninth. Etc. etc. etc. hasta el día 31 (..., the 31st).**
19.7	**Review of dates**	En esta sección debes inventar 10 fechas y formularlas en alto en las dos formas conocidas. Britántico: **The thirtieth of May, 1999** (literalmente: ***el trigésimo de mayo, 1999***) Americano: **May thirtieth, 1999** (literalmente: ***mayo trigésimo, 1999***)
19.8	**Review of years**	Escribe 20 años en un papel y prueba a pronunciarlos en alto correctamente. Recuerda que decimos los años como sigue: ***Diecinueve noventa y nueve (1999)*** Recuerda también que en inglés nunca ponemos una coma o punto en el año. Escribimos **1999**. No escribimos **1.999** o **1,999**.
19.9	**Review of telling time**	Escribe 10 horas en un papel y dilas en alto. **It's 2 o'clock** **It's 15 minutes to 3:00** **It's ten-thirty** **It's five forty-five**
19.10	**Regular verbs in past** **Pronunciation of endings**	Ahora haremos un ejercicio basado en la primera columna de la lista de verbos regulares que presentamos anteriormente. Es un ejercicio un poco aburrido y repetitivo, pero es importantísimo para que te conciencies de la pronunciación de las terminaciones de los verbos regulares en el pasado. Nuestro profesor virtual dirá, por ejemplo: **Every day I agree** ***(Cada día estoy de acuerdo)*** Y tú responderás diciendo: **Yesterday I agreed** ***(Ayer estuve de acuerdo)*** Es repetitivo pero es necesario. Siempre hay una parte más odiosa en el aprendizaje de un idioma y el inglés no es excepción. Tienes que dominar la pronunciación de estas terminaciones y este ejercicio es el mejor para que vayas mentalizándote. Coge la lista de verbos irregulares y prepara las preguntas y respuestas de tanto verbos como puedas.

19.11 → Superlatives

Adjetivo:	**Tall**	*Alto*
Comparativo:	**Taller than**	*Más alto que*
Superlativo:	**The tallest**	*El más alto (de todos)*
Adjetivo:	**Beautiful**	*Hermoso*
Comparativo:	**More beautiful than**	*Más hermoso que*
Superlativo:	**The most beautiful**	*El más hermoso (de todos)*

El superlativo es fácil en inglés. Sigue las mismas reglas que el comparativo. El comparativo compara dos cosas. El superlativo hace referencia al mejor, peor, más importante, más hermoso, etc. de entre un mínimo de tres cosas o personas.

En castellano, para decir, por ejemplo, que Pepe es el más inteligente de la clase, en inglés decimos que Pepe es el más inteligente **en** la clase. Siempre usamos "**in**" donde en castellano usáis *'de'* (**of**):

John is the fastest runner in the world.	*Juan es el corredor más rápido del mundo.*
This is the best wine in Spain.	*Este es el mejor vino de España.*
My wife is the worst cook in the world.	*Mi mujer es la peor cocinera del mundo.*

Tall	**The tallest**	*El más alto*
Short	**The shortest**	*El más bajo*
Long	**The longest**	*El más largo*
Short	**The shortest**	*El más corto*
Big	**The biggest**	*El más grande*
Small	**The smallest**	*El más pequeño*
Easy	**The easiest**	*El más fácil*
Difficult	**The most difficult**	*El más difícil*
Hard	**The hardest**	*El más duro*
Soft	**The softest**	*El más blando o suave*
Fast	**The fastest**	*El más rápido*
Slow	**The slowest**	*El más lento*
Cheap	**The cheapest**	*El más barato*
Expensive	**The most expensive**	*El más caro*
New	**The newest**	*El más nuevo*
Young	**The youngest**	*El más joven*
Old	**The oldest**	*El más viejo o antiguo*
Thick	**The thickest**	*El más grueso o espeso*
Thin	**The thinnest**	*El más fino o delgado*
Simple	**The simplest**	*El más sencillo*
Complicated	**The most complicated**	*El más complicado*

(Continúa)

← 19.11 Superlatives

(Continuación)

Far	**The farthest**	*El más lejano*
Near	**The nearest**	*El más cercano*
High	**The highest**	*El más alto (de nivel)*
Low	**The lowest**	*El más bajo (de nivel)*
Good	**The best**	*El mejor*
Bad	**The worst**	*El peor*
Rich	**The richest**	*El más rico*
Poor	**The poorest**	*El más pobre*
Clean	**The cleanest**	*El más limpio*
Dirty	**The dirtiest**	*El más sucio*
Hot	**The hottest**	*El más caluroso o caliente*
Cold	**The coldest**	*El más frío*
Dry	**The driest**	*El más seco*
Important	**The most important**	*El más importante*
Interesting	**The most interesting**	*El más interesante*
Attractive	**The most attractive**	*El más atractivo*
Beautiful	**The most beautiful**	*El más hermoso*
Intelligent	**The most intelligent**	*El más inteligente*
Famous	**The most famous**	*El más famoso*
Popular	**The most popular**	*El más popular*

He aquí una frase que contiene tanto el comparativo como el superlativo:

He's taller than the tallest man in Spain.

She's more beautiful than the most beautiful woman in Hollywood.

19.12 Superlatives

Student questions

Aquí haces tú las preguntas, usando los superlativos. Volvemos a presentar a nuestro profesor virtual que te preguntara sobre cosas de su país; es decir, cuál es la ciudad más grande, más bonita, más fea, etc.

Teacher:	**What's the biggest state in the United States in area?**
Student:	**I don't know.**
Teacher:	**Tell Paco to ask me.**
Student:	**Paco, ask the teacher what the biggest state in area is.**
Paco:	**What's the biggest state in the United States in area?**
Teacher:	**Alaska is the biggest state in the United States in area.**

Notarás que usamos "**what**" (*qué*) en vez de "**which**" (*cuál*) cuando preguntamos cuál es el estado más grande de EE.UU. Si no recuerdas por qué, mira el **punto 4.9** más atrás donde hay una pequeña conversación sobre fabada.

19.13	**Translation booklet** **Vocabulary booklet**	**Translation booklet** y **Vocabulary booklet:** Repasa la lista del día anterior antes de estudiar una lista nueva. Debes hacerlo diariamente.
19.14 →	**Anybody/anyone** **Somebody/ someone** **Nobody/no one** **Everybody/ everyone** *(Continúa)*	(véase abajo)

Everybody	*Todos o todo el mundo*
Everyone	*Todos o todo el mundo*
Nobody	*Nadie*
No one	*Nadie*
Somebody	*Alguien*
Someone	*Alguien*
Anybody	*Cualquiera (personas solamente)*
Anyone	*Cualquiera (personas solamente)*

Ejemplos:

Everybody likes María.	*María cae bien a todo el mundo.*
Everyone knows Jack.	*Todo el mundo conoce a Jack.*
Nobody can do it.	*Nadie puede hacerlo.*
No one belongs to that club.	*Nadie pertenece a ese club.*
Somebody called you this morning.	*Alguien te llamó esta mañana.*
Someone gave me your name.	*Alguien me dio tu nombre.*
Anybody can do that.	*Cualquiera puede hacer eso.*
Anyone can join the club.	*Cualquiera puede ingresar en el club.*

En principio estas formas pueden parecer claras y fáciles. Sin embargo, debes tener cuidado, puesto que entra en juego aquí la necesidad de evitar la doble negación.

I don't know anyone.

No conozco a nadie.

En este ejemplo, no podemos usar los pronombres "**nobody**" o "**no one**" porque cometeríamos una doble negación. "**Anybody**" y "**anyone**" son palabras neutras, ni afirman ni niegan. En el ejemplo anterior, comenzamos negando "**I don't know...**". Por lo tanto, tenemos que emplear un pronombre neutro para no caer en la doble negación. Mira el **punto 7.9** anterior si no recuerdas la explicación sobre este tema.

Podemos decir lo mismo que en el ejemplo anterior usando "**nobody**" o "**no one**" si comenzamos la frase afirmando:

← 19.14 Anybody/anyone — Somebody/someone — Nobody/no one — Everybody/everyone

(Continuación)

I know nobody.

No conozco a nadie.

El único agente negador en esta última frase es "**nobody**", mientras que en el ejemplo anterior, el agente negador es "**not**" (**don't** o **do not**).

En la pregunta, siempre se usa "**anyone**" o "**anybody**":

Do you know anyone who lives in Rome?
¿Conoces a alguien que viva en Roma?

Y por último, siempre se usa "**somebody**" o "**someone**" en el afirmativo:

Yes, I know someone who lives in Rome.
Sí, conozco a alguien que vive en Roma.

19.15 → The weather

Hay dos formas para preguntar sobre el tiempo atmosférico:

How's the weather?
What's the weather like?

Las dos formas son perfectamente válidas, pero probablemente la segunda sea más corriente cuando realmente queremos saber qué tiempo hace.

Por ejemplo, si estoy hablando por teléfono con un amigo que vive en Atenas, puedo preguntarle "**How's the weather in Athens?**" (*¿Cómo es el tiempo en Atenas?*).

Ahora bien, si me estoy preparando para salir de casa por la mañana y mi mujer está asomada a la ventana, y quiero saber qué tiempo hace para saber si llevar abrigo, paraguas, etc., es probable que le pregunte: "**What's the weather like?**".

Por lo tanto, se puede decir que esta última expresión tiene algo más de inmediatez y relevancia directa que la primera. Sin embargo, las dos valen perfectamente.

A continuación te pongo toda una serie de contestaciones posibles a la pregunta de qué tiempo hace:

Hace buen día.	**The weather's nice** o **It's a nice day.**
Hace buen tiempo.	**The weather's nice.**
Hace un tiempo espléndido	**It's a fine day.** o **It's a beautiful day.**
Hace mal tiempo.	**The weather's bad.**
Hace un tiempo horrible.	**The weather's awful.**
Llueve o está lloviendo	**It's raining.**
Hace un día lluvioso.	**It's a rainy day.**
Hace calor.	**It's hot.**
Hace frío.	**It's cold.**
Hace un día templado.	**It's warm.**
Hace fresco.	**It's cool.**

(Continúa)

← 19.15	**The Weather** *(Continuación)*	

Hace viento.	**It's windy.**
Hace frío y lluvia.	**It's cold and rainy.**
Hace frío y viento.	**It's cold and windy.**
Hay niebla.	**It's foggy.**
El cielo está despejado.	**The sky's clear.**
Está nublado.	**It's cloudy.** */kláodi/*
El cielo está tapado de nubes.	**The sky's overcast.**
Nieva.	**It's snowing.**
Llueve a cántaros.	**It's raining cats and dogs.**
Cae granizo.	**It's hailing.**
Luce el sol.	**The sun's shining.**
Se está nublando.	**It's getting cloudy.**
El cielo se está despejando.	**The sky's clearing up.**
Está saliendo el sol (por detrás de las nubes)	**The sun's coming out.**
Tormenta	**Storm.**
Tiempo tormentoso.	**Stormy weather.**
Rayos y truenos.	**Lightning and thunder.**

Por último, no confundas la palabra "**time**" (*tiempo, hora*) con la palabra "**weather**" (*tiempo atmosférico*). Si alguien te pregunta "**Did you have a good time?**", no está preguntando si hizo buen tiempo, sino si te lo pasaste bien.

They had a wonderful time. *Se lo pasaron en grande.*	**The weather was wonderful.** *Hizo un tiempo maravilloso.*

19.16 **Regular verbs in past**

Aquí haremos un ejercicio basado en la segunda columna de la lista de verbos regulares que aparece en la **página 167**.

El profesor dirá, por ejemplo:	**Every day I ask.** *(Cada día pregunto.)*
Y tú responderás diciendo:	**Yesterday I asked.** *(Ayer pregunté.)*

Es repetitivo pero es necesario. Siempre hay una parte más odiosa en el aprendizaje de un idioma y el inglés no es excepción. Tienes que dominar la pronunciación de estas terminaciones y este ejercicio es el mejor para que vayas mentalizándote.

19.17 **Translation booklet** / **Vocabulary booklet**

Translation booklet y **Vocabulary booklet:**

Repasa la lista del día anterior antes de estudiar una lista nueva. Debes hacerlo diariamente.

19.18 **Regular verbs in past**

Trabajaremos de nuevo la pronunciación de verbos regulares en el pasado. Usará la tercera columna de la lista de verbos regulares que aparece anteriormente.

El profesor dirá, por ejemplo:	**Every day I accept.** *(Cada día acepto.)*
Y tú responderás diciendo:	**Yesterday I accepted.** *(Ayer acepté.)*

19.19 Review of:

Not as much as vs. Less

Not as many as vs. Fewer

Este punto es un repaso del **punto 15.19** anterior. Recordarás que hay dos formas de hacer una comparación expresando *'menos que'*:

I have less water than you o **I don't have as much water as you**
I have fewer opportunities than you o **I don't have as many opportunities as you**

Less than	incontables **(milk, bread, time, money, etc.)**
Fewer than	countables **(dollars, glasses of milk, hours, etc.)**
as much...as	incontables
as many...as	contables

Es bastante más corriente en inglés usar "**as much/many...as**" que "**less/fewer than**".

There isn't as much olive oil in Germany as in Spain.

There aren't as many olive trees in Germany as in Spain.

19.20 How far is it from... to

How far is it from Madrid to Barcelona? - It's 610 kilometers from Madrid to Barcelona.

Literalmente, "**how far**" significa *'cuán lejos'*. Así que, para preguntar sobre la distancia entre un punto y otro, decimos literalmente:

¿Cuán lejos es ello de Madrid a Barcelona?

Ello es 610 kilómetros de Madrid a Barcelona.

Supongo que la partícula "**it**" se refiere a la distancia.

19.21 → How long does it take...

Cuando empecé a aprender castellano, me extrañó un poco la expresión *'¿Cuánto se tarda...?'*. El verbo *'tardar'* me pareció extraño, ya que no existe en inglés.

En inglés decimos: *¿Cuánto tiempo lleva hacer tal cosa?*

How long does it take to do whatever?

Cuando queremos personalizar la pregunta, simplemente insertamos un pronombre complemento:

Impersonal:	*¿Cuánto se tarda en aprender inglés?*	**How long does it take to learn English?**
Personal:	*¿Cuánto tardas en llegar al trabajo?*	**How long does it take you to get to work?**

(Continúa)

← 19.21	**How long does it take...** *(Continuación)*	Veamos ejemplos del uso de esta forma: **How long does it take to change a tire?** — *¿Cuánto se tarda en cambiar una rueda?* **How long does it take you to get dressed?** — *¿Cuánto tardas en vestirte?* **It takes two days to design a program.** — *Se tardan dos días en diseñar un programa.* **It takes me five minutes to shave.** — *Tardo cinco minutos en afeitarme.* **How long did it take him to reach this level.** — *¿Cuánto tardó él en alcanzar este nivel?* **How long will it take her to learn the system?** — *¿Cuánto tardará ella en aprender el sistema?* **It took him five years to reach this level.** — *El tardó cinco años en alcanzar este nivel.* **It will take her two months to learn the system.** — *Ella tardará dos meses en aprender el sistema.* **It takes a long time.** — *Se tarda mucho.* **It doesn't take long.** — *No se tarda mucho.*
19.22	**How long does/did it take you...**	Este punto es una continuación del punto anterior pero con énfasis en la personalización de *'tardar'*: **How long does it take you to go to work?** **It takes me 10 minutes to go to work.** **How long did it take them to read the document?** **It took them 45 minutes to read the document?** **How long will it take us to get there?** **I'll take us five hours to get there.**
19.23	**Student questions (how long...takes)**	Este punto es una continuación del anterior. Tendrás que formular preguntas con "**how long does/did/will it take...?**". Así que estudia bien cómo se formula la pregunta en los ejemplos del punto anterior. Los españoles raramente usáis bien esta forma tan corriente.
19.24	**Regular verbs in past** **Pronunciation of endings**	Aquí volveremos a hacer el ejercicio basado en la pronunciación de verbos regulares en el pasado. El profesor dirá, por ejemplo: — **Every day I agree.** *(Cada día estoy de acuerdo.)* Y tú responderás diciendo: — **Yesterday I agreed.** *(Ayer estuve de acuerdo.)*
19.17	**Translation booklet** **Vocabulary booklet**	**Translation booklet** y **Vocabulary booklet:** Repasa la lista del día anterior antes de estudiar una lista nueva. Debes hacerlo diariamente.

20.1	**Fractions and percentages** *Percent* *Half* *Point (decimal point)* *Is the same as...*	Aquí seguimos con la revisión de fracciones, porcentajes, decimales y "**the same as**" **1/2 is the same as 50% (one-half is the same as 50%)** **1/4 is the same as 25% (one-fourth is the same as 25%)** Tienes que escribir 10 ejemplos de fracciones y leerlas en alto. He aquí ejemplos de fracciones: 1/2 **One-half** · 5/8 **Five-eighths** */eitzs/* 1/4 **One-fourth** · 6/7 **Six-sevenths** 2/3 **Two-thirds** · 2/9 **Two-ninths** 3/5 **Three-fifths** · 1/10 **One-tenth**
20.2	**Number pronunciation**	Esta es la decimocuarta (**fourteenth**) vez que nos dedicamos al dictado y pronunciación de números. Recuerda: **Two hundred and thirty-three thousand eight hundred and fifty-four (233,854)** Recuerda también las comas en vez de los puntos. Así decimos números superiores a un millón: **Three million eight hundred and forty-six thousand nine hundred and eleven** **(3,846,911)** Escribe 20 números en un papel. Hazlo al azar.
20.3	**Number pronunciation**	Seguimos aquí con la pronunciación y vocalización de los números. Aquellos números que no hayas sido capaz de escribir correctamente vuelve a escribirlos.
20.4	**Review of the days of the week**	Seguimos aquí con la pronunciación de los días de la semana. Recuerda: *Martes* – **Tuesday** */tiúsdei o túsdei/* *Miércoles* – **Wednesday** */uénsdei/* *Jueves* – **Thursday** */zérsdei/* Pronuncia los 7 días de la semana en alto.
20.5	**Review of the mon-ths of the year**	Repasamos aquí los meses. Te los vuelvo a poner fonéticamente, debes pronunciarlos en alto:

Fractions table (20.1):

1/2	**One-half**	5/8	**Five-eighths** */eitzs/*
1/4	**One-fourth**	6/7	**Six-sevenths**
2/3	**Two-thirds**	2/9	**Two-ninths**
3/5	**Three-fifths**	1/10	**One-tenth**

Months table (20.5):

January	*/chánieuri/*	**May**	*/méi/*	**September**	*/septémber/*
February	*/fébrueri/*	**June**	*/chun/*	**October**	*/actóber/*
March	*/march/*	**July**	*/chulái/*	**November**	*/nofémber/*
April	*/éipral/*	**August**	*/áugast/*	**December**	*/disémber/*

20.6	**Review of ordinal numbers and dates**	Se tarda mucho en dominar bien los números ordinales. Por eso, vamos a hacer este ejercicio en todas las unidades hasta la 35 inclusive. Tendrás que decir una vez más un mes entero de fechas como sigue: **Thursday, the first. Friday, the second. Saturday, the third. Sunday, the fourth. Monday, the fifth. Tuesday, the sixth. Wednesday, the seventh. Thursday, the eighth. Friday, the ninth. Etc. etc. etc. hasta el día 31 (..., the 31st).**
20.7	**Review of dates**	En esta sección debes inventar 10 fechas y formularlas en alto en las dos formas conocidas. Británico: **The twenty-seventh of March, 1999** (literal.: *el vigésimo séptimo de mayo, 1999*) Americano: **May twenty-seventh, 1999** (literalmente: *mayo vigésimo séptimo, 1999*)
20.8	**Review of years**	Escribe 20 años en un papel y prueba a pronunciarlos en alto correctamente. Recuerda que decimos los años como sigue: *Diecinueve noventa y nueve (1999)* Recuerda también que en inglés nunca ponemos una coma o punto en el año. Escribimos **1999**. No escribimos **1.999** o **1,999**.
20.9	**Review of telling time**	Escribe 10 horas en un papel y dilas en alto. **It's 2 o'clock** **It's 15 minutes to 3:00** **It's ten-thirty** **It's five forty-five**
20.10	**Whose**	Ya conocemos "**whose**" en el sentido de *'¿de quién...?'*: **Whose book is that?** *¿De quién es ese libro?* En este punto, sin embargo, vamos a ver otro uso de "**whose**", el cual es *'cuyo'*. Veamos ejemplos: **John is the boy whose father is a plumber.** — *Juan es el chico cuyo padre es fontanero.* **She's the girl whose parents are separated.** — *Ella es la chica cuyos padres están separados.* **I don't know anyone whose tie is green.** — *No conozco a nadie cuya corbata sea verde.* **He's the man whose windows are broken.** — *El es el hombre cuyas ventanas están rotas.* Esta forma no tiene mayor ciencia. Además de *'de quién'*, "**whose**" significa *'cuyo'*, *'cuya'*, *'cuyos'* o *'cuyas'*.
20.11	**Regular verbs in past** **Pronunciation of endings**	Pronunciación de verbos regulares en el pasado. El profesor dirá, por ejemplo: — **Every day I ask.** *(Cada día pregunto.)* Y tú responderás diciendo: — **Yesterday I asked.** *(Ayer pregunté.)* Haz el ejercicio con otros verbos.

20.12 Quick irregular verb review

Este ejercicio es idéntico al anterior pero con verbos irregulares. A partir de ahora vamos a repasar constantemente el uso de los verbos irregulares de muchas formas, una de las cuales es la siguiente.

El profesor dirá, por ejemplo:	**Every day I become.** *(Cada día me convierto.)*
Y tú responderás diciendo:	**Yesterday I became.** *(Ayer me convertí.)*

Deberas hacer este ejercicio con estos verbos irregulares.

Become – became	**Buy – bought**	**Cut – cut**	**Feel – felt**
Begin – began	**Catch – caught**	**Do – did**	**Fight – fought**
Break – broke	**Choose – chose**	**Drink – drank**	**Find – found**
Bring – brought	**Come – came**	**Eat – ate**	**Fly – flew**
Build - built	**It cost – it cost**	**Fall – fell**	**Forget - forgot**

20.13 Translation booklet / Vocabulary booklet

Translation booklet y **Vocabulary booklet:**

Repasa la lista del día anterior antes de estudiar una lista nueva. Debes hacerlo diariamente.

20.14 → Still – not / Anymore

Todavía estoy comiendo.	**I'm still eating.**
Ya no estoy comiendo.	**I'm not eating anymore.**

"**Still**" significa *'todavía'* en castellano cuando se trata de una acción que sigue en vías de realización. Ten cuidado aquí, puesto que *'todavía'* también puede traducirse por "**yet**", pero en otra situación que veremos un poco más adelante.

"**Anymore**" es justo lo contrario de "**still**" y siempre está dentro de una frase en negativo. "**Still**" puede aparecer en frases en afirmativo y en interrogativo. Veamos ejemplos de las dos formas:

¿Sigues estudiando inglés?	**Do you still study English?**
Sí, todavía lo estudio.	**Yes, I still study English.**
No, ya no lo estudio.	**No, I don't study English anymore.**
¿Todavía vives en París?	**Do you still live in Paris?**
Sí, todavía vivo en París.	**Yes, I still live in Paris.**
No, ya no vivo en París.	**No, I don't live in Paris anymore.**

A propósito, algunos españoles creen que "**anymore**" significa *'nunca más'*. En absoluto. "**Anymore**" significa *'ya no'*. Puede que el citado señor ya no viva en París, pero eso no quita de que pueda, algún día, volver a vivir allí. *'Nunca más'* se traduce por "**never again**".

(Continúa)

20.15 Still – not / Anymore *(Continuación)*

Este punto es una continuación del anterior. De todas formas, te pongo unas preguntas con "**still**".

Is Felipe Gonzalez still the president of Spain?
Does Michael Jordan still play basketball in the NBA?
Does Spain still have problems with inflation?
Are people from Africa still emigrating to Europe?

20.16 Regular verbs in past / Pronunciation of endings

Pronunciación de verbos regulares.

El profesor dirá, por ejemplo:	**Every day I want.** *(Cada día quiero.)*
Y tú responderás diciendo:	**Yesterday I wanted.** *(Ayer quise.)*

20.17 Quick irregular verb review

Este ejercicio es idéntico al anterior pero con verbos irregulares. A partir de ahora vamos a repasar constantemente el uso de los verbos irregulares de muchas formas, una de las cuales es la siguiente. Deberas hacer este ejercicio con los verbos irregulares de abajo.

El profesor dirá, por ejemplo:	**Every day I get.** *(Cada día consigo.)*
Y tú responderás diciendo:	**Yesterday I got.** *(Ayer conseguí.)*

Get – got	**Hear – heard** */jerd/*	**Lose – lost**	**Put – put**
Give – gave	**Hold – held**	**Make – made**	**Read – read** */red/*
Go – went	**Keep – kept**	**Meet – met**	**Run – ran**
Grow – grew */gru/*	**Know – knew** */niú o nú/*	**Say – said** */sed/*	**See – saw**
Have - had	**Leave - left**	**Pay – paid** */peid/*	**Sell – sold**

20.18 → Too – enough *(Continúa)*

Además de *'también'*, la palabra "**too**" (pronunciada */tu/*) significa *'demasiado'*.

Solamente se usa delante de adjetivos:

Demasiado duro	**Too hard**
Demasiado blando	**Too soft**
Demasiado difícil	**Too difficult**
Etc.	**Etc.**

"**Enough**" */ináf/* significa *'suficiente'* o *'bastante'*. Como contraposición a la expresión "**too**", "**enough**" significa *'lo suficientemente'* y siempre va después del adjetivo.

It's not hard enough.	*No es lo suficientemente duro.*
It's not soft enough.	*No es lo suficientemente blando.*
It's not difficult enough.	*No es lo suficientemente difícil.*

← 20.18 Too – enough

(Continuación)

A modo de ejemplo, veamos cuatro frases con una construcción diferente pero que significan lo mismo:

I can't put a car in my pocket because a car is too big.

No puedo meter un coche en mi bolsillo porque un coche es demasiado grande.

I can't put a car in my pocket because my pocket is too small.

No puedo meter un coche en mi bolsillo porque mi bolsillo es demasiado pequeño.

I can't put a car in my pocket because a car isn't small enough.

No puedo meter un coche en mi bolsillo porque un coche no es lo suficientemente pequeño.

I can't put a car in my pocket because my pocket isn't big enough.

No puedo meter un coche en mi bolsillo porque mi bolsillo no es lo suficientemente grande.

Por último, no confundas **"too"** *(demasiado)* con **"very"** *(muy)*.

Por ejemplo, si un techo es demasiado alto para que podamos tocarlo no significa necesariamente que se trate de un techo muy alto. A lo mejor es un techo de altura normal, pero demasiado alto para ser tocado por una persona normal.

The ceiling isn't very high, but it's too high for me to touch.

El techo no es muy alto, pero es demasiado alto para que yo lo toque.

20.19 Enough – too much – too many

"**Too much**" significa *'demasiado'* y siempre va delante de sustantivos en singular o incontables.

Demasiada madera.	**Too much wood.**
Demasiado tiempo.	**Too much time.**
Demasiado dinero.	**Too much money.**

"**Too many**" significa *'demasiados'* y siempre va delante de sustantivos en plural o contables.

Demasiados problemas.	**Too many problems.**
Demasiada gente.	**Too many people. ("people" siempre es plural)**
Demasiados coches.	**Too many cars.**

En el punto anterior, vimos que "**enough**" se coloca detrás de los adjetivos. Ahora bien, cuando se trata de sustantivos, "**enough**" se coloca por delante:

I have enough problems.	**Tengo suficientes problemas.**
I don't have enough money.	**No tengo suficiente dinero.**
There aren't enough chairs.	**No hay suficientes sillas.**
There isn't enough water.	**No hay suficiente agua.**

"**Enough**" siempre es igual, ya sea el sustantivo en plural, singular, contable o incontable.

20.13	**Translation booklet** **Vocabulary booklet**	**Translation booklet** y **Vocabulary booklet:** Repasa la lista del día anterior antes de estudiar una lista nueva. Debes hacerlo diariamente.
20.21	**Regular verbs in past** **Pronunciation of endings**	Pronunciación de verbos regulares en el pasado. El profesor dirá, por ejemplo: **Every day I agree.** *(Cada día estoy de acuerdo.)* Y tú responderás diciendo: **Yesterday I agreed.** *(Ayer estuve de acuerdo.)*
20.22	**Quick irregular verb review**	Este ejercicio es idéntico al anterior pero con verbos irregulares. A partir de ahora vamos a repasar constantemente el uso de los verbos irregulares de muchas formas, una de las cuales es la siguiente. El profesor dirá, por ejemplo: **Every day I send.** *(Cada día envío.)* Y tú responderás diciendo: **Yesterday I sent.** *(Ayer envié.)* Deberas hacer este ejercicio con estos verbos irregulares.

Send –sent	**Stand – stood**	**Think – thought**	**Write – wrote**
Sit – sat	**Steal – stole**	**Throw – threw** */zru/*	**Become – became**
Sleep – slept	**Take – took**	**Understand – understood**	**Begin – began**
Speak – spoke	**Teach – taught**	**Wear – wore**	**Break – broke**
Spend - spent	**Tell - told**	**Win - won**	**Build – built**

20.23	**Questioning in present and past**	Para terminar haremos un repaso de los tiempos presente y pasado desde el punto de vista de la formulación de preguntas. Realiza 20 preguntas al menos. **Do you live in Madrid? Did you live in Madrid 10 years ago?** **Is there a cinema near your house? Was there a cinema near your house 10 years ago?** **Does your sister wear a hat? Did she wear a hat when she was younger?** Etc.

21.1 Fractions and percentages

Percent

Half

Point (decimal point)

Is the same as...

Aquí seguimos con la revisión de fracciones, porcentajes, decimales y "**the same as**"

1/2 is the same as 50% (one-half is the same as 50%)

1/4 is the same as 25% (one-fourth is the same as 25%)

Tienes que escribir 10 ejemplos de fracciones y leerlas en alto.

He aquí ejemplos de fracciones:

1/2	**One-half**	5/8	**Five-eighths** */eitzs/*
1/4	**One-fourth**	6/7	**Six-sevenths**
2/3	**Two-thirds**	2/9	**Two-ninths**
3/5	**Three-fifths**	1/10	**One-tenth**

21.2 Number pronunciation

Recuerda cómo hay que insertar "**and**" al decir los números:

Recuerda: **Two hundred and thirty-three thousand eight hundred and fifty-four (233.854)**

Recuerda también las comas en vez de los puntos. **233,854**

Así decimos números superiores a un millón:

Three million eight hundred and forty-six thousand nine hundred and eleven (3,846,911)

Escribe 20 números en un papel y luego pronúncialos en alto. Cada día deberás ir haciéndolo más rápido.

21.3 Number pronunciation

Seguimos aquí con la pronunciación y vocalización de los números.

Aquellos números que no hayas sido capaz de pronunciar correctamente vuelve a leerlos en alto 5 veces cada uno.

21.4 Review of the days of the week

Seguimos aquí con la pronunciación de los días de la semana. Recuerda:

Martes – **Tuesday** */tiúsdei o túsdei/*
Miércoles – **Wednesday** */uénsdei/*
Jueves – **Thursday** */zérsdei/*

Pronuncia los 7 días de la semana.

21.5 Review of the months of the year

En esta sección repasaremos los meses. Debes pronunciar en alto los 12 meses.

January	*/chánuieri/*	**May**	*/méi/*	**September**	*/septémber/*
February	*/fébrueri/*	**June**	*/chun/*	**October**	*/actóber/*
March	*/march/*	**July**	*/chulái/*	**November**	*/nofémber/*
April	*/éipral/*	**August**	*/áugast/*	**December**	*/disémber/*

21.6	**Review of ordinal numbers and dates**	Se tarda mucho en dominar bien los números ordinales. Por eso, vamos a hacer este ejercicio en todas las unidades hasta la 35 inclusive. Tendrás que decir una vez más un mes entero de fechas como sigue: **Thursday, the first. Friday, the second. Saturday, the third. Sunday, the fourth. Monday, the fifth. Tuesday, the sixth. Wednesday, the seventh. Thursday, the eighth. Friday, the ninth. Etc. etc. etc. hasta el día 31 (..., the 31st).**
21.7	**Review of dates**	En esta sección debes inventar 10 fechas y formularlas en alto en las dos formas conocidas. Britántico: **The thirtieth of May, 1999** (literalmente: ***el trigésimo de mayo, 1999***) Americano: **May thirtieth, 1999** (literalmente: ***mayo trigésimo, 1999***)
21.8	**Review of years**	Escribe 20 años en un papel y prueba a pronunciarlos en alto correctamente. Recuerda que decimos los años como sigue: ***Diecinueve noventa y nueve (1999)*** Recuerda también que en inglés nunca ponemos una coma o punto en el año. Escribimos **1999**. No escribimos **1.999** o **1,999**.
21.9	**Review of telling time**	Escribe 10 horas en un papel y dilas en alto. **It's 2 o'clock** **It's 15 minutes to 3:00** **It's ten-thirty** **It's five forty-five**
21.10	**Translation booklet** **Vocabulary booklet**	**Translation booklet** y **Vocabulary booklet:** Recuerda hacer una lista diariamente y repasar la del día anterior.
21.11	**Review:** **Compound use of "was" and "were"**	Este punto sirve para practicar el uso de "**was**" y "**were**". Los españoles tendéis a emplear "**was**" bien, pero a veces a costa de "**were**". Recuerda: **I was** / **You were** / **He was** / **She was** / **It was** — **We were** / **You were** / **They were** Otra cosa: Los profesores de inglés nos acostumbramos a oír a nuestros alumnos convertir "**weren't**" (el negativo) en dos sílabas: **wer – ent** Aunque no suena mal decir el negativo de "**were**" partido en dos sílabas, la verdad es que no lo hacemos así. Se trata de una contracción (**were + not**) que se junta en una sola sílaba: **Weren't** = */uernt/*

21.12 Review: To last

(In present and past tense)

El verbo "**to last**" (*durar*) debe ser algo impopular entre los españoles, ya que apenas lo usáis.

Sin embargo, no se me ocurre otro sustituto válido para este verbo. El verbo "**to take**" significa, según el uso, *'tardar'*, pero no decimos, por ejemplo, que *'la reunión tardó cinco horas'*. Decimos, más bien, que la reunión *'duró'* cinco horas.

The meeting lasted five hours.

Veamos ejemplos de su uso, con la esperanza que empieces a usarlo al igual que lo usamos los nativos de habla inglesa:

How long do you think the meeting will last?	*¿Cuánto crees que durará la reunión?*
It'll probably last two or three hours.	*Seguramente durará dos o tres horas.*
Do meetings in this company always last so long?	*Siempre duran tanto las reuniones en esta empresa?*
Most meetings last less than an hour.	*La mayoría de las reuniones duran menos de una hora.*
How long did the Second World War last?	*¿Cuánto duró la Segunda Guerra Mundial?*
It lasted six years.	*Duró seis años.*
How long did the interview last.	*¿Cuánto tiempo duró la entrevista?*
It lasted half an hour.	*Duró media hora.*

21.13 → Review of "whose" and possessive pronouns

En este punto haremos un repaso de los pronombres posesivos y del uso de "**whose**" (*de quién)*

Repasamos primero los pronombres posesivos: *mío, tuyo, suyo, nuestro, vuestro, etc*. Aquí los tienes:

Mine	*/máin/*	*Mío o el mío*
Yours	*/iúrs/*	*Tuyo o el tuyo*
His	*/jis/*	*Suyo o el suyo (de él)*
Hers	*/jers/*	*Suyo o el suyo (de ella)*
Ours	*/áors/*	*Nuestro o el nuestro*
Yours		*Vuestro o el vuestro*
Theirs	*/ders/*	*Suyo o el suyo (de ellos)*

Vamos a poner ejemplos de su uso:

That book is mine.	*Aquel libro es mío.*
Where's yours?	*¿Dónde está el tuyo?*
Those pens are his.	*Aquellos bolígrafos son suyos (de él)*
Hers are on the table.	*Los suyos (de ella) están en la mesa.*
This is yours and that's ours.	*Este es vuestro y aquello es nuestro.*
Is yours blue?	*¿Es el tuyo azul?*
This one is theirs.	*Este es suyo (de ellos)*

(Continúa)

← 21.13

Review of "whose" and possessive pronouns

(Continuación)

Fíjate en los siguientes ejemplos:

El mío es verde.	*Mine is green.*
Los míos son verdes.	*Mine are green.*
El de ellos está en la mesa.	*Theirs is on the table.*
Los de ellos están en la mesa.	*Theirs are on the table.*

Lo único que cambia en estas frases son los verbos. Los pronombres posesivos son siempre fijos e inmóviles. Nunca cambian.

Observa también que cuando en castellano decís *'el mío'*, en inglés no insertamos el artículo "**the**". Seguimos diciendo simplemente: **mine**

El mío y el tuyo son similares.

Mine and yours are similar.

Con esto ya podemos completar la tabla de pronombres. Aquí la tienes:

	Pronombres personales	Pronombres complementos	Adjetivos posesivos	Pronombres posesivos
1ª persona del singular:	I	me	my	mine
2ª persona del singular:	you	you	your	yours
3ª persona del singular:	he, she, it	him, her, it	his, her, its	his, hers, ---
1ª persona del plural:	we	us	our	ours
2ª persona del plural:	you	you	your	yours
3ª persona del plural:	they	them	their	theirs

Ahora bien, "**whose**" es la palabra que se usa en la pregunta para obtener el pronombre posesivo en la respuesta:

Whose book is that?	*¿De quién es aquel libro?*
It's mine.	*Es mío.*

Para los españoles, es difícil hacerse con esta forma de preguntar. "**Whose**", en su sentido puro, significa *'cuyo'* o *'cuya'*:

He's the man whose son is a poet.
El es el señor cuyo hijo es poeta.

En este caso, sin embargo, vale también para la pregunta *'¿de quién...?'*

Fíjate cómo construimos la pregunta: **Whose book is that?**

Literalmente la pregunta está formulada como sigue: *¿De quién libro es aquél?*

¿A qué es raro? También se puede decir "**Whose is that book**", pero esta forma se usa mucho menos en inglés.

21.14	**Review: Saxon Genitive**	El Genitivo Sajón es la forma nuestra de decir, por ejemplo, que este libro es de Pepe: **This is Pepe's book.** Literalmente: *Este es Pepe's libro.*
		Construye frases haciendo alusión a las relaciones de parentesco que tienes con tu familia.

Parents	*Padres*	**Aunt** */ant/*	*Tía*
Father	*Padre*	**Uncle** */áncal/*	*Tío*
Mother	*Madre*	**Aunt and uncle**	*Tíos*
Sister	*Hermana*	**Nephew** */néfiu/*	*Sobrino*
Brother	*Hermano*	**Niece** */nis/*	*Sobrina*
Brothers and sisters	*Hermanos*	**Cousin** */kásen/*	*Primo o prima*
Son	*Hijo*	**Parents-in-law**	*Suegros*
Daugther	*Hija*	**Father-in-law**	*Suegro*
Children	*Hijos (o niños)*	**Mother-in-law**	*Suegra*
Grandparents	*Abuelos*	**Sister-in-law**	*Cuñada*
Grandfather	*Abuelo*	**Brother-in-law**	*Cuñado*
Grandmother	*Abuela*	**Son-in-law**	*Yerno*
Grandson	*Nieto*	**Daughter-in-law**	*Nuera*
Granddaughter	*Nieta*	**In-laws**	*Parientes políticos*
Grandchildren	*Nietos*	**Relatives**	*Parientes en general*

21.15	**Translation booklet** **Vocabulary booklet**	**Translation booklet** y **Vocabulary booklet:** Recuerda hacer una lista diariamente y repasar la del día anterior.

21.16 Review: "going to" future

Aquí revisamos un punto al que hemos dedicado mucho tiempo. Se trata de la forma más corriente de expresar el futuro.

Es recomendable dominar a la perfección esta forma, puesto que es fácil de usar y permite hablar de acciones de futuro con gran riqueza: cuanto más verbos en infinitivo conoces, más acciones de futuro podrás expresar:

I'm going to	**Come**
	See
	Go
	Take
	Bring
	Etc.

Se trata de una forma de hablar tan, tan corriente que muchos nativos de habla inglesa hacemos una especie de contracción:

I'm gonna	**Go**
	Come
	Take
	Etc.

No recomiendo que hagas esta contracción coloquial, ya que tienes que tener un dominio casi nativo de la lengua para que te salga bien y de forma natural. Ahora bien, es imperativo que la entiendas, puesto que pocas personas pronuncian "**going to**" como lo haría un académico, excepto cuando es verbo único:

Verbo único:	**He's going to France tomorrow.**
Connectado a otro verbo:	**He's "gonna" fly to France on Iberia. (He's going to fly...)**

En el mundo real, cuando estés con nativos, seguramente oirás "**gonna**" (pronunciado más o menos como */gana/* en EE.UU. y Canadá y */gona/* en las Islas Británicas y Australia) 100 o 200 veces al día. Es nuestra forma de expresar el futuro intencional, es decir, acciones que tenemos intención de realizar.

En cuanto a tu uso de esta expresión, de nuevo te insto a seguir con la forma pura de pronunciarla (**going to**).

Recomiendo que practiques esta forma, haciendo frases en tu cabeza mientras conduces y en otros momentos libres, sobre todo el interrogativo. Formula preguntas como las siguientes:

What time are you going to be here?
When are they going to call?
Who's going to pick him up at the hotel?
What's he going to do with the report?
When are you going to send it?

21.17 ...was going to + infinitive

Esta forma es el pasado de "**is going to**" o "**are going to**"

Hace poco, un alumno de una empresa farmacéutica, cuyo nivel de inglés es un 7 en mi escala del 1 al 10, me comentó algo sobre un libro de traducción inversa de frases que le había entregado. Me dijo:

Veo que en muchas frases de tu libro dices cosas como *'Iba a hacerlo ayer'* o *'¿Cuándo ibas a llamarle?'* Yo nunca uso esta expresión y no sé como me he apañado hasta ahora sin ella.

Cuando me dijo esto, me puse a pensar y, curiosamente, no recuerdo nunca haber oído a mis alumnos usar esta expresión en clase. ¿Cómo es posible? Es importantísimo. Veamos ejemplos:

Me dijeron que iban a estudiar el asunto.	**They told me they were going to study the matter.**
No me acuerdo de lo que iba a decir.	**I don't remember what I was going to say.**
El iba a hacerlo pero cambió de opinión.	**He was going to do it but he changed his mind.**
Iba a haber una fiesta pero se canceló.	**There was going to be a party but it was canceled.**

Esta forma es simplemente el pasado de la expresión "**am/is/are going to**". Se usa mucho en lo que denominamos en inglés reported speech:

Direct speech:	**John is going to analyze the data.**
Reported speech:	**Peter told me that John was going to analyze the data.**

21.18 Regular verbs in past

Pronunciation of endings

Recordamos la pronunciación de verbos regulares en el pasado.

Diremos, por ejemplo:	**Every day I say.** *(Cada día digo.)*
Y tú responderás diciendo:	**Yesterday I said.** *(Ayer dije.)*

Es un ejercicio un poco aburrido y repetitivo, pero es importantísimo para que te conciencies de la pronunciación de las terminaciones de los verbos regulares en el pasado. Siempre hay una parte más odiosa en el aprendizaje de un idioma y el inglés no es excepción. Tienes que dominar la pronunciación de estas terminaciones y este ejercicio es el mejor para que vayas mentalizándote.

21.19 Quick irregular verb review

Este ejercicio es idéntico al anterior pero con verbos irregulares. Vamos a repasar constantemente el uso de los verbos irregulares de muchas formas, una de las cuales es la siguiente.

Diremos, por ejemplo:	**Every day I buy.** *(Cada día compro.)*
Y tú responderás diciendo:	**Yesterday I bought.** *(Ayer compré.)*

En esta ocasión utilizaremos los siguientes verbos extraídos de la lista de los 70 verbos irregulares más relevantes expuesta antes de la unidad 22:

Buy – bought	**Cut – cut**	**Feel – felt**	**Get – got**
Catch – caught	**Do – did**	**Fight – fought**	**Give – gave**
Choose – chose */chóus/*	**Drink – drank**	**Find – found** */fáond/*	**Go – went**
come – came	**Eat – ate** */éit/*	**Fly – flew** */flu/*	**Grow – grew** */gru/*
Cost – cost	**Fall - fell**	**Forget - forgot**	**Have – had**

21.20 → Review: There was – There were

There was = *hubo, había (incontable o contable en singular)*

There were = *hubo, había (contable en plural)*

Afirmativo		
Contable singular:	**There was a book on the table.**	*Había un libro en la mesa.*
Contable plural:	**There were some books on the table.**	*Había libros en la mesa.*
Incontable:	**There was some water on the floor.**	*Había agua en el suelo.*
Negativo		
Contable singular:	**There wasn't a book on the table.**	*No había un libro en la mesa.*
Contable plural:	**There weren't any books on the table.**	*No había libros en la mesa.*
Incontable:	**There wasn't any water on the floor.**	*No había agua en el suelo.*
Interrogativo		
Contable singular:	**Was there a book on the table?**	*¿Había un libro en la mesa?*
Contable plural:	**Were there any books on the table?**	*¿Había libros en la mesa?*
Incontable:	**Was there any water on the floor?**	*¿Había agua en el suelo?*

Si las palabras "**contable**" e "**incontable**" te despistan, te ofrezco una explicación en la página siguiente.

(Continúa)

← 21.20 →

Review:

There was – There were

(Continuación)

Aquí vamos a entrar en algo que para los españoles parece claro cuando lo aprenden, pero que se hace confuso después. Quizá sea porque los libros de texto siempre hablan de "**contables e incontables**", lo cual obliga al alumno a hacer una especie de estudio en abstracto.

A book *(un libro)*	Este sustantivo (book) es una palabra concreta. Puedes señalarlo, por ejemplo, y decir: *un libro*. También puedes contar libros si tienes bastantes: **one, two, three, etc.**
Water *(agua)*	Este sustantivo (water) es una palabra abstracta. Si lo señalas, no puedes decir: un agua. No puedes contar *'agua'* sino que tienes que referirte a palabras conretas o unitarias: *Una botella de agua* *Dos litros de agua* *Etc.*
Money *(dinero)*	Este sustantivo también es abstracto... incontable. Ahora me dirás: "¿Cómo que es incontable el dinero? A mucha gente le encanta contar su dinero. Estoy de acuerdo, pero sigo en mis trece: El dinero no es contable. Uno no puede decir: *'Tengo tres dineros.'* Tienes que referirte a una unidad contable: *Tengo tres euros* *Tengo dos sacos de dinero.* *Etc.* Las palabras *'euro'* o *'saco'* son palabras concretas... contables. Uno puede contar *'sacos'* o *'euros'*. Ahora bien, uno no puede contar *'dineros'* o *'aguas'*.

Todo este preámbulo viene a cuento cuando usamos en inglés los adjetivos "**some**" y "**any**".

Estudia las siguientes frases de momento:

There is a book on the table.	*Hay un libro en la mesa.*	Contable y concreto
There isn't a book on the table.	*No hay un libro en la mesa.*	Contable y concreto
Is there a book on the table?	*¿Hay un libro en la mesa?*	Contable y concreto
There is some water in the glass.	*Hay agua en el vaso.*	Incontable y abstracto
There isn't any water in the glass.	*No hay agua en el vaso.*	Incontable y abstracto
Is there any water in the glass?	*¿Hay agua en el vaso?*	Incontable y abstracto

(Continúa)

← 21.20	**Review:** **There was – There were** *(Continuación)*	Si dijéramos literalmente en inglés ***'hay dinero en mi bolsillo'***, nuestro interlocutor podría sacar la conclusión de que hay muchísimo dinero en mi bolsillo, ya que suena a "una masa de dinero". Por ello, usamos la palabra "**some**", la cual en sentido puro significa ***'alguno'***, ***'algunos'*** o ***'algo de'***, para poner las cosas en su justa medida: **There's some money in my pocket.** **Literalmente:** ***Hay algo de dinero en mi bolsillo.*** Al hacer la negación o la interrogación, usamos **"any"** */éni/* en vez de "**some**". "**Any**" es una palabra neutra. No niega ni afirma. Sin embargo, solamente aparece en frases en negativo o interrogativo excepto cuando significa ***'cualquier'***. **There isn't any money in my pocket.** **Literalmente:** ***No hay nada de dinero en mi bolsillo.*** **Is there any money in your pocket?** **Literalmente:** ***¿Hay algo de dinero en tu bolsillo?***
21.21 →	**Review:** **There will be** *(Continúa)*	Esta expresión es el futuro de "**there is**" o "**there are**". En castellano, tenéis las expresiones: ***Hay*** ***Hubo, Había*** ***Habrá*** ***Va a haber*** ***Ha habido*** ***Habría*** ***Puede haber*** ***Puede que haya*** ***Había habido*** ***Hubiera habido*** ***Tiene que haber*** ***Debe haber*** ***Debe haber habido*** ***Etc.*** En inglés, tenemos las mismas expresiones, pero se hacen con la palabra "**there**" más una conjugación del verbo "**to be**": **There is – There are** **There was – There were** **There will be** **There is going to be – There are going to be** **There would be** **There can be** **Etc.**

← 21.21	**Review:** **There will be** *(Continuación)*	En este punto, nos vamos a centrar en el futuro: **There will be** La pregunta se formula: **Will there be...?** El negativo se formula: **There won't be...** (la contracción "**won't**" se pronuncia: */uóunt/*) Veamos ejemplos de su uso: **Will there be a meeting tomorrow?** — *¿Habrá una reunión mañana?* **There will be a party after work this evening.** — *Habrá una fiesta después del trabajo esta tarde.* **There won't be a salary raise this year.** — *No habrá una subida salarial este año.*
21.22	**Translation booklet** **Vocabulary booklet**	**Translation booklet** y **Vocabulary booklet:** Recuerda hacer una lista diariamente y repasar la del día anterior.

VERBOS IRREGULARES (los 70 más importantes)

Presente	Pasado	Participio
Am, is, are	Was, were	Been
Become	Became	Become
Begin	Began	Begun
Blow	Blew	Blown
Break	Broke	Broken
Bring	Brought	Brought
Build	Built	Built
Buy	Bought	Bought
Catch	Caught	Caught
Choose	Chose	Chosen
Come	Came	Come
Cost	Cost	Cost
Cut	Cut	Cut
Deal with	Dealt with	Dealt with
Do	Did	Done
Drink	Drank	Drunk
Drive	Drove	Driven
Eat	Ate	Eaten

Presente	Pasado	Participio
Fall	Fell	Fallen
Feel	Felt	Felt
Fight	Fought	Fought
Find	Found	Found
Fly	Flew	Flown
Forget	Forgot	Forgotten
Get	Got	Got (R.U) gotten (EE.UU)
Give	Gave	Given
Go	Went	Gone
Grow	Grew	Grown
Have	Had	Had
Hear	Heard	Heard
Hold	Held	Held
Hurt	Hurt	Hurt
Keep	Kept	Kept
Know	Knew	Known
Lead	Led	Led
Leave	Left	Left
Lend	Lent	Lent
Let	Let	Let
Lose	Lost	Lost
Make	Made	Made
Mean	Meant	Meant
Meet	Met	Met
Pay	Paid	Paid
Put	Put	Put
Quit	Quit	Quit
Read	Read	Read
Ring	Rang	Rung
Rise	Rose	Risen
Run	Ran	Run
Say	Said	Said
See	Saw	Seen
Sell	Sold	Sold
Send	Sent	Sent
Set	Set	Set
Shut	Shut	Shut
Sit	Sat	Sat
Sleep	Slept	Slept
Speak	Spoke	Spoken
Spend	Spent	Spent
Stand	Stood	Stood
Steal	Stole	Stolen
Take	Took	Taken
Teach	Taught	Taught
Tell	Told	Told
Think	Thought	Thought
Throw	Threw	Thrown
Understand	Understood	Understood
Wear	Wore	Worn
Win	Won	Won
Write	Wrote	Written

Por cierto, el pasado y el participio de "**win**" (*ganar*) es "**won**".

"**Won**" se pronuncia exactamente igual que el número uno en inglés: **one**

Por tanto, si dijéramos en inglés *'yo gané uno'*, produciríamos un sonido un poco extraño:

I won one. */Ay uán uán/*

VERBOS REGULARES (los más comunes)					
Los verbos de esta columna aparecen en su forma afirmativa del pasado y el participio. Al infinitivo del verbo, se añade "**ed**" o, si el infinitivo termina en "**e**", una "**d**" simple. La pronunciación es de una "**d**" dura al final de la palabra. Al añadir la "**d**" o "**ed**" al final, no se añade una sílaba más. Donde hay un verbo que termina en "**y**" precedida por un vocal, se quita la "**y**" y se añade "**ied**" (**cry – cried**)		Los verbos de esta columna aparecen en su forma afirmativa del pasado y el participio. Al infinitivo del verbo, se añade "**ed**" o, si el infinitivo termina en "**e**", una "**d**" simple. La pronunciación es de una "**t**" al final de la palabra. Al añadir la "**d**" o "**ed**" al final, no se añade una sílaba más.		Los verbos de esta columna aparecen en su forma afirmativa del pasado y el participio. Al infinitivo del verbo, se añade "**ed**" o, si el infinitivo termina en "**e**", una "**d**" simple. La pronunciación es de una "**ed**" al final de la palabra, lo cual hace que el verbo tenga una sílaba más (**accept – accepted**).	
Hard "d" Sound		**"t" sound**		**"ed" sound**	
Agreed	Lived	Asked	Parked	Accepted	Invented
Allowed	Moved	Checked	Passed	Acted	Invited
Answered	Offered	Cooked	Picked	Added	Landed
Appeared	Owned	Crossed	Progressed	Attended	Lifted
Arrived	Planned	Danced	Promised	Attracted	Lasted
Believed	Prepared	Escaped	Pushed	Avoided	Needed
Belonged	Played	Finished	Reached	Contacted	Pointed
Called	Preferred	Helped	Stopped	Counted	Printed
Carried	Pulled	Hoped	Talked	Created	Rented
Changed	Rained	Jumped	Walked	Decided	Rested
Cleaned	Raised	Laughed	Washed	Depended	Shouted
Closed	Received	Liked	Watched	Divided	Started
Continued	Retired	Looked	Wished	Eliminated	Treated
Copied	Saved	Missed	Worked	Existed	Waited
Covered	Seemed	Noticed		Expanded	Wanted
Cried	Served			Expected	Wasted
Died	Showed			Hated	
Earned	Smiled			Included	
Enjoyed	Snowed			Insisted	
Explained	Stayed				
Followed	Studied				
Gained	Tried				
Happened	Used				
Joined	Worried				
Listened to					

22.1	**Fractions and percentages** *Percent* *Half* *Point (decimal point)* *Is the same as...*	Aquí seguimos con la revisión de fracciones, porcentajes, decimales y "**the same as**" **1/2 is the same as 50% (one-half is the same as 50%)** **1/4 is the same as 25% (one-fourth is the same as 25%)** Tienes que escribir 10 ejemplos de fracciones y leerlas en alto. He aquí ejemplos de fracciones:
22.2	**Number pronunciation**	Esta es la décimoquinta (**fifteeth**) vez que nos dedicamos al dictado y pronunciación de números. Recuerda: **Two hundred and thirty-three thousand eight hundred and fifty-four (233,854)** Recuerda también las comas en vez de los puntos. Así decimos números superiores a un millón: **Three million eight hundred and forty-six thousand nine hundred and eleven (3,846,911)** Escribe 20 números en un papel y luego pronúncialos en alto. Cada día deberás ir haciéndolo más rápido.
22.3	**Number pronunciation**	Seguimos aquí con la pronunciación y vocalización de los números. Practica, practica y practica. Aquellos números que no hayas sido capaz de pronunciar correctamente vuelve a leerlos en alto 5 veces cada uno.
22.4	**Review of the days of the week**	Días de la semana. Recuerda: *Martes* – **Tuesday** */tiúsdei o túsdei/* *Miércoles* – **Wednesday** */uénsdei/* *Jueves* – **Thursday** */zérsdei/* Pronuncia en alto los 7 días de la semana.
22.5	**Review of the months of the year**	En esta sección repasaremos los meses. Debes pronunciar en alto los 12 meses.

Fractions (22.1):

1/2	**One-half**	5/8	**Five-eighths** */eitzs/*
1/4	**One-fourth**	6/7	**Six-sevenths**
2/3	**Two-thirds**	2/9	**Two-ninths**
3/5	**Three-fifths**	1/10	**One-tenth**

Months (22.5):

January	*/chániueri/*	**May**	*/méi/*	**September**	*/septémber/*
February	*/fébrueri/*	**June**	*/chun/*	**October**	*/actóber/*
March	*/march/*	**July**	*/chulái/*	**November**	*/nofémber/*
April	*/éipral/*	**August**	*/áugast/*	**December**	*/disémber/*

22.6	**Review of ordinal numbers and dates**	Números ordinales. Por eso, vamos a hacer este ejercicio en todas las unidades hasta la 35 inclusive. **Thursday, the first. Friday, the second. Saturday, the third. Sunday, the fourth. Monday, the fifth. Tuesday, the sixth. Wednesday, the seventh. Thursday, the eighth. Friday, the ninth. Etc. etc. etc. hasta el día 31 (..., the 31st).**
22.7	**Review of dates**	En esta sección debes inventar 10 fechas y formularlas en alto en las dos formas conocidas. Britántico: **The nineteenth of April, 1999** (literalmente: ***el décimo noveno de abril, 1999***) Americano: **April nineteenth, 1999** (literalmente: ***abril décimo noveno,1999***)
22.8	**Review of years**	Escribe 20 años en un papel y prueba a pronunciarlos en alto correctamente. Recuerda que decimos los años como sigue: ***Diecinueve noventa y nueve (1999)*** Recuerda también que en inglés nunca ponemos una coma o punto en el año. Escribimos **1999**. No escribimos **1.999** o **1,999**.
22.9	**Review of telling time**	Escribe 10 horas en un papel y dilas en alto. **It's 2 o'clock** **It's 15 minutes to 3:00** **It's ten-thirty** **It's five forty-five**
22.10 →	**Present perfect simple** **Theoretical explanation** *(Continúa)*	Este tiempo del verbo, junto con su forma continua **the present perfect continuous**, es el tiempo que separa el trigo de la paja en el dominio del inglés. En términos conceptuales, este tiempo es fácil de entender y en clase es fácil de usar. Sin embargo, menos del 1% de todos los españoles lo usan bien en cuanto salen de sus clases y entran en la vida real. De hecho, en seguramente el 90% de los casos, lo usan cuando no deben y no lo usan cuando deben. Me da hasta miedo entrar en la explicación teórica de esto, ya que necesitaré varias páginas, no porque sea una forma complicada (no lo es en absoluto) sino porque por mucho que te lo explique y por mucho que aparentes entenderlo, en cuanto estés fuera de mi campo visual y auditivo, lo usarás totalmente mal. En primer lugar, fíjate en el nombre del tiempo: **Present perfect** Es un tiempo del presente. Se forma exactamente igual que tu tiempo en castellano denominado **pretérito perfecto**. Se forma con el verbo auxiliar "**have**" más el participio pasado del verbo. Veamos un desglose de su conjugación. Para el ejemplo, usaremos "**go**" (*ir*) como verbo principal:

← 22.10 →

Present perfect simple

Theoretical explanation

(Continuación)

Sin contracción	Con contracción	En castellano
I have gone.	**I've gone.**	*He ido.*
You have gone.	**You've gone.**	*Has ido.*
He has gone.	**He's gone.**	*El ha ido.*
She has gone.	**She's gone.**	*Ella ha ido.*
It has gone.	**It's gone.**	*Ello ha ido.*
We have gone.	**We've gone.**	*Hemos ido.*
You have gone.	**You've gone.**	*Habéis ido.*
They have gone.	**They've gone.**	*Han ido.*

La pronunciación de las contracciones que no has visto hasta ahora son:

I've */áif/* **you've** */iúf/* **we've** */uíf/* **they've** */déif/*

Las otras contracciones son iguales que las contracciones vistas anteriormente con el verbo "**to be**". Por tanto, las siguientes contracciones son válidas para "**to be**" y "**to have**":

It's puede ser	**It is**	o	**It has**
He's puede ser	**He is**	o	**He has**
She's puede ser	**She is**	o	**She has**

En el caso que nos ocupa ahora, es decir, el presente perfecto, estas contracciones son el segundo grupo de contracciones.

El negativo del presente perfecto se forma como sigue:

Sin contracción	Con contracción	En castellano
I have not gone.	**I haven't gone.**	*No he ido.*
You have not gone.	**You haven't gone.**	*No has ido.*
He has not gone.	**He hasn't gone.**	*El no ha ido.*
She has not gone.	**She hasn't gone.**	*Ella no ha ido.*
It has not gone.	**It hasn't gone.**	*Ello no ha ido.*
We have not gone.	**We haven't gone.**	*No hemos ido.*
You have not gone.	**You haven't gone.**	*No habéis ido.*
They have not gone.	**They haven't gone.**	*No han ido.*

Habrás notado que usamos el verbo "**to have**" como verbo auxiliar. En este caso "**have**" significa *'haber'*, no *'tener'*. Asimismo, puesto que es verbo auxiliar, no tiene nada que ver con el auxiliar "**do**", auxiliar que vimos anteriormente al conjugar el verbo *'tener'*:

Do you have...?	*¿Tienes...?*
Have you...?	*¿Has...?*
I don't have...	*No tengo...*
I haven't...	*No he...*

(Continúa)

← 22.10 →

Present perfect simple

Theoretical explanation

(Continuación)

Ahora vamos a ver la conjugación del presente perfecto en el interrogativo:

Have I gone...?	*¿He ido...?*
Have you gone...?	*¿Has ido...?*
Has he gone...?	*¿Ha ido él...?*
Has she gone...?	*¿Ha ido ella...?*
Has it gone...?	*¿Ha ido ello...?*
Have we gone...?	*¿Hemos ido...?*
Have you gone...?	*¿Habéis ido...?*
Have they gone...?	*¿Han ido...?*

No hay contracción en el interrogativo, salvo que sea una pregunta de tipo negativo (***¿No has ido?***). Esto lo veremos más adelante.

Ahora bien, como te he dicho antes, el presente perfecto se forma con el verbo auxiliar "**have**" más el participio pasado del verbo principal. Un participio es una forma del verbo como sigue:

Ido - comido - roto - hablado - dormido - conformado - etc.

Hay dos clases de participio en inglés: los regulares y los irregulares. Encontrarás los participios irregulares en la tercera columna de la página de verbos irregulares. Encontrarás los participios de los verbos regulares en las tres columnas de la página de los verbor regulares, ya que estas tres columnas contienen la forma pasada de muchos verbos regulares cuyos participios son iguales, no cambian.

Verbo irregular:	I **went**	*Yo fui*	**I've gone**	*Yo he ido*
Verbo regular:	I **played**	*Yo jugué*	**I've played**	*He jugado*

Ahora que hemos visto la formación del presente perfecto, entremos en esa parte que es tan fácil de entender pero casi imposible de aplicar para los españoles.

Utiliza el presente perfecto para referirte

a hechos o acciones que han tenido lugar

en un periodo de tiempo

QUE TODAVÍA NO HA TERMINADO

I've gone to Rome twice this year.	*He ido a Roma dos veces este año.*
He's smoked 10 cigarettes today.	*El ha fumado 10 cigarros hoy.*
We've spoken to him several times this week.	*Hemos hablado con él varias veces esta semana.*

En cada ejemplo, hemos mencionado períodos de tiempo que todavía están en vigor (***este año, hoy, esta semana***). Por eso este tiempo se llama present perfect en inglés y no pretérito perfecto como es el caso en castellano.

(Continúa)

← 22.10 →

Present perfect simple

Theoretical explanation

(Continuación)

Ahora bien, me dirás que en castellano es exactamente igual. Las traducciones al castellano de los tres ejemplos son correctas y dentro del pretérito perfecto español.

Efectivamente, pero donde siempre metéis la pata es a la hora de usar el presente perfecto inglés para expresar acciones que han tenido lugar en un tiempo ya expirado. Veamos el siguiente escenario:

Son las tres de la tarde y dices a un colega: ***He llegado* tarde esta mañana.**

Es imposible decir esto en inglés. La "mañana" ya ha terminado, puesto que son las 3:00 de la tarde. En inglés hay que usar el pasado simple:

I arrived late this morning. *(Llegué tarde esta mañana)*

Ahora me dirás que esta versión en castellano (***llegué***) es perfectamente correcta también. Estoy de acuerdo. Pero en España (salvo Asturias), la gente suele usar la primera forma (***he llegado***). Y lo que es peor, lo usan también cuando hablan en inglés, y esto desencaja a su interlocutor de habla inglesa.

Otro ejemplo: Juanita llega con cara de sueño a la oficina y dice a su compañera:

He dormido mal esta noche.

Si Juanita está ya en la oficina, quiere decir que la noche ya ha acabado. Si ella fuera nativa de habla inglesa, diría:

I slept badly last night. *(Dormí mal anoche)*

Seguramente entiendes perfectamente mis explicaciones y todo está clarísimo. Pero me apuesto lo que sea a que la próxima vez que estés en una situación real de comunicación en inglés, usarás los dos ejemplos castellanos en vez de los ejemplos ingleses.

Los profesores de inglés estamos tan cansados de oír a nuestros alumnos utilizar el presente perfecto en situaciones de pasado inmediato que ya no sabemos qué hacer. Voy a poner unas frases que te parecerán correctas en inglés pero que no existen:

What has happened? *¿Qué ha pasado?*	**Es imposible decir esto en inglés porque el acontecimiento ocurrió en un momento dado del pasado, aunque fuera hace tres segundos. Hay que decir: What happened?** *¿Qué pasó?*

(Continúa)

← 22.10 Present perfect simple

Theoretical explanation

(Continuación)

Voy a poner muchas frases donde usáis habitualmente el presente perfecto en castellano y donde hay que usar por obligación el pasado simple en inglés.

Castellano	Inglés	Literalmente
¿Qué han dicho?	**What did they say?**	*¿Qué dijeron?*
Has omitido el punto 3.	**You left out point 3.**	*Omitiste el punto 3.*
Se han marchado.	**They left.**	*Se marcharon.*
No he sido yo.	**It wasn't me.**	*No fui yo.*
Ha sido culpa tuya.	**It was your fault.**	*Fue culpa tuya.*
¿Cuándo ha estallado?	**When did it explode?**	*¿Cuándo estalló?*
¿Cuándo ha ocurrido?	**When did it happen?**	*¿Cuándo ocurrió?*
¿Dónde lo has encontrado?	**Where did you find it?**	*¿Dónde lo encontraste?*
¿Quién ha hecho esto?	**Who did this?**	*¿Quién hizo esto?*
La reunión ha durado 2 horas.	**The meeting lasted 2 hours.**	*La reunión duró 2 horas.*

Estos sólo son algunos ejemplos de las miles de veces que los españoles usáis el presente perfecto para referiros a acciones o hechos que ya fueron realizados o que ya ocurrieron en el pasado. Y lo malo es que trasladéis este hábito de hablar al inglés, con consecuencias nefastas. Suena realmente raro decir en inglés las frases tal y como están construidas en la primera columna.

El presente perfecto en inglés solamente se usa para expresar hechos o acciones a lo largo de un período de tiempo que empezó en el pasado pero que todavía está vigente:

I've spoken to my boss three times this week.
She hasn't gone to Rome this year.
We haven't suffered a cataclysm this century.
Have you done anything important today?

En la última frase, a lo mejor el señor no ha hecho nada importante hasta ahora hoy, pero eso no quita de que pueda hacer algo importante en lo que queda del día. Es un período de tiempo que todavía está en vigor.

22.11 → Present perfect simple – drill work

So far

Aquí vamos a profundizar en el presente perfecto. *'¿Cuántas cervezas bebiste ayer?'*. Tras tu respuesta, te plantearemos *'¿y hoy...?'*, esperando que digas cuántas usando el presente perfecto.

Teacher	Student
How many beers did you drink yesterday?	**I didn't drink any beers yesterday.**
And so far today?	**I haven't drunk any beers so far today.**

Habrás notado que cuando se trata de ayer, un período de tiempo que ha terminado, se usa el pasado simple y que, tratándose de hoy, un período de tiempo todavía vigente, usamos el presente perfecto.

(Continúa)

← 22.11

Present perfect simple – drill work

So far

(Continuación)

La expresión "so far" tiene dos significados:	*Tan lejos* *Hasta ahora*

Obviamente, el segundo significado es el que vale aquí. La expresión "**so far**" es muy corriente. De hecho, muchas veces cuando alguien me pregunta qué tal me van las cosas, le digo:

"So far so good"

Esto significa más o menos: ***hasta ahora todo marcha bien***.

Sólo quiero hacer un inciso aquí para explicar un poco más la expresión "**so far**".

"**So far**" significa ***'hasta ahora inclusive'***. Una expresión sinónima es: **up to now**.

Ahora bien, muchos alumnos dicen "**until now**". Esta expresión es correcta gramaticalmente pero puede despistar al interlocutor.

"**Until now**" puede entenderse como ***'hasta ahora pero a partir de ahora no'***, mientras que "**up to now**" o "**so far**" se entienden como ***'hasta ahora inclusive y con continuación en el futuro seguramente'***.

En el año 1981, hubo una reunión entre varios directivos de la casa matriz americana de una empresa multinacional y la plana directiva de su filial española. El director general de la filial era argentino criado y educado en Inglaterra, por lo que sabía inglés perfectamente. El director comercial era español pero hablaba inglés bastante bien.

*Durante el transcurso de la reunión, uno de los americanos preguntó al director comercial español: "¿Cómo van las ventas de repuestos?". El director comercial contestó: "**Until now fine**". El americano inmediatamente respondió: "¿Cuál es el problema ahora?".*

*En este momento, el director general argentino intervino para aclarar que su hombre quiso decir: "**Up to now fine**". Se dio cuenta de que su director comercial había despistado a su interlocutor. Al decir el director comercial "**until now fine**", daba a entender que todo había ido bien hasta ahora pero que ahora podría haber problemas.*

Así que si quieres expresar la idea de ***'hasta ahora inclusive'***, usa "**so far**" o "**up to now**". "**Until now**" se usa más en el sentido del pasado:

Until now, I always ate in the same restaurant, but...

Hasta ahora siempre comía en el mismo restaurante, pero...

Up to now, I've always eaten in the same restaurant.

Hasta ahora siempre como en el mismo restaurante.

Fíjate en el segundo ejemplo. En inglés usamos el presente perfecto (***he comido***) mientras que en español lo habitual es emplear el presente habitual (***como***).

22.12 Have you ever been to...?

Ever – never

¿Conoces Roma? No, no conozco Roma, nunca me lo han presentado... ¿quién es?

Si dices en inglés "**Do you know Rome?**", estás convirtiendo Roma en una persona a la que uno puede o no conocer personalmente.

En inglés, para preguntar a otra persona si conoce o no algún lugar, decimos:

Have you ever been to Rome?

¿Has estado alguna vez en Roma?

Fíjate que en inglés, decimos literalmente: *¿Has tú alguna vez estado a Roma?*

Esta forma de preguntar es muy corriente en inglés. La palabra "**ever**" significa *'alguna vez (en la vida)'*.

Hay dos formas estándar de contestar a esta pregunta:

Yes, I've been to Rome.	*Sí, conozco Roma.*
No, I've never been to Rome.	*No, no conozco Roma.*

La segunda frase contiene el agente negador "**never**". También podríamos decir lo mismo usando el verbo en negativo e insertando la palabra neutra "**ever**":

No, I haven't ever been to Rome.

22.13 Student questions

Para practicar la estructura "**have you ever been to?**" tendrás que hacer preguntas como éstas:

Have you ever been to Canada?
Have you ever been to Japan?
Have you ever been to Chincón?
Etc.

La pronunciación de "**have you**" es */jáviu/*.

La expresión "**Have you ever...**" puede emplearse en muchos más casos también. Veamos ejemplos:

Have you ever killed a man?	*¿Has matado alguna vez a un hombre?*
Has your husband ever lost his eyesight?	*¿Tu marido ha perdido alguna vez la vista?*
Has Vigo ever hosted the Olympics?	*¿Vigo ha acogido alguna vez los Juegos Olímpicos?*
Have you ever tried Mexican food?	*¿Has probado alguna vez la comida mejicana?*

22.14 Present perfect simple – drill work

So far

Introduction to past participle

Este punto volverá a aparecer unas 25 veces durante lo que queda de este Manual. Es un ejercicio diseñado para mentalizarte en el uso del presente perfecto y cómo se diferencia del pasado.

Recuerda: El pasado expresa acciones **que tuvieron lugar** en un período de tiempo que ha terminado. (Observa que no he dicho *'...que han tenido lugar'*). El presente perfecto expresa acciones que han tenido lugar en un período de tiempo que todavía está en vigor.

Pasado simple:	**I did many things last week.**	*Hice muchas cosas la semana pasada.*
Presente perfecto:	**I've done many things this week.**	*He hecho muchas cosas esta semana.*

Enseguida se le ve el plumero a un mal traductor cuando lees las traducciones al inglés de las memorias anuales de las empresas españolas. Es costumbre que en español se use el presente perfecto (*Durante el pasado ejercicio, las ventas han crecido en un 12%*).

Si el traductor pone "**during the past fiscal year, sales have grown by 12%**", entonces sabrás que o no domina el inglés como es debido, o su inglés ya ha sido "contaminado" por la influencia del castellano.

El ejercicio pasado ya es pasado, es del año finalizado normalmente el 31 de diciembre. Siempre hay que emplear el pasado simple. Veamos ejemplos de frases típicas en las memorias anuales y cómo deben traducirse al inglés:

Las ventas han crecido en un 10%.	**Sales grew by 10%.** *(crecieron)*
Hemos hecho un esfuerzo para reducir...	**We made an effort to reduce...** *(hicimos)*
Hemos alcanzado una cifra récord de...	**We reached a record figure of...** *(alcanzamos)*
El año ha finalizado con un beneficio de...	**The year ended with a profit of...** *(finalizó)*

Ahora te preguntaremos, por ejemplo, cuántas veces fuiste a París el mes pasado. Tras tu respuesta (en el pasado), te diremos *'y hasta ahora este mes...?'* (**and so far this month?**).

Cuando te preguntemos esto último, recuerda siempre usar el presente perfecto, puesto que se trata de un período de tiempo que todavía está vigente (este mes).

How many times did you go to Paris last month?	**I didn't go to Paris last month.**
And so far this month?	**I haven't gone to Paris so far this month.**

22.15 → Ever – never Drill work

(Continúa)

Este punto es muy bonito. Lo volverás a ver muchas veces a lo largo de este Manual. A los profesores les gusta mucho y es muy útil para los alumnos, sobre todo para que ganen agilidad con el presente perfecto y con los participios (*ido, comido, bebido, etc.*).

← 22.15 Ever – never Drill work

(Continuación)

Te preguntamos sobre algo que seguramente nunca has hecho. Te diremos, por ejemplo:

When was the last time you ate kangaroo meat?

¿Cuándo comiste por última vez carne de canguro?

Tu respuesta, lógicamente, será que no la has comido nunca:

I've never eaten kangaroo meat.

Nunca he comido carne de canguro.

Notarás que tanto en castellano como en inglés usamos el pasado en nuestra pregunta mientras que tu usas el presente perfecto en tu respuesta.

Seguramente contestarás a unas 300 preguntas de este tipo a lo largo de este Manual para que te hagas con el presente perfecto, con los participios y con los verbos irregulares. Te pongo más ejemplos:

Profesor	Alumno
When was the last time you saw **a UFO?**	I've never seen **a UFO.**
When was the last time you went **to Japan?**	I've never gone **to Japan.**
When was the last time you wrote **a letter in Swedish?**	I've never written **a letter in Swedish.**
When was the last time your wife stole **a car?**	She's never stolen **a car.**

22.16 Regular verbs in past

Aquí haremos contigo un ejercicio basado en la pronunciación de verbos regulares en el pasado y en el presente perfecto. Se trata de un ejercicio que ya has realizado muchas veces, pero a partir de ahora, vamos a añadir el presente perfecto.

Usaremos la tercera columna de la lista de verbos regulares.

Para el uso del presente perfecto (*he aceptado*), usarás la expresión "**lately**" (*últimamente*). Esta expresión en inglés siempre va acompañada del presente perfecto.

Diré, por ejemplo:	**Every day I accept.** *(Cada día acepto.)*
Y tú responderás diciendo:	**Yesterday** I accepted**.** *(Ayer acepté.)* **Lately** I've accepted**.** *(Últimamente he aceptado.)*

Continúa con este mismo patrón para 20 verbos regulares.

Es un ejercicio un poco aburrido y repetitivo, pero es importantísimo para que te conciencies de la pronunciación de las terminaciones de los verbos regulares en el pasado y en su forma de participio en el presente perfecto. Siempre hay una parte más odiosa en el aprendizaje de un idioma y el inglés no es excepción. Tienes que dominar la pronunciación de estas terminaciones y este ejercicio es el mejor para que vayas mentalizándote.

22.17	**Quick irregular verb review**	Este ejercicio es idéntico al anterior pero con verbos irregulares. Vamos a repasar constantemente y de muchas formas el uso de los verbos irregulares.
22.18	**Translation booklet** **Vocabulary booklet**	**Translation booklet** y **Vocabulary booklet:** Recuerda hacer una lista diariamente y repasar la del día anterior.
22.19	**Review:** **Have you ever been to...?** **How many times have you been to...?** **When did you go...?**	Este repaso te será enormemente útil para aclarar en la práctica el uso del presente perfecto en contraposición del pasado simple.

22.17 (continuación):

Diremos, por ejemplo:	**Every day I buy.** *(Cada día compro.)*
Y tú responderás diciendo:	**Yesterday I bought.** *(Ayer compré.)* **Lately I've bought.** *(Últimamente he comprado.)*

En esta ocasión utilizaremos los siguientes verbos extraídos de la lista de los 70 verbos irregulares más relevantes expuesta antes de la unidad 22:

buy / bought / bought	**cut / cut / cut**	**fall / fell / fallen**	**forget / forgot / forgotten**
catch / caught / caught	**do / did / done**	**feel / felt / felt**	**get / got / got o gotten** *
choose / chose / chosen	**drink / drank / drunk**	**fight / fought / fought**	**give / gave / given**
come / came / come	**drive / drove / driven**	**find / found / found**	**go / went / gone**
cost / cost / cost	**eat / ate / eaten**	**fly / flew / flown**	**grow / grew / grown**

* El participio del verbo "**to get**" (*obtener, conseguir*) es "**got**" en las Islas Británicas, Australia y Nueva Zelanda y "gotten" en EE.UU. y Canadá.

22.19 (continuación):

Te preguntaremos si has estado alguna vez en algún lugar del mundo:

Have you ever been to London?

Si respondes que sí, te preguntaremos cuántas veces:

How many times have you been there?

Si has estado una sola vez, te preguntaremos cuándo fuiste allí y cuánto tiempo estuviste

When did you go there? **How long were you there?**

Si resulta que has estado varias veces, somos tan pesados que te preguntaremos sobre cada vez y la duración de cada estancia:

When did you go there the first time, the second time, etc.

How long were you there the first time, the second time, etc.

22.20 Pronunciation practice: T+U

Este punto es completamente diferente a los demás. Está dedicado a llamarte la atención sobre la pronunciación del sonido fonético producido por la unión de la "**t**" y la "**u**", como en la palabra *'futuro'*

En inglés, cuando ves una "**t**" seguida por una "**u**", en el 99% de las veces, la pronunciación es:

/chú/

Te voy a poner una serie de ejemplos de palabras en inglés y su pronunciación. Los españoles normalmente pronunciáis mal estas palabras.

Future	*/fiúchur/*	**Natural**	*/náchural/*
Picture	*/píkchur/*	**Agriculture**	*/ágrikalchur/*
Furniture	*/férnichur/*	**Capture**	*/kápchur/*
Nature	*/néichur/*	**Statue**	*/stáchu/*
Cultural	*/kálchural/*	**Legislature**	*/léchisleichur/*
Portugal	*/pórchugal/*	**Naturally**	*/náchurali/*
Mature	*/machúr/*	**Culture**	*/kálchur/*
Mixture	*/míkschur/*	**Torture**	*/tórchur/*

22.21 Present perfect vs. past

Aquí volveremos a hacer ese ejercicio basado en lo que hiciste el año pasado, el mes pasado, la semana pasada o ayer, para luego preguntarte si lo has hecho este año, este mes, esta semana u hoy.

Es decir, volveremos a comparar el pasado simple con el presente perfecto.

Construye 20 parejas de frases como las del ejemplo.

How many people did you kill last year?	**I didn't kill any people last year.**
And so far this year?	**I haven't killed any people so far this year.**
How many onions did you eat last week?	**I ate two onions last week.**
And so far this week?	**I've eaten one onion so far this week.**

22.22 Ever – never

Drill work

Aquí seguimos machacando la diferencia entre el pasado simple y el presente perfecto, con el mismo ejercicio que unos puntos atrás.

When was the last time you took me to the airport?

¿Cuándo me llevaste por última vez al aeropuerto?

I've never taken you to the airport.

Nunca te he llevado al aeropuerto.

Construye muchas preguntas y respuestas de este tipo. Si has estudiado bien los participios no debes tener mucho problema.

22.23 Regular verbs in past

Pronunciation of endings

Pronunciación de verbos regulares en el pasado y en el presente perfecto.

Usaremos la tercera columna de la lista de verbos regulares.

Para el uso del presente perfecto (*he estado de acuerdo*), usarás la expresión "**lately**" (*últimamente*). Esta expresión en inglés siempre va acompañada del presente perfecto.

Diremos, por ejemplo:	**Every day I agree.** *(Cada día estoy de acuerdo.)*
Y tú responderás diciendo:	**Yesterday I agreed.** *(Ayer estuve de acuerdo.)* **Lately I've agreed.** *(Últimamente he estado de acuerdo.)*

Haz el ejercicio completo con al menos 20 verbos diferentes.

Es un ejercicio un poco aburrido y repetitivo, pero es importantísimo para que te conciencies de la pronunciación de las terminaciones de los verbos regulares en el pasado y en su forma de participio en el presente perfecto. Siempre hay una parte más odiosa en el aprendizaje de un idioma y el inglés no es excepción. Tienes que dominar la pronunciación de estas terminaciones y este ejercicio es el mejor para que vayas mentalizándote.

22.24 Quick irregular verb review

Este ejercicio es idéntico al anterior pero con verbos irregulares.

Diremos, por ejemplo:	**Every day I have** *(Cada día tengo)*
Y tú responderás diciendo:	**Yesterday I had.** *(Ayer tuve.)* **Lately I've had.** *(Últimamente he tenido.)*

Esta vez utilizaremos los siguientes verbos extraídos de la lista de los 70 verbos irregulares más relevantes expuesta antes de la unidad 22:

have / had / had	**know / knew / known**	**make / made / made**	**put / put / put**
hear / heard / heard	**lead / led / led**	**mean / meant / meant**	**quit / quit / quit**
hold / held / held	**leave / left / left**	**meet / met / met**	**read / read / read**
hurt / hurt / hurt	**lend / lent / lent**	**say / said / said**	**ring / rang / rung**
keep / kept / kept	**let / let / let**	**pay / paid / paid**	**rise / rose / risen**

22.25 Translation booklet

Vocabulary booklet

Translation booklet y **Vocabulary booklet:**

Recuerda hacer una lista diariamente y repasar la del día anterior.

22.26 Present perfect vs. past

Por enésima vez en esta unidad volvemos a comparar el presente perfecto con el pasado simple. Si te estás hartando de ello, lo siento, pero no conozco a nadie en España capaz de demostrar en la práctica un absoluto dominio de estas dos formas y de diferenciarlas correctamente en el tiempo.

How many times did you see me last week? **And so far this week?**	I saw **you twice last week.** I've seen **you three times so far this week.**
How much money did you steal last month? **And so far this month?**	I didn't steal **any money last month.** I haven't stolen **any money so far this month.**

Unit 23

23.1 Fractions and percentages

Percent

Half

Point (decimal point)

Is the same as...

Aquí seguimos con la revisión de fracciones, porcentajes, decimales y "**the same as**"

1/2 is the same as 50% (one-half is the same as 50%)

1/4 is the same as 25% (one-fourth is the same as 25%)

Tienes que escribir 10 ejemplos de fracciones y leerlas en alto.

He aquí ejemplos de fracciones:

1/2	**One-half**	5/8	**Five-eighths** */eitzs/*
1/4	**One-fourth**	6/7	**Six-sevenths**
2/3	**Two-thirds**	2/9	**Two-ninths**
3/5	**Three-fifths**	1/10	**One-tenth**

23.2 Number pronunciation

Esta es la décimosexta (**sixteenth**) vez que nos dedicamos al dictado y pronunciación de números.

Recuerda: **Two hundred and thirty-three thousand eight hundred and fifty-four (233.854)**

Recuerda también las comas en vez de los puntos. **233,854**

Así decimos números superiores a un millón:

Three million eight hundred and forty-six thousand nine hundred and eleven (3,846,911)

Escribe 20 números en un papel y luego pronúncialos en alto. Cada día deberás ir haciéndolo más rápido.

23.3 Number pronunciation

Seguimos aquí con la pronunciación y vocalización de los números.

Aquellos números que no hayas sido capaz de pronunciar correctamente vuelve a leerlos en alto 5 veces cada uno.

23.4 Review of the days of the week

Seguimos aquí con la pronunciación de los días de la semana. Recuerda:

Martes – **Tuesday** */tiúsdei o túsdei/*
Miércoles – **Wednesday** */uénsdei/*
Jueves – **Thursday** */zérsdei/*

Pronuncia en alto los 7 días de la semana.

23.5 Review of the months of the year

En esta sección repasaremos los meses. Debes pronunciar en alto los 12 meses.

January	*/chániueri/*	**May**	*/méi/*	**September**	*/septémber/*
February	*/fébrueri/*	**June**	*/chun/*	**October**	*/actóber/*
March	*/march/*	**July**	*/chulái/*	**November**	*/nofémber/*
April	*/éipral/*	**August**	*/áugast/*	**December**	*/disémber/*

23.6	**Review of ordinal numbers and dates**	Números ordinales Te pediremos que digas un mes entero de fechas como sigue: **Thursday, the first. Friday, the second. Saturday, the third. Sunday, the fourth. Monday, the fifth. Tuesday, the sixth. Wednesday, the seventh. Thursday, the eighth. Friday, the ninth. Etc. etc. etc. hasta el día 31 (..., the 31st).**
23.7	**Review of dates**	En esta sección debes inventar 10 fechas y formularlas en alto en las dos formas conocidas. Selecciona aquellas que sean importante para ti. Britántico: **The thirty-first of August, 1999** (literalmente: *el trigésimo primero de agosto, 1999*) Americano: **August thirty-first, 1999** (literalmente: *agosto trigésimo primero, 1999*)
23.8	**Review of years**	Escribe 20 años en un papel y prueba a pronunciarlos en alto correctamente. Recuerda que decimos los años como sigue: *Diecinueve noventa y nueve (1999)* Recuerda también que en inglés nunca ponemos una coma o punto en el año. Escribimos **1999**. No escribimos **1.999** o **1,999**.
23.9	**Review of telling time**	Escribe 10 horas en un papel y dilas en alto. **It's 2 o'clock** **It's 15 minutes to 3:00** **It's ten-thirty** **It's five forty-five**
23.10 →	**There has been** **There have been** *(Continúa)*	En este punto, volvemos a estudiar la expresión "**there + to be**", es decir, expresiones como *'hay', 'hubo', 'habrá', 'ha habido', 'va a haber'*, etc. Esta expresión siempre se forma partiendo de la palabra "**there**" más una conjugación del verbo "**to be**":

There	**is**	*(Hay – singular)*
There	**are**	*(Hay – plural)*
There	**was**	*(Hubo o había – singular)*
There	**were**	*(Hubo o había – plural)*
There	**will be**	*(Habrá)*
There	**is going to be**	*(Va a haber – singular)*
There	**are going to be**	*(Va a haber – plural)*
There	**can be**	*Puede haber*
There	**has been**	*(Ha habido – singular)*
There	**have been**	*(Ha habido – plural)*

← 23.10	**There has been** **There have been** *(Continuación)*	Al formular la pregunta, estas expresiones se construyen como sigue:

Is there...?	*¿Hay...?*
Are there...?	*¿Hay...?*
Was there...?	*¿Hubo o había?*
Were there...?	*¿Hubo o había?*
Will there be...?	*¿Habrá...?*
Is there going to be...?	*¿Va a haber...?*
Are there going to be...?	*¿Va a haber...?*
Can there be...?	*¿Puede haber...?*
Has there been...?	*¿Ha habido...?*
Have there been...?	*¿Ha habido...?*

En este punto, centraremos tu atención en las dos últimas formas de las listas:

La contracción del singular "**there has been**" es: **THERE'S BEEN**.

No existe una contracción para el plural "**there have been**".

There's been a misunderstanding.	*Ha habido un malentendido.*
There have been several misunderstandings.	*Ha habido varios malentendidos.*

23.11 — **Translation booklet** / **Vocabulary booklet**

Translation booklet y **Vocabulary booklet:**

Recuerda hacer una lista diariamente y repasar la del día anterior.

23.12 → — **Have to** / **Must** / **Should** / **Needn't** / **Don't have to** / **(Theoretical introduction)**

Los españoles preguntáis mucho acerca de la diferencia entre "**have to**" – "**must**" – "**should**". El resto de esta página y las dos páginas siguientes están dedicadas a esclarecer lo mejor posible la pequeñas y grandes diferencias.

HAVE TO

Un angloparlante usará u oirá esta expresión, o su equivalente "**have got to**" cada cinco minutos a lo largo de su vida. Significa ***'tener que'*** y expresa una obligación normalmente impuesta por circunstancias externas sobre las que no tienes ningún control.

I have to work. (ó **I've got to work**)

I have to be there at 3:00. (ó **I've got to be there at 3:00**)

Es tan, tan corriente esta expresión que hemos deformado un poco su pronunciación. Decimos:

/I haf to work/

Es decir, convertimos la "**v**" suave de "**have**" en una "**f**" acentuada.

(Continúa)

← 23.12 →

Have to
Must
Should
Needn't
Don't have to

(Theoretical introduction)

(Continuación)

La expresión alternativa "**I've got to**" es igualmente corriente también, pero se usa solamente en el afirmativo e interrogativo del tiempo presente. En el negativo del presente y en los demás tiempos, se usa únicamente la expresión estándar:

I have to go.	*Tengo que irme.*
I've got to go.	*Tengo que irme.*
Do you have to go?	*¿Tienes que irte?*
Have you got to go?	*¿Tienes que irte?*
I don't have to go.	*No tengo que irme... no hace falta que me vaya.*
~~**I haven't got to go.**~~ (negativo)	
I had to go.	*Tuve que irme.*
~~**I had got to go.**~~ (pasado)	
I'll have to go.	*Tendré que irme.*
~~**I'll have got to go.**~~ (futuro)	

En la tercera persona del singular del tiempo presente, decimos "**has to**":

She has to be here at 10:00

Ella tiene que estar aquí a las 10:00

No hacemos la contracción en el afirmativo de "have to": **I have to go**. ~~**(I've to go)**~~

DON'T HAVE TO

Esta expresión es la contraria de "**have to**" o "**must**". Significa "**no hace falta**" o *'que no es necesario'*.

You don't have to come.	*No es necesario que vengas.*
She doesn't have to pay in advance.	*No hace falta que ella pague por adelantado.*

NEEDN'T

Esta expresión es la contracción de "**need not**" y es sinónimo de "**don't have to**". Se usa muy poco en EE.UU.

You needn't worry about it.	*No hace falta que te preocupes por ello.*
	No tienes que preocuparte por ello.

(Continúa)

← 23.12 →

Have to
Must
Should
Needn't
Don't have to

(Theoretical introduction)

(Continuación)

MUST

"**Must**" tiene tres significados o usos:

1) Un obligación normalmente autoimpuesta y con contenido moral. Es una especie de obligación que sabes que debes urgentemente atender pero que nada o nadie te lo impone necesariamente:

I must find a way to quit smoking.	*Debo* (por todos los medios) *encontrar una forma de dejar de fumar.*
We must increase our productivity.	*Debemos* (por todos los medios) *aumentar nuestra productividad.*

2) Un consejo con fuerte insistencia, instando a alguien a hacer algo:

You must study more.	*Debes* (como sea) *estudiar más.*
They must be careful with this substance.	*Deben tener cuidado con esta sustancia.*

3) Una conclusión lógica en vista de la aparente evidencia.

En castellano, esta forma de "**must**" se traduce *'debe de...'*. Por ejemplo, si ves a un señor conduciendo un Rolls Royce, podrás decir: *'Ese señor debe de ser rico'*. En inglés, usamos "**must**":

That man must be rich.

That woman is carrying a box of Kleenex. She must have a cold.

"MUST" JAMAS VA SEGUIDO DE LA PARTICULA "TO"

~~**You must to make an effort**~~

MUSTN'T

Esta expresión es simplemente el negativo de "**must**" en su sentido de obligación autoimpuesta o de consejo serio e insistente:

You mustn't start smoking again.	*No debes empezar a fumar otra vez.*
I mustn't make that mistake again.	*No debo cometer ese error otra vez.*

"**Mustn't**" se pronuncia */másent/* y casi siempre existe en su forma de contracción.

NEEDN'T

Esta expresión ya vista anteriormente es lo contrario de "**must**"

We must make an effort.	**We needn't make an effort.**
They must be careful.	**They needn't be careful.**

(Continúa)

← 23.12	**Have to** **Must** **Should** **Needn't** **Don't have to** **(Theoretical introduction)** *(Continuación)*	SHOULD Esta expresión es muy importante. Tiene tres acepciones: **1)** Una recomendación o sugerencia. Se puede traducir como *'debe'* o *'debería'*. **You should take a few days off.** — *Deberías cogerte unos días libres.* **You should spend more time with your family.** — *Debes pasar más tiempo con tu familia.* **2)** La expresión de una actitud u opinión con un componente moral: **We should treat people respectfully.** — *Debemos tratar a la gente respetuosamente.* **Everyone should have the right to a job.** — *Todos deben tener derecho a un empleo.* **3)** La expresión de algo que va a ocurrir con toda seguridad: **They should be here in about 10 minutes.** — *Estarán aquí seguramente en unos 10 minutos.* **It should take me about 20 minutes.** — *Tardaré seguramente unos 20 minutos.* **It shouldn't take them long.** — *No tardarán mucho seguramente.* Para resumir la principal diferencia entre "**have to**", "**must**" y "**should**", fíjate en estas 3 frases: **You have to study this Manual.** — *Tienes* (por narices) *que estudiar este Manual.* **You must study this Manual.** — *Debes* (te imploro) *estudiar este Manual.* **You should study this Manual.** — *Debes* (te recomiendo) *estudiar este Manual.*
23.13	**Have to** **Don't have to** **Should** **Shouldn't**	"**Have to**" puede sustitir en todos los casos a "**must**" sin variar el significado. Ahora bien, "**must**" no es sustituto válido de "**have to**" en muchos casos. Por lo tanto: **En caso de duda, siempre usa "have to"**

23.14 Should – shouldn't

Too – so
Too much – so much
Too many – so many

Profesor:	**Ronny has problems because he spends too much.**	(too much = *demasiado*)
Alumno:	**He shouldn't spend so much.**	(so much = *tanto*)
Profesor:	**Ronny has accidents because he drives too fast.**	(too fast = *demasiado rápido*)
Alumno:	**He shouldn't drive so fast.**	(so fast = *tan rápido*)
Profesor:	**Ronny is fat because he eats too many sweets.**	(too many = *demasiados*)
Alumno:	**He shouldn't eat so many sweets.**	(so many = *tantos*)

Este ejercicio tiene como finalidad practicar "**should**" *'debe, debería'*, así como las siguientes expresiones:

Demasiado (seguido de un adjetivo o adverbio)	**He drives too fast.**
Tan (seguido de un adjetivo o adverbio)	**He shouldn't drive so fast.**
Demasiado (seguido de un sustantivo incontable)	**He drinks too much whiskey.**
Tanto (seguido de un sustantivo incontable)	**He shouldn't drink so much whiskey.**
Demasiados (seguido de un sustantivo plural)	**He eats too many sweets.**
Tantos (seguido de un sustantivo plural)	**He shouldn't eat so many sweets.**

23.15 Have to / Don't have to

Ahora te pedimos simplemente que digas una serie de cosas que tienes que hacer (porque no hay más remedio) y cosas que no tienes que hacer (que no hace falta que hagas). Te doy unas pistas para comenzar:

I have to work.
I don't have to work on weekends.
I have to pay the bills.
I don't have to speak English perfectly.
I have to use the telephone a lot in my job.
I don't have to cook the meals at home.

23.16 Ever – never

Drill work

Aquí seguimos machacando la diferencia entre el pasado simple y el presente perfecto, con el mismo ejercicio que vimos varias veces en la unidad anterior.

When was the last time you showed me a picture of your children?

¿Cuándo me enseñaste por última vez una foto de tus hijos?

I've never shown you a picture of my children.

Nunca te he enseñado una foto de mis hijos.

23.17 Translation booklet

Vocabulary booklet

Translation booklet y **Vocabulary booklet:**

Recuerda hacer una lista diariamente y repasar la del día anterior.

23.18 Regular verbs in past

Pronunciation of endings

Para el uso del presente perfecto (*he preguntado*), usarás la expresión "**lately**" (*últimamente*). Esta expresión en inglés siempre va acompañada del presente perfecto.

Usaremos la tercera columna de la lista de verbos regulares.

Diremos, por ejemplo:	**Every day I ask.** *(Cada día pregunto.)*
Y tú responderás diciendo:	**Yesterday I asked.** *(Ayer pregunté.)*
	Lately I've asked. *(Últimamente he preguntado.)*

Luego seguiremos este mismo patrón para todos los verbos de la segunda columna de verbos regulares, antes de la **unidad 22**.

Es un ejercicio un poco aburrido y repetitivo, pero es importantísimo para que te concientes de la pronunciación de las terminaciones de los verbos regulares en el pasado y en su forma de participio en el presente perfecto. Siempre hay una parte más odiosa en el aprendizaje de un idioma y el inglés no es excepción. Tienes que dominar la pronunciación de estas terminaciones y este ejercicio es el mejor para que vayas mentalizándote.

23.19 Quick irregular verb review

Este ejercicio es idéntico al anterior pero con verbos irregulares.

Diremos, por ejemplo:	**Every day I run.** *(Cada día corro.)*
Y tú responderás diciendo:	**Yesterday I ran.** *(Ayer corrí.)*
	Lately I've run. *(Últimamente he corrido.)*

Esta vez utilizaremos los siguientes verbos extraídos de la lista de los 70 verbos irregulares más relevantes expuesta antes de la unidad 22:

run / ran / run	**shut / shut / shut**	**stand / stood / stood**	**think / thought / thought**
see / saw / seen	**sit / sat / sat**	**steal / stole / stolen**	**throw / threw / thrown**
sell / sold / sold	**sleep / slept / slept**	**take / took / taken**	**understand/understood/ understood**
send / sent / sent	**speak / spoke / spoken**	**teach / taught / taught**	**wear / wore / worn**
set / set / set	**spend / spent / spent**	**tell / told / told**	**win / won / won**

23.20 Present perfect vs. past

Aquí volvemos a comparar el presente perfecto con el pasado simple. Me perdonarás si insisto una y otra vez en esto, pero es necesario. Aunque los españoles lo hagan bien en clase, en cuanto salen de ella, vuelven a cometer los mismos errores de siempre con estos tiempos.

How many times did you fall down last week?	**I didn't fall down last week.**
And so far this week?	**I haven't fallen down so far this week.**
How much wine did you drink yesterday?	**I drank half a liter of wine yesterday.**
And so far today?	**I've drunk half a liter of wine so far today too.**

23.21 → Review of salutations and other niceties

En este punto, repasamos las expresiones de etiqueta social y otras expresiones de uso común para saludar, despedirse, etc.

Toda la lista de expresiones viene en la página siguiente. Sin embargo, voy a dedicar unos momentos primero a tres cosas:

1) Mucha gente me pregunta sobre cómo preguntar por alguien cuando hablan con telefonistas extranjeras. Si, por ejemplo, llamas a una empresa inglesa y quieres pedir que te pasen con el Sr. John Thomas, hay varias formas para hacerlo. Sin embargo, te recomiendo la más sencilla:

Mr. John Thomas, please.

Si después, la telefonista o una secretaria te pregunta "**may I ask who's calling please?**", debes decir simplemente:

Mr. Pérez from Spain.

2) Para presentar una persona a otra (introductions), es muy sencillo:

María, this is Pepe... Pepe, this is María

3) Por último, si alguien te pregunta qué tal estás, dí: "**Fine, thank you**" (no digas "**well**"). La gente entiende "**well**" como *'pues'*, lo cual le deja colgada creyendo que vas a añadir algo más.

Aquí te pongo íntegramente el **punto 8.11**, punto dedicado a saludos, despedidas y otras formas verbales de etiqueta diaria. Para mí, son formas necesarias pero menos importantes en el contexto del aprendizaje de un idioma. Es mucho más importante, por ejemplo, asegurar un buen dominio del verbo "**to be**" que dedicar demasiado tiempo a dominar los saludos, despedidas, etc. No osbstante, es necesario saberlos.

Hello	*Hola*	De uso universal
Hi!	*Hola*	De uso universal ahora, antes sólo de EE.UU.
Good morning	*Buenos días*	Se dice hasta mediodía
Good afternoon	*Buenas tardes*	Se dice entre mediodía y la caída del sol o hasta que uno termine de trabajar.
Good evening	*Buenas tardes*	Se dice por la tarde cuando uno ya está más relajado, después de trabajar. Algunos dicen que "**afternoon**" cambia a "**evening**" con el primer whisky.
Good night	*Buenas noches*	Saludo de despedida cuando uno va a la cama o se despide de anfitriones ya muy de noche.
Good bye	*Adiós*	Despedida estándar, pero quizá la mejor
Bye	*Adiós*	Despedida breve y rápida... muy usada
Bye, bye	*Adiós*	Despedida más cariñosa
See you later	*Hasta luego*	Muy corriente

(Continúa)

← 23.21

Review of salutations and other niceties

(Continuación)

See you tomorrow	*Hasta mañana*	Se usa más en castellano que en inglés
See you soon	*Hasta pronto*	Se usa más en cartas que al hablar
How do you do?	*Mucho gusto*	Saludo formal al ser presentado a un extraño
How are you?	*¿Cómo estás?*	Saludo menos formal para conocidos.
How are you doing?	*¿Qué tal?*	Saludo familiar usado con amigos
How's it going?	*¿Cómo van las cosas?*	Saludo muy corriente
How are things going?	*¿Cómo van las cosas?*	Saludo muy corriente
Very well, thank you	*Muy bien, gracias*	Muy formal
Fine, thank you	*Bien, gracias*	Usa esta forma siempre
Pleased to meet you	*Encantado*	Saludo algo formal al ser presentado
It's a pleasure	*Es un placer*	Saludo algo formal al ser presentado
Nice to meet you	*Encantado*	Saludo menos formal al ser presentado
Glad to meet you	*Encantado*	Saludo menos formal al ser presentado
Good to meet you	*Encantado*	Saludo menos formal al ser presentado
Thank you	*Gracias*	Agradecimiento preferido
Thanks	*Gracias*	Agradecimiento rápido entre amigos
Thank you very much	*Muchas gracias*	El mejor de los agradecimientos
Thanks a lot	*Muchas gracias*	Cuidado con esta forma. Es la que se usa cuando dices "*muchas gracias*" de forma sarcástica.
You're welcome	*De nada*	Usado en EE.UU. (pero se está imponiendo)
Not at all	*De nada*	De uso universal
Don't mention it	*De nada*	Usado algo menos
Thank you	*A Vd.*	Muy usado, sobre todo al decir "*A Vd.*" a dependientes de tienda o similar. Se acentúa "you"

24.1 Fractions and percentages

Percent

Half

Point (decimal point)

Is the same as...

Aquí seguimos con la revisión de fracciones, porcentajes, decimales y "**the same as**"

1/2 is the same as 50% (one-half is the same as 50%)

1/4 is the same as 25% (one-fourth is the same as 25%)

Tienes que escribir 10 ejemplos de fracciones y leerlas en alto.

He aquí ejemplos de fracciones:

1/2	**One-half**	5/8	**Five-eighths** */eitzs/*
1/4	**One-fourth**	6/7	**Six-sevenths**
2/3	**Two-thirds**	2/9	**Two-ninths**
3/5	**Three-fifths**	1/10	**One-tenth**

24.2 Number pronunciation

Esta es la décimo séptima (**seventeenth**) vez que nos dedicamos al dictado y pronunciación de números.

Recuerda: **Two hundred and thirty-three thousand eight hundred and fifty-four (233.854)**

Recuerda también las comas en vez de los puntos.

Así decimos números superiores a un millón:

Three million eight hundred and forty-six thousand nine hundred and eleven
(**3,846,911**)

Escribe 20 números en un papel y luego pronúncialos en alto. Cada día deberás ir haciéndolo más rápido.

24.3 Number pronunciation

Seguimos aquí con la pronunciación y vocalización de los números.

Aquellos números que no hayas sido capaz de pronunciar correctamente vuelve a leerlos en alto 5 veces cada uno.

24.4 Review of the days of the week

Recuerda:

Martes – **Tuesday** */tiúsdei o túsdei/*
Miércoles – **Wednesday** */uénsdei/*
Jueves – **Thursday** */zérsdei/*

Pronuncia en alto los 7 días de la semana.

24.5 Review of the months of the year

En esta sección repasaremos los meses. Debes pronunciar en alto los 12 meses.

January	*/chániueri/*	**May**	*/méi/*	**September**	*/septémber/*
February	*/fébrueri/*	**June**	*/chun/*	**October**	*/actóber/*
March	*/march/*	**July**	*/chulái/*	**November**	*/nofémber/*
April	*/éipral/*	**August**	*/áugast/*	**December**	*/disémber/*

24.6	**Review of ordinal numbers and dates**	Se tarda mucho en dominar bien los números ordinales. Por eso, vamos a hacer este ejercicio en todas las unidades hasta la 35 inclusive.Te pediremos que digas un mes entero de fechas como sigue: ¡Adelante y completa la lista a continuación! **Saturday, the first. Sunday, the second. Monday, the third. Tuesday, the fourth. Wednesday, the fifth. Thursday, the sixth. Friday, the seventh. Saturday, the eighth. Sunday, the ninth, etc. etc. etc. hasta el día 31 (..., the 31st).**
24.7	**Review of dates**	En esta sección debes inventar 10 fechas y formularlas en alto en las dos formas conocidas. Selecciona aquellas que sean importante para ti. Britántico: **The thirty-first of August, 1999** (literalmente: *el trigésimo primero de agosto, 1999*) Americano: **August thirty-first, 1999** (literalmente: *agosto trigésimo primero, 1999*)
24.8	**Review of years**	Escribe 20 años en un papel y prueba a pronunciarlos en alto correctamente. Recuerda que decimos los años como sigue: *Diecinueve noventa y nueve (1999)* Recuerda también que en inglés nunca ponemos una coma o punto en el año. Escribimos **1999**. No escribimos **1.999** o **1,999**.
24.9	**Review of telling time**	Escribe 10 horas en un papel y dilas en alto. **It's 2 o'clock** **It's 15 minutes to 3:00** **It's ten-thirty** **It's five forty-five**
24.10 →	**Present perfect continuous** **For - since** *(Continúa)*	*Estoy en España desde hace 25 años.* ¿Cuál de las dos traducciones al inglés de esta frase es la correcta? **I am in Spain since 25 years ago.** **I've been in Spain for 25 years.** La respuesta correcta es la segunda alternativa, la que seguramente elegiste. Ahora bien, si elegiste en efecto la segunda alternativa, ¿por qué tú y tus compatriotas os emperráis en utilizar siempre la primera? El error de utilizar el presente simple (**I am**) cuando hay que utilizar el presente perfecto continuo (**I've been**) es el error más asíduamente cometido por españoles a la hora de hablar inglés. Hagamos otro test: *Trabajo aquí desde hace 10 años.* **I've been working here for 10 years.** **I work here since 10 years ago.** La primera alternativa es la única válida. La segunda es una traducción literal del castellano y es una aberración gramatical en inglés.

← 24.10 →

Present perfect continuous

For - since

(Continuación)

Este tiempo se denomia el presente perfecto continuo. Expresa acciones o estados que comenzaron en el pasado y que todavía siguen vigentes en el presente (y que seguramente continuarán vigentes en el futuro).

1. Soy profesor.	**1. Soy profesor desde hace 25 años.**
2. Te conozco.	**2. Te conozco desde hace un mes.**
3. Lo hago.	**3. Lo hago desde hace muchos años.**
4. Tengo dolor de cabeza.	**4. Tengo dolor de cabeza desde hace tres horas.**
5. Vivo en España.	**5. Vivo en España desde hace 10 años.**
1. I'm a teacher.	**1. I've been a teacher for 25 years.**
2. I know you.	**2. I've known you for a month.**
3. I do it.	**3. I've been doing it for many years.**
4. I have a headache.	**4. I've had a headache for three hours.**
5. I live in Spain	**5. I've been living in Spain for 10 years.**

La primera columna de frases en español y en inglés expresan estados o acciones del presente y nada más.

Las frases de la segunda columna se remontan a algún momento del pasado y traen el estado o la acción hasta el presente inclusive.

Con verbos de acción (**do**, **live**, **work**, **talk**, **walk**, etc.), usamos normalmente el participio del verbo "**to be**" (**been**) más el gerundio del verbo (**doing**, **walking**, etc.):

Hablo con ella desde hace tres minutos = **I've been talking to her for three minutes.**

Si no es un verbo de acción (**have**, **know**, **want**, **need**, etc.), entonces no insertamos el participio "**been**":

Tengo este coche desde hace 10 años = **I've had this car for 10 years**

Necesito dinero desde hace dos meses = **I've needed money for two months.**

Si alguna vez has tropezado con un angloparlante cuyo español todavía era bastante deficiente, posiblemente le hayas oído decir algo así como:

Sólo he estado en España para dos meses.

He estado viviendo en esta casa para un año.

Estas frases suenan un poco graciosas en castellano, puesto que son una traducción literal de la forma en que se dicen en inglés.

(Continúa)

← 24.10 →

Present perfect continuous

For - since

(Continuación)

Muchos alumnos confunden "**since**", "**from**" y "**for**".

Since	*desde* (hasta hoy inclusive)
From... to	*desde... hasta* (estado o acción del pasado)
For	*desde hace* (durante)

Since	**I've known him since 1989.** **I've been here since the meeting began.**	*Le conozco desde 1989.* *Estoy aquí desde que empezó la reunión.*

"**Since**" es desde un punto en el pasado (y hasta ahora inclusive). Sólo se usa dentro del presente perfecto continuo.

From ...to	**I knew him from 1989 until he died.** **I was there from 12:00 to 2:00.** **I'll be there from Monday to Friday.**	*Le conocía desde 1989 hasta que murió.* *Estuve allí desde las doce hasta las dos.* *Estaré allí desde el lunes hasta el viernes.*

"**From**" siempre va acompañado de "**to**", ya que expresa un **período de tiempo cerrado**, con principio y fin, ya sea en el pasado o en el futuro.

For	**I've known him for 10 years.** **I've been here for two hours.**	*Le conozco desde hace 10 años.* *Estoy aquí desde hace dos horas.*

"**For**" expresa el período de tiempo durante el cual el estado o acción están vigentes (dando por sentado que aún sigue vigente también).

No se puede emplear la palabra "**during**" en este caso. "**During**" (*durante*) se usa cuando nos referimos a una acción o una serie de acciones que tuvieron lugar o que tendrán lugar durante un período de tiempo concreto.

I flew 23 missions during the war.

Volé 23 misiones durante la guerra.

I'll give two speeches during the convention.

Pronunciaré dos discursos durante la convención.

Si te sirve de mayor aclaración, te pondré una frase que contiene tanto "**during**" como "**for**". En castellano, la frase contiene *'durante'* dos veces:

I was stationed in North Africa for two years during the war.

Estuve destinado al Norte de África durante dos años durante la guerra.

(Continúa)

← 24.10

Present perfect continuous

For - since

(Continuación)

Por último, permíteme poner una larga lista de ejemplos de frases en el presente habitual junto con la forma en que se construyen en el presente perfecto continuo:

He's happy. *Él es feliz.*	**He's been happy for years.** *Él es feliz desde hace años.*
I like her. *Ella me gusta.*	**I've liked her since the first day I saw her.** *Ella me gusta desde el primer día en que la vi.*
Do you know them? *¿Les conoces?*	**How long have you known them?** *¿Desde hace cuánto tiempo les conoces?*
Do you come here by car? *¿Vienes aquí en coche?*	**How long have you been coming here by car?** *¿Desde hace cuánto tiempo vienes aquí en coche?*
I deal with the purchasing manager. *Trato con el jefe de compras.*	**I've been dealing with the purchasing manager for years.** *Trato con el jefe de compras desde hace años.*
The earth is round. *La tierra es redonda.*	**The earth has been round since the beginning of time.** *La tierra es redonda desde el comienzo de los tiempos.*
There are several problems. *Hay varios problemas.*	**There have been several problems since he came here.** *Hay varios problemas desde que él vino aquí.*
She's after me. *Ella está detrás de mí.*	**She's been after me for months.** *Ella está detrás de mí desde hace meses.*
They're sitting on that bench. *Están sentados en aquel banco.*	**They've been sitting on that bench for an hour.** *Están sentados en aquel banco desde hace una hora.*

Otra forma de concebir el presente perfecto continuo en inglés es recordando la expresión en castellano *'llevar'*:

Llevo tres meses aquí = **I've been here for three months.**
¿Cuánto tiempo llevan casados? = **How long have they been married.**
Llevo dos horas con un terrible dolor de cabeza = **I've had a terrible headache for two hours.**

24.11 Present perfect continuous – drills

How long...

Veamos cómo enfrentarte a preguntas en el presente perfecto continuo, preguntas sobre el tiempo que llevas haciendo una u otra cosa. Seguramente la mayoría serán sobre ti, por lo que deberás decir:

I've been... working, living, studying, etc.... for "x" months, years, etc.

ó **I've been... working, living, studying, etc.... since 1991, last year**, etc.

Recuerda pronunciar bien "**I've**" → */áif/*

Si aprendes a contestar bien y rápidamente a estas preguntas, entonces seguramente podrás "aprobar" muchas pruebas orales de inglés para acceder a puestos de trabajo.

Si quieres trabajar en una empresa y te hacen someterte a una prueba oral de inglés, seguramente el entrevistador te hará varias preguntas como las siguientes:

How long have you been working in your present company?

How long have you been looking for a job?

How long have you been studying English?

Etc.

Así que si prevés en algún momento buscar un nuevo empleo, prepárate para este tipo de preguntas.

I've */áif/* **been working in my present company for seven years.**

I've */áif/* **been looking for a job for two months.**

I've */áif/* **been studying English for three years.**

Etc.

24.12 → Simple past vs. present perfect continuous

Ya te bombardeé en la unidad anterior con la diferencia entre el pasado simple y el presente perfecto simple (**I saw him twice yesterday --- I've seen him twice today**).

Permíteme ahora bombardearte un poco con la misma diferencia pero con el presente perfecto continuo. Pongámonos un caso extremo:

Digamos que estoy en el aeropuerto de Barajas, sentado en un avión y con la intención de volver a mi país de origen para siempre. Dejo España. Un señor está sentado a mi lado y entablamos una conversación durante la cual le comunico mis intenciones. El avión todavía está en la pista de despegue. En el transcurso de esta conversación, el señor me pregunta:

How long have you been living in Spain?

Le respondo: **I've been living in Spain for 25 years. (o ...since 19...)**

(Continúa)

← 24.12 Simple past vs. present perfect continuous

(Continuación)

Ahora bien, digamos que esta misma conversación, en vez de transcurrir en la pista de despegue, transcurre tres minutos después, cuando el avión ya ha despegado y está en el aire. Entonces el breve intercambio de pregunta y respuesta tendría que formularse como sigue:

How long did you live in Spain?

I lived in Spain for 25 years. (o ...from 19... to three minutes ago)

Si el señor sentado a mi lado sabe bien inglés, empleará sin pensarlo el presente perfecto continuo en el primer intercambio y el pasado simple en el segundo, ya que en el primer caso todavía estoy en España, mientras que en el segundo caso, tres minutos después, ya no estoy en el país... mis 25 años de estancia se acaban de convertir en una acción o hecho del pasado.

Veamos preguntas sobre personas famosas vivas y muertas, o sobre hechos que todavía tienen vigencia o que ya no la tienen. Te pongo dos ejemplos:

Te preguntamos:	**How long was Cary Grant a famous actor?**
Y tú responderás:	**He was a famous actor for 40 years.** **He was a famous actor from 1935 to 1975.**
Luego preguntaremos:	**And Robert Redford?**
Y tú responderás:	**He's been a famous actor for 35 years.** **He's been a famous actor since 1965.**

En el primer intercambio, hablamos de un actor muerto, por lo que usamos "was" y "from...to".
En el segundo intercambio, hablamos de un actor vivo, por lo que usamos "has been" y "since".

Inventa preguntas y respuestas con personajes conocidos.

24.13 Simple past vs. present perfect continuous

(Continuación)

Este punto es idéntico al anterior salvo que seguramente tendrás que formular tú las preguntas. Te pongo dos ejemplos:

How long was Elizabeth I the queen of England?

How long has Elizabeth II been the queen of England?

La primera reina murió hace 400 años. La segunda sigue reinando.

Por cierto, para decir "**Elizabeth II**", por ejemplo, decimos: **Elizabeth the second**

24.14 Translation booklet / Vocabulary booklet

Translation booklet y **Vocabulary booklet.**

24.15 Present perfect continuous

(Continuación)

Ahora, te pediremos que hagas una serie de preguntas sobre el tiempo que él o ella lleva haciendo tal o cual cosa. Sigue el modelo del ejemplo.

Teacher:	**Ask me how long I've been teaching English.**
Student:	**How long have you been teaching English?**
Teacher:	**I've been teaching English for .... years.**

La expresión **"...have you..."** se pronuncia: */jáviu/*

24.16 Present perfect continuous

(Continuación)

Aquí te explicaremos situaciones y tú tendrás que responder con el presente perfecto continuo o con el pasado simple, según la situación. Te pongo dos ejemplos para que puedas crear los tuyos propios.

Teacher:	**Peter moved to his present house 3 years ago and he still lives there.**
Student:	**Peter has been living in his present house since 2010. He's been living there for 3 years.**
Teacher:	**John began working for the NASA in 1990. He died in 1998.**
Student:	**John worked for the NASA from 1990 to 1998. He worked there for 8 years.**

En otras palabras, imagina una situación que empezó en un momento dado y que o bien terminó en otro momento dado o sigue vigente.

Recuerda: **"since"** *(desde)* se usa con el presente perfecto. Significa *'desde'* (hasta ahora inclusive)

"from... to" *(desde...hasta)* se usa en el pasado o en el futuro para expresar un período de tiempo que tiene un comienzo **y un fin**.

24.17 → Present perfect continuous

(Non-action verbs)

Aquí haz frases con verbos que no sean de acción.

Verbos de acción: **talk**, **walk**, **run**, **play**, **eat**, etc.

Verbos no de acción: **know**, **have**, **need**, **want**.

Con verbos de acción, el presente perfecto continuo se forma con "**have/has" + been + gerundio**":

I've been preparing this method for four months.

Estoy preparando este método desde hace cuatro meses.

Llevo cuatro meses preparando este método.

Vengo preparando este método desde hace cuatro meses.

(Continúa)

← 24.17 Present perfect continuous (non-action verbs)

(Continuación)

Con verbos no de acción, el presente perfecto continuo se forma con "**have/has" + el participio**":

I've had this headache all day.
Tengo este dolor de cabeza todo el día.
Llevo todo el día con este dolor de cabeza.

I've known my wife for 23 years.
Conozco a mi mujer desde hace 23 años.

I've wanted a Jaguar since I was 9 years old.
Quiero un Jaguar desde que tenía 9 años.

En los tres últimos ejemplos, no podemos decir: **I've been having** o **I've been knowing** etc.

En castellano es igual: No puedes decir ***'Estoy conociendo a mi mujer desde hace 23 años'*** o ***'estoy teniendo este dolor de cabeza todo el día'***.

El verbo "**to have**" (*tener*) sólo puede usarse como verbo de acción cuando significa ***'tomar'*** en el sentido de tomar copas, tomar el desayuno, etc.

I've been having lunch in that restaurant for years.
Como en ese restaurante desde hace años.
Llevo años comiendo en ese restaurante.

24.18 → Still – yet – already – anymore

Llevo 25 años intentando que mis alumnos asimilen estas cuatro expresiones. Primero voy a entrar en el tema desde el ángulo del inglés. Después, volveré a entrar en el mismo tema pero desde el ángulo del español.

Theoretical explanation

Theoretical explanation	
Yet = *'Ya'* o *'todavía'*	
Significa *'ya'* en preguntas solamente:	
¿Has comido ya?	**Have you eaten yet?**
Significa *'todavía'* en frases negativas:	
No he comido todavía.	**I haven't eaten yet.**
Yet: sólo se emplea en el presente perfecto, como en los dos ejemplos, o en el pluscuamperfecto cuando se trata de reported speech:	
Me dijeron que él no había comido todavía.	**They told me he hadn't eaten yet.**

(Continúa)

← 24.18 →

Still - yet - already - anymore

(Continuación)

Already = *Ya*: Significa *'ya'* en el afirmativo solamente:

Ya he comido.	**I've already eaten.**

Nota cómo "**already**" siempre se inserta entre el verbo auxiliar "**have**" y el participio (en este caso "**eaten**"). Es decir, decimos literalmente: *He ya comido.*

"**Already**" se usa únicamente en el presente perfecto o en el presente habitual:

Presente perfecto:	**They've already come.**	*Ya han venido.*
Presente habitual:	**They're already here.**	*Ya están aquí.*
Pluscuamperfecto:	**He said they'd already come.**	*Dijo que ya habían venido.*

Still = *Todavía:* Significa *'todavía'* en el afirmativo o negativo solamente y expresa la idea de una acción que continúa en vías de realización o un hecho que sigue en vigor:

¿Todavía la quieres? *Sí, todavía la quiero.*	**Do you still love her?** **Yes, I still love her.**
¿Sigues trabajando con él? *Sí, sigo trabajando con él.*	**Are you still working with him?** **Yes, I'm still working with him.**

"**Still**" solamente se usa en el presente habitual o en el pasado. Nunca se usa en el presente perfecto. "**Still**" es *'todavía'* en el sentido de los verbos *'continuar'* o *'seguir'*. El primer ejemplo *(¿Todavía la quieres?)*, podría igualmente formularse con el verbo *'seguir'*:

¿La sigues queriendo?

Si ya estás hecho un lío, no te preocupes. Pondré un sinnúmero de ejemplos en este punto. Primero, sin embargo, debo introducir la cuarta expresión: anymore

Anymore = *ya no*

Esta expresión es justo la contraria de "**still**":

¿Todavía la quieres? *No, ya no la quiero.*	**Do you still love her?** **No, I don't love her anymore.**
¿Sigues trabajando con él? *No, ya no estoy trabajando con él.*	**Are you still working with him?** **No, I'm not working with him anymore.**

"**Anymore**" tiene dos formas adicionales de expresarse:

Any longer *No longer*	**I'm not working with him any longer.** **I'm no longer working with him.**

La segunda alternativa contiene el agente negador "**no**", por lo que la frase se inicia en forma afirmativa.

(Continúa)

← 24.18 →

Still – yet – already – anymore
(Continuación)

Ya = "**already**" o "**yet**"

Significa "**already**" en afirmativo solamente:

He's already dead.	*El ya está muerto.*

Significa "**yet**" en preguntas solamente:

Is he dead yet?	*¿Está ya muerto?*

'Todavía' = "**still**" o "**yet**"

Significa "**still**" solamente en preguntas o en frases afirmativas dentro de la idea de "seguir" o "continuar":

Is he still alive? **Yes, he's still alive.**	*¿Está todavía vivo? (¿Sigue vivo?)* *Sí, está todavía vivo. (Sí, sigue vivo.)*

Significa "**yet**" en el negativo solamente:

He's not dead yet.	*No está muerto todavía.*

Ya no = **anymore**

"**Anymore**" es cuando la acción ya ha dejado de estar en vías de realización o cuando el hecho ya ha dejado de tener vigencia.

He's not alive anymore. **I don't work there anymore.**	*El ya no está vivo.* *Ya no trabajo allí.*

Seguramente entiendes menos ahora que al principio, así que voy a poner muchos ejemplos a continuación:

¿Ha empezado ya la clase? *No, la clase no ha empezado todavía.* *Sí, la clase ya ha empezado.* *Ya no estamos esperando que empiece.*	**Has the class started yet?** **No, the class hasn't started yet.** **Yes, the class has already started.** **We aren't waiting for it to start anymore.**
Ya he empezado el cuadro pero no lo he terminado todavía. *Todavía estoy trabajando en el cuadro pero ya he terminado la primera mitad.* *Ya no estoy en la primera mitad porque ya lo he terminado.*	**I've already started the painting but I haven't finished it yet.** **I'm still working on the painting but I've already finished the first half.** **I'm not on the first half anymore because I've already finished it.**
Siguen jugando al ajedrez. *Ya no están jugando al ajedrez.* *Ya han terminado de jugar.* *No han empezado la 2ª partida todavía.*	**They're still playing chess.** **They aren't playing chess anymore.** **They've already finished playing.** **They haven't started the second match yet.**

(Continúa)

24.18 Still - yet - already - anymore

(Continuación)

¿Todavía eres amigo mío?	**Are you still a friend of mine?**
¿Sigues siendo mi amigo?	**Are you still my friend?**
Sí, todavía soy tu amigo.	**Yes, I'm still your friend.**
No, ya no somos amigos.	**No, we're not friends anymore.**
Ya he encontrado otro amigo.	**I've already found another friend.**
No he encontrado otro amigo todavía.	**I haven't found another friend yet.**
¿Has desayunado ya?	**Have you had breakfast yet?**
Sí, ya he desayunado.	**Yes, I've already had breakfast.**
No, no he desayunado todavía.	**No, I haven't had breakfast yet.**
¿Tiene Inglaterra imperio aún?	**Does England still have an empire?**
No, ya no tiene imperio.	**No, it doesn't have an empire anymore.**
¿Todavía me quieres?	**Do you still love me?**
Sí, todavía te quiero.	**Yes, I still love you.**
No, ya no te quiero.	**No, I don't love you anymore.**
Ya he encontrado a otra persona.	**I've already found another person.**
¿Le has visto ya?	**Have you seen him yet?**
No, no le he visto todavía.	**No, I haven't seen him yet.**
Sí, ya le he visto.	**Yes, I've already seen him.**
No, sigo esperando verle.	**No, I'm still waiting to see him.**
¿Eres rico ya?	**Are you rich yet?**
Sí, ya soy rico.	**Yes, I'm already rich.**
Ya no soy pobre.	**I'm not poor anymore.**
No, no soy rico todavía.	**No, I'm not rich yet.**
Sigo intentando hacerme rico.	**I'm still trying to become rich.**

24.19 Still - yet - already - anymore

Vamos a ayudarte a ilustrar una situación que vamos a describir

Verás, por ejemplo, a un pintor:

1) que no ha comenzado todavía a pintar el cuadro (**he hasn't started...yet**)

2) que ya ha empezado pero que no ha terminado todavía (**he's already started but he hasn't finished yet... he's still painting**)

3) que ya ha terminado (**he's already finished... he's not painting anymore**)

Si te has hecho con el uso de las cuatro expresiones, entonces seguramente podrás describir escenas similares sin grandes problemas.

24.20	**Still – yet – already – anymore** *(Continuación)*	Este punto es una continuación del anterior. Vamos a ver una secuencia parecida a la anterior: Digamos que vemos a un señor disponiéndose a nadar un largo en una piscina. Sigamos la secuencia de las acciones, en castellano y en inglés: *Va a saltar al agua pero no lo ha hecho todavía.* **He's going to jump into the water, but he hasn't done it yet.** *Ya ha saltado al agua, así que ya no está de pie fuera de la piscina.* **He's already jumped into the water, so he's not standing out of the swimming pool anymore.** *Ya está nadando pero no ha llegado a la mitad todavía.* **He's already swimming but he hasn't reached the middle yet.** *Todavía está en la primera mitad de la piscina.* **He's still in the first half of the swimming pool.** *Ya ha pasado la mitad pero no ha llegado al otro extremo todavía.* **He's already passed halfway but he hasn't reached the other end yet.** *Todavía está nadando.* (Sigue nadando) **He's still swimming.** *Ya ha llegado al otro extremo, así que ya no está nadando.* **He's already reached the other end, so he's not swimming anymore.**
24.21	**Translation booklet** **Vocabulary booklet**	**Translation booklet** y **Vocabulary booklet:**
24.22 →	**Regular verbs in past** **Pronunciation of endings** *(Continúa)*	Pronunciación de verbos regulares en el pasado y en el presente perfecto. Usaremos la tercera columna de la lista de verbos regulares. Para el uso del presente perfecto (*he preguntado*), usarás la expresión "**lately**" (*últimamente*). Esta expresión en inglés siempre va acompañada del presente perfecto. Diremos, por ejemplo: **Every day I accept.** *(Cada día acepto.)* Y tú responderás diciendo: **Yesterday I accepted.** *(Ayer acepté.)* **Lately I've accepted.** *(Últimamente he aceptado.)* Seguiremos este mismo patrón para todos los verbos de la tercera columna de la lista de verbos regulares

← 24.22	**Regular verbs in past** **Pronunciation of endings** *(Continuación)*	Es un ejercicio un poco aburrido y repetitivo, pero es importantísimo para que te concientes de la pronunciación de las terminaciones de los verbos regulares en el pasado y en su forma de participio en el presente perfecto. Siempre hay una parte más odiosa en el aprendizaje de un idioma y el inglés no es excepción. Tienes que dominar la pronunciación de estas terminaciones y este ejercicio es el mejor para que vayas mentalizándote.
24.23	**Quick irregular verb review**	Este ejercicio es idéntico al anterior pero con verbos irregulares. Vamos a repasar constantemente y de muchas formas el uso de los verbos irregulares.
24.24	**Ever - never** **Drill work**	Aquí seguimos machacando la diferencia entre el pasado simple y el presente perfecto, con el mismo ejercicio que vimos varias veces en la unidad anterior.

Diremos, por ejemplo:	**Every day I write.** *(Cada día escribo.)*
Y tú responderás diciendo:	**Yesterday I wrote.** *(Ayer escribí.)*
	Lately I've written. *(Últimamente he escrito.)*

Esta vez utilizaremos los siguientes verbos extraídos de la lista de los 70 verbos irregulares más relevantes expuesta antes de la unidad 22:

write / wrote / written	**build / built / built**	**come / came / come**	**drive / drove / driven**
become / became / become	**buy / bought / bought**	**cost / cost / cost**	**eat / ate / eaten**
begin / began / begun	**bring / brought / brought**	**cut / cut / cut**	**fall / fell / fallen**
blow / blew / blown	**catch / caught / caught**	**do / did / done**	**feel / felt / felt**
break / broke / broken	**choose / chose / chosen**	**drink / drank / drunk**	**fight / fought / fought**

When was the last time you did something for my sister?

¿Cuándo hiciste por última vez algo para mi hermana?

I've never done anything for your sister.

Nunca he hecho nada para tu hermana.

25.1 Fractions and percentages

Percent

Half

Point (decimal point)

Is the same as...

Aquí seguimos con la revisión de fracciones, porcentajes, decimales y "**the same as**"

1/2 is the same as 50% (one-half is the same as 50%)

1/4 is the same as 25% (one-fourth is the same as 25%)

Tienes que escribir 10 ejemplos de fracciones y leerlas en alto.

He aquí ejemplos de fracciones:

1/2	**One-half**	5/8	**Five-eighths** */eitzs/*
1/4	**One-fourth**	6/7	**Six-sevenths**
2/3	**Two-thirds**	2/9	**Two-ninths**
3/5	**Three-fifths**	1/10	**One-tenth**

25.2 Number pronunciation

Esta es la décimo octava (**eighteenth**) vez que nos dedicamos al dictado y pronunciación de números.

Recuerda: **Two hundred and thirty-three thousand eight hundred and fifty-four (233.854)**

Recuerda también las comas en vez de los puntos.

Así decimos números superiores a un millón:

Three million eight hundred and forty-six thousand nine hundred and eleven
(**3,846,911**)

Escribe 20 números en un papel y luego pronúncialos en alto. Cada día deberás ir haciéndolo más rápido.

25.3 Number pronunciation

Pronunciación y vocalización de los números. Di en voz alta del 1 al 100.

25.4 Review of the days of the week

Días de la semana. Recuerda:

Martes – **Tuesday** */tiúsdei o túsdei/*
Miércoles – **Wednesday** */uénsdei/*
Jueves – **Thursday** */zérsdei/*

Pronuncia en alto los 7 días de la semana.

25.5 Review of the months of the year

En esta sección repasaremos los meses. Debes pronunciar en alto los 12 meses. Te los vuelvo a poner fonéticamente: Debrías saberlo pronunciar correctamente de memoria.

January	*/chániueri/*	**May**	*/méi/*	**September**	*/septémber/*
February	*/fébrueri/*	**June**	*/chun/*	**October**	*/actóber/*
March	*/march/*	**July**	*/chulái/*	**November**	*/nofémber/*
April	*/éipral/*	**August**	*/áugast/*	**December**	*/disémber/*

25.6	**Review of ordinal numbers and dates**	Se tarda mucho en dominar bien los números ordinales. Por eso, vamos a hacer este ejercicio en todas las unidades hasta la 35 inclusive. **Saturday, the first. Sunday, the second. Monday, the third. Tuesday, the fourth. Wednesday, the fifth. Thursday, the sixth. Friday, the seventh. Saturday, the eighth. Sunday, the ninth, etc. etc. etc. hasta el día 31 (..., the 31st).**
25.7	**Review of dates**	En esta sección debes inventar 10 fechas y formularlas en alto en las dos formas conocidas. Britántico: **the thirty-first of August, 1999** (literalmente: *el trigésimo primero de agosto, 1999*) Americano: **August thirty-first, 1999** (literalmente: *agosto trigésimo primero, 1999*)
25.8	**Review of years**	Escribe 20 años en un papel y prueba a pronunciarlos en alto correctamente. Recuerda que decimos los años como sigue: *Diecinueve noventa y nueve (1999)* Recuerda también que en inglés nunca ponemos una coma o punto en el año. Escribimos **1999**. No escribimos **1.999** o **1,999**.
25.9	**Review of telling time**	Escribe 10 horas en un papel y dilas en alto. **It's 2 o'clock** **It's 15 minutes to 3:00** **It's ten-thirty** **It's five forty-five**
25.10 →	**to be able to** **Theoretical explanation** (Continúa)	*Poder* – **To be able to** Este verbo es un caso aparte en cuanto a su conjugación. Literalmente significa *'ser capaz de'* o *'estar capacitado para'*. "**To be able to**" en el tiempo presente: Normalmente utilizamos la forma "**can**" en el presente. Sin embargo, también se puede usar "**be able to**": **I can read French** **I am able to read French** **She can go whenever she wants** **She's able to go whenever she wants** Ahora bien, es recomendable usar "**can**" en el presente, ya que cubre más significados. La segunda frase de cada par de frases citadas arriba se asemeja mucho a la idea de *'estar capacitado para'*. De hecho, la cuarta frase citada suena un poco extraña, ya que no se suele decir que alguien *'está capacitado para ir cuando quiera'*.

← 25.10 →

To be able to

Theoretical explanation

(Continuación)

La expresión "**can**" admite más usos:

SABER

I can speak German

Sé hablar alemán

PERMISO

You can go if you've finished your homework

Puedes ir si has terminado tus deberes

POSIBILIDAD

It can rain quite often here in the summer

Puede llover bastante a menudo aquí en verano

En ninguno de estos tres casos puede utilizarse la expresión "**be able to**".

"To be able to" en el tiempo del pasado:

En el pasado es muy corriente utilizar la expresión "**could**" (*pude, podía*). Ahora bien, los filologos dirán que es incorrecto, ya que "**could**" es una forma del condicional (*podría*). Afirman que hay que emplear siempre "**was able to**" o "**were able to**". Y realmente tienen razón. Recomiendo que uses "**was o were able to**" en el pasado:

Al final pude verle durante unos cinco minutos.

In the end, I was able to see him for about five minutes.

Sonaría un poco extraño en inglés decir: **In the end, I could see him...**

Sin embargo, usamos "**could**" y sobre todo el negativo "**couldn't**" mucho en el pasado:

In the end, I couldn't talk to him.

Puesto que te será difícil seguramente llegar a un dominio tal del idioma que te permita "discriminar" automáticamente entre pequeñísimas matices de uso, te sugiero uses "**was o were able to**":

I wasn't able to contact him

No pude contactar con él

Napoleon was able to inspire his troops

Napoleón podía inspirar a sus tropas

"To be able to" en el futuro:

Siempre se usa "**will be able to**" o "**won't be able to**" (en negativo)

Will you be able to attend the meeting?

¿Podrás asistir a la reunión?

(Continúa)

← 25.10

To be able to

Theoretical explanation

(Continuación)

I'll be able to see him later this afternoon.
Podré verle más tarde esta tarde.

They won't be able to participate in the project.
No podrán participar en el proyecto.

"To be able to" como infinitivo:

No existe la expresión "**to can**". Sólo existe el infinitivo "**to be able to**":

Es importante poder hablar bien inglés = **It's important to be able to speak English well.**

"To be able to" en el condicional:

No hemos visto el condicional todavía, pero te doy un avance. Existen dos formas en inglés para decir, por ejemplo, *'yo podría'*:

I could

I would be able to

Recomiendo la primera por los mismos motivos que los expuestos en el primer apartado sobre "**can**" y "**be able to**".

Por cierto, la "**l**" de "**could**" es muda, no se pronuncia.

25.11 →

Will be able to

By

By this time next year

Suddenly

(Continúa)

Este punto es un simple desarrollo del futuro del verbo *'poder'*: **will be able to**

Es posible que en alguna pregunta aparezca la preposición "**by**".

Los libros de gramática dicen que "**by**" significa *'por'*:

Don Quixote de la Mancha was written by Miguel de Cervantes.

Don Quijote de la Mancha fue escrito por Miguel de Cervantes.

Ahora bien, "**by**" también puede traducirse al castellano como *'para'* en casos muy concretos:

I'll be able to finish it by the end of November.

Podré terminarlo para finales de noviembre.

Muchos españoles usan mal la preposición "**by**" en este sentido. Dicen por ejemplo:

We will hold the meeting by the end of November

← 25.11	**Will be able to** **By** **By this time next year** **Suddenly** *(Continuación)*	Esta frase seguramente está mal, puesto que el que la dice probablemente quiere decir lo siguiente: **We will hold the meeting at the end of November.** *Mantendremos la reunión a finales de noviembre.* La expresión "**by the end of November**" no significa necesariamente que la reunión tendrá lugar a finales de noviembre. Significa que **para finales de dicho mes,** la reunión ya habrá tenido lugar. A lo mejor tendrá lugar el día 17 de noviembre... da igual. Lo importante al decir "**by the end of November**" es que al llegar a su fin el mes en cuestión, la reunión ya se habrá mantenido. Veamos un ejemplo más claro: **I will kill three people at the end of this year.** **I will kill three people by the end of this year.** En el primer caso, mi intención es matar a tres personas el 31 de diciembre o en fechas muy próximas al día 31. En el segundo caso, mi intención es terminar el año habiendo ya matado a tres personas, independientemente de las fechas de los homicidios.
25.12	**Was/were able to** **Could**	Este punto presenta una serie de ejercicios para consolidar *'podía'*, *'podíamos'* etc., es decir, el pasado de "**to be able to**". Imagina una frase con "**was/were able to**" y vuelve a formularla usando "**could**". Por ejemplo: Teacher: **I wasn't able to speak to my parents last weekend.** Student: **I couldn't speak to my parents last weekend.** Al reves: Teacher: **Napoleon couldn't defeat the Russian army.** Student: **Napoleon wasn't able to defeat the Russian army.** Teacher: **Could you see him last night?** Student: **Were you able to see him last night?**
25.13	**Translation booklet** **Vocabulary booklet**	**Translation booklet** y **Vocabulary booklet:**

25.14 Regular verbs in past

Pronunciation of endings

Pronunciación de verbos regulares en el pasado y en el presente perfecto.

Ahora usaremos la primera columna de la lista de verbos regulares.

Para el uso del presente perfecto (***he preguntado***), usarás la expresión "**lately**" (***últimamente***). Esta expresión en inglés siempre va acompañada del presente perfecto.

Diremos, por ejemplo:	**Every day I agree.** *(Cada día estoy de acuerdo.)*
Y tú responderás diciendo:	**Yesterday I agreed.** *(Ayer estuve de acuerdo.)*
	Lately I've agreed. *(Últimamente he estado de acuerdo.)*

25.15 Quick irregular verb review

Este ejercicio es idéntico al anterior pero con verbos irregulares.

Diremos, por ejemplo:	**Every day I find.** *(Cada día encuentro.)*
Y tú responderás diciendo:	**Yesterday I found.** *(Ayer econtré.)*
	Lately I've found. *(Últimamente he encontrado.)*

Esta vez utilizaremos los siguientes verbos extraídos de la lista de los 70 verbos irregulares más relevantes expuesta antes de la unidad 22:

find / found / found	**go / went / gone**	**hurt / hurt / hurt**	**lend / lent / lent**
fly / flew / flown	**grow / grew / grown**	**keep / kept / kept**	**let / let / let**
forget / forgot / forgotten	**have / had / had**	**know / knew / known**	**lose / lost / lost**
get / got / got o gotten	**hear / heard / heard**	**lead / led / led**	**make / made / made**
give / gave / given	**hold / held / held**	**leave / left / left**	**mean / meant / meant**

25.16 There were

There have been

Aquí vamos a hacer ese ejercicio para diferenciar el presente perfecto del pasado simple. Sin embargo, nos vamos a centrar en las expresiones:

Hubo o había	**There was or There were**
Ha habido	**There has been or There have been**

Realiza este ejercicio basándote en el siguiente ejemplo de intercambio:

Teacher	Student
How many strikes were there in your company last month?	**There weren't any strikes in my company last month.**
And so far this week?	**There haven't been any strikes in my company this month either.**

25.17 Pronunciation practice: T+U

Este punto es un repaso del **punto 22.20** Está dedicado a llamarte la atención sobre la pronunciación del sonido fonético producido por la unión de la "**t**" y la "**u**", como en la palabra *'futuro'*

En inglés, cuando ves una "**t**" seguida por una "**u**", en el 99% de las veces, la pronunciación es:

chú

Te voy a poner una serie de ejemplos de palabras en inglés y su pronunciación. Los españoles normalmente pronunciáis mal estas palabras.

Future	*/fiúchur/*	**Natural**	*/náchural/*
Picture	*/píkchur/*	**Agriculture**	*/ágrikalchur/*
Furniture	*/férnichur/*	**Capture**	*/kápchur/*
Nature	*/néichur/*	**Statue**	*/stáchu/*
Cultural	*/kálchural/*	**Legislature**	*/léchisleichur/*
Portugal	*/pórchugal/*	**Naturally**	*/náchurali/*
Mature	*/machúr/*	**Culture**	*/kálchur/*
Mixture	*/míkschur/*	**Torture**	*/tórchur/*

25.18 Review: How long does it take...

¿Cuánto se tarda...?	**How long does it take...?**	**It takes...**
¿Cuánto tardas...?	**How long does it take you...?**	**It takes me...**
¿Cuánto tardan...?	**How long does it take them...?**	**It takes them...**
¿Cuánto tarda él...?	**How long does it take him...?**	**It takes him...**
¿Cuánto se tardó...?	**How long did it take...?**	**It took...**
¿Cuánto tardaste...?	**How long did it take you...?**	**It took me...**
¿Cuánto se tardará...?	**How long will it take...?**	**It will take...**
¿Cuánto tardará ella...?	**How long will it take her...?**	**It will take her...**

Creo que sobran los comentarios. En inglés no existe el verbo *'tardar'*. Recurrimos al verbo "**to take**" (*llevar, tomar*).

Por tanto, en vez de de decir, *'tardo 3 horas en hacerlo'*, decimos:

Ello me lleva tres horas hacerlo. **(It takes me three hours to do it.)**

25.19 **Mastering the interrogative**

Este punto te va a volver loco y, con el paso del tiempo, me vas a coger manía por someterte a la disciplina que este punto exige.

Estoy cansado ya de ver cómo mis alumnos no acaban de aprender a formular preguntas en inglés, ni las más sencillas muchas veces. Yo lo achaco a que sus profesores anteriores no atendían bien esta cuestión. Siempre es más fácil para el profesor hacer todas las preguntas que obligar al alumno a hacerlas. Lo entiendo, pero esto no le exonera.

Conozco a varios alumnos que me han dicho que se callaron en una determinada reunión en inglés porque no estaban seguros de cómo formular la pregunta que querían hacer. "Más vale callarse que quedar en evidencia delante de los demás".

No estoy de acuerdo con esta actitud. Debes formular la pregunta aunque te salga al revés. Pero en fin, mi objetivo aquí, y en las 33 veces más en las que volverá a aparecer este punto, es torturarte con la formulación del interrogativo en inglés.

Si logras llegar al final de este Manual, serás un maestro en la construcción de preguntas en inglés. Pero sufrirás en el camino, eso sí.

El ejercicio es sencillo: Inventa la respuesta y después formula la pregunta que suscitaría dicha respuesta. Te pongo un ejemplo sencillo:

Respuesta: **My shirt is blue.**

Pregunta: **What color is your shirt?**

Es sencillo, ¿no? (**It's simple, isn't it?**). Ahora bien, también aparecerán intercambios como el siguiente:

Respuesta:	**It would have taken me two hours if I had had a car.**
Pregunta:	**How long would it have taken you if you had had a car?**

En fin, no te asustes todavía. Para cuando queramos llegar a intercambios como éste, seguramente estarás preparado.

25.20 →

What does he look like?

What is he like?

(Continúa)

Si te pido que vayas al aeropuerto para recoger a un amigo mío y tú no le conoces, lo lógico es que me preguntes:

What does he look like?

(¿Cómo es de aspecto?)

Ahora bien, si te digo que ese mismo amigo va a ser tu jefe directo, lo lógico es que me preguntes:

What is he like?

(¿Cómo es como persona?)

← 25.20	**What does he look like?** **What is he like?** *(Continuación)*	What does José María Aznar look like? — He's short, slim, and has a moustache. What is José María Aznar like? — I don't really know. He seems like a relatively quiet, serious man. **To look like** = parecerse a, tener pinta de, exhibir características físicas, etc. **To be like** = reunir características psicológicas, de personalidad o de temperamento
25.21	**Translation booklet** **Vocabulary booklet**	**Translation booklet** y **Vocabulary booklet:** Recuerda hacer una lista diariamente y repasar la del día anterior.
25.22 →	**Would like**	Este punto es muy fácil y seguramente ya conoces de sobra la expresión "**would like**". Es la forma condicional del verbo "**to like**":

Sin contracción	Con contracción	
I would like	I'd like	*Me gustaría o quisiera*
You would like	You'd like	*Te gustaría o quisieras*
He would like	He'd like	*Le gustaría a él o él quisiera*
She would like	She'd like	*Le gustaría a ella o ella quisiera*
We would like	We'd like	*Nos gustaría o quisiéramos*
You would like	You'd like	*Os gustaría o quisiérais*
They would like	They'd like	*Les gustaría o quisieran*

Negativo	Negativo contraído	Interrogativo
I would not like	I wouldn't like	Would I like...?
You would not like	You wouldn't like	Would you like...?
He would not like	He wouldn't like	Would he like...?
She would not like	She wouldn't like	Would she like...?
We would not like	We wouldn't like	Would we like...?
You would not like	You wouldn't like	Would you like...?
They would not like	They wouldn't like	Would they like...?

"**Would**" se pronuncia exactamente igual que la palabra "**wood**" (*madera*). La "**l**" es muda.

(Continúa)

← 25.22 Would like

(Continuación)

Usamos casi siempre la expresión "**would you like...?**" para ofrecer algo o invitar alguien a tomar algo:

Would you like a cup of tea?

La respuesta formal a esta pregunta es: **Yes, please** o **No, thank you**

Por cierto, cuando invitas a alguien a tomar algo, aunque se formule la invitación como una pregunta, lo normal es usar "**some**" para incontables en lugar de "**any**":

Would you like some coffee?

La pronunciación de la contracción en el afirmativo se hace enlazando la "**d**" con "**like**":

I'd like	*/aid-láik/*
You'd like	*/iud-láik/*
etc.	

25.23 → Indirect and polite imperatives

I want you to

He wants you to

Hay varias formas de decir un imperativo. Puedes usar un imperativo directo:

Abra la puerta. **(Open the door)**

O puedes decirlo de forma más educada, la cual es, en esencia, una petición **(a request)**:

Could you open the door, please?
¿Podría abrir la puerta, por favor?

Would you mind opening the door, please?
¿Le importaría abrir la puerta, por favor?

Would you open the door, please?
¿Quiere abrir la puerta, por favor?

Fíjate en el último ejemplo. No tenemos en inglés un imperativo como en español con el verbo *'querer'* (*¿Quiere abrir la puerta, por favor?*). Sin embargo, usando el condicional tal y como viene en el ejemplo (**Would you open the door, please?**) expresa exactamente la misma mezcla de educación y decisión.

Ahora bien, un imperativo indirecto es cuando expresas, por ejemplo, lo que quieres que alguien haga o bien, lo que otro quiere que tú hagas, etc.

I want you to open the door.
Quiero que abras la puerta.

I would like you to open the door.
Me gustaría que abriera la puerta.
Quisiera que abriera la puerta.

(Continúa)

← 25.23 Indirect and polite imperatives

I want you to

He wants you to

(Continuación)

They want us to be there on time.
Quieren que estemos allí puntualmente.
What do you want me to do?
¿Qué quieres que yo haga?

El imperativo indirecto también es cuando se dan órdenes indirectas o peticiones indirectas:

Orden indirecta:	**Tell him to open the door.** *Dile que abra la puerta.*
Petición indirecta:	**Ask him to open the door.** *Pídele que abra la puerta.*

Ahora tu profesor virtual hará un ejercicio como el siguiente. Atento a lo que tienes que contestar tú:

Profesor:	**Tell me to get up.**	*Dime que me levante.*
Tú:	**Get up, please.**	*Levántate, por favor.*
Profesor:	**What do you want me to do?**	*¿Qué quieres que haga?*
Tú:	**I want you to get up.**	*Quiero que te levantes.*
Profesor:	**Then ask me politely.**	*Entonces pídemelo educadamente.*
Tú:	**Could you get up, please?**	*¿Podrías levantarte, por favor?*
Profesor:	**Ask me in another way.**	*Pídemelo de otra forma.*
Tú:	**Would you mind getting up, please?**	*¿Te importaría levantarte, por favor?*

Te voy a comentar algo que veremos más adelante. Fíjate en esta expresión:

You want to go	*Quieres ir.*
You want (me) to go	*Quieres que yo vaya*

Es sencillísimo en inglés (pero muy diferente al castellano). Simplemente insertas un pronombre complemento (**me, you, him, her, it, us, them**) entre "**want**" y "**to**"... y ya está.

They want us to die = *Quieren que muramos*

I want you to learn English = *Quiero que aprendas inglés*

25.24 Regular verbs in past

Pronunciation of endings

Aquí volveremos a hacer contigo ese ejercicio basado en la pronunciación de verbos regulares en el pasado y en el presente perfecto.

En esta ocasión usaremos la segunda columna de la lista de verbos regulares.

Para el uso del presente perfecto (*he preguntado*), usarás la expresión "**lately**" (*últimamente*). Esta expresión en inglés siempre va acompañada del presente perfecto.

El profesor dirá, por ejemplo:	**Every day I ask.** *(Cada día pregunto.)*
Y tú responderás diciendo:	**Yesterday I asked.** *(Ayer pregunté.)* **Lately I've asked.** *(Últimamente he preguntado)*

25.25 **Quick irregular verb review**

Este ejercicio es idéntico al anterior pero con verbos irregulares.

El profesor dirá, por ejemplo:	**Every day I meet.** *(Cada día conozco.)*
Y tú responderás diciendo:	**Yesterday I met.** *(Ayer conocí.)*
	Lately I've met. *(Últimamente he conocido)*

Esta vez utilizaremos los siguientes verbos extraídos de la lista de los 70 verbos irregulares más relevantes expuesta antes de la unidad 22:

meet / met / met	**read / read / read**	**sell / sold / sold**	**sleep / slept / slept**
say / said / said	**ring / rang / rung**	**send / sent / sent**	**speak / spoke / spoken**
pay / paid / paid	**rise / rose / risen**	**set / set / set**	**spend / spent / spent**
put / put / put	**run / ran / run**	**shut / shut / shut**	**stand / stood / stood**
quit / quit / quit	**see / saw / seen**	**sit / sat / sat**	**steal / stole / stolen**

25.26 **Translation booklet**

Vocabulary booklet

Translation booklet y **Vocabulary booklet:**

Recuerda hacer una lista diariamente y repasar la del día anterior.

25.27 **Ever – never ... with "to be able to"**

Este ejercicio es idéntico a aquellos en los que expresas cosas que nunca has hecho. Sin embargo, aquí todas las preguntas contienen el verbo "**to be able to**" (*poder*). Escribe preguntas y respuestas como las del ejemplo.

Ejemplo:

Profesor:	**When was the last time you were able to fly like Peter Pan?** *¿Cuándo pudiste por última vez volar como Peter Pan?*
Alumno:	**I've never been able to fly like Peter Pan.** *Nunca he podido volar como Peter Pan.*

26.1	**Fractions and percentages** *Percent* *Half* *Point (decimal point)* *Is the same as...*	Aquí seguimos con la revisión de fracciones, porcentajes, decimales y "**the same as**" **1/2 is the same as 50% (one-half is the same as 50%)** **1/4 is the same as 25% (one-fourth is the same as 25%)** Tienes que escribir 10 ejemplos de fracciones y leerlas en alto. He aquí ejemplos de fracciones:
26.2	**Number pronunciation**	Esta es la décimo novena (**nineteenth**) vez que nos dedicamos al dictado y pronunciación de números. Recuerda: **Two hundred and thirty-three thousand eight hundred and fifty-four (233.854)** Recuerda también las comas en vez de los puntos. Así decimos números superiores a un millón: **Three million eight hundred and forty-six thousand nine hundred and eleven** (**3,846,911**) Escribe 20 números en un papel y luego pronúncialos en alto. Cada día deberás ir haciéndolo más rápido.
26.3	**Number pronunciation**	Seguimos aquí con la pronunciación y vocalización de los números. Aquellos números que no hayas sido capaz de pronunciar correctamente vuelve a leerlos en alto 5 veces cada uno.
26.4	**Review of the days of the week**	Días de la semana. Recuerda: *Martes* – **Tuesday** */tiúsdei o túsdei/* *Miércoles* – **Wednesday** */uénsdei/* *Jueves* – **Thursday** */zérsdei/* Pronuncia en alto los 7 días de la semana.
26.5	**Review of the mon-ths of the year**	En esta sección repasaremos los meses. Debes pronunciar en alto los 12 meses. Te los vuel-vo a poner fonéticamente: Debrías saberlo pronunciar correctamente de memoria.

Fracciones (26.1):

1/2	**One-half**	5/8	**Five-eighths** */eitzs/*
1/4	**One-fourth**	6/7	**Six-sevenths**
2/3	**Two-thirds**	2/9	**Two-ninths**
3/5	**Three-fifths**	1/10	**One-tenth**

Meses (26.5):

January	*/chánieuri/*	**May**	*/méi/*	**September**	*/septémber/*
February	*/fébrueri/*	**June**	*/chun/*	**October**	*/actóber/*
March	*/march/*	**July**	*/chulái/*	**November**	*/nofémber/*
April	*/éipral/*	**August**	*/áugast/*	**December**	*/disémber/*

26.6	**Review of ordinal numbers and dates**	Se tarda mucho en dominar bien los números ordinales. Por eso, vamos a hacer este ejercicio en todas las unidades hasta la 35 inclusive. **Saturday, the first. Sunday, the second. Monday, the third. Tuesday, the fourth. Wednesday, the fifth. Thursday, the sixth. Friday, the seventh. Saturday, the eighth. Sunday, the ninth, etc. etc. etc. hasta el día 31 (..., the 31st).**
26.7	**Review of dates**	En esta sección debes inventar 10 fechas y formularlas en alto en las dos formas conocidas. Britántico: **the tenth of November, 1999** (literalmente: *el décimo de noviembre, 1999*) Americano: **November tenth, 1999** (literalmente: *noviembre décimo, 1999*)
26.8	**Review of years**	Escribe 20 años en un papel y prueba a pronunciarlos en alto correctamente. Recuerda que decimos los años como sigue: *Diecinueve noventa y nueve (1999)* Recuerda también que en inglés nunca ponemos una coma o punto en el año. Escribimos **1999**. No escribimos **1.999** o **1,999**.
26.9	**Review of telling time**	Escribe 10 horas en un papel y dilas en alto. **It's 2 o'clock** **It's 15 minutes to 3:00** **It's ten-thirty** **It's five forty-five**
26.7 →	**Review** **From...To** **Since...** **For...** **Ordinal numbers** *(Continúa)*	Este punto aparecerá aquí y en todos las unidades siguientes hasta la 35 inclusive. Es un intento por nuestra parte de hacerte experto con: **1. El pasado simple vs. el presente perfecto** **2. "From... to" vs. "since"** **3. "Since" vs. "for"** **4. Números ordinales (1st, 2nd, 3rd, etc.)** Te presentamos un escenario. Por ejemplo: **Natasha went to Scotland on the 29th. Now it's the 31st and she's still there.** Ante este escenario, debes expresar la situación con las dos formas posibles: **1. She's been in Scotland since the 29th.** **2. She's been in Scotland for two days.**

← 26.7	**Review** **From...To** **Since...** **For...** **Ordinal numbers** *(Continuación)*	El escenario que acabamos de ver es en el presente perfecto, ya que Natasha sigue en Escocia. Ahora bien, imaginemos que ya no está allí: Diríamos, por ejemplo: **Natasha went to Scotland on the 14th and she returned to Russia on the 19th.** Ante este escenario, tendrías que decir: **1. She was in Scotland from the 14th to the 19th.** **2. She was in Scotland for five days.** Escribe una frase con "**for**", "**from**" y "**since**" sobre cualquier otro escenario que se te ocurra.
26.11 →	**I want you to...** **He wants us to...** **They want me to...** **Etc.** *(Continúa)*	Esta forma gramatical no tiene nombre, pero es importantísimo. Ya la hemos visto un poco al final del **punto 25.23**. En mis 25 años dedicados a la enseñanza de inglés a españoles, todavía no me he encontrado a nadie capaz de traducir al instante y correctamente al inglés la siguiente pregunta: *¿Qué quieres que yo haga?* Tapa el resto de esta sección con la mano y formula tu propia versión de la traducción al inglés. Ahora mira la respuesta: **What do you want me to do?** Si has acertado rápido y a la primera, entonces probablemente no debas estar en esta unidad, sino en la **40** por lo menos. Me costó horrores hacerme con la forma en castellano de expresar ideas como éstas: *Quieren que vengamos* - *Quisiera que supieses* - *Nos gustaría que lloviera* Me costó trabajo porque me obligaba a aprender toda una serie de conjugaciones nuevas de los verbos (***venga, vengas, venga, vengamos, vengáis, vengan..... supiese, supieses, supiese, supiésemos, supiéseis, supiésen....*** etc.). En inglés es SUMAMENTE FÁCIL (pero sumamente diferente también). Fíjate en esta frase: **THEY WANT** **TO COME** *Quieren* *Venir* Ahora fíjate en esta segunda frase: **THEY WANT ME TO COME** *(Quieren que yo venga)* Simplemente insertamos un pronombre complemento y ya está, incluso en el pasado.

← 26.11

I want you to...

He wants us to...

They want me to...

Etc.

(Continuación)

THEY WANTED ME TO COME

(Querían que yo viniera)

El único cambio entre el presente y el pasado es el verbo "**to want**", nada más.

Veamos más ejemplos:

She wants him to call her.	*Ella quiere que él la llame.*
He wants us to be happy.	*El quiere que nosotros seamos felices.*
I want Spain to prosper.	*Quiero que España prospere.*
We want you to attend.	*Queremos que tú asistas.*
Peter wanted his father to help him.	*Pedro quería que su padre le ayudase.*
I wanted it to rain.	*Yo quería que lloviera.*

26.12 →

May I...?

Can I...?

Este punto es sencillo. Se trata de las dos formas de pedir permiso para hacer algo.

Forma 1ª	**May I open the window?** *(¿Puedo abrir la ventana?)*
Forma 2ª	**Can I open the window?** *(¿Puedo abrir la ventana?)*

Si usas la primera forma, estás esencialmente utilizando la forma de ***'Vd.'*** y de manera muy deferencial.

Si usas la segunda forma, estás empleando una expresión que utilizamos en el 98% de los casos al pedir permiso.

Mi hijos se han criado en España y su madre, mi mujer, es española. Desde el día en que nacieron, oían dos idiomas en casa. Hubo una época, cuando tenían dos o tres años, en la cual creían que todos los papás hablaban de una forma y todas las mamás de otra forma distinta. Creían que así era la realidad.

Ahora bien, en los primeros años, hablaban español mejor que inglés, ya que estaban rodeados del idioma a todas horas (la tele, los abuelos, los vecinos, etc.). El inglés que sabían venía de mí y de una colección en vídeo de Barrio Sésamo en inglés que teníamos en casa. Como consecuencia, su inglés era un inglés medio adulto y medio loco.

Recuerdo que una vez, en Estados Unidos, mi hijo de 4 años quería entrar en una habitación de la casa de una vecina. Se acercó a la señora de la casa y le preguntó:

May I enter that room?

La señora se quedó impresionada. Jamás había oído a un niño tan pequeño hablar en un inglés tan sumamente educado. Estoy seguro de que ningún niño de 4 años, en la historia del mundo, ha pronunciado así la citada pregunta. Dirían:

Can I go in that room?

(Continúa)

← 26.12	**May I...?** **Can I...?** *(Continuación)*	La señora me dijo "qué hijo más educado tienes". Yo le respondí: No es que sea educado. Es que no ha tenido la oportunidad de bajar a la realidad lingüística de los angloparlantes. Todavía tiene un inglés puro, pero irreal. Por lo tanto, para pedir permiso, lo más habitual es usar "**can**".

Can I have a glass of water please?	*¿Me puedes dar un vaso de agua, por favor?*
Can I borrow your pen for a second?	*¿Me puedes prestar tu bolígrafo un momento?*
Can I make a suggestion?	*¿Puedo hacer una sugerencia?*
Can I blow your head off?	*¿Te puedo volar la tapa de los sesos?*

26.13	**Review:** **There has/have never been...**	Este ejercicio es idéntico a aquellos en los que expresas cosas que nunca has hecho. Sin embargo, aquí todas las preguntas contienen la expresión "**There + to be**" (*haber – hay, hubo, etc.*). Ya sabes, 20 preguntas con sus correspondientes respuestas. Ejemplo:

Profesor:	**When was the last time there was a troglodite in your kitchen?** *¿Cuándo hubo por última vez un troglodita en tu cocina?*
Alumno:	**There's never been a troglodite in my kitchen.** *(***There's** = contracción de "**There has**"*)* *Nunca ha habido un troglodita en mi cocina.*

26.14	**Review: It has never taken me...**	Este punto es idéntico al punto anterior salvo que aquí empleamos la expresión *'tardar'* (**It takes**). 20 preguntas igualmente. Ejemplo:

Profesor:	**When was the last time it took you two hours to shave?** *¿Cuándo tardaste por última vez dos horas en afeitarte?*
Alumno:	**It's never taken me two hours to shave.** *Nunca he tardado dos horas en afeitarme.*

26.15	**Translation booklet** **Vocabulary booklet**	**Translation booklet** y **Vocabulary booklet:** Recuerda hacer una lista diariamente y repasar la del día anterior.
26.16	**To let**	"**To let**" es un verbo de uso diario que significa *'permitir'* o *'dejar'*. También existen los dos verbos sinónimos "**to permit**" y "**to allow**". Sin embargo, "**to let**" les gana la partida por una abrumadora mayoría. Primero, es el verbo que utilizamos en inglés para expresar el imperativo colectivo, es decir, imperativos como *'vámonos'*, *'veamos'*, *'comamos'*, *'empecemos'*, etc. **Let's go, Let's see, Let's eat, Let's begin, etc.**

26.16 To let

(Continuación)

La expresión "**let's**" es la contracción de "**let us**". En esencia, estamos diciendo: ***Déjanos ir, déjanos ver***, etc.

Veamos ahora ejemplos del uso de "**let**":

Let me draw your attention to the figures.	*Permítanme dirigir su atención a las cifras.*
Let him do whatever he wants.	*Déjale hacer lo que quiera.*
Let them find out for themselves.	*Déjales averiguarlo por sí mismos.*
She never lets us try new ways.	*Ella nunca nos deja probar nuevas formas.*
They never let their son drive the car.	*Nunca dejan a su hijo conducir el coche.*

REGLA IMPORTANTE:

"LET" NUNCA VA SEGUIDO DE LA PARTICULA "TO"

LET THEM GO **LET THEM ~~TO~~ GO**

26.17 Regular verbs in past

Pronunciation of endings

Volveremos a hacer contigo ese ejercicio basado en la pronunciación de verbos regulares en el pasado y en el presente perfecto.

Utilizaremos la tercera columna de la lista de verbos regulares.

Para el uso del presente perfecto (***he preguntado***), usarás la expresión "**lately**" (***últimamente***). Esta expresión en inglés siempre va acompañada del presente perfecto.

El profesor dirá, por ejemplo:	**Every day I accept.** *(Cada día acepto.)*
Y tú responderás diciendo:	**Yesterday I accepted.** *(Ayer acepté.)*
	Lately, I've accepted. *(Últimamente he aceptado.)*

26.18 Quick irregular verb review

Este ejercicio es idéntico al anterior pero con verbos irregulares.

Diremos, por ejemplo:	**Every day I take.** *(Cada día llevo.)*
Y tú responderás diciendo:	**Yesterday I took.** *(Ayer llevé.)*
	Lately, I've taken. *(Últimamente he llevado.)*

Esta vez utilizaremos los siguientes verbos extraídos de la lista de los 70 verbos irregulares más relevantes expuesta antes de la unidad 22:

take / took / taken	**understand/understood/ understood**	**begin / began / begun**	**buy / bought / bought**
teach / taught / taught	**wear / wore / worn**	**blow / blew / blown**	**catch / caught / caught**
tell / told / told	**win / won / won**	**break / broke / broken**	**choose/chose/chosen**
think/thought/ thought	**write / wrote / written**	**bring/brought/brought**	**come / came / come**
throw / threw / thrown	**become / became / become**	**build / built / built**	**cost / cost / cost**

26.19 Review: was/were born

Aquí repasamos el verbo *'nacer'* en inglés: **to be born**

Recordarás que en inglés no existe el verbo *'nacer'*. Decimos literalmente: *ser parido*

to bear = *parir*

El participio pasado de este verbo es "**born**". Así que cuando quiero decir que nací en una ciudad grande, tengo que decir: *fui parido* (**I was born**) en una ciudad grande.

Where were you born?	*¿Dónde naciste?*
Where was your sister born?	*¿Dónde nació tu hermana?*
How old was your mother when you were born?	*¿Qué edad tenía tu madre cuando naciste?*

26.20 Negative questions

Este punto es el primero de una larga serie de puntos similares que verás de ahora en adelante para consolidar la construcción de preguntas negativas.

¿Qué es una pregunta negativa? Te pongo ejemplos:

¿No estás listo todavía?	**Aren't you ready yet?**
¿Por qué no la llamas?	**Why don't you call her?**
¿No es curioso?	**Isn't it funny?**
¿Por qué no lo hicieron?	**Why didn't they do it?**

Por cierto, en el tercer ejemplo, uso el adjetivo "**funny**" para *'curioso'*. Este adjetivo tiene dos usos en inglés: *gracioso* y *curioso*.

His joke wasn't funny.	*Su chiste no fue gracioso.*
It's funny how they roll the cigarettes.	*Es curioso cómo lían los cigarros.*

Volviendo al tema de las preguntas negativas, hay una regla importante:

El verbo auxiliar siempre va con contracción

Why don't they come here more often?	*¿Por qué no vienen aquí más a menudo?*
Doesn't she look nice today?	*¿No está guapa hoy?*
Aren't you ready yet?	*¿No estás listo todavía?*
Why wasn't he elected?	*¿Por qué no fue él elegido?*
Wouldn't you like to be a millionaire?	*¿No te gustaría ser millonario?*

En este punto, harás frases en el negativo y tendrás que preguntar por qué. Ejemplo:

Respuesta:	**English isn't easy.**
Pregunta:	**Why isn't English easy?**

26.21 Present perfect vs. past

Aquí volvemos a comparar el presente perfecto con el pasado simple. Me perdonarás si insisto una y otra vez en esto, pero es necesario. Aunque los españoles lo hagan bien en clase, en cuanto salen de ella, vuelven a cometer los mismos errores de siempre con estos tiempos.

How many onions did you eat last week?	**I ate one onion last week.**
And so far this week?	**I haven't eaten any onions so far this week.**
How much wine did you drink yesterday?	**I drank half a liter of wine yesterday.**
And so far today?	**I've drunk half a liter of wine so far today too.**

Recordarás que el presente perfecto se usa sola y únicamente para expresar acciones realizadas durante un período de tiempo que todavía no ha terminado.

No se puede usar el presente perfecto para acciones que han ocurrido en el pasado, aunque sea hace sólo unos instantes. Te vuelvo a poner ejemplos de la diferencia entre el castellano y el inglés en este sentido:

¿Qué te han dicho?	**What did they tell you?** (Es decir: *¿Qué te dijeron?*)
¿Qué ha pasado?	**What happened?** (Es decir: *¿Qué pasó?*)
No ha sido culpa mía.	**It wasn't my fault.** (Es decir: *No fue culpa mía.*)

26.22 Teacher & student reading aloud + questions

Nigel Perkins

Más adelante veremos el desenlace final. Lee el pasaje varias veces para hacerte con el vocabulario y el "fluir" de las frases. Si estás a solas, léelo en voz alta como si hubiera mil personas escuchándote.

Nigel Perkins – This week has been a busy one for Nigel. He's had to work more than usual because his company has discovered some very important evidence. Two months ago, a large life insurance company asked Nigel's firm to investigate an unusual case. A 62 year-old man had died six months before and his 32 year-old wife, an ex model, had received seven million dollars from the insurance company. The man died of a heart attack. During the investigation, Nigel's company discovered that the woman had bought a large amount of medicine for people who suffer hemophilia. It is the worst kind of medicine for people who have bad blood circulation. Nigel was a good friend of the man who had died. He felt that it was his obligation to help personally in the investigation.

Busy	**Se pronuncia:** /bísi/
Usual	**Se pronuncia:** /iúsual/
Life insurance	*Seguros de vida*
His 32 year-old wife	*Su esposa de 32 años.* **Observa cómo expresamos esto en inglés... "year" es en singular porque se ha convertido en un adjetivo**
Heart attack	*Ataque al corazón.* **"Heart" se pronuncia:** /jart/
Amount	**Se pronuncia:** /amáont/
Blood	**Se pronuncia más o menos:** /blad/

26.23	**The same...as** **Different...from/ than**	Estoy más que harto de oír a mis alumnos decir: **the same that** o **the same than** Se dice: **The same as** **I have the same problems as you have.** **My tie is the same color as yours.** Para decir lo contrario, usamos "**different from**" o "**different than**" **My tie is a different color than yours.** **The material we received this morning is different from what we received last week.** Es más frecuente usar "**from**" en lugar de "**than**" cuando no media un sustantivo entre "**different**" y "**from/than**".
26.24	**Review:** **Should / shouldn't** **Letters** **Accent**	Vimos en profundidad el uso de "**should**" en el **punto 23.12**. Aquí simplemente hacemos un repaso. "**Should**" significa *'deber'* cuando se trata de una recomendación: ***Deberías estudiar más*** o cuando expresas una actitud u opinión con un componente moral: ***Debes dar las gracias a la gente cuando te ayuda*** **(You should thank people when they help you.)** En este punto, redacta una serie de frases en castellano con errores garrafales. Tendrás que ir señalando los errores y recomendando cómo solventarlos. Mira el ejemplo: ***'Que'*** **should have an accent over the "e".** **"Onor" should start with an "h".** **There shouldn't be an accent in** *'córrer'*
26.25	**Translation booklet** **Vocabulary booklet**	**Translation booklet** y **Vocabulary booklet:** Recuerda hacer una lista diariamente y repasar la del día anterior.
26.26	**Mastering the interrogative**	Este punto es el segundo dedicado a dominar la construcción del interrogativo en inglés. Habrá más de 30 puntos más en esta línea. El ejercicio es sencillo: Formula frases sencillas y luego pregunta por ellas. Realiza 20 preguntas. Pregunta: **My shirt is blue.** Respuesta: **What color is your shirt?** La construcción del interrogativo en inglés es el aspecto más difícil para los españoles a la hora de dominar la mecánica gramatical del idioma. Si logras ser un buen "preguntador", te encontrarás entre el primer 1% de las decenas de miles de personas que estudian inglés en este país.

26.27 Regular verbs in past

Pronunciation of endings

Aquí volveremos a hacer contigo ese ejercicio basado en la pronunciación de verbos regulares en el pasado y en el presente perfecto.

Usaremos la primera columna de la lista de verbos regulares.

Para el uso del presente perfecto (***he preguntado***), usarás la expresión "**lately**" (*últimamente*). Esta expresión en inglés siempre va acompañada del presente perfecto.

Diremos, por ejemplo:	**Every day I agree.** *(Cada día estoy de acuerdo.)*
Y tú responderás diciendo:	**Yesterday I agreed.** *(Ayer estuve de acuerdo.)*
	Lately I've agreed. *(Últimamente he estado de acuerdo.)*

26.28 Quick irregular verb review

Este ejercicio es idéntico al anterior pero con verbos irregulares.

El profesor dirá, por ejemplo:	**Every day I cut.** *(Cada día corto.)*
Y tú responderás diciendo:	**Yesterday I cut.** *(Ayer corté.)*
	Lately I've cut. *(Últimamente he cortado.)*

Esta vez utilizaremos los siguientes verbos extraídos de la lista de los 70 verbos irregulares más relevantes expuesta antes de la unidad 22:

cut / cut / cut	**fall / fell / fallen**	**forget / forgot / forgotten**	**have / had / had**
do / did / done	**feel / felt / felt**	**get / got / got o gotten**	**hit / hit / hit**
drink / drank / drunk	**fight / fought / fought**	**give / gave / given**	**hear / heard / heard**
drive / drove / driven	**find / found / found**	**go / went / gone**	**hold / held / held**
eat / ate / eaten	**fly / flew / flown**	**grow / grew / grown**	**hurt / hurt / hurt**

Ate	Se pronuncia: */éit/*
Found	*/Fáond/*
Flew	*/Flu/*
Got o gotten	El primero es inglés. El segundo es americano.
Grew	Se pronuncia: */gru/*
Hear	*/Jir/*
Heard	*/Jerd/*
Hurt	*/Jert/*

27.1 Fractions and percentages

Percent

Half

Point (decimal point)

Is the same as...

Aquí seguimos con la revisión de fracciones, porcentajes, decimales y "**the same as**"

1/2 is the same as 50% (one-half is the same as 50%)

1/4 is the same as 25% (one-fourth is the same as 25%)

Tienes que escribir 10 ejemplos de fracciones y leerlas en alto.

He aquí ejemplos de fracciones:

1/2	**One-half**	5/8	**Five-eighths** */eitzs/*
1/4	**One-fourth**	6/7	**Six-sevenths**
2/3	**Two-thirds**	2/9	**Two-ninths**
3/5	**Three-fifths**	1/10	**One-tenth**

27.2 Number pronunciation

Esta es la vigésima (**twentieeth**) vez que nos dedicamos al dictado y pronunciación de números.

Recuerda: **Two hundred and thirty-three thousand eight hundred and fifty-four (233.854)**

Recuerda también las comas en vez de los puntos.

Así decimos números superiores a un millón:

Three million eight hundred and forty-six thousand nine hundred and eleven (3,846,911)

Escribe 20 números en un papel y luego pronúncialos en alto. Cada día deberás ir haciéndolo más rápido.

27.3 Number pronunciation

Seguimos aquí con la pronunciación y vocalización de los números.

Aquellos números que no hayas sido capaz de pronunciar correctamente vuelve a leerlos en alto 5 veces cada uno.

27.4 Review of the days of the week

Días de la semana. Recuerda:

Martes – **Tuesday** */tiúsdei o túsdei/*
Miércoles – **Wednesday** */uénsdei/*
Jueves – **Thursday** */zérsdei/*

Pronuncia en alto los 7 días de la semana.

27.5 Review of the months of the year

En esta sección repasaremos los meses. Debes pronunciar en alto los 12 meses.

January	*/chánieuri/*	**May**	*/méi/*	**September**	*/septémber/*
February	*/fébrueri/*	**June**	*/chun/*	**October**	*/actóber/*
March	*/march/*	**July**	*/chulái/*	**November**	*/nofémber/*
April	*/éipral/*	**August**	*/áugast/*	**December**	*/disémber/*

27.6	**Review of ordinal numbers and dates**	Se tarda mucho en dominar bien los números ordinales. Por eso, vamos a hacer este ejercicio en todas las unidades hasta la 35 inclusive. Adelante con la lista. Sabemos que es muy aburrida, pero te ayudará muchísimo. **Saturday, the first. Sunday, the second. Monday, the third. Tuesday, the fourth. Wednesday, the fifth. Thursday, the sixth. Friday, the seventh. Saturday, the eighth. Sunday, the ninth, etc. etc. etc. hasta el día 31 (..., the 31st).**
27.7	**Review of dates**	En esta sección debes inventar 10 fechas y formularlas en alto en las dos formas conocidas. Británico: **the first of February, 1999** (literalmente: *el primero de febrero, 1999*) Americano: **February first, 1999** (literalmente: *febrero primero, 1999*)
27.8	**Review of years**	Escribe 20 años en un papel y prueba a pronunciarlos en alto correctamente. Recuerda que decimos los años como sigue: *Diecinueve noventa y nueve (1999)* Recuerda también que en inglés nunca ponemos una coma o punto en el año. Escribimos **1999**. No escribimos **1.999** o **1,999**.
27.9	**Review of telling time**	Escribe 10 horas en un papel y dilas en alto. **It's 2 o'clock** **It's 15 minutes to 3:00** **It's ten-thirty** **It's five forty-five**
27.10 →	**Review** **From...to** **Since...** **For...** **Ordinal numbers** *(Continúa)*	Este punto aparecerá aquí y en todos las unidades siguientes hasta la 35 inclusive. Es un intento por nuestra parte de hacerte experto con: **1. El pasado simple vs. el presente perfecto** **2. "from... to" vs. "since"** **3. "since" vs. "for"** **4. Números ordinales (1st, 2nd, 3rd, etc.)** Te presentamos un escenario. Por ejemplo: **Natasha went to Scotland on the 29th. Now it's the 31st and she's still there.** Ante este escenario, debes expresar la situación con las dos formas posibles: **1. She's been in Scotland since the 29th.** **2. She's been in Scotland for two days.**

← 27.10	**Review** **From...to** **Since...** **For...** **Ordinal numbers** *(Continuación)*	El escenario que acabamos de ver es en el presente perfecto, ya que Natasha sigue en Escocia. Ahora bien, imaginemos que ya no está allí: Diríamos, por ejemplo: **Natasha went to Scotland on the 14th and she returned to Russia on the 19th.** Ante este escenario, tendrías que decir: **1. She was in Scotland from the 14th to the 19th.** **2. She was in Scotland for five days.** Escribe una frase con "**for**", "**from**" y "**since**" sobre cualquier otro escenario que se te ocurra.
27.11	**I want you to...** **I wanted you to...** **He wants you to...** **He wanted you to...** **Direct and indirect imperatives**	Este punto repasa expresiones como las siguientes *Quiero que vengan.* — **I want them to come.** *Nos gustaría que fuera azul.* — **We would like it to be blue.** *¿Qué quieren que digamos?* — **What do they want us to say?** *Yo quería que trajeras el libro.* — **I wanted you to bring the book.** *¿Qué querías que yo hiciera?* — **What did you want me to do?** *Etc.* — **Etc.** Fíjate de nuevo en cómo construimos en inglés esta forma de hablar: **THEY WANT** / **TO START** / **IMMEDIATELY** *(Quieren* / *comenzar* / *inmediatamente)* **THEY WANT** / **HER** / **TO START** / **IMMEDIATELY** *(Quieren* / *que ella* / *comience* / *inmediatamente)*
27.12	**Translation booklet** **Vocabulary booklet**	**Translation booklet** y **Vocabulary booklet:** Recuerda hacer una lista diariamente y repasar la del día anterior.
27.13	**Regular verbs in past** **Pronunciation of endings**	Pronunciación de verbos regulares en el pasado y en el presente perfecto. Usaremos la segunda columna de la lista de verbos. Para el uso del presente perfecto (*he preguntado*), usarás la expresión "**lately**" (*últimamente*). Esta expresión en inglés siempre va acompañada del presente perfecto. Diremos, por ejemplo: — **Every day I ask.** (Cada día pregunto.) Y tú responderás diciendo: — **Yesterday I asked.** (Ayer pregunté.) **Lately I've asked.** (Últimamente he preguntado.)

27.14 Quick irregular verb review

Este ejercicio es idéntico al anterior pero con verbos irregulares.

Diremos, por ejemplo:	**Every day I keep.** (Cada día guardo.)
Y tú responderás diciendo:	**Yesterday I kept.** (Ayer guardé.)
	Lately I've kept. (Últimamente he guardado.)

Esta vez utilizaremos los siguientes verbos extraídos de la lista de los 70 verbos irregulares más relevantes expuesta antes de la unidad 22:

keep / kept / kept	**let / let / let**	**say / said / said**	**ring / rang / rung**
know / knew / known	**lose / lost / lost**	**pay / paid / paid**	**rise / rose / risen**
lead / led / led	**make / made / made**	**put / put / put**	**run / ran / ran**
leave / left / left	**mean / meant / meant**	**quit / quit / quit**	**see / saw / seen**
lend / lent / lent	**meet / met / met**	**read / read / read**	**sell / sold / sold**

Knew	Se pronuncia: */níu/ o /nú/*
Lead / led	*/Lid/ /led/*
Lose	*/Lus/*
Mean / meant	*/Min / /ment/*
Meet / met	*/Mit / /met/*
Say / said	*/Séi/ /sed/*
Pay / paid	*/Péi/ /peid/*
Read / read / read	*/Rid / /red/ /red/*
Quit	*/Kuét/* (este verbo significa *'abandonar' o 'parar'* de hacer algo)

27.15 Teacher & student reading aloud + questions

Inés García

Una nueva lectura para que la leas en voz alta. Es sobre la revoltosa Inés García, la guapa sevillana de ojos negros.

Inés García has had a difficult day today. She's attended two meetings with her colleagues in the law firm; she's gone to the courthouse twice to defend two different labor cases, and she's given a lecture on labor law to first-year law students at the University of Seville. She's had to do all these things in a period of 8 hours. Because of this, she hasn't had time to do three other things that need her attention. She hasn't had time today to buy a birthday present for her boyfriend, whose birthday is the day after tomorrow. She hasn't had time either to make an appointment with the dentist to repair a crown that broke yesterday. Finally, she hasn't had time to do the most important thing, which is to talk to François Monet, the young man from Paris whom she met in the car accident two weeks ago. He left a message on her mobile phone this morning while she was in one of the meetings in the law firm. She's tried three times today to call him, but his line has been busy all day. She's spoken to him twice since the accident and he's invited her to Paris. She spent three days in Paris with her parents when she was 11 years old, but since then, she hasn't had the opportunity to go back. She's been thinking a lot about François in the last two weeks and she's made the decision to start learning French. She hasn't told her boyfriend anything yet.

Colleagues	*Colegas.* Se pronuncia: */káliks/*
Law firm	*Bufete de abogados*
Courthouse	*Los juzgados*
Labor	*Laboral.* Se pronuncia: */léibor/*
Lecture	*Conferencia* (pronunciada ante una audiencia). Se pronuncia: */léksur/*
First-year law students	*Estudiantes de primer año de derecho*
Whose birthday...	*Cuyo cumpleaños...*
The day after tomorrow	*Pasado mañana*
Make an appointment	*Concertar una cita*
His line has been busy	*Su teléfono ha estado comunicando*

27.16 Negative questions

Aquí inicamos nuestro primer repaso de una larga serie de repasos de preguntas negativas. Recordarás que siempre se formulan usando la contracción

¿No estás listo todavía?	**Aren't you ready yet?**
¿Por qué no la llamas?	**Why don't you call her?**
¿No es curioso?	**Isn't it funny?**
¿Por qué no lo hicieron?	**Why didn't they do it?**
¿Por qué no vienen aquí más a menudo?	**Why don't they come here more often?**
¿No está guapa hoy?	**Doesn't she look nice today?**
¿No estás listo todavía?	**Aren't you ready yet?**
¿Por qué no fue él elegido?	**Why wasn't he elected?**
¿No te gustaría ser millonario?	**Wouldn't you like to be a millionaire?**

En este punto te presentamos una frase en el negativo y tienes que preguntar por qué. Inventa 20 frases. Ejemplo:

Profesor:	**My father doesn't like spinach.**
Alumno:	**Why doesn't your father like spinach?**

27.17 So – such

→

La palabra "**so**" tiene varios significados:

1. Así que	*Han aprobado el plan, así que podemos comenzar.* **They approved the plan, so we can start.**
2. Con que	*¿Con que no estás de acuerdo conmigo, eh?* **So, you don't agree with me, do you?**
3. Para que	*Lo escribí en letras grandes para que pudieras leerlo.* **I wrote it in big letters so you could read it.**
4. Bueno pues	*Bueno pues, ya está... asunto cerrado.* **So, that's it... the matter's closed.**
5. Tan	*El inglés es tan fácil que hasta un niño pequeño lo puede aprender.* **English is so easy that even a little child can learn it.**

En este punto, nos vamos a centrar en el último significado (*tan*). Junto con "**so**", vamos a ver también "**such**" (pronuciado */sach/*), palabra que tiene los siguientes significados:

1. Tal	*Tal posibilidad no existe.* **Such a possibility doesn't exist.**
2. Semejante	*Jamás he hecho semejante cosa.* **I've never done such a thing.**
3. Tan	*Nunca he visto una película tan mala.* **I've never seen such a bad movie.**

Al igual que con "**so**", nos vamos a centrar con respecto a "**such**" en el último significado (*tan*)

Si tanto "**so**" como "**such**" significan *'tan'*, entonces ¿cuándo se usa uno y cuando el otro?

Esto lo veremos en la página siguiente.

(Continúa)

← 27.17

So – such

(Continuación)

Fíjate en las siguientes frases en inglés y trata de sacar tu propia conclusión sobre cuando se usa "**so**" y cuando "**such**":

The film was so bad that I left in the middle
It was such a bad film that I left in the middle

The story was so long that I couldn't finish it.
It was such a long story that I couldn't finish it.

My back is so sore *(dolorida)* **that I can't move.**
I have such a sore back that I can't move.

This report is so important that it must be read by everyone.
This is such an important report that it must be read by everyone.
This report is of such importance that it must be read by everyone.

La regla para saber la diferencia es como sigue:

The	**film**	**was**	**so**	**bad**	**that I left in the middle**
	sustantivo		*so*	*adjetivo*	

En cambio, "**such**" va antes tanto del adjetivo como del sustantivo:

It was	**such**	**a**	**bad**	**film**	**that I left in the middle**
	such		*adjetivo*	*sustantivo*	

27.18

Review: How long does it take...

Aquí volvemos a repasar la forma en inglés de decir: *'tardar'*.

En Español	Inglés	Contestación
¿Cuánto se tarda...?	**How long does it take...?**	**It takes...**
¿Cuánto tardas...?	**How long does it take you...?**	**It takes me...**
¿Cuánto tardan...?	**How long does it take them...?**	**It takes them...**
¿Cuánto tarda él...?	**How long does it take him...?**	**It takes him...**
¿Cuánto se tardó...?	**How long did it take...?**	**It took...**
¿Cuánto tardaste...?	**How long did it take you...?**	**It took me...**
¿Cuánto se tardará...?	**How long will it take...?**	**It will take...**
¿Cuánto tardará ella...?	**How long will it take her...?**	**It will take her...**

Creo que sobran los comentarios. En inglés no existe el verbo *'tardar'*. Recurrimos al verbo "**to take**" (*llevar, tomar*).

Por tanto, en vez de de decir, *'tardo 3 horas en hacerlo'*, decimos:

Ello me lleva tres horas hacerlo. (**It takes me three hours to do it**.)

27.19	**Ever – never** **Drill work**	Aquí seguimos machacando la diferencia entre el pasado simple y el presente perfecto, con el mismo ejercicio que hemos visto anteriormente. **When was the last time you saw a UFO?** *¿Cuándo viste por última vez un OVNI?* **I've never seen a UFO.** *Nunca he visto un OVNI.* Si has estudiado bien los participios expuestos en la tercera columna de la página de verbos irregulares y los verbos de la página de verbos regulares, entonces no debes tener mucho problema.
27.20	**Translation booklet** **Vocabulary booklet**	**Translation booklet** y **Vocabulary booklet:** Recuerda hacer una lista diariamente y repasar la del día anterior.
27.21	**Reported speech** **Introduction of past perfect**	*Mi jefe dijo que no era partidario del plan.*

Mis alumnos dirían en inglés:	**My boss said: I'm not in favor of the plan.**
Yo diría:	**My boss said (that) he wasn't in favor of the plan.**

El pronombre relativo "**that**" en mi versión de la frase es opcional. Normalmente lo saltamos. También, la palabra "**favor**" se escribe "**favour**" fuera de EE.UU. y Canadá.

La versión mía de la frase se llama reported speech . Nunca decimos frases como la versión de mis alumnos, quienes recurren a esta forma de hablar porque no dominan el reported speech.

Veamos una breve conversación en direct speech y en reported speech:

	Direct Speech	Reported Speech
John:	**Do you like Rome?**	**John asked Mary if she liked Rome.**
Mary:	**I don't know.**	**Mary said (that) she didn't know.**
John:	**Have you ever been there?**	**Then he asked her if she had ever been there.**
Mary:	**No, I haven't.**	**She told him (that) she hadn't.**
John:	**Are you familiar with Italian history?**	**Then he asked her if she was familiar with Italian history.**
Mary:	**Yes, I'm an expert on Italy.**	**She said (that) she was an expert on Italy.**

Fíjate cómo pasamos todos los verbos a un tiempo más del pasado:

like – liked   don't know – didn't know   have been – had been   are – was

27.22 Review of:

There is/are

There was/were

There will be

There is going to be

There has/have been

Vamos a desglosar la conjugación de esta importantísima expresión impersonal:

Hay un problema.	**There's a problem.**
Hay varios problemas.	**There are several problems.**
Hubo un problema ayer.	**There was a problem yesterday.**
Hubo varios problemas ayer.	**There were several problems yesterday.**
Habrá un problema mañana.	**There will be a problem tomorrow.**
Habrá varios problemas mañana.	**There will be several problems tomorrow.**
Va a haber un problema.	**There's going to be a problem.**
Va a haber varios problemas.	**There are going to be several problems.**
Ha habido un problema esta semana.	**There has been a problem this week.**
Ha habido varios problemas esta semana.	**There have been several problems this week.**
Habría un problema si fuera verdad.	**There would be a problem if it were true.**
Puede que haya un problema.	**There may be a problem.**
Puede que haya varios problemas.	**There may be several problems.**
Debería haber más sillas.	**There should be more chairs.**
Tiene que haber una solución.	**There has to be a solution.**
Tiene que haber varias soluciones.	**There have to be several solutions.**
Debe de haber un malentendido.	**There must be a misunderstanding.**
Debe de haber habido un malentendido.	**There must have been a misunderstanding.**
Podría haber un problema.	**There could be a problem.**
Podría haber habido un accidente.	**There could have been an accident.**
Parece haber un problema aquí.	**There seems to be a problem here.**
Parece haber varios problemas aquí.	**There seem to be several problems here.**

La expersión en inglés para *'hay'*... *'hubo'*... *'habrá'*... etc. es siempre "**there**" más una conjugación del verbo "**to be**".

27.23 Short answer drill and listening

Comprehension exercise

Ejemplo de una pregunta: **Do you like apples?**

Forma larga: **Yes, I like apples.**

Forma corta: **Yes, I do.**

La forma corta, como seguramente sabrás, es el verbo auxiliar expresado por el que pregunta:

Is Madrid a big city?	**Yes, it is.**
Are the English people strange?	**No, they're not.**
Was your boss here yesterday?	**Yes, he was.**
Does your sister smoke?	**No, she doesn't.**
Have you ever been to Athens?	**No, I haven't.**

Aparentemente es sencillo, pero hay que tener un buen oído. Muchas de las preguntas son absurdas, lo cual exige un buen oído para captar el sentido de la pregunta. Ejemplo:

Was Madrid originally a Hindu shrine?

¿Fue Madrid en sus orígines un lugar de peregrinación hindú?

27.24 Conjunctions

Although

Even though

Anyway / In any case

Este punto introduce la forma de decir ***'aunque'*** en inglés. Pero cuidado, este ***'aunque'*** es cuando se trata de un hecho que está realmente en vigor o en vías de realización.

Me explico. Mira las dos frases siguientes:

Saldré aunque está lloviendo. **(I'll go out even though it's raining)**

Saldré aunque esté lloviendo. **(I'll go out even if it's raining)**

En el primer ejemplo, está lloviendo de verdad y veo que está lloviendo, y a pesar de ello, decido salir.

En el segundo ejemplo, no sé si está lloviendo o no, pero me da igual. Saldré de todas formas.

En este punto, nos vamos a centrar en el primer ejemplo de ***'aunque'***. Hay dos formas:

Although - **Even though**

Recomiendo el segundo, ya que es algo más común.

La palabra "**though**" se pronuncia: */dó/* o */zó/* (con las cuerdas vocales activadas)

Ahora te presentamos situaciones utilizando la expresion "**anyway**" o "**in any case**". Ambas expresiones significan ***'de todas formas'*** o ***'en todo caso'***.

Ejemplo:

Decimos:	**The steak was too rare, but I ate it anyway.** *El filete estaba demasiado poco hecho, pero me lo comí de todas formas.*
Tú:	**Even though the steak was too rare, I ate it anyway.** *Aunque el filete estaba demasiado poco hecho, me lo comí de todas formas.*

27.25 Conjuctions

However
Nevertheless

However = *sin embargo*

Nevertheless = *no obstante*

Llevo 25 años intentando fijar unas reglas de uso y todavía tropiezo con muchas excepciones.

Lo único que te puedo decir, por si sirve de orientación, es que cuando en castellano se dice ***'sin embargo'***, en inglés casi siempre se dice "**however**". Por la misma regla, cuando quieres decir ***'no obstante'***, usa "**nevertheless**".

Jaime es muy inteligente. Sin embargo, no hace sus deberes.
Jaime is very intelligent. However, he doesn't do his homework.

Jaime no es buen estudiante. No obstante, se esfuerza mucho.
Jaime isn't a good student. Nevertheless, he makes a strong effort.

27.26	**Even though**	Este punto es un repaso del **punto 27.24**, puesto que la expresión "**even though**" se usa mucho en inglés: **Even though I like him, there are times when his behavior irritates me.** *Aunque me cae bien, hay veces en las que su comportamiento me irrita.*
27.27	**Translation booklet** **Vocabulary booklet**	**Translation booklet** y **Vocabulary booklet:** Recuerda hacer una lista diariamente y repasar la del día anterior.

28.1 Fractions and percentages

Percent

Half

Point (decimal point)

Is the same as...

Aquí seguimos con la revisión de fracciones, porcentajes, decimales y "**the same as**"

1/2 is the same as 50% (one-half is the same as 50%)

1/4 is the same as 25% (one-fourth is the same as 25%)

Tienes que escribir 10 ejemplos de fracciones y leerlas en alto.

He aquí ejemplos de fracciones:

1/2	**One-half**	5/8	**Five-eighths** */eitzs/*
1/4	**One-fourth**	6/7	**Six-sevenths**
2/3	**Two-thirds**	2/9	**Two-ninths**
3/5	**Three-fifths**	1/10	**One-tenth**

28.2 Number pronunciation

Esta es la vigésima (twentieth) vez que nos dedicamos al dictado y pronunciación de números.

Recuerda: **Two hundred and thirty-three thousand eight hundred and fifty-four (233.854)**

Recuerda también las comas en vez de los puntos.

Así decimos números superiores a un millón:

Three million eight hundred and forty-six thousand nine hundred and eleven (3,846,911)

Escribe 20 números en un papel y luego pronúncialos en alto. Cada día deberás ir haciéndolo más rápido.

28.3 Number pronunciation

Seguimos aquí con la pronunciación y vocalización de los números.

Aquellos números que no hayas sido capaz de pronunciar correctamente vuelve a leerlos en alto 5 veces cada uno.

28.4 Review of ordinal numbers and dates

Vamos a hacer este ejercicio en todas las unidades hasta la 35 inclusive.

Te pediremos que digas un mes entero de fechas como sigue:

Saturday, the first. Sunday, the second. Monday, the third. Tuesday, the fourth. Wednesday, the fifth. Thursday, the sixth. Friday, the seventh. Saturday, the eighth. Sunday, the ninth, etc. etc. etc. hasta el día 31 (..., the 31st).

28.5 Review of dates

En esta sección debes inventar 10 fechas y formularlas en alto en las dos formas conocidas.

Britántico: **the eleventh of March, 1999** (literalmente: *el undécimo de marzo, 1999*)

Americano: **March eleventh, 1999** (literalmente: *marzo undécimo, 1999*)

28.6	**Review of years**	Escribe 20 años en un papel y prueba a pronunciarlos en alto correctamente.. Recuerda que decimos los años como sigue: ***Diecinueve noventa y nueve (1999)*** Recuerda también que en inglés nunca ponemos una coma o punto en el año. Escribimos **1999**. No escribimos **1.999** o **1,999**.
28.7	**Review of telling time**	Escribe 10 horas en un papel y dilas en alto. **It's 2 o'clock** **It's 15 minutes to 3:00** **It's ten-thirty** **It's five forty-five**
28.8	**Review** **from...to** **since...** **for...** **Ordinal numbers**	Tendrás que hacerte experto con: **1. El pasado simple vs. el presente perfecto** **2. "from... to" vs. "since"** **3. "since" vs. "for"** **4. Números ordinales (1st, 2nd, 3rd, etc.)** Por ejemplo: **Aki went to Luisiana on the 10th and he's still there. Now it's the 14th.** Ante este escenario, debes expresar la situación con las dos formas posibles: **1. He's been in Luisiana since the 10th.** **2. He's been in Luisiana for four days.** El escenario que acabamos de ver es en el presente perfecto, ya que Aki sigue en Luisiana. Ahora bien, imaginemos que ya no está allí: Ahora, por ejemplo: **Aki went to Luisiana on the 10th and he returned to Japan on the 13th.** Ante este escenario, tendrías que decir: **1. He was in Luisiana from the 10th to the 13th.** **2. He was in Luisiana for three days.** Imagina ahora un nuevo scenario y haz tu lo mismo que hemos hecho.

28.9	**Overview of the three conditionals**	Aquí empezamos con los temidos condicionales. No sé por qué se temen. Son fáciles. Aunque vamos a estudiar de momento solamente uno de los tres condicionales (el segundo condicional, o lo que yo denomino el condicional del presente), vamos a ver los tres a título de aclaración teórica. Muchos profesores te hablarán del primer, segundo y tercer condicional, obligándote a hacer una especie de abstracción numérica. Algunos profesores, yo incluido, usamos los terminos condicional del futuro, del presente y del pasado. Para aclarar términos, veamos el ejemplo del mendigo. Supongamos que eres una persona dada a ayudar a los mendigos. Mendigo que ves, mendigo al que le das dinero. Te hace sentir bien ayudar a los pobres y no pierdes una ocasión para hacer una acción benéfica. Supongamos ahora que sales de tu oficina y vas andando por la calle. Ves a unos 30 metros un mendigo sentado en la acera pidiendo dinero. "¡Ah!" dices... "una oportunidad para hacer una buena obra". Conforme caminas hacia el mendigo, compruebas tus bolsillos en busca de una moneda y piensas:
28.9 →	**The 3 conditionals** *(Continúa)*	**If I have a coin, I will give it to the beggar.** *Si tengo una moneda, se la daré al mendigo.* Estudiemos esta frase: **If I have (presente) a coin, I will give (futuro) it to the beggar**. Esto se llama el condicional del futuro. No sabes todavía si tienes o no una moneda, pero si ves (en el futuro inmediato) que tienes una, se lo darás (futuro) al mendigo. La mayoría de los libros llaman esto: the first conditional Ahora bien, supongamos que a medida que te acercas al mendigo te das cuenta de que no tienes ninguna moneda. Al llegar al mendigo te disculpas diciendo: **Sorry, Mr. Beggar, I don't have a coin, but if I had a coin, I would give it to you.** *Lo siento, Sr. Mendigo, no tengo una moneda, pero si tuviera una, se la daría.* Veamos esta frase: ...**if I had (pasado) a coin, I would give (condicional) it to you.** Esto se llama el condicional del presente. Ya sabes (en estos momentos del presente) que no tienes ninguna moneda. También sabes (en estos momentos del presente) que si tuvieras (en estos momentos del presente) una moneda, se la darías al mendigo. La mayoría de los libros llaman esto: the second conditional

← 28.9 **The 3 conditionals**

(Continuación)

Por último, supongamos que vas a casa y le cuentas a tu mujer (o marido) lo que sucedió. Dices: **About half an hour ago I saw a beggar in the street and I didn't have any coins, but.**

If I had had a coin, I would have given it to the beggar.

Si hubiera tenido una moneda, se la habría dado al mendigo.

Esto se llama el condicional del pasado. Sabes que si hubieras tenido (hace media hora) una moneda, se la habrías dado (hace media hora – en el pasado) al mendigo.

La mayoría de los libros llaman a esto: the third conditional

Volveremos más adelante sobre el condicional del pasado. Por ahora, nos vamos a centrar en el condicional del presente.

28.10 **Present or 2nd conditional:**

More theory

Este punto es teórico también. Es sobre el uso del verbo "**to be**" en el condicional. Mira estas dos conjugaciones del verbo "**to be**":

Conjugación en el pasado	Conjugación en el condicional del presente
I was	If I were
You were	If you were
He was	If he were
She was	If she were
It was	If it were
We were	If we were
They were	If they were

Ahora bien, muchos nativos de habla inglesa, sobre todo norteamericanos, dicen: ...**if I was**...

Es un poco como en castellano cuando la gente dice: *'Si pudiera le mataba'* en lugar de decir: *'Si pudiera le mataría'*. Es incorrecto gramaticalmente, pero mucha gente lo dice así.

28.11 → **Present or 2nd conditional**

Te pongo algunas preguntas y respuestas a título de ejemplo:

If you were the president of Spain, would you lower taxes?

Yes, if I were the president of Spain, I would lower taxes.

If you had a million dollars, would you buy a Rolls Royce?

No, if I had a million dollars, I wouldn't buy a Rolls Royce.

If you knew 20 languages fluently, would you become a language teacher?

No, I wouldn't become a language teacher even if I knew 20 languages fluently.

Observa que la respuesta a la última pregunta es al revés. La parte de la frase que empieza por "if" es la última parte de la frase. Da igual como alinees la frase.

If Spain were near Sweden, the winters would be very cold

The winters would be very cold if Spain were near Sweden.

Una regla: "**if**" y "**would**" **nunca** comparten el mismo lado de la frase... **nunca.**

(Continúa)

← 28.11	**Present or 2nd conditional** *(Continuación)*	**If I would know 20 languages... NO SE PUEDE DECIR** Siempre se dice **"if" más el verbo en pasado** (y siempre "**were**" si se trata del verbo "**to be**") Si metes "**would**" en el mismo lado que "**if**", estarás hablando como algunos vascos cuando dicen, por ejemplo: *Si yo tendría dinero...*
28.12	**Present conditional** *(Continuación)*	Aquí seguimos con el condicional del presente, pero con un ejercicio interesante. Se trata de lo que llamamos "conclusiones lógicas". Expresaremos un hecho y un motivo por dicho hecho. Ejemplo: **Peter is fat because he eats too much.** Tú tendrás que responder sacando una conclusión lógica: **If Peter didn't eat so much, he wouldn't be so fat.** Veamos más ejemplos: **Profesor:** I'm tall because my father is tall. — **Alumno:** If your father weren't tall, you wouldn't be tall. **Profesor:** You're here because you don't speak perfect English. — **Alumno:** If I spoke perfect English, I wouldn't be here. **Profesor:** The Congo is hot because it's near the equator. — **Alumno:** If the Congo weren't near the equator, it wouldn't be so hot. Construye tus propios ejemplos.
28.13	**Regular verbs in past** **Pronunciation of endings**	Pronunciación de verbos regulares en el pasado y en el presente perfecto. Usaremos la tercera columna de la lista de verbos regulares. Para el uso del presente perfecto (*he preguntado*), usarás la expresión "**lately**" (*últimamente*). Esta expresión en inglés siempre va acompañada del presente perfecto. Diremos, por ejemplo: **Every day I accept.** *(Cada día acepto.)* Y tú responderás diciendo: **Yesterday I accepted.** *(Ayer acepté.)* / **Lately I've accepted.** *(Últimamente he aceptado.)* Luego seguiremos este mismo patrón para todos los verbos de la tercera columna de la lista. Seguramente te estarás cansando de este ejercicio y otros parecidos. Tendrás la impresión de que estamos volviendo sobre terreno ya muy trillado. Sin embargo, si pudieras usar con total agilidad todo lo visto hasta ahora, hablarías inglés igual o mejor que los suecos, daneses u holandeses. No es que sepan más inglés que tú. Lo que saben es construir y conjugar frases sencillas con soltura y naturalidad. No se enmarañan en la maleza de la gramática como la mayoría de los españoles. Son expertos malabaristas con sólo cuatro pelotas. Los españoles os empeñáis con demasiada frecuencia en tratar de manejar 10 pelotas antes de ser ágiles con tres.

28.14 Quick irregular verb review

Este ejercicio es idéntico al anterior pero con verbos irregulares.

Diremos, por ejemplo:	**Every day I send.** *(Cada día envío.)*
Y tú responderás diciendo:	**Yesterday I sent.** *(Ayer envié.)*
	Lately I've sent. *(Últimamente he enviado.)*

Esta vez utilizaremos los siguientes verbos extraídos de la lista de los 70 verbos irregulares más relevantes expuesta antes de la unidad 22:

send / sent / sent	**speak / spoke /spoken**	**teach / taught / taught**	**wear / wore / worn**
set / set / set	**spend / spent / spent**	**tell / told / told**	**win / won / won**
shut / shut / shut	**stand / stood / stood**	**think / thought / thought**	**write / wrote / written**
sit / sat / sat	**steal / stole / stolen**	**throw / threw / thrown**	**become/became/ become**
sleep / slept /slept	**take / took / taken**	**understand/understood/un- derstood**	**begin / began / begun**

Shut	*Cerrar*
Throw / threw	**"Threw"** se pronuncia: */zrú/*
Wear / wore	**"Wore"** se pronuncia igual que *'guerra'*: */war/*
Win / won	**"Won"** se pronuncia igual que el número uno en inglés: **one**

28.15 Review: There has/have never been...

Este ejercicio es idéntico a aquellos en los que expresas cosas que nunca has hecho. Sin embargo, aquí todas las preguntas contienen la expresión "**There + to be**" *(haber – hay, hubo,* etc.). Ejemplo:

Profesor:	*When was the last time there was a nuclear explosion in Cuenca?*
Alumno:	*There's never been a nuclear explosion in Cuenca.*

28.16 Present perfect vs. past

Aquí seguimos comparando el presente perfect con el pasado simple. Recuerda que frases como las siguientes en español siempre se emplean en el pasado en inglés.

¿Qué ha pasado?	**What happened.**
¿Dónde has comprado eso?	**Where did you buy that?**
No me ha gustado la película.	**I didn't like the movie.**
No he entendido nada.	**I didn't understand a thing**

En este punto, volveremos a hacer ese ejercicio basado en las veces que hiciste algo el año pasado, semana pasada, etc., seguido de las veces que lo has hecho este año, esta semana, etc.

How many Chinese classes did you take last year?	**I didn't take any Chinese classes last year.**
And so far this year?	**I haven't taken any this year either.**

28.17 Translation booklet Vocabulary booklet

Translation booklet y **Vocabulary booklet:**

28.18 Mastering the interrogative

Volveremos a someterte a la disciplina de formular preguntas en inglés. Este ejercicio suele costar mucho trabajo a los alumnos, independientemente de su nivel, puesto que no están acostumbrados a formular correctamente el interrogativo.

Inventa una contestación y formula la pregunta que daría lugar a dicha contestación.

Teacher:	*My sister leaves home every morning at 7:30.*
Student:	*What time does your sister leave home every morning?*
Teacher:	*Paul is a nice guy.*
Student:	*What's Paul like?*

Formular bien el interrogativo en inglés es de vital importancia y es algo que los profesores muchas veces descuidan, ya que les resulta más fácil hacer las preguntas y el alumno las respuestas. Selecciona 5 frases de tu **translation booklet** y formula la pregunta. Debes hacerlo de diferentes frases cada vez e ir haciéndolas más complicadas.

28.19 Teacher & student reading aloud + questions

Natasha Zarakovich

Natasha Zarakovich has been thinking about Scotland for the past two weeks. Her cousin, André Zarakovich, has been living in Scotland for 23 years. He moved there with his parents when he was only five years old. He is one year younger than Natasha. Many years ago, when André was a child, he played with Natasha every day in Moscow. They lived next to each other. André only remembers a few things from that period. However, Natasha still remembers a lot of things. She remembers that André was a bad little boy. He always hit her when they were playing. For the past five years, André and Natasha have been writing to each other. André's father is an aeronautical engineer and the family has a nice house in the suburbs of Glasgow. Ever since André started writing to Natasha, he has been inviting her to visit him and his family in Glasgow. Natasha would like to go, but it's too expensive for her. In his last letter, André told her that he had found a new job and that he was earning two times more than in his last job. He also told her that, with the extra money in the first two months, he had made a flight reservation for Natasha on British Airways for December 22nd. The return ticket was for January 3rd. When Natasha read the letter, she couldn't believe it. She didn't like the idea of André paying for the ticket, but she was excited that she was finally going to visit another country. She's never been outside of Russia. In fact, she's never been more than 50 kilometers outside of Moscow.

He moved	*El se trasladó o se mudó*
In the suburbs	*En las afueras*
Ever since	*Desde que*
Excited	*Emocionada.* Se pronuncia: */iksáitid/*

28.20 Conjunctions

In spite of
Despite

In spite of the fact that
Despite the fact that

La palabra "**spite**" (pronunciada */spáit/*) significa *'despecho'* o *'rencor'*.

Ahora bien, la expresión "**in spite of**" significa: *a pesar de*

He visto en literatura la expresión española *'a despecho de'* pero no estoy seguro que signifique lo mismo que *'a pesar de'*. Ya me lo dirás tú.

La expresión "**in spite of**" es muy corriente. Veamos ejemplos:

The little boy played in the park in spite of the heavy snow.
El niño jugaba en el parque a pesar de la copiosa nieve.

Un sinónimo exacto de "**in spite of**" es la expresión "**despite**". Significa lo mismo y no va seguida de la preposición "**of**":

The little boy played in the park despite the heavy snow.

La expresión "**in spite of**" es ligeramente más corriente que "**despite**", pero elige la que más te guste.

Ahora bien, en castellano tenéis la expresion *'a pesar de que'*:

El niño jugaba en el parque a pesar de que nevaba copiosamente.

En inglés no tenemos exactamente esta expresión. Somos un poco raros, ya que siempre decimos: *a pesar del hecho de que*. Fíjate:

The little boy played in the park in spite of the fact that it was snowing heavily.

The little boy played in the park despite the fact that it was snowing heavily.

Otra forma, quizá más corriente, de expresar la idea de *'a pesar de que'* es el uso de **"even though"** (*aunque*):

The little boy played in the park even though it was snowing heavily.
El niño jugaba en el parque aunque nevaba copiosamente.

Ahora bien, resumamos todo lo anterior en una serie de frases. Todas significan exactamente los mismo:

Even though it was snowing and windy, Natasha walked to the library.

Natasha walked to the library in spite of the snow and wind.

Natasha walked to the library in spite of the fact that it was snowing and windy.

Natasha walked to the library despite the snow and wind.

Natasha walked to the library despite the fact that it was snowing and windy.

28.21 Conjunctions

Instead of
Rather than

"**Instead of**" significa *'en vez de'* o *'en lugar de'*. Se pronuncia: */enstédaf/*

"**Rather than**" significa *'en vez de'* o *'en lugar de'*. Se pronuncia: */rázer zan/*

O sea, las dos expresiones significan lo mismo. Puede que haya una ligera diferencia, pero no importa para los propósitos nuestros.

"**Instead of**" expresa un hecho, sin que medie una opinión o preferencia:

Instead of going to the beach, he spent his holidays in the mountains.

En vez de ir a la playa, él pasó sus vacaciones en las montañas.

Por cierto, "**mountains**" se pronuncia: */máontans/*

"**Rather than**" a menudo lleva implícito una opinión o una preferencia:

Rather than going to the beach this year, why don't we go to the mountains?

En vez de ir a la playa, ¿por qué no vamos a las montañas?

La expresión "**rather than**" está un poco relacionada con la otra expresión "**I would rather**", expresión que significa *'yo preferiría'*. Veremos esta expresión más adelante.

Ahora bien, espero que hayas notado algo muy importante respecto al verbo que sigue a las expresiones "**instead of**" o "**rather than**". Es un gerundio. Recuérdalo. No me pongas infinitivos.

Instead of playing... **Rather than sending it...** **Instead of calling him...** **Etc.**

28.22 Review:

Negative questions

Aquí repasamos de nuevo el uso de preguntas negativas. Te pongo algunas:

Why isn't it blue?	*¿Por qué no es azul?*
Why aren't they ready?	*¿Por qué no están listos?*
Why isn't there a telephone?	*¿Por qué no hay teléfono?*
Why don't they call her?	*¿Por qué no la llaman?*
Why doesn't she sell it?	*¿Por qué ella no lo vende?*
Why wasn't he with you?	*¿Por qué él no estaba contigo?*
Why weren't we informed?	*¿Por qué no fuimos informados?*
Why didn't she try to escape?	*¿Por qué no intentó ella escaparse?*
Why hasn't he done it yet?	*¿Por qué él no lo ha hecho todavía?*
Why haven't they finished it?	*¿Por qué no lo han terminado?*
Why can't I go?	*¿Por qué no puedo ir?*
Why couldn't he see her?	*¿Por qué no pudo él verla?*
Why won't they come?	*¿Por qué no vendrán?*
Why wouldn't you like to work there?	*¿Por qué no te gustaría trabajar allí?*

He destacado los verbos auxiliares, ya que en las preguntas negativas, es obligatorio usar la contracción.

28.23	**Translation booklet** **Vocabulary booklet**	**Translation booklet** y **Vocabulary booklet:** Recuerda hacer una lista diariamente y repasar la del día anterior.
28.24	**Review of "whose" and possessive pronouns**	Este punto es un breve repaso de "**whose**" (*de quién*) y los pronombres posesivos. Ejemplos:

Whose book is that?	*¿De quién es ese libro?*
Whose pens are these?	*¿De quiénes son estos bolígrafos?*
Whose is it?	*¿De quién es?*
Whose are they?	*¿De quién son?*
Whose were the ones I saw last night?	*¿De quién eran los que vi anoche?*
They're mine.	*Son míos.*
It's yours.	*Es tuyo.*
It was his.	*Era de él.*
They're hers.	*Son de ella.*
It's ours.	*Es nuestro.*
They're theirs.	*Son de ellos.*

Por simple curiosidad, quiero que te fijes en el último ejemplo en inglés (**They're theirs**). La pronunciación fonética en castellano de esta expresión es como sigue:

/der ders/

La pronunciación de "**theirs**" es */ders/*. La pronunciación de la contración "**They're**" es */der/*.

28.25 — **Not as much as vs. less** / **Not as many as vs. fewer**

Fíjate en estas dos frases:

1) **I have less money than Bill Gates.** ("**money**" = singular o incontable)

2) **I have fewer adventures than Spiderman.** ("**adventures**" = plural o contable)

Las dos frases citadas son supercorrectas en inglés, son perfectas. Sin embargo, esta construcción con "**less than**" o "**fewer than**" se usa mucho menos que la construcción siguiente:

1) I don't have as much money as Bill Gates.

2) I don't have as many adventures as Spiderman.

Normalmente construimos la frase en negativo, usando "**not as much...as**" o "**not as many... as**".

If I have more than you... then you don't have as much as I do.

If I'm taller than you... then you're not as tall as I am.

If Spain has more people than Syria... then Syria doesn't have as many people as Spain does.

If I sing better than you... then you don't sing as well as I do.

Etc.

28.26	**Remind vs. remember** **To remind someone of**	Cada vez que explico a mis alumnos la diferencia entre "**remember**" y "**remind**", me entienden perfectamente y toman nota de la diferencia. Luego, unos meses después, me lo preguntan de nuevo como si jamás se les hubiera explicado la diferencia. **To remember** = *acordarse de* **To remind** = *recordar* (a otro para que no se le olvide) *Oye, recuérdame que me acuerde de llamarla* = **Hey, remind me to remember to call her** Esta frase en castellano y en inglés es absurda, pero espero que te aclare la diferencia. Una persona normal diría: **Remind me to call her** *(Recuérdame llamarla)* Los españoles confunden estos dos verbos probablemente porque en castellano *'recordar'* tiene dos usos: *No recuerdo bien donde lo puse* *Recuérdame llamarla.* En la primera frase, *'recordar'* se usa exactamente como *'acordarse de'*. En la segunda frase, el verbo *'recordar'* se usa de forma muy distinta, se usa como el verbo "**to remind**" en inglés. **I don't remember well where I put it** **Remind me to call her** El verbo "**to remind**", añadiendo la preposición "**of**", se usa cuando alguien o algo nos trae a la memoria otra persona u otro evento: **You remind me of an old friend of mine.** *Me recuerdas a un antiguo amigo mío.* **This situation reminds me of when I was a student in Texas.** *Esta situación me recuerda cuando era estudiante en Tejas.*

28.27 **"To be or not to be"**

The negative of the infinitive

To be or not to be... that is the question

Fíjate en cómo Shakespeare dice: *'ser o no ser'*. Fíjate sobre todo en la parte negativa de la frase: *no ser* (**not to be**).

Así hacemos el negativo de los infinitivos. Cuando mis alumnos quieren expresar el infinitivo en sentido negativo, se quedan parados, pensando cómo construirlo. Muchas veces conjugan el verbo en el presente, diciendo algo así como:

We decided to don't go

Esto, por supuesto, es incorrecto. La forma correcta es muy sencilla:

Afirmativo:	**We decided to go.**	*Decidimos ir.*
Negativo:	**We decided not to go.**	*Decidimos no ir.*

29.1 Fractions and percentages

Percent

Half

Point (decimal point)

Is the same as...

Aquí seguimos con la revisión de fracciones, porcentajes, decimales y "**the same as**"

1/2 is the same as 50% (one-half is the same as 50%)

1/4 is the same as 25% (one-fourth is the same as 25%)

Tienes que escribir 10 ejemplos de fracciones y leerlas en alto.

He aquí ejemplos de fracciones:

1/2	**One-half**	5/8	**Five-eighths** */eitzs/*
1/4	**One-fourth**	6/7	**Six-sevenths**
2/3	**Two-thirds**	2/9	**Two-ninths**
3/5	**Three-fifths**	1/10	**One-tenth**

29.2 Number pronunciation

Esta es la vigésima primera (**twenty-first**) vez que nos dedicamos al dictado y pronunciación de números.

Recuerda: **Two hundred and thirty-three thousand eight hundred and fifty-four (233.854)**

Recuerda también las comas en vez de los puntos.

Así decimos números superiores a un millón:

Three million eight hundred and forty-six thousand nine hundred and eleven (3,846,911)

Escribe 20 números en un papel y luego pronúncialos en alto. Cada día deberás ir haciéndolo más rápido.

29.3 Number pronunciation

Seguimos aquí con la pronunciación y vocalización de los números.

Aquellos números que no hayas sido capaz de pronunciar correctamente vuelve a leerlos en alto 5 veces cada uno.

29.4 Review of ordinal numbers and dates

Vamos a hacer este ejercicio en todas las unidades hasta la 35 inclusive.

Te pediremos que digas un mes entero de fechas como sigue:

Saturday, the first. Sunday, the second. Monday, the third. Tuesday, the fourth. Wednesday, the fifth. Thursday, the sixth. Friday, the seventh. Saturday, the eighth. Sunday, the ninth, etc. etc. etc. hasta el día 31 (..., the 31st).

29.5 Review of dates

En esta sección debes inventar 10 fechas y formularlas en alto en las dos formas conocidas.

Britántico: **the fourteenth of February, 1999** (literalmente: *el décimocuarto de febrero, 1999*)

Americano: **February fourteenth, 1999** (literalmente: *febrero décimocuarto, 1999*)

29.6	**Review of telling time**	Escribe 10 horas en un papel y dilas en alto. **It's 2 o'clock** **It's 15 minutes to 3:00** **It's ten-thirty** **It's five forty-five**
29.7	**Review** **From...To** **Since...** **For...** **Ordinal numbers**	Este punto es una repetición del ejercicio diseñado para hacerte experto con: **1. El pasado simple vs. el presente perfecto** **2. "From... to" vs. "since"** **3. "Since" vs. "for"** **4. Números ordinales (1st, 2nd, 3rd, etc.)** Te daremos un escenario. Por ejemplo: **Nigel went to Monaco on the 2nd and he's still there. Now it's the 7th.** Ante este escenario, debes expresar la situación con las dos formas posibles: **1. He's been in Monaco since the 2nd.** **2. He's been in Monaco for five days.** El escenario que acabamos de ver es en el presente perfecto, ya que Nigel sigue en Mónaco. Ahora bien, imaginemos que ya no está allí: Ahora, por ejemplo: **Nigel went to Monaco on the 2nd and he returned to England on the 6th.** Ante este escenario, tendrías que decir: **1. He was in Monaco from the 2nd to the 6th.** **2. He was in Monaco for four days.** Escribe una frase con "**for**", "**from**" y "**since**" sobre cualquier otro escenario que se te ocurra.
29.8 →	**To / for** **What... for?** *(Continúa)*	*Estoy aquí para ayudarte.* *¿Cómo se dice esta frase en inglés?* — **1) I'm here for helping you.** **2) I'm here to help you.** La segunda opción es la única válida en este caso, ya que expresa propósito. *Un abrebotellas es para abrir botellas* *¿Cómo se dice esta frase en inglés?* — **1) A bottle opener is for opening bottles.** **2) A bottle opener is to open bottles.**

← 29.8	**To / for** **What... for?** *(Continuación)*	La primera opción es la más corriente, ya que expresa **funcionalidad**. "Propósito / funcionalidad"... Si quieres una explicación teórica sobre cuando usar "**for + gerundio**" y cuando usar "**to + infinitivo**", ahí la tienes.

Funcionalidad:	**A lighter is for lighting cigarettes.**	*Un mechero es para encender cigarros.*
Propósito:	**I use a lighter to light cigarettes.**	*Uso un mechero para encender cigarros.*

¿Te digo un secreto? : Si usas "**to + infinitivo**", siempre aciertas. Es válido en los dos casos.

A bottle opener is for opening bottles or **A bottle opener is to open bottles.**

Por último, en inglés decimos al revés la expresión castellana *'¿para qué...?'*

What... for?

¿Para qué hiciste eso? = **What did you do that for?**

Ahora bien, la respuesta a una pregunta como ésta siempre emplea el infinitivo:

Lo hice para calmar a los niños = **I did it to calm the children down.**

29.9	**Translation booklet** **Vocabulary booklet**	**Translation booklet** y **Vocabulary booklet:** Recuerda hacer una lista diariamente y repasar la del día anterior.
29.10	**Review: How long does it take...**	Aquí volvemos a repasar la forma en inglés de decir: *'tardar'*.

En español	En inglés	Contestación
¿Cuánto se tarda...?	**How long does it take...?**	**It takes...**
¿Cuánto tardas...?	**How long does it take you...?**	**It takes me...**
¿Cuánto tardan...?	**How long does it take them...?**	**It takes them...**
¿Cuánto tarda él...?	**How long does it take him...?**	**It takes him...**
¿Cuánto se tardó...?	**How long did it take...?**	**It took...**
¿Cuánto tardaste...?	**How long did it take you...?**	**It took me...**
¿Cuánto se tardará...?	**How long will take...?**	**It will take...**
¿Cuánto tardará ella...?	**How long will it take her...?**	**It will take her...**

Creo que sobran los comentarios. En inglés no existe el verbo *'tardar'*. Recurrimos al verbo "**to take**" (*llevar, tomar*).

Por tanto, en vez de de decir, *'tardo 3 horas en hacerlo'*, decimos:

Ello me lleva tres horas hacerlo. **(It takes me three hours to do it.)**

29.11 The sister routine

Teacher:	**Pepe, tell María to ask me what my brother does on Saturdays.**
Pepe:	**María, ask the teacher what his brother does on Saturdays.**
María:	**What does your brother do on Saturdays. (direct question)**
Teacher:	**Excuse me, Pepe, what does María want to know?**
Pepe:	**She wants to know what your brother does on Saturdays.**
Teacher:	**He surfs the internet.**

Estudia este intercambio entre el profesor y sus dos alumnos. Estudia sobre todo el tratamiento del verbo principal de las frases (el verbo "**to do**"). Fíjate bien. Sólo se usa el verbo auxiliar (en este caso "**does**"), en la pregunta directa, nunca en las frases no directamente interrogativas.

29.12 The sister routine

La regla que expuse en el punto anterior será practicada en este punto.

Recuerda que sólo se usa un verbo auxiliar en la pregunta directa. Veamos otra secuencia e intenta crear tú otras cinco.

Tell John to ask me where my uncle lives.	**("lives" - verbo principal – sin verbo auxiliar)**
John, ask the teacher where his uncle lives.	**("lives" - verbo principal – sin verbo auxiliar)**
Where does your uncle live?	**("does...live" - verbo auxiliar + verbo principal)**
What does John want to know?	**("does...want" - verbo auxiliar + verbo principal)**
He wants to know where your uncle lives.	**("lives" – verbo principal – sin verbo auxiliar)**

Las frases 3 y 4 (las que están en verde) son las únicas donde aparece un verbo auxiliar. Son preguntas directas.

Los españoles muchas veces insertan un verbo auxiliar en la parte afirmativa de una frase:

Do you know where does his sister live?

Este frase está **muy mal**. La pregunta es "**do you know**". El resto de la frase va en afirmativo:

Do you know where his sister lives?

29.13 Ever - never

Drill work

Seguimos aquí con aquel ejercicio en el que dices lo que nunca has hecho o lo que nunca ha sucedido. Practica con 20 ejemplos de tu cosecha.

Teacher:	**When was the last time the Amazon River froze?**
Student:	**It's never frozen**. **("It's" aquí es la contracción de "It has")**

29.14 → Because / Because of / On account of / Due to

(Continúa)

The game was canceled because it was raining.	*El partido fue cancelado porque llovía.*
The game was canceled because of the rain.	*El partido fue cancelado debido a la lluvia.*
The game was canceled on account of the rain.	*El partido fue cancelado debido a la lluvia.*
The game was canceled due to the rain.	*El partido fue cancelado debido a la lluvia.*

Because of, **on account of**, **due to**, todos significan lo mismo

← 29.14	**Because** **Because of** **On account of** **Due to** *(Continuación)*	**Because of** — *Debido a* **On account of** — *A causa de* **Due to** — *Por culpa de* *Por motivo de* La alternativa más común es "**because of**". Sin embargo, por razones que desconozco, los españoles, sobre todo los que trabajan en empresas, tienden a usar "**due to**".
29.15	**Translation booklet** **Vocabulary booklet**	**Translation booklet** y **Vocabulary booklet:** Recuerda hacer una lista diariamente y repasar la del día anterior.
29.16	**Regular verbs in past** **Pronunciation of endings**	Volveremos a hacer contigo ese ejercicio basado en la pronunciación de verbos regulares en el pasado y en el presente perfecto. Usaremos la primera columna de la lista de verbos regulares. Para el uso del presente perfecto (***he preguntado***), usarás la expresión "**lately**" (***últimamente***). Esta expresión en inglés siempre va acompañada del presente perfecto. Diremos, por ejemplo: **Every day I agree.** *(Cada día estoy de acuerdo.)* Y tú responderás diciendo: **Yesterday I agreed.** *(Ayer estuve de acuerdo.)* **Lately I've agreed.** *(Últimamente he estado de acuerdo.)* Debes seguir este mismo patrón para todos los verbos de la primera columna de la página de verbos regulares.
29.17 →	**Quick irregular verb review** *(Continúa)*	Este ejercicio es idéntico al anterior pero con verbos irregulares. Diremos, por ejemplo: **Every day I blow.** *(Cada día soplo.)* Y tú responderás diciendo: **Yesterday I blew.** *(Ayer soplé.)* **Lately I've blew.** *(Últimamente he soplado.)* Esta vez utilizaremos los siguientes verbos extraídos de la lista de los 70 verbos irregulares más relevantes expuesta antes de la unidad 22:

blow / blew / blown **break / broke / broken** **bring / brought / brought** **build / built / built** **buy / bought / bought**	**catch / caught / caught** **choose / chose / chosen** **come / came / come** **cost / cost / cost** **cut / cut / cut**	**deal with / dealt with / dealt with** **do / did / done** **drink / drank / drunk** **drive / drove / driven** **eat / ate / eaten**	**fall / fell / fallen** **feel / felt / felt** **fight / fought / fought** **find / found / found** **fly / flew / flown**

← 29.17 Quick irregular verb review

(Continuación)

blow / blew	**"blew"** se pronuncia */blu/*
choose / chose	Se pronuncian: */chus/ /chóus/*
deal with	Este verbo significa: *tratar con*
eat / ate	Se pronuncian: */it/ /éit/*
fly / flew	**"flew"** se pronuncia: */flu/*

29.18 Short answer drill and listening comprehension exercise

Este ejercicio es aquel en el que debes responder a un sinfín de preguntas a veces absurdas. Ejemplo:

Does Spain import grapes from the moon? No, it doesn't.

Can Madonna play football as well as Pelé? No, she can't.

Aparentemente es sencillo, pero las preguntas exigirán que tengas un buen oído. Ninguna pregunta está relacionada con la anterior o la siguiente, por lo que no podrás relajarte por la familiaridad de una temática continuada. Asimismo, muchas de las preguntas son absurdas, lo cual exige un buen oído para captar el sentido de la pregunta. Ejemplo:

Did Winston Churchill take part in the French Revolution?

¿Participó Winston Churchill en la Revolución Francesa?

29.19 → Teacher & student reading aloud + questions

Ana Barghini

Ana Barghini – This morning, shortly before lunch, Ana Barghini received a telephone call from Karl Polster, the purchasing manager of Mercedes Benz. They have been in contact for several months because Ana's company is negotiating a large contract to supply car seats for several models produced by Mercedes. Ana's having lunch right now in her office. She's thinking about Karl Polster. It seems strange that the purchasing manager of Mercedes should call her so often. His job is more administrative than technical. The real negotiations are between her engineers and the technical people at Mercedes. She has a feeling that Karl is interested in something more than business. In their conversation this morning, he asked her twice when she was planning to visit Stuttgart again. He also talked to her about a country house he has in the Black Forest. Ana doesn't have a serious relationship with any man right now. She's really too busy running her father's company to worry about men. However, she's 27 years old and sometimes she feels a little lonely. Karl is a nice young man and quite handsome, but Ana is always afraid that men are more interested in her money than in her. Her family's estate is worth over 50 million dollars. She told Karl in their conversation that she was planning to be in Stuttgart for a couple of days at the end of November. She didn't say anything when he mentioned his country house.

(Continúa)

← 29.19	**Teacher & student reading aloud + questions** Ana Barghini *(Continuación)*	**Shortly before** — *Un poco antes de* **Purchasing** — *Compras.* Se pronuncia: */pérchasing/* (nota la acentuación) **To supply** — *Suministrar* **Right now** — *Ahora mismo* **She has a feeling that** — *Tiene la impresión de que* **Running** — *Dirigiendo* (en este caso) **Lonely** — *Sola* **Estate** — *Patrimonio* (dinero, valores, casas, inversiones, etc.) **Is worth** — *Vale* **Over** — *Más de*
29.20	**Unless**	"**Unless**" significa *'a menos que'* o *'a no ser que'* *No iré a menos que me pagues* **I won't go unless you pay me** En este punto, inventa frases con "**if**" y conviértelas en frases con "**unless**". Ejemplo: Teacher: **If you can't come to the party, don't call me.** *Si no puedes venir a la fiesta, no me llames.* Student: **Don't call me unless you can come to the party.** *No me llames a no ser que puedas venir a la fiesta.* "**Unless**" se pronuncia: */anlés/*
29.21	**Review: present or 2nd conditional**	Aquí volvemos a hacer esas "conclusiones lógicas" que hemos visto antes. Es para practicar el condicional del presente (o lo que algunos llaman el 2º condicional) Teacher: **I'm not rich because I don't have a lot of money.** Student: **If you had a lot of money, you would be rich.** Teacher: **He owes a lot of money because he borrows a lot of money.** Student: **If he didn't borrow so much money, he wouldn't owe a lot of money.** Fíjate bien en las reglas de construcción: **If** + pasado, **would** + verbo
29.22	**Translation booklet Vocabulary booklet**	**Translation booklet** y **Vocabulary booklet:**
29.23 →	**Even - not even** *(Continúa)*	La palabra "**even**" tiene muchos significados. **Even numbers** — *Número pares* **Even terrain** — *Terreno nivelado* (sin ondulaciones) **We're even** — *Estamos en paz* (o sea, tú ganaste uno y yo he ganado uno) **To get even** — *Desquitarse, tomar la revancha* **Everyone is happy, even John** — *Todo el mundo está contento, incluso Juan*

← 29.23

Even – not even

(Continuación)

Ahora bien, aquí nos vamos a centrar en el último ejemplo, es decir, "**even**" como *'incluso'*, o en su sentido negativo "**not even**" (*ni siquiera*). Ejemplos:

Everyone went to the party, even my grandmother.
Todo el mundo fue a la fiesta, incluso mi abuela.

No one could remember his name, not even his cousin.
Nadie pudo recordar su nombre, ni siquiera su primo.

Cuando "**even**" aparece en una frase con el verbo "**to be**", siempre se inserta justo después de dicho verbo:

He is even taller than my brother!
¡Es incluso más alto que mi hermano!

They are even having problems with the new machine too!
¡Están teniendo problemas incluso con la nueva máquina también!

Cuando "**even**" aparece en una frase donde no hay verbo auxiliar y no aparece el verbo "**to be**", se inserta entre el sujeto y el verbo:

He even has some money in a Japanese pension fund!
¡Tiene dinero incluso en un fondo de pensiones japonés!

They even brought their dog!
¡Trajeron incluso su perro! (¡Trajeron hasta el perro!)

Cuando "**even**" aparece en una frase con verbo auxiliar y verbo principal, se inserta entre los dos:

They will even wash your car for you if you want.
Hasta te lavarán el coche si quieres.

I have even included my wife as a guarantee on the loan!
¡Hasta he incluido a mi mujer como garantía sobre el préstamo!

La expresión "**not even**" muchas veces va insertada dentro de la conjugación negativa de la frase, en cuyo caso la partícula "**not**" va dentro del verbo auxiliar:

They don't even know my name.	*Ni siquiera saben mi nombre.*
She doesn't even have a car.	*Ella ni siquiera tiene coche.*
We won't even see her until next month.	*No la veremos siquiera hasta el mes que viene.*
It isn't even ready yet.	*Ni siquiera está listo todavía.*
I haven't even had time to go to the bathroom.	*No he tenido tiempo siquiera para ir al baño.*
It wouldn't even occur to him.	*Ni siquiera se le ocurriría.*
There wasn't even a telephone in the office.	*Ni siquiera había teléfono en la oficina.*

30.1	**Fractions and percentages** *Percent* *Half* *Point (decimal point)* *Is the same as...*	Aquí seguimos con la revisión de fracciones, porcentajes, decimales y "**the same as**" **1/2 is the same as 50% (one-half is the same as 50%)** **1/4 is the same as 25% (one-fourth is the same as 25%)** Tienes que escribir 10 ejemplos de fracciones y leerlas en alto. He aquí ejemplos de fracciones: 1/2 **One-half** — 5/8 **Five-eighths** */eitzs/* 1/4 **One-fourth** — 6/7 **Six-sevenths** 2/3 **Two-thirds** — 2/9 **Two-ninths** 3/5 **Three-fifths** — 1/10 **One-tenth**
30.2	**Number pronunciation**	Esta es la vigésima segunda (**twenty-second**) vez que nos dedicamos al dictado y pronunciación de números. Recuerda: **Two hundred and thirty-three thousand eight hundred and fifty-four (233.854)** Recuerda también las comas en vez de los puntos. Así decimos números superiores a un millón: **Three million eight hundred and forty-six thousand nine hundred and eleven (3,846,911)** Escribe 20 números en un papel y luego pronúncialos en alto. Cada día deberás ir haciéndolo más rápido.
30.3	**Number pronunciation**	Seguimos aquí con la pronunciación y vocalización de los números. Aquellos números que no hayas sido capaz de pronunciar correctamente vuelve a leerlos en alto 5 veces cada uno.
30.4	**Review of ordinal numbers and dates**	Vamos a hacer este ejercicio en todas las unidades hasta la 35 inclusive. Te pediremos que digas un mes entero de fechas como sigue: **Saturday, the first. Sunday, the second. Monday, the third. Tuesday, the fourth. Wednesday, the fifth. Thursday, the sixth. Friday, the seventh. Saturday, the eighth. Sunday, the ninth, etc. etc. etc. hasta el día 31 (..., the 31st).**
30.5	**Review of dates**	En esta sección debes inventar 10 fechas y formularlas en alto en las dos formas conocidas. Británico: **the twenty-third of May, 1999** (literalmente: *el vigéstimo tercero de mayo, 1999*) Americano: **May twenty-third, 1999** (literalmente: *mayo vigéstimo tercero, 1999*)

30.6	**Review of telling time**	Escribe 10 horas en un papel y dilas en alto. **It's 2 o'clock It's 15 minutes to 3:00 It's ten-thirty It's five forty-five**
30.7	**Review** **From...To** **Since...** **For...** **Ordinal numbers**	Este punto es una repetición del ejercicio diseñado para hacerte experto con: **1. El pasado simple vs. el presente perfecto** **2. "From... to" vs. "since"** **3. "Since" vs. "for"** **4. Números ordinales (1st, 2nd, 3rd, etc.)** Te daremos un escenario. Por ejemplo: **Inés went to Paris on the 14th and he's still there. Now it's the 19th.** Ante este escenario, debes expresar la situación con las dos formas posibles: **1. She's been in Paris since the 14th.** **2. She's been in Paris for five days.** El escenario que acabamos de ver es en el presente perfecto, ya que Inés sigue en París. Ahora bien, imaginemos que ya no está allí: Ahora, por ejemplo: **Inés went to Paris on the 14th and she returned to Seville on the 18th.** Ante este escenario, tendrías que decir: **1. She was in Paris from the 14th to the 18th .** **2. She was in Paris for four days.** Escribe una frase con "**for**", "**from**" y "**since**" sobre cualquier otro escenario que se te ocurra.
30.8 →	**Like vs. As** *(Continúa)*	*Trabajo como profesor* — **I work as a teacher** *¡A veces trabajo como un esclavo!* — **Sometimes I work like a slave!** ¿Te das cuenta de la diferencia? "**As**" es *'como'*... "**like**" es *'como si fuera'* Si eres el director general de tu empresa, por ejemplo, y dices: **I work like the general manager** Estás diciendo que trabajas de igual forma que el director general, no que eres el director general.

30.8

Like vs. As

(Continuación)

Por lo tanto, debes tener mucho cuidado de no confundir estas dos expresiones, ya que puedes transmitir una idea totalmente equivocada. Veamos algunos ejemplos más:

She works as a secretary.	*Ella trabaja como secretaria.*
She works like a secretary.	*Ella trabaja al igual que una secretaria* (como si lo fuera)
As the president, my duty is to...	*Como presidente, mi deber es...*
Like the president, my duty is to...	*Al igual que el presidente, mi deber es...*

"**Like**" normalmente desprende la idea de "**parecido a**" (pero no lo mismo).

Voy a poner un pequeño párrafo en castellano y en inglés. El párrafo contiene en varias frases la expresión *'como'*. Si puedes tapa con un papel el párrafo en inglés y trata de traducir por escrito o mentalmente el párrafo en castellano, comprobando después con el párrafo en inglés. Las palabras o expresiones subrayadas en el texto en castellano son las que deben ser "**as**" o "**like**" en inglés.

Como Vd. sabe, llevo tres años trabajando como vendedor de coches. Estos tres años han sido como un sueño para mí. Como no había trabajado nunca como vendedor antes, al principio pensé que sería como vender seguros, puesto que mi mujer trabaja como agente de seguros. Pero a medida que pasaba el tiempo, me di cuenta de que no estaba realmente vendiendo coches. Estaba vendiendo imagen para algunos y soluciones para otros. Como profesión, la venta es una actividad interesante. Como forma de ganar dinero, depende. Este trabajo no ha sido como los otros que he tenido. Como le dije antes, nunca había trabajado como vendedor antes. Al igual que tanta gente, yo siempre había pensado que no me gustaría ser vendedor.

As you know, I have been working as a car salesman for three years. These three years have been like a dream for me. As I had never worked as a salesman before, at first I thought it would be like selling insurance, as my wife works as an insurance agent. But as time passed, I realized that I wasn't really selling cars. I was selling image to some and solutions to others. As a profession, sales is an interesting activity. As a way to earn money, it depends. This job hasn't been like the others I've had. As I told you before, I had never worked as a salesman before. Like so many people, I had always thought that I wouldn't like to be a salesman.

Como habrás notado, "**as**" tiene tres significados más:

A medida que o conforme	**As time passed...**
A medida que pasaba el tiempo. Conforme pasaba el tiempo.	
Puesto que o ya que	**As my wife works as an insurance agent...**
Puesto que mi mujer trabaja como agente de seguros. *Ya que mi mujer trabaja como agente de seguros.*	

30.9 Review: There + to be

Recordarás que el verbo *'haber'* en castellano en el sentido de *'hay'*, *'había'*, *'habrá'*, etc. es en inglés "**there**" más una conjugación del verbo "**to be**".

En este ejercicio, confecciona una lista de "escenarios" en el presente, pasado, condicional, etc. y conjuga "**there + to be**" correctamente.

Te pongo de nuevo las conjugaciones principales.

Hay	**There is**	*Puede que haya*	**There may be**
Hay (plural)	**There are**	*Puede que haya habido*	**There may have been**
Hubo/había	**There was**	*Debe haber*	**There must be**
Hubo/había (plural)	**There were**	*Debió haber*	**There must have been**
Habrá	**There will be**	*Debería haber*	**There should be**
Va a haber	**There is going to be**	*Debería haber habido*	**There should have been**
Va a haber (plural)	**There are going to be**	*Tiene que haber*	**There has to be**
Ha habido	**There has been**	*Tiene que haber* (plur.)	**There have to be**
Ha habido (plural)	**There have been**	*Parece haber*	**There seems to be**
Había habido	**There had been**	*Parece haber* (plural)	**There seem to be**
Puede haber	**There can be**	*Es necesario que haya*	**There needs to be**
Podría haber	**There could be**		
Podría haber habido	**There could have been**		

30.10 Translation booklet / Vocabulary booklet

Translation booklet y **Vocabulary booklet:**

Recuerda hacer una lista diariamente y repasar la del día anterior.

30.11 Review: So vs. Such

The film was so bad that I left in the middle
It was such a bad film that I left in the middle

The story was so long that I couldn't finish it.
It was such a long story that I couldn't finish it.

My back is so sore (dolorida) that I can't move.
I have such a sore back that I can't move.

This report is so important that it must be read by everyone.
This is such an important report that it must be read by everyone.
This report is of such importance that it must be read by everyone.

Creo que sobra una explicación. Si te fijas bien en cada frase, verás la diferencia en el uso. No obstante, si quieres volver a la explicación detallada, vuelve atrás al **punto 27.17**.

30.12 | **Review: Let**

Aquí repasamos el verbo "**to let**". Es un verbo muy corriente e importante. Mira las tres frases siguientes:

Permit the children to go outside

Allow the children to go outside

Let the children go outside

Las dos primeras frases son correctas, pero nunca se usan. Casi siempre usamos "**let**" para la idea de *'dejar'* o *'permitir'*. Y recuerda:

El infinitivo que va después de "**let**" jamás lleva la partícula "**to**"

Let me go
(Déjame que me vaya)

Let me ~~to~~ go

30.13 | **Present perfect vs. past**

Aquí volvemos a comparar el presente perfecto con el pasado simple. Hacemos ese ejercicio basado en las veces que hiciste algo ayer, la semana pasada, el mes pasado, etc. y luego cuantas veces lo has hecho hoy, esta semana, este mes, etc.

How many Chinese people did you meet last week?	**I met two Chinese people last week.**
And so far this week?	**I've met three Chinese people this week.**

30.14 → | **To be used to** / **To get used to**

La expresión "**to be used to**" significa *'estar acostumbrado a'*

La expresión "**to get used to**" significa *'acostumbrarse a'*

Ejemplos:

I am used to the weather in Spain
Estoy acostumbrado al tiempo en España

It's easy to get used to Spanish food
Es fácil acostumbrarse a la comida española

Aunque se usa el verbo "**to use**" en estas expresiones, no tiene nada que ver con la idea de *'usar'*. Ahora fíjate en los dos ejemplos siguientes:

I am used to living in Spain
Estoy acostumbrado a vivir en España

It's easy to get used to living in Spain
Es fácil acostumbrarse a vivir en España

Si empleas un verbo después de "**to be used to**" o "**to get used to**", **este verbo siempre adquiere la forma de gerundio**.

(Continúa)

← 30.14	**To be used to** **To get used to** *(Continuación)*	Es importante resaltar la pronunciación de esta expresión. Las palabras "**used**" + "**to**" se juntan en un único sonido fonético: */iústu/* Veamos ejemplos del uso de esta expresión. Voy a incluir la pronunciación fonética:

Don't worry. You'll get used to it. *No te preocupes. Ya te acostumbrarás a ello.*	*...iústu it*
He's gradually getting used to working here. *Está gradualmente acostumbrándose a trabajar aquí.*	*...iústu working...*
They're not used to living in such a small house. *No están acostumbrados a vivir en una casa tan pequeña.*	*...iústu living...*
It takes a long time to get used to the climate here. *Se tarda mucho en acostumbrarse al clima aquí.*	*...iústu...*
I'm already used to it. *Ya estoy acostumbrado a ello.*	*...iústu it*
We're used to doing it in a different way. *Estamos acostumbrados a hacerlo de forma diferente.*	*...iústu doing...*
You need to get used to using "used to". *Necesitas acostumbrarte a usar "used to".*	*...iústu using*

30.15 →	**Used to (past form)** *(Continúa)*	Ahora vamos a seguir con las mismas dos palabras "**used**" + "**to**" pero con un significado completamente diferente. Mira esta frase: **I used to live in Belfast.** *Yo antes vivía en Belfast.* Nota que el verbo no adquiere la forma de gerundio como en el punto anterior. Es un infinitivo (**to live**). "**Used to** + **infinitivo**" es nuestra forma de expresar hechos del pasado sin precisar cuándo en el pasado ni qué duración. Mira las tres frases siguientes.

← 30.15

Used to (past form)

(Continuación)

I used to live in Belfast. *Yo antes vivía en Belfast.*	No expreso aquí ni cuándo ni qué duración. Uso la expresión "used to + infinitivo".
I lived in Belfast in the 1980s *Viví en Belfast en los años 80.*	Expreso aquí cuándo. Uso el pasado simple.
I lived in Belfast for six years. *Viví en Belfast durante seis años.*	Expreso aquí duración. Uso el pasado simple.

Muchos diccionarios dicen que "**used to + infinitivo**" significa *'solía'*. En el doblaje de las películas oigo *'solía'* mucho, ya que las empresas de doblaje traducen "**used to + infinitivo**" como solía.

Todos se equivocan: "**Used to + infinitivo**" significa "*antes* **+ pretérito imperfecto**"

Peter used to be a priest.

Pedro antes era cura.

No se puede decir en castellano: *Pedro solía ser cura.*

La expresión *'solía'* en castellano es simplemente el pasado del verbo *'soler'*. Este verbo no existe en inglés. Decimos simplemente "**usually**" o "**generally**".

Tiempo presente:	*Suelo ir a la playa en verano.*	**I usually go to the beach in the summer.**
Tiempo pasado:	*Solía ir a la playa en verano cuando era joven*	**I usually went to the beach in the summer when I was young.**

Por lo tanto, **"used to + infinitivo" no significa** *'solía'*. Se usa única y exclusivamente para expresar hechos del pasado para los cuales lo único relevante es que ya no tienen vigencia esos hechos:

They used to own a boat... *Antes poseían una lancha.*	implica solamente que...	**They don't own a boat anymore.** *Ya no poseen una lancha.*
I used to see her often... *Antes la veía a menudo.*	implica solamente que...	**I don't see her often anymore.** *Ya no la veo a menudo.*

Notarás que en las dos frases de la primera columna, no hago referencia en absoluto a "cuándo en el pasado" o "por qué duración". Lo único relevante es que eran hechos en el pasado que ya no tienen vigor en el presente.

Por último, la pronunciación de "**used to**" es igual que en su uso como *'acostumbrado a'*:

/iústu/

← 30.15 →

Used to (past form)

(Continuación)

Como ayuda definitiva para que sepas diferenciar entre "**used to**" como forma de pasado y "**to be used to**" o "**to get used to**" como formas de decir *'acostumbrarse a'* o *'estar acostumbrado a'*, te voy a poner una pequeña historia en inglés y en castellano:

Gus Morgan used to be an important person. He used to be rich. He used to have a lot of cars. He used to appear in the gossip magazines with beautiful women at his arm. He used to think that the future was bright.

Gus Morgan antes era una persona importante. Era rico. Tenía muchos coches. Aparecía en las revistas del corazón con hermosas mujeres cogidas de su brazo. Antes pensaba que el futuro era prometedor.

However, that was before he went to prison. Now he has a new life and he has to get used to a lot of new things. He's not used to living in a prison cell. He used to live in a luxurious mansion, but now he has to get used to living in a prison cell smaller than his old bathroom. He's not used to sleeping on a hard, narrow bed. He used to sleep on a king-size bed, but now he has to get used to sleeping on a bed only 80 centimeters wide.

Sin embargo, eso era antes de que fuera a prisión. Ahora tiene un vida nueva y tiene que acostumbrarse a muchas cosas nuevas. No está acostumbrado a vivir en una celda. Antes vivía en una lujosa mansión, pero ahora tiene que acostumbrarse a una celda más pequeña que su antiguo cuarto de baño. No está acostumbrado a dormir en una cama estrecha y dura. Antes dormía en una cama del tamaño de la de un rey, pero ahora tiene que acostumbrarse a dormir en una cama de sólo 80 centímetros de ancho.

The biggest change, however, is the food. Gus Morgan used to eat in the best restaurants and drink the best wines. He's not used to eating the same food every day. He's not used to eating only beans and boiled potatoes. He used to eat caviar, beef, fish, and lamb. Now he has to get used to eating only beans and potatoes. He's not used to drinking only water either. He used to drink the best wines from the Bordeaux region of France. Now he has to get used to drinking water and only water.

El cambio más grande, sin embargo, es la comida. Gus Morgan antes comía en los mejores restaurantes y bebía los mejores vinos. No está acostumbrado a comer la misma comida todos los días. No está acostumbrado a comer solamente judías y patatas cocidas. Antes comía caviar, carne de buey, pescado y cordero. Ahora tiene que acostumbrarse a comer sólo judías y patatas. Tampoco está acostumbrado a beber solamente agua. Antes bebía los mejores vinos de la región francesa de Burdeos. Ahora tiene que acostumbrarse a beber agua y solamente agua.

Gus Morgan used to be the "king of the mountain". He used to do whatever he wanted and go wherever he wanted. He's not used to having to stay in only one place and he's not used to following orders. He used to give orders, not follow orders. But now he's in prison and he has to get used to a new way of life. He's not used to it yet, but like every other prisoner, he will get used to it eventually.

Gus Morgan antes era el "rey de la montaña". Antes hacía lo que quería e iba adonde quería. No está acostumbrado a permanecer en un solo sitio y no está acostumbrado a seguir órdenes. Antes daba órdenes, no seguía órdenes. Pero ahora está en prisión y tiene que acostumbrarse a una nueva forma de vida. No está acostumbrado a ella todavía, pero como todos los demás presos, a la larga se acostumbrará a ella.

(Continúa)

← **30.15**	**Used to (past form)** *(Continuación)*	**Fíjate bien en las expresiones en verde en la versión inglesa de la historia. Observa cómo en algunas el verbo que las sigue va en gerundio y en otras va en infinitivo. Luego compara las dos versiones. Procura entender del todo la gran diferencia de significado entre "used to + gerundio" y "used to + infinitivo".**
30.16	**Mastering the interrogative**	Volvemos a someterte a la disciplina de formular preguntas en inglés. Este ejercicio suele costar mucho trabajo a los alumnos, independientemente de su nivel, puesto que no están acostumbrados a formular correctamente el interrogativo.

Imagina una contestación y formula la pregunta que daría lugar a dicha contestación. Hazlo con 20 frases.

Teacher:	**There have been two snowstorms this month.**
Student:	**How many snowstorms have there been this month?**
Teacher:	**Tom's one meter, 77 centimeters.**
Student:	**How tall is Tom?**

Formular bien el interrogativo en inglés es de vital importancia y es algo que los profesores muchas veces descuidan, ya que les resulta más fácil hacer las preguntas y el alumno las respuestas.

30.17	**Translation booklet** **Vocabulary booklet**	**Translation booklet** y **Vocabulary booklet:** Recuerda hacer una lista diariamente y repasar la del día anterior.

30.18 **Teacher & student reading aloud + questions**

Aki Morita

Aki Morita was worried about his future in Honda. Earlier that day, his bosses had told him that he would be the quality manager at a new factory that Honda was building in Louisiana. That same night, before saying anything to his family, Aki looked up "Lousiana" in his encyclopedia. It said that Louisiana was famous for its French influence. A group of French protestants called the "Acadians" had gone to Louisiana to escape persecution. They had established a special culture in Louisiana and they were called the "Cajuns", which was a deformation of the word "Acadians". The article also talked about the city of New Orleans and about the history of Louisiana. It said that there had been a lot of political corruption in the state during the 30s and 40s. The only thing that Aki found interesting was the section about the beautiful plantation homes along the Mississippi River, in a town called Natchez. He thought that his wife would enjoy visiting that town. When he had finished the article about Louisiana, he sat down to have dinner with his family. It was 8:30. His wife noticed that he was quiet during the meal, but she didn't say anything. She simply thought that he had had a hard day at the office. He was often quiet and pensive when he was at home.

← 30.18 Teacher & student reading aloud + questions

Aki Morita

(Continuación)

Aki looked up	*Aki buscó* (en la enciclopedia). "**Look up**" es *'buscar'* en el sentido de *'consultar'*
There had been	*Había habido*
The 30s and 40s	*Los años 30 y 40*
He was quiet	*Estaba en silencio*
Pensive	*Pensativo*

30.19 Review: Negative questions

Aquí repasamos de nuevo el uso de preguntas negativas. Te pongo algunas:

Why haven't they come?	*¿Por qué no han venido?*
Why didn't she go?	*¿Por qué no fue ella?*
Why isn't there any more milk?	*¿Por qué no hay más leche?*
Why won't they do it?	*¿Por qué no lo harán?*
Why hasn't it rained this month?	*¿Por qué no ha llovido este mes?*
Why isn't it for me?	*¿Por qué no es para mí?*
Why couldn't he play last week?	*¿Por qué no pudo él jugar la semana pasada?*

He destacado en verde los verbos auxiliares, ya que en las preguntas negativas, es obligatorio usar la contracción.

30.20 → Would rather

If I had to choose between being an English teacher or being a corporate chairman, I'd rather be an English teacher.

Fíjate en la frase que acabo de poner: Si tuviera que elegir entre ser un profesor de inglés o ser un presidente de empresa, **preferiría ser** un profesor de inglés.

I would rather + infinitivo (sin "to")

"**Would rather**" + infinitivo es prácticamente lo mismo que "**would prefer**":

I would rather have a million euros than a million dollars

I would prefer to have a million euros than a million dollars

Las dos frases dicen exactamente lo mismo. Ahora bien, la segunda frase, con "**prefer**" es algo más formal, mientras que la expresión "**would rather**" es siempre un modo más informal y espontáneo. Es importante recordar que "**would rather**" **nunca va seguido de la partícula "to".**

I would rather go ~~I would rather to go~~

Por último, es conveniente resaltar que ningún nativo de habla inglesa usa esta expresión en el afirmativo sin contracción. Te pongo una conjugación completa con las contracciones:

I'd rather play tennis than go to the dentist.	*Preferiría jugar al ténis que ir al dentista.*
I imagine you'd rather be at home now.	*Me imagino que preferirías estar en casa ahora.*
He'd rather be paid in cash.	*El preferiría que le pagaran en metálico.*
She'd rather attend the first session.	*Ella preferiría asistir a la primera sesión.*
We'd rather wait to be sure.	*Preferiríamos esperar para estar seguros.*
They'd rather stay in Madrid than go to Soria.	*Preferirían quedarse en Madrid que ir a Soria.*

(Continúa)

← 30.20	**Would rather** *(Continuación)*	El negativo de esta expresión es irregular. No se hace la contracción "**wouldn't**" (**would not**). Se conjuga como si fuera afirmativo, añadiendo "**not**" después de "**rather**":

I'd rather not be part of your plan.	*Preferiría no formar parte de tu plan.*
They'd rather not wait if it means missing the train	*Preferirían no esperar si significa perder el tren*

30.21 To be worth

Ella vale su peso en oro.

She is worth her weight in gold.

Fíjate en la frase en inglés. Literalmente decimos: *Ella es valedera su peso en oro.*

En inglés, no existe el verbo *'valer'*. Decimos "**to be worth**" (ser valedero, más o menos).

"**Worth**" se pronuncia: */uérz/*

Sí tenemos en inglés el verbo *'costar'* (**to cost**). Sin embargo, este verbo se usa con respecto al coste o precio de un bien o servicio, no su valor.

En castellano, es corriente oír: *¿Cuánto vale este reloj?*

Se puede decir esto en inglés *(***How much is this watch worth?***)*. Sin embargo, si lo dices así, estás pidiendo el valor intrínseco del reloj, no su precio. El siguiente ejemplo te lo puede aclarar.

A wedding ring may cost 150 euros. In reality, perhaps it's only worth 30 euros in terms of its gold content. However, for a person who is happily married, it may be worth much more than its price of 150 euros.

Puede que una alianza de bodas cueste 150 euros. En realidad, quizá valga solamente 30 euros en términos de su contenido en oro. Sin embargo, para una persona felizmente casada, puede que valga mucho más que su precio de 150 euros.

Así que puede existir una diferencia importante entre "**to cost**" y "**to be worth**".

Otro uso de "**to be worth**" es dentro de una frase que en castellano contendría *'valer la pena'*.

No vale la pena hacerlo.	**It's not worth doing.**
¿Vale la pena gastar tanto dinero?	**Is it worth spending so much money?**
No valía la pena conducir 100 millas para ver el partido.	**It wasn't worth driving 100 miles to see the game.**
Vale la pena intentarlo.	**It's worth trying.**

En todos los ejemplos citados, la expresión "**to be worth**" va seguido de un verbo y el verbo es en forma de gerundio.

Si no va un verbo después de "**to be worth**", entonces se añade "**it**" y ya está. Esto lo veremos en el punto siguiente.

30.22 "It's worth it" / "It's not worth it"

Voy a gastar mis pequeños ahorros en un curso intensivo de turco. ¿Qué opinas?

It's not worth it.
No vale la pena.

Es muy, muy corriente oír a angloparlantes decir: **It's worth it**... o **It's not worth it**.

Se enlaza "**worth**" con "**it**", formando un solo sonido fonético: */uérzit/*

Entre este Manual del estudiante, el libro del profesor y el libro de imágenes, habré invertido seguramente 600 horas de mi tiempo. Abajo, te pongo dos casillas. Marca la que crees la más correcta:

It was worth it. *(Ha valido la pena)*

It wasn't worth it. *(No ha valido la pena)*

30.23 Translation booklet / Vocabulary booklet

Translation booklet y **Vocabulary booklet:**

Recuerda hacer una lista diariamente y repasar la del día anterior.

30.24 Regular verbs in past / Pronunciation of endings

Pronunciación de verbos regulares en el pasado y en el presente perfecto. Usaremos la segunda columna de la lista de verbos regulares.

Para el uso del presente perfecto (***he preguntado***), usarás la expresión "**lately**" (***últimamente***). Esta expresión en inglés siempre va acompañada del presente perfecto.

Diremos, por ejemplo:	**Every day I ask.** (*Cada día pregunto.*)
Y tú responderás diciendo:	**Yesterday I asked.** (*Ayer pregunté.*)
	Lately I've asked. (*Últimamente he preguntado.*)

Utilizaremos este mismo patrón para todos los verbos de la segunda columna de la página de verbos regulares. Antes de la unidad 22.

30.25 Quick irregular verb review

Este ejercicio es idéntico al anterior pero con verbos irregulares. Vamos a repasar constantemente y de muchas formas el uso de los verbos irregulares.

Diremos, por ejemplo:	**Every day I forget.** (*Cada día olvido.*)
Y tú responderás diciendo:	**Yesterday I forgot.** (*Ayer olvidé.*)
	Lately I've forgotten. (*Últimamente he olvidado.*)

Esta vez utilizaremos los siguientes verbos extraídos de la lista de los 70 verbos irregulares más relevantes expuesta antes de la unidad 22:

forget / forgot / forgotten	**have / had / had**	**keep / kept / kept**	**let / let / let**
get / got / got o gotten	**hit / hit / hit**	**know / knew / known**	**lose / lost / lost**
give / gave / given	**hear / heard / heard**	**lead / led / led**	**make / made / made**
go / went / gone	**hold / held / held**	**leave / left / left**	**mean / meant / meant**
grow / grew / grown	**hurt / hurt / hurt**	**lend / lent / lent**	**meet / met / met**

← 30.25	**Quick irregular verb review** *(Continuación)*	

Got o gotten	El participio de "**get**" es "**got**" en Reino Unido y "**gotten**" en EE.UU.
Grew	Se pronuncia: */gru/*
Hear / heard	Se pronuncian: */jir/ /jerd/*
Lead / led	Se pronuncian: */lid/ led/*
Lose	Se pronuncia: */lus/*
Mean / meant	Se pronuncian: */min/ /ment/*
Meet / met	Se pronuncian: */mit/ /met/*

30.26 **...don't have to** **...didn't have to** **...won't have to**

En 1975, cuando estuve enseñando inglés en una central nuclear, recuerdo a un alumno mío (de nacionalidad española) que discutía conmigo el significado de la frase siguiente:

No tienes que ir allí.

El decía que la frase significaba: *No debes de ninguna manera ir allí.*

Yo decía que la frase significaba: *No hace falta que vayas allí.*

La discusión se quedó en tablas, pero desde entonces, no estoy 100% seguro si tenía razón él o yo. Lo que sí sé es que en inglés, la citada frase significa: *No hace falta que vayas allí.*

"**Have to**" es una expresión que significa una obligación impuesta por factores externos:

I have to work.

I have to pick up my children at school this afternoon.

Lo contrario de esto (**I don't have to**) expresa la idea de que no es necesario.

I don't have to work. I'm already a multimillionaire.

I don't have to pick up the children today. My wife is going to pick them up.

Puesto que en inglés usamos algo menos que en castellano la expresión impersonal "**it is necessary**", la sustituimos con la expresión personal: **you don't have to**... **we don't have to**... etc.

No hace falta que vengas.	**You don't have to come.**
No será necesario que paguen en metálico.	**They won't have to pay in cash.**
No hacía falta que lo entregaras hoy.	**You didn't have to deliver it today.**

La expresión "**have to**" o su equivalente en el negativo es muy corriente en inglés. Seguramente un angloparlante la usa entre 10 y 50 veces diarias.

30.27 Listening, reading aloud + questions

Pierre Monet

Pierre Monet had a terrible time getting up this morning. If he hadn't had an important translation to do in the Ministry, he would've stayed in bed until at least 10 o'clock. But he had to get up at 6:30, his normal time to get up. The problem was that he had gone to bed at 4:00 a.m. He had spent ten hours doing an urgent translation for a personal client of his who needed the translation for 8:00 o'clock that same morning. When Pierre got home at 5:00 p.m. the day before, he began working on a relatively short, easy translation about a corporate merger. The translation needed to be done by the following Monday. At 5:30, however, he received a telephone call from the chairman of Peugeot, who knew Pierre personally and used his services for the translation of important documents. The chairman told Pierre that a meeting that was scheduled for the following week with the management of Volvo in Sweden had been moved up to tomorrow. He said that he urgently needed Pierre to translate two letters and a 24- page contract. Pierre knew that this would mean staying up all night, but he told the chairman not to worry. Within five minutes, Pierre received the letters and contract by e-mail and began translating. By 7:00 p.m., he had finished the two letters, one of which was four pages long. At 9:00 p.m., his wife made him a sandwich and a strong coffee. By that time, he had already finished the first six pages of the contract. However, the second half of the contract was quite difficult to translate. It included a lot of legal terminology and very long sentences. One sentence was so long that it took Pierre almost a minute to find the subject and the verb. By 3:00 a.m., he had finished the contract and he spent the next hour checking it thoroughly. Shortly before 4:00 a.m., he sent it to Peugeot by e-mail. Then he went to bed exhausted. His only consolation was that he would earn almost 2,000 euros for the job. It was worth it.

Had a terrible time	*Le costó muchísimo trabajo*
Corporate merger	*Fusión de empresas*
A meeting was scheduled	*Una reunión estaba programada* (estaba prevista)
The management	*La dirección* (corporativa)
...Had been moved up	*Había sido adelantada* (en el tiempo)
A 24-page contract	Observa cómo convertimos *'de 24 páginas'* en un adjetivo (sin "s")
By 7:00 p.M...	*Para las 7:00 de la tarde...*
Thoroughly	*Por completo y con esmero*

31.1 Fractions and percentages

Percent

Half

Point (decimal point)

Is the same as...

Aquí seguimos con la revisión de fracciones, porcentajes, decimales y "**the same as**"

1/2 is the same as 50% (one-half is the same as 50%)

1/4 is the same as 25% (one-fourth is the same as 25%)

Tienes que escribir 10 ejemplos de fracciones y leerlas en alto.

He aquí ejemplos de fracciones:

1/2	**One-half**	5/8	**Five-eighths** */eitzs/*
1/4	**One-fourth**	6/7	**Six-sevenths**
2/3	**Two-thirds**	2/9	**Two-ninths**
3/5	**Three-fifths**	1/10	**One-tenth**

31.2 Number pronunciation

Esta es la vigésimo tercera (**twenty-third**) vez que nos dedicamos al dictado y pronunciación de números.

Recuerda: **Two hundred and thirty-three thousand eight hundred and fifty-four (233.854)**

Recuerda también las comas en vez de los puntos.

Así decimos números superiores a un millón:

Three million eight hundred and forty-six thousand nine hundred and eleven (3,846,911)

Escribe 20 números en un papel y luego pronúncialos en alto. Cada día deberás ir haciéndolo más rápido.

31.3 Number pronunciation

Seguimos aquí con la pronunciación y vocalización de los números.

Aquellos números que no hayas sido capaz de pronunciar correctamente vuelve a leerlos en alto 5 veces cada uno.

31.4 Review of ordinal numbers and dates

Vamos a hacer este ejercicio en todas las unidades hasta la 35 inclusive.

Te pediremos que digas un mes entero de fechas como sigue:

Saturday, the first. Sunday, the second. Monday, the third. Tuesday, the fourth. Wednesday, the fifth. Thursday, the sixth. Friday, the seventh. Saturday, the eighth. Sunday, the ninth, etc. etc. etc. hasta el día 31 (..., the 31st).

31.5 Review of dates

En esta sección debes inventar 10 fechas y formularlas en alto en las dos formas conocidas.

Britántico: **The second of November, 1999** (literalmente: ***el segundo de noviembre, 1999***)

Americano: **November second, 1999** (literalmente: ***noviembre segundo, 1999***)

31.6	**Review of telling time**	Escribe 10 horas en un papel y dilas en alto. **It's 2 o'clock** **It's 15 minutes to 3:00** **It's ten-thirty** **It's five forty-five**
31.7	**Review** **From...To** **Since...** **For...** **Ordinal numbers**	Este punto es una repetición del ejercicio diseñado para hacerte experto con: **1. El pasado simple vs. el presente perfecto** **2. "From... to" vs. "since"** **3. "Since" vs. "for"** **4. Números ordinales (1st, 2nd, 3rd, etc.)** Te daremos un escenario. Por ejemplo: **Michael went to Omaha on the 7th and he's still there. Now it's the 10th.** Ante este escenario, debes expresar la situación con las dos formas posibles: **1. He's been in Omaha since the 7th.** **2. He's been in Omaha for three days.** El escenario que acabamos de ver es en el presente perfecto, ya que Michael sigue en Omaha. Ahora bien, imaginemos que ya no está allí: Ahora, por ejemplo: **Michael went to Omaha on the 7th and he returned to Lincoln on the 9th.** Ante este escenario, tendrías que decir: **1. He was in Omaha from the 7th to the 9th.** **2. He was in Omaha for two days.** Escribe una frase con "**for**", "**from**" y "**since**" sobre cualquier otro escenario que se te ocurra.
31.8 →	**The past or 3rd conditional** *(Continúa)*	¿Te acuerdas de los tres condicionales? ¿Te acuerdas del mendigo? Repasémoslo: Condicional del futuro: **If I have a coin, I'll give it to the beggar.** Condicional del presente: **Sorry Mr. Beggar. If I had a coin, I would give it to you.** Condicional del pasado: **If I had had a coin, I would have given it to the beggar.** Muchos profesores creen que el pasado del condicional es el aspecto gramatical más difícil del idioma inglés. Se equivocan. Es sumamente fácil. Desmitifiquémoslo.

← 31.8	**The past or 3rd conditional** *(Continuación)*	En las frases siguientes, voy a destacar las partes estándar del pasado del condicional. Nunca cambian: **If he had come on time, he would have received the money.** **If they had seen it, they would have believed it.** **If you hadn't helped us, we wouldn't have finished in time.** Es decir, cada frase en el pasado del condicional contiene "**had**" y "**would have**". "**Had**" va después de "**if**"... y "**would have**" va en la otra parte de la frase. Lo único que tienes que recordar es el uso correcto de los participios como "**come**", "**received**", "**seen**", "**believed**", "**helped**", "**finished**", etc.
31.9	**Past conditional** *(Continuación)*	Aquí hacemos el ejercicio que ya hemos hecho varias veces para el presente del condicional. Me refiero a sacar conclusiones lógicas. Te pongo un ejemplo: Teacher: **I came to Spain because I wanted to learn Spanish.** Student: **If you hadn't wanted to learn Spanish, you wouldn't have come to Spain.** Teacher: **I didn't see you yesterday because I didn't have class with you yesterday.** Student: **If you had had class with me yesterday, you would have seen me.** Cuando estuve aprendiendo castellano, dije un montón de frases de este tipo para ganar agilidad con el pasado del condicional. Decía: *Si hubieras venido ayer, habríamos podido hacerlo juntos.* *Si esto hubiera pasado hace dos días, habría habido tiempo para resolverlo.* *Si Noé no hubiera construido el arca, él y su familia se habrían ahogado.* **If you had come yesterday, we would have been able to do it together** **If this had happened two days ago, there would have been time to solve it** **If Noah hadn't built the ark, he and his family would have drowned** Es como aprender una fórmula matemática. Si uno la repite un número suficiente de veces, jamás se le olvida. Sigue el modelo y redacta 20 ejemplos más (te puede ayudar pensar en situaciones que hayas vivido).

31.10 Review:

It takes...

How long does it take...

Seguimos aquí repasando la expresión "**it takes**" (*se tarda*). Me perdonarás si vuelvo a insistir tanto en esta expresión, pero es culpa vuestra. Nunca os fijáis lo suficiente como para haceros con ella de una vez para siempre.

How long does it take to drive to Avila?	**It takes one hour to drive to Avila.**
How long does it take you to shave?	**It takes me 5 minutes to shave.**
How long did it take Hitler to occupy France?	**It took him two months to occupy France.**
How long will it take you to go home today?	**It will take me 30 minutes to go home today.**
How long would it take by helicopter?	**It would take 5 minutes by helicopter.**
Etc.	**Etc.**

31.11 I wish...

Fíjate en estas dos expresiones:

Ojalá sepa la respuesta.	**I hope I know the answer.**
Ojalá supiera la respuesta.	**I wish I knew the answer.**

¿Notas la diferencia? Es una diferencia muy grande. En la primera frase, hay esperanza. De hecho, podríamos decir ***'Espero que sepa la respuesta'***. En la segunda frase, no hay esperanza. Es una frase pesimista, hasta fatalista.

El uso de "**wish**" en inglés es casi siempre de esta forma, es decir, cosas que te gustaría que pasaran o que te hubiera gustado que pasaran, pero que en definitiva, no pasarán o no pasaron.

Cosas que te gustaría que pasaran:	**I wish I had a million dollars.** *Ojalá tuviera un millón de dólares.*
Cosas que te hubiera gustado que pasaran:	**I wish I had met her when I was single.** *Ojalá la hubiera conocido cuando era soltero.*

31.12 → I wish

(Continuación)

Muchos españoles piensan que "wish" es un deseo. Tienen razón si se usa como sustantivo:

Make a wish and blow out the candles.

Pide un deseo y apaga las velas.

Como verbo, sin embargo, "**to wish**" se traduce realmente como esa extraña expresión en castellano *'ojalá'*, pero siempre en su sentido pesimista o fatalista.

'Desear' en el sentido de *'codiciar'* o *'sentir un fuerte deseo de algo o alguien'* es en inglés "**to desire**" o "**to want**":

Te deseo = **I want you** ó **I feel a strong desire for you**

El ejercicio objeto de este punto es un poco difícil, ya que es una forma de hablar muy inglesa. Sin embargo, es muy corriente. Fíjate en los siguientes intercambios:

(Continúa)

← 31.12	**I wish** *(Continuación)*	(see below)

← 31.12 — I wish *(Continuación)*

Do women find you attractive?	**No, they don't, but I wish they did.**
Is your company profitable?	**No, it's not, but I wish it were.**
Can you turn invisible?	**No, I can't, but I wish I could.**

¿Entiendes las respuestas que aparecen en la columna derecha? Seguro que sí. Ahora te pregunto: ¿Cómo las dirías en castellano? Yo no lo sé. Sin embargo, los angloparlantes decimos frases así constantemente. Es una especia de purga de frustración:

¿Las mujeres te encuentran atractivo?.	*No, pero ojalá que así fuera.*

La respuesta en castellano puede ser correcta, pero parece un poco forzada. Tenéis una expresión que yo uso poco: *'Que más quisiera yo'*. No sé si esta expresión es una traducción exacta de la respuesta en inglés "**No, they don't, but I wish they did**".

31.13 — Translation booklet / Vocabulary booklet

Translation booklet y **Vocabulary booklet:**

Recuerda hacer una lista diariamente y repasar la del día anterior.

31.14 — Review: past perfect (by way of "after")

Estudia las dos frases siguientes, sobre todo la estructura de la segunda frase:

I had a coffee. Then I felt better.

I felt better after I had had a coffee.

(Me sentí mejor después de que había tomado un café)

He usado lo que en castellano llamáis pluscuamperfecto.
En inglés decimos simplemente: past perfect.

He showed up after we had started.	*Se presentó después de que habíamos empezado.*
They saw it after it had crashed.	*Lo vieron después de que se había estrellado.*

31.15 → — Review: I want you to... They want us to... Etc.

En esto punto, volvemos a repasar la forma inglesa de decir cosas como *'quiero que vengas'*, *'dile que se vaya'*, *'quisiera que te quedaras'*, etc.

¿Recuerdas el reto que te puse en la **unidad 26**? Mira la pregunta siguiente en castellano, tapa el resto de la página con la mano y tradúceme la pregunta al inglés.

¿Qué quieres que yo haga?

Ahora levanta la mano. He aquí la respuesta.

What do you want me to do?

Si has acertado rápido y a la primera, entonces probablemente no debas estar en esta unidad, sino en la **40** por lo menos.

(Continúa)

← 31.15

Review:

I want you to...
They want us to...
Etc.

(Continuación)

Me costó horrores hacerme con la forma en castellano de expresar ideas como éstas:

Quieren que vengamos --- *Quisiera que supieses* --- *Nos gustaría que lloviera*

Me costó trabajo porque me obligaba a aprender toda una serie de conjugaciones nuevas de los verbos (***venga, vengas, venga, vengamos, vengáis, vengan... supiese, supieses, supiese, supiésemos, supiéseis, supiésen***...).

En inglés es SUMAMENTE FÁCIL (pero sumamente diferente también).

Fíjate en esta frase:

THEY WANT	TO COME
(Quieren	*venir)*

Ahora fíjate en esta segunda frase:

THEY WANT	ME	TO COME
	(Quieren que yo venga)	

Simplemente insertamos un pronombre complemento y ya está, incluso en el pasado.

THEY WANTED	ME	TO COME
	(Querían que yo viniera)	

Estudia estas frases para hacerte con la estructura:

Diles que vengan.	**Tell them to come.**
Quiero que vengan.	**I want them to come.**
Me gustaría que vinieran.	**I would like them to come.**
Ayer quería que vinieran.	**Yesterday I wanted them to come.**
Pídeles que vengan	**Ask them to come.**
Les pedí que vinieran.	**I asked them to come.**

I want you to improve your English. Do you want me to help you to improve?

31.16 Listening, reading aloud + questions

François Monet

François Monet is Pierre's nephew. He's 27 years old and works in a large French chemical company. He a salesman and he travels to many factories throughout the European Union. He often travels to Huelva, a small city not far from Seville in Spain. When he goes to Seville, he always rents a car to drive to Huelva. That's how he met Inés García. They met because of a traffic accident. François thinks he was lucky to have the accident, because otherwise he wouldn't have met Inés. Now he thinks about her every day and calls her as often as he can. He's even invited her to visit Paris. However, he's a little afraid of having a more serious relationship with her because he doesn't understand the character of the people in the south of Spain, especially in Seville. They seem like fun people who look for ways to enjoy life. But he still remembers the opera he saw several years ago called "Carmen". In the opera, a young French soldier fell in love with a gypsy girl from Seville. The poor soldier had all kinds of problems. Inés wasn't a gypsy girl, but sometimes she talked and behaved like the actress who played the role of Carmen in the opera. Inés had black hair and dark eyes. François found her very attractive and very different from the girls in Paris. The last time he spoke to her, he invited her to visit Paris. Since then he's called her three times, but her mobile phone was disconnected each time. He hopes she'll call him.

Chemical	**Se pronuncia:** */kémical/*
Throughout	*A lo largo y ancho de*
Because otherwise	*Porque de otro modo*
Fun people	*Gente alegre y divertida*
A gypsy girl	*Una joven gitana*
All kinds of problems	*Todo tipo de problemas.* **Observa que en inglés decimos: todos tipos de problemas**
Behaved	*Se portaba o se comportaba*
Played the role	*Representó el papel* **(teatral)**

31.17 Ever - never

Drill work

Seguimos aquí con aquel ejercicio en el que dices lo que nunca has hecho o lo que nunca ha sucedido. Haz tú las veces de profesor y alumno e inventa ejemplos.

Teacher:	**When was the last time you fell in love with an Eskimo?**
Student:	**I've never fallen in love with an Eskimo.**

31.18 → The passive voice

(Continúa)

No me gusta la voz pasiva. Es demasiado pasiva. Los angloparlantes, sobre todo los norteamericanos, preferimos hablar de forma más directa y asertiva. Tanto a la hora de escribir como a la hora de hablar, usamos la voz activa.

← 31.18 →

The passive voice

(Continuación)

Cuando los españoles escriben cartas, actas, informes, etc., usan mucho la voz pasiva. Si me dan estos escritos para traducir, casi siempre los cambio a la voz activa:

Se ha tomado la decisión de seguir adelante con el plan B. **(voz pasiva)**

We have made the decision to push ahead with plan B. (voz activa)

La voz pasiva es débil e impersonal. Hoy en día, la gente te presta más atención si usas la voz activa. Mira las dos frases siguientes y díme cual tiene más fuerza:

The board meeting was interrupted by the presence of a lion.
(La reunión del consejo fue interrumpida por la presencia de un león)

A lion burst into the board meeting
(Un león irrumpió en la reunión del consejo)

Es un ejemplo un poco extremo, pero espero que te aclare la diferencia... y puede ser una diferencia importante, sobre todo si quieres argumentar o parecer resuelto y decidido.

Ahora bien, hay momentos en que es más conveniente usar la voz pasiva. Imagina que eres el portador de malas noticias, que tienes que ir a la casa de los padres de un niño que ha sido devorado por un león en su visita al zoo con sus compañeros de clase. ¿Cómo les dirías lo que pasó?

I'm sorry to tell you... but a lion ate your child.

I'm sorry to tell you... but your child was eaten by a lion.

Las dos formas de transmitir la noticia son devastadoras, pero la segunda un pelín menos.

Sirva todo este preámbulo como una especie de precalentamiento para entrar en la voz pasiva, ya que dominarla implica aprender otra columna entera de conjugaciones, diciendo las cosas un poco al revés, es decir, de forma indirecta y pasiva.

En la columna izquierda a continuación, te pongo frases en voz activa, dentro de las diferentes conjugaciones. En la columna derecha, te pongo las mismas frases en voz pasiva:

John is doing it.	It's being done by John.
John does it every day.	It's done by John every day.
John was doing it when I saw him.	It was being done by John when I saw him.
John did it last night.	It was done by John last night.
John will do it tomorrow.	It will be done by John tomorrow.
John has done it twice this week.	It's been done by John twice this week.
John has been doing it for years.	(imposible poner en voz pasiva)
John would do it if he had time.	It would be done by John if he had time.
John would have done it if he had had time.	It would've been done by John if he had had time.
John can do it.	It can be done by John.

(Continúa)

← 31.18 The passive voice

(Continuación)

John could do it when he was younger.	It could be done by John when he was younger.
John has to do it.	It has to be done by John.
John must do it.	It must be done by John.
John should do it.	It should be done by John.
John must have done it.	It must have been done by John.
John should have done it.	It should have been done by John.
John may do it.	It may be done by John.
John may have done it.	It may have been done by John.

Vaya lo de John. Tiene una vida muy activa (y muy pasiva). Muchas de las frases que aparecen en la columna derecha parecen forzadas o poco naturales. Esto es porque solemos hablar en la voz activa, sobre todo cuando aparece el nombre del agente (en este caso, John).

Se usa más la voz pasiva cuando el agente tiene poca importancia:

La ley fue aprobada al final de la sesión.

The law was passed at the end of the session.

El agente aquí es implícito (el parlamento, la diputación, el consejo rector, etc.). No hace falta incluirla si la frase está en el contexto de una conversación o redacción sobre la sesión parlamentaria o similar.

Pero los angloparlantes, incluso en casos como el anterior, buscamos muchas veces la forma de usar la voz activa. Por ejemplo, es muy corriente en español decir algo así como:

En Suiza, se habla francés, alemán e itailiano.

En inglés es correctísimo decir: **French, German, and Italian are spoken en Switzerland.**

Sin embargo, el hombre de la calle diría:

The people in Switzerland speak French, German, and Italian.

31.19 Simple passive voice

En este punto, te damos una serie de hechos en la voz activa y tú tendrás que reformularlos en la voz pasiva. Inventa 10 más. Ejemplo:

Teacher:	*Genghis Khan conquered China.*
Student:	*China was conquered by Genghis Khan.*
Teacher:	*The Cardenals will choose the next Pope.*
Student:	*The next Pope will be chosen by the Cardenals.*

31.20 Regular verbs in past

Pronunciation of endings

Pronunciación de verbos regulares en el pasado y en el presente perfecto.

Usaremos la tercera columna de la lista de verbos regulares.

Diremos, por ejemplo:	**Every day I accept.** *(Cada día acepto.)*
Y tú responderás diciendo:	**Yesterday I accepted.** *(Ayer acepté.)* **Lately I've accepted.** *(Últimamente he aceptado.)*

Luego seguiremos este mismo patrón para todos los verbos de la tercera columna de la página de verbos regulares presentados antes de la **unidad 22**.

31.21 Quick irregular verb review

Este ejercicio es idéntico al anterior pero con verbos irregulares. Al igual que en el **Libro 1**, vamos a repasar constantemente y de muchas formas el uso de los verbos irregulares.

Diremos, por ejemplo:	**Every day I say.** *(Cada día digo.)*
Y tú responderás diciendo:	**Yesterday I said.** *(Ayer dije.)* **Lately I've said.** *(Últimamente he dicho.)*

Esta vez utilizaremos los siguientes verbos extraídos de la lista de los 70 verbos irregulares más relevantes expuesta antes de la unidad 22:

say / said / said	**ring / rang / rung**	**send / sent / sent**	**speak / spoke / spoken**
pay / paid / paid	**rise / rose / risen**	**set / set / set**	**spend / spent / spent**
put / put / put	**run / ran / run**	**shut / shut / shut**	**stand / stood / stood**
quit / quit / quit	**see / saw / seen**	**sit / sat / sat**	**steal / stole / stolen**
read / read / read	**sell / sold / sold**	**sleep / slept / slept**	**take / took / taken**

say / said / said	Se pronuncia: */sei / sed / sed/*
pay / paid / paid	Aunque se escriba igual que "say", se pronuncia: */pei/ /peid/ / zpeid/* (curioso)
quit	Se pronuncia: */kuit/* (significa *'dejar de'* o *'abandonar'*)
read / read / read	Se pronuncian: */rid / red / red/*

31.22 Translation booklet

Vocabulary booklet

Translation booklet y **Vocabulary booklet:**

Recuerda. Una lista al día y repasa la del día anterior. En la constancia está el secreto de éxito con un idioma.

31.23 **Listening, reading aloud + questions**

Li Tong

Li Tong has just finished his very first English class. He's on his way home now. The language academy where he's just taken his class is located about a kilometer from his house. It took Li about 10 minutes to get there on his bike. When he got to the academy, he was sent to room 11, where there were seven other students waiting for the teacher to arrive. Li sat at the back of the room next to a large window. Outside he could see a lot of people coming and going, most of them on bicycles. At that moment, the teacher came into the room carrying a lot of books. He put them on a small desk in front of the class and then wrote his name on the board. Li didn't know what the teacher was writing because he didn't know the English or Latin alphabet. It looked like strange symbols to him. Then the teacher turned to face the class and said something, pointing to himself. Li assumed that the teacher was saying his name. It sounded like he was saying "pita". Then the teacher pointed at different students and said something that Li didn't understand. The first student just looked at the teacher, without saying anything. The student behind the first one whispered something to him, after which the first student said his name, "Han". Then the teacher made the first student say some strange sounds finishing with the name "Han". Li felt a little nervous because he knew the teacher was going to ask him the same question. He listened carefully to the other students as they answered the teacher with the same strange sounds, followed by their names. When it was Li's turn, he repeated the sounds, finishing with "Li". The teacher seemed satisfied, said something strange again, and went back to the blackboard. Li realized that he had just said his first sentence in English.

He's on his way home	*Está camino de su casa*
At the back of the room	*En la parte de atrás de la habitación*
Turned to face the class	*Se volvió de cara a la clase*
Just looked at the teacher	*Simplemente miraba al profesor*
Whispered something	*Susurró algo*

31.24 → The verb "to get"

Los españoles parecen tener miedo al verbo "**to get**". Creen que es omnipresente y omnipotente. Voy a intentar desmitificarlo aquí.

Como verbo sencillo, "**to get**" tiene cuatro significados:

1) *Conseguir* (en el sentido de ('*Obtener*')	**I got my hunting license last year.** *Conseguí mi licencia de caza el pasado año.*
2. *Recibir*	**I got a letter from my sister yesterday.** *Recibí una carta de mi hermana ayer.*
3. *Coger*	**Can you get that pen for me please?** *¿Puedes cogerme ese bolígrafo por favor?*
4. *Ir a por*	**First I have to get my agenda.** *Primero tengo que ir a por mi agenda.*

Los significados 3 y 4 son prácticamente idénticos.

Otro significado muy, pero muy importante es el uso de "**get**" como *'llegar'*. En este caso, el verbo "**to get**" siempre va seguido de la preposición "**to**", salvo en cuatro casos que te enseñaré a continuación. Es importante recordar lo siguiente:

El uso de "To get to" como *'llegar a'* es válido sola y únicamente cuando se menciona el destino

1) What time did she arrive?

2) What time did she get to the office?

Notarás que en la primera frase citada, no se hace mención del destino. En este caso, es obligatorio usar el verbo estándar "**arrive**".

En la segunda frase, sí se menciona el destino, por lo que puede usarse "**to get to**". También se puede usar "**to arrive**" en el segundo ejemplo, pero no es muy frecuente.

Por lo tanto, se puede decir con bastante certeza que cuando se menciona el destino, el 99% de las veces se usa "**to get to**", por lo que debes aprendértelo. Tus interlocutores, sobre todo si son nativos de habla inglesa, raramente dirán "**arrive**". Casi siempre dirán "**to get to**".

I got to the office late.	*Llegué tarde a la oficina.*
What time did she get to New York?	*¿A qué hora llegó ella a Nueva York?*
We should get to the party around 7:00.	*Seguramente llegaremos a la fiesta sobre las 7:00.*

Hay cuatro casos en los cuales no se inserta la preposición "**to**" después de "**get**". Estos casos son cuando el destino es:

home - here - there - back

(Continúa)

← 31.24 →

El verbo "to get"

(Continuación)

I got home at 8:00 p.m.	*Llegué a casa a las 8:00 de la tarde.*
When will they get here?	*¿Cuándo llegarán aquí?*
How long did it take you to get there?	*¿Cuánto tardaste en llegar allí?*
They got back last night.	*Llegaron de regreso anoche.*

Por cierto, en la última frase, uso la expresión "**to get back**" (***llegar de regreso***). Usamos esta expresión muchísimo en inglés. La usamos donde vosotros normalmente usáis simplemente ***'volver'*** o ***'regresar'***.

Dicho esto, entremos ahora en el intríngulis del verbo "**to get**" que tanto asusta a la gente. En castellano, tenéis muchos verbos denominados reflexivos. Me refiero a verbos como ***'perderse'***, ***'casarse'***, ***'enfadarse'***, ***'aburrirse'***, etc.

En inglés, verbos como éstos no se emplean como verbos reflexivos. Se usa "**get**" más un participio o adjetivo. Para ***'aburrirse'***, por ejemplo, decimos ***'ponerse aburrido'*** (**to get bored**).

Te pongo a continuación toda una serie de verbos, normalmente reflexivos en castellano, cuyo equivalente en inglés se forma con **get** + participio o adjetivo.

Casarse	**To get married**	*Perderse*	**To get lost**
Cansarse	**To get tired**	*Hacerse daño*	**To get hurt**
Ponerse enfermo	**To get sick or ill**	*Deprimirse*	**To get depressed**
Empeorarse	**To get worse**	*Emborracharse*	**To get drunk**
Ponerse mejor	**To get better**	*Organizarse*	**To get organized**
Ponerse oscuro	**To get dark**	*Aburrirse*	**To get bored**
Ensuciarse	**To get dirty**	*Ponerse celoso*	**To get jealous**
Enfadarse	**To get angry**	*Asustarse*	**To get scared**
Irritarse	**To get irritated**	*Engordar*	**To get fat**
Levantarse	**To get up**	*Ponerse grande*	**To get big**
Confundirse	**To get confused**	*Disgustarse*	**To get upset**
Ponerse triste	**To get sad**	*Enriquecerse*	**To get rich**
Lesionarse	**To get injured**	*Ponerse duro*	**To get hard**
Vestirse	**To get dressed**	*Mojarse*	**To get wet**
Secarse	**To get dry**	*Traspapelarse*	**To get misplaced**

Por último, el verbo "**to get**" adquiere varios significados más según qué preposición se le ponga después. Te voy a poner los más relevantes a continuación. No obstante, volveremos a ver estos verbos compuestos más adelante.

To get in(to)	*Meterse en*
To get out (of)	*Salir de* (de un coche, de un lío... de algo que requiera esfuerzo)
To get on	*Subir a* (autobús, ascensor, plataforma, etc.)
To get off	*Salir de o bajarse de* (autobús, ascensor, plataforma, etc.)

(Continúa)

← 31.24	**El verbo "to get"** *(Continuación)*	

To get to	*Llegar a*
To get by	*Apañarse, arreglárselas, salir del paso*
To get over	*Recuperarse de, sobreponerse a, superar*
To get away from	*Alejarse de* (porque no quieres estar cerca)
To get back	*Llegar de nuevo al punto de partida*
To get through to	*Conseguir establecer contacto telefónico con*
To get across	*Lograr transmitir una idea o concepto a alguien*
To get rid of	*Deshacerse de*
To get along with	*Llevarse bien con* (EE.UU)
To get on with	*Llevarse bien con* (Reino Unido)
To get together	*Reunirse en plan social*
To get around	*Extenderse* (un rumor)

31.25 Short answer drill and listening comprehension exercise

Este ejercicio es aquel en el que debes responder a un sinfín de preguntas a veces absurdas. Es un ejercicio que no podrás hacer solo, plantéate hacer un curso de inglés algún día para poder llevarlo a cabo con el profesor.

Ejemplo: **Do apples turn orange when it rains? No, they don't.**

Were the Scandinavias originally from the area of Murcia? No, they weren't.

Aparentemente es sencillo, pero las preguntas que te irá formulando el profesor exigirán que tengas un buen oído. Ninguna pregunta está relacionada con la anterior o la siguiente, por lo que no podrás relajarte por la familiaridad de una temática continuada. Asimismo, muchas de las preguntas son absurdas, lo cual exige un buen oído para captar el sentido de la pregunta. Ejemplo:

Was Jesus Christ crucified in a village near the Congo River?

¿Fue crucificado Jesucristo en una aldea cerca del Río Congo?

31.26 Translation booklet / Vocabulary booklet

Translation booklet y **Vocabulary booklet:**

Recuerda. Una lista al día y repasa la del día anterior.

31.27 Review: present or 2nd conditional

Aquí volvemos a hacer esas "conclusiones lógicas" que hemos visto antes. Es para practicar el condicional del presente (o lo que algunas llaman el 2º condicional)

Teacher:	**I'm not fat because I don't eat too much.**
Student:	**If you ate too much, you would be fat.**
Teacher:	**Jenny hates Jimmy because he pulls her hair.**
Student:	**If Jimmy didn't pull Jenny's hair, she wouldn't hate him.**

Fíjate bien en las reglas de construcción: **If + pasado, would + verbo.** Intenta construir 10 situaciones usando este condicional.

Unit 32

32.1 Fractions and percentages

Percent

Half

Point (decimal point)

Is the same as...

Aquí seguimos con la revisión de fracciones, porcentajes, decimales y "**the same as**"

1/2 is the same as 50% (one-half is the same as 50%)

1/4 is the same as 25% (one-fourth is the same as 25%)

Tienes que escribir 10 ejemplos de fracciones y leerlas en alto.

He aquí ejemplos de fracciones:

1/2	**One-half**	5/8	**Five-eighths** */eitzs/*
1/4	**One-fourth**	6/7	**Six-sevenths**
2/3	**Two-thirds**	2/9	**Two-ninths**
3/5	**Three-fifths**	1/10	**One-tenth**

32.2 Number pronunciation

Esta es la vigésima cuarta (**twenty-fourth**) vez que nos dedicamos al dictado y pronunciación de números.

Recuerda: **Two hundred and thirty-three thousand eight hundred and fifty-four (233.854)**

Recuerda también las comas en vez de los puntos.

Así decimos números superiores a un millón:

Three million eight hundred and forty-six thousand nine hundred and eleven (3,846,911)

Escribe 20 números en un papel y luego pronúncialos en alto. Cada día deberás ir haciéndolo más rápido.

32.3 Number pronunciation

Seguimos aquí con la pronunciación y vocalización de los números.

Aquellos números que no hayas sido capaz de pronunciar correctamente vuelve a leerlos en alto 5 veces cada uno.

32.4 Review of ordinal numbers and dates

Se tarda mucho en dominar bien los números ordinales. Por eso, vamos a hacer este ejercicio en todas las unidades hasta la 35 inclusive.

Te pediremos que digas un mes entero de fechas. Sabemos que es repetitivo y aburrido, pero le vendrá muy bien a tu agilidad oral:

Saturday, the first. Sunday, the second. Monday, the third. Tuesday, the fourth. Wednesday, the fifth. Thursday, the sixth. Friday, the seventh. Saturday, the eighth. Sunday, the ninth, etc. etc. etc. hasta el día 31 (..., the 31st).

32.5 Review of dates

En esta sección debes inventar 10 fechas y formularlas en alto en las dos formas conocidas.

Británico: **the tenth of August, 1999** (literalmente: *el décimo de agosto, 1999*)

Americano: **August tenth, 1999** (literalmente: *agosto décimo, 1999*)

32.6	**Review of telling time**	Escribe 10 horas en un papel y dilas en alto. **It's 2 o'clock It's 15 minutes to 3:00 It's ten-thirty It's five forty-five**
32.7	**Review** **from...to** **since...** **for...** **Ordinal numbers**	Este punto es una repetición del ejercicio diseñado para hacerte experto con: **1. El pasado simple vs. el presente perfecto** **2. "from... to" vs. "since"** **3. "since" vs. "for"** **4. Números ordinales (1st, 2nd, 3rd, etc.)** Te daremos un escenario. Por ejemplo: **Pierre went to London on the 17th and he's still there. Now it's the 20th.** Ante este escenario, debes expresar la situación con las dos formas posibles: **1. He's been in London since the 17th.** **2. He's been in London for three days.** El escenario que acabamos de ver es en el presente perfecto, ya que Pierre sigue en Londres. Ahora bien, imaginemos que ya no está allí: Ahora, por ejemplo: **Pierre went to London on the 17th and he returned to Paris on the 19th.** Ante este escenario, tendrías que decir: **1. He was in London from the 17th to the 19th.** **2. He was in London for two days.** Escribe una frase con "**for**", "**from**" y "**since**" sobre cualquier otro escenario que se te ocurra.
32.9	**Review:** **Still – yet – already – anymore**	Este punto es un repaso del **punto 24.19**. Vuelve a ese punto si quieres o fíjate muy bien en la lógica gramatical de las frases siguientes: **I haven't started yet.** — *No he empezado todavía.* **I'm still waiting to start.** — *Todavía estoy esperando empezar.* **I've already started.** — *Ya he empezado.* **I'm not waiting to start anymore.** — *Ya no estoy esperando empezar.* **They haven't finished working yet.** — *No han terminado de trabajar todavía.* **They're still working.** — *Todavía están trabajando.* **They've already finished working.** — *Ya han terminado de trabajar.* **They're not working anymore.** — *Ya no están trabajando.*

32.10 Review:

Still – yet – already – anymore

Este punto desarrolla aún más el repaso del punto anterior.

Los españoles confunden mucho "**yet**" y "**still**".

"**Still**" significa *'todavía'* en el sentido del verbo *'seguir'* o *'continuar'*.

Todavía vivo en una casa alquilada.

Sigo viviendo en una casa alquilada.

Continúo viviendo en una casa alquilada.

I'm still living in a rented house ó **I still live in a rented house.**

"**Still**" se usa en el tiempo presente o en el pasado.

When I met him, he was still living in a rented house.

Cuando le conocí, seguía viviendo en una casa alquilada.

Cuando le conocí, todavía vivía en una casa alquilada.

"**Yet**" significa *'todavía'* en el sentido de algo que está pendiente de ocurrir pero que aún no ha ocurrido. Siempre se usa en el presente perfecto o en el pluscuamperfecto.

I haven't seen him yet.

No le he visto todavía.

Didn't you say that you hadn't seen him yet?

¿No dijiste que no le habías visto todavía?

32.11 Regular verbs in past

Pronunciation of endings

Pronunciación de verbos regulares en el pasado y en el presente perfecto.

Usaremos la primera columna de la lista de verbos regulares.

Para el uso del presente perfecto (*he aceptado*), usarás la expresión **"lately"** (*últimamente*). Esta expresión en inglés siempre va acompañada del presente perfecto.

Diremos, por ejemplo:	**Every day I agree.** *(Cada día estoy de acuerdo.)*
Y tú responderás diciendo:	**Yesterday I agreed.** *(Ayer estuve de acuerdo.)* **Lately I've agreed.** *(Últimamente he estado de acuerdo.)*

Utiliza este mismo patrón para todos los verbos de la primera columna de la página de verbos regulares.

32.12 Quick irregular verb review

Este ejercicio es idéntico al anterior pero con verbos irregulares.

Diremos, por ejemplo:	**Every day I teach.** *(Cada día enseño.)*
Y tú responderás diciendo:	**Yesterday I taught.** *(Ayer enseñé.)* **Lately I've taught.** *(Últimamente he enseñado.)*

Esta vez utilizaremos los siguientes verbos extraídos de la lista de los 70 verbos irregulares más relevantes expuesta antes de la unidad 22:

teach / taught / taught	**win / won / won**	**break / broke / broken**	**choose/chose/ chosen**
tell / told / told	**write / wrote / written**	**bring/brought/brought**	**come / came / come**
throw / threw / thrown	**become/became/become**	**build / built / built**	**cost / cost / cost**
understand/unders-tood/ understood	**begin / began / begun**	**buy / bought / bought**	**cut / cut / cut**
wear / wore / worn	**blow / blew / blown**	**catch/caught/caught**	**deal / dealt / dealt**

Throw / threw	Se pronuncia: */ zróu / zru /*
Won	Se pronuncia igual que el número uno en inglés: **one**
Blow / blew	Se pronuncia: */ blóu / blu /*
Read / read / read	Se pronuncian: */ rid / red / red /*
Choose / chose	Se pronuncian: */ chus / chóusen /*

32.13 The uncle routine

Teacher:	**Pepe, tell María to ask me what my brother does on Saturdays.**
Pepe:	**María, ask the teacher what his brother does on Saturdays.**
María:	**What does your brother do on Saturdays.** (direct question)
Teacher:	**Excuse me, Pepe, what does María want to know?**
Pepe:	**She wants to know what your brother does on Saturdays.**
Teacher:	**He surfs the internet.**

Estudia este intercambio entre el profesor y sus dos alumnos. Estudia sobre todo el tratamiento del verbo principal de las frases (el verbo "**to do**"). Fíjate bien. Sólo se usa el verbo auxiliar (en este caso "**does**", en la pregunta directa, nunca en las frases no directamente interrogativas.

32.14 The uncle routine

Recuerda que sólo se usa un verbo auxiliar en la pregunta directa. Veamos otra secuencia:

Tell John to ask me where my uncle lives.	**("lives" - verbo principal – sin verbo auxiliar)**
John, ask the teacher where his uncle lives.	**("lives" - verbo principal – sin verbo auxiliar)**
Where does your uncle live?	**("does...live" - verbo auxiliar + verbo principal)**
What does John want to know?	**("does...want" - verbo auxiliar + verbo principal)**
He wants to know where your uncle lives.	**("lives" – verbo principal – sin verbo auxiliar)**

Las frases 3 y 4 (las que están destacadas) son las únicas donde aparece un verbo auxiliar. Son preguntas directas.

Los españoles muchas veces insertan un verbo auxiliar en la parte afirmativa de una frase:

Do you know where does his sister live?

Esta frase está muy mal. La pregunta es "**do you know**". El resto de la frase va en afirmativo:

Do you know where his sister lives?

32.15 → Look – Look like / Seem – Seem like / Taste – Taste like / Sound – Sound like / Feel – Feel like / Smell – Smell like

En castellano, podéis decir un montón de frases con el verbo *'parecer'*. Me refiero a frases como:

Ella se parece a tu hermana.

Esto parece que está hecho de goma.

Lo que estás diciendo parece interesante.

En inglés, el verbo estándar para *'parecer'* es "**to seem**". Sin embargo, no usamos este verbo en muchos casos. Optamos por un verbo de sentido mucho más cercano a la sensación:

She looks like your sister.

This feels like it's made of rubber.

What you're saying sounds interesting.

Hay cinco verbos de sentido en inglés:

To look (like)	*Parecer* **(según la vista)**
To sound (like)	*Parecer* **(según el oído)**
To feel (like)	*Parecer* **(según el tacto)**
To smell (like)	*Parecer* **(según el olfato)**
To taste (like)	*Parecer* **(según el sabor)**
To seem (like)	*Parecer* **(en general)**

(Continúa)

← 32.15 Look – Look like / Seem – Seem like / Taste – Taste like / Sound – Sound like / Feel – Feel like / Smell – Smell like

(Continuación)

Habrás notado que he puesto la palabra "**like**" en paréntesis después de cada verbo. Se inserta "**like**" si el verbo va seguido de un sustantivo:

She looks like Madonna.	*Ella se parece a Madonna.*
It sounds like they're angry.	*Parece que están enfadados.* (se les oye gritar)
It feels like a small electric discharge.	*Parece una pequeña descarga eléctrica.* (tacto)
It smells like fish.	*Huele a pescado.*
It tastes like onions.	*Sabe a cebolla.*
It seems like a summer day.	*Parece un día de verano.*

En cada frase va un sustantivo después de "**like**" (**Madonna, they, discharge, fish, onions, day**).

Ahora bien, si va un adjetivo después del verbo, entonces se suprime "**like**":

You look tired.	*Pareces cansado.* (Te veo cansado)
Your new song sounds good.	*Tu nueva canción suena bien.*
I feel tired.	*Me siento cansado.*
The food smells very good.	*La comida huele muy bien.*
This apple tastes strange.	*Esta manzana sabe raro.*
This table seems smaller than the other one.	*Esta mesa parece más pequeña que la otra.*

Por lo tanto, se inserta "like" cuando hay un sustantivo después y se suprime cuando hay un adjetivo después.

Un inciso curioso: Seguro que no notaste que en la 2ª y 4ª frase de las últimas citadas, he usado "**good**" (*bueno*) en lugar de "**well**" (*bien*). O sea, he dicho que la canción suena ***'bueno'*** y que la comida huele ***'bueno'***.

En inglés, no usamos "**well**" para verbos de sentido. Siempre usamos "**good**". Si te gusta mucho la música rock, a lo mejor habrás oído frases como la siguiente en la letra de muchas canciones:

I feel good, like I knew that I would. I feel good, so good... now that you're mine.

32.16 Translation booklet / Vocabulary booklet

Translation booklet y **Vocabulary booklet:**

Recuerda. Una lista al día y repasa la del día anterior. En la constancia está el secreto del éxito con un idioma.

32.17 → How is Paula? / What is Paula like? / What does Paula look like?

(Continúa)

¿Cómo está Paula?	**How's Paula?**
Está bien, gracias.	**She's fine, thank you.**
¿Cómo es Paula?	**What is Paula like?**
Es agradable e inteligente.	**She's pleasant and intelligent.**
¿Qué aspecto tiene Paula?	**What does Paula look like?**
Es alta y rubia.	**She's tall and blonde.**

← 32.17

How is Paula?

What is Paula like?

What does Paula look like?

(Continuación)

Estudia bien los ejemplos. Nota cómo usamos **what + like** en inglés para las preguntas 2 y 3.

¿Cómo está? = **How is...?**

¿Cómo es...? = **What is... like?** *(personalidad, carácter, temperamento, forma de ser)*

¿Cómo es...? = **What does... look like?** *(aspecto físico)*

Si te mando al aeropuerto para recoger a un señor que yo conozco pero tú no, es lógico que me preguntes:

What does he look like?
¿Cómo es de aspecto físico?

Si te digo que a partir del mes próximo vas a tener un jefe nuevo traído de fuera y yo le conozco pero tú no, lo lógico es que me preguntes:

What is he like?
¿Cómo es? (como persona)

Para preguntar por el aspecto físico, conjugamos el verbo "**to look**" seguido de "**like**".

Para preguntar por la forma de ser, conjugamos el verbo "**to be**" seguido de "**like**".

32.18 →

Review: There + to be

Estudiemos de nuevo cómo decir en inglés: *hay, hubo, habrá, habría, ha habido, etc.*

Es siempre: **THERE + UNA CONJUGACION DEL VERBO "TO BE"**

Hay	**There is**	*Puede que haya*	**There may be**
Hay (plural)	**There are**	*Puede que haya habido*	**There may have been**
Hubo/había	**There was**	*Debe haber*	**There must be**
Hubo/había (plural)	**There were**	*Debió haber*	**There must have been**
Habrá	**There will be**	*Debería haber*	**There should be**
Va a haber	**There is going to be**	*Debería haber habido*	**There should have been**
Va a haber (plural)	**There are going to be**	*Tiene que haber*	**There has to be**
Ha habido	**There has been**	*Tiene que haber (plural)*	**There have to be**
Ha habido (plural)	**There have been**	*Parece haber*	**There seems to be**
Había habido	**There had been**	*Parece haber (plural)*	**There seem to be**
Puede haber	**There can be**	*Es necesario que haya*	**There needs to be**
Podría haber	**There could be**		
Podría haber habido	**There could have been**		

(Continúa)

32.19 Review: There has been / There have been

En este punto, nos centraremos en el presente perfecto de la expresión "**There + to be**".

There has been = *Ha habido* (para cosas en singular)

There have been = *Ha habido* (para cosas en plural) – algunos en España dicen *'han habido'*.

How many tornados have there been in Madrid this year?

Has there been a thunderstorm in Madrid this week?

Have there been any plane crashes in the news this month?

Has there been a general strike in Spain this year?

Notarás que siempre hago referencia a períodos de tiempo que no han terminado todavía (**this year, this week, this month, etc.**). Si uso el presente perfecto, tiene que ser así por narices.

32.20 → Phrasal verbs: To look + preposition

To look at	*Mirar*	**Don't look at me.** *No me mires.*
To look for	*Buscar*	**I'm looking for my pen.** *Estoy buscando mi bolígrafo.* (No se usa este verbo en el sentido de *'Voy a buscarle al aeropuerto'*. Usamos "**pick up**" o "**meet**")
To look up	*Buscar como consulta en un diccionario, lista, guía, etc.*	**If you don't look up the word in the dictionary, I'll look it up.** *Si tú no buscas la palabra en el diccionario, yo la buscaré.* (Observa la colocación del pronombre "**it**" in la segunda parte de la frase. Va entre "**look**" y "**up**".)
To look into	*Investigar un asunto*	**I'll look into it this afternoon and call you back.** *Lo investigaré esta tarde y te volveré a llamar.* (El verbo "**investigate**" es más propio de detectives.)
To look over	*Revisar, mirar por encima como comprobación, echar un vistazo.*	**Let me look over the report before it's sent.** *Déjame echar un vistazo al informe antes de que sea enviado.* **Let me look it over.** *Déjame que le eche un vistazo.* (Observa que cuando se usa pronombre, éste se coloca entre "**look**" y "**over**".)
To look around	*Mirar de un lado a otro, buscar por muchos sitios.*	**If you look around the factory, you'll see that many people aren't working.** *Si vas mirando por toda la fábrica, verás que mucha gente no está trabajando.*

(Continúa)

← 32.20	**Phrasal verbs:** **To look + preposition** *(Continuación)*	To look through	*Ir buscando por muchas hojas, hojear una revista.*	**I was looking through my papers trying to find your CV.** *Estaba buscando por mis papeles intentando encontrar tu curriculum.*
		To look after	*Cuidar*	**I have to look after the children this weekend.** *Tengo que cuidar de los niños este fin de semana.* (También puede usarse el verbo **"to take care of"**)

32.21 **Present perfect vs. past**

Aquí volvemos a comparar el presente perfecto con el pasado simple. Haremos ese ejercicio basado en las veces que hiciste algo ayer, la semana pasada, el mes pasado, etc. y luego cuántas veces lo has hecho hoy, esta semana, este mes, etc.

How many toys did you break last week? And so far this week?	**I didn't break any toys last week. I haven't broken any toys so far this week either.**

32.22 → **Listening, reading aloud + questions**

Luigi Barghini

Luigi Barghini's son, Roberto, has just finished his engineering degree at the University of Milan. Luigi is very proud of him because he graduated second in his class. It took him six years instead of the usual five to get his degree, because he specialized in two different fields of industrial engineering: organization and robotics. It's very rare for a student to specialize in two different fields. In fact, it's usually not permitted, but four years ago, Roberto asked his father to speak to the Dean of the Engineering School at the university to get permission. Luigi thought that he son was a little crazy to want to study two different areas of engineering, but he helped his son get permission to do what he wanted. The Dean of the Engineering School knew Luigi quite well. Thirty years before, he had been one year ahead of him at the same university. They hadn't been close friends at that time, but since then, Luigi had asked his old school mate to send him the best young engineers graduating from the University of Milan. Thanks to some of these engineers, Luigi's company had become the second largest car seat manufacturer in Europe. Now Luigi has to make a decision about Roberto, who just turned 24. Roberto would like to work as a consultant in organization and computer integrated systems. However, Luigi thinks he should work in the family company with his father and sister. Roberto has already received an offer to work for Andersen Consulting, a large American company with offices in Milan, and he is tempted to take the job. He thinks that his sister, Ana, is perfectly capable of running the family business with Luigi's help and, besides, he doesn't see much challenge in working in a car seat factory, even if it's the second biggest in Europe. Luigi thinks that, with Ana and Roberto, the company could easily become the number one supplier of car seats in Europe.

(Continúa)

← 32.22 Listening, reading aloud + questions

Luigi Barghini

(Continuación)

Engineering degree	*Licenciatura de ingeniería*
Proud	*Orgulloso*
Second in his class	*Segundo de su promoción*
Dean of the engineering school	*Decano de la Facultad de Ingeniería*
School mate	*Compañero de estudio*
Who just turned 24	*Quien acaba de cumplir los 24 años*
He is tempted to	*Está tentado a*
Is perfectly capable	*Está perfectamente capacitada*
Running the family business	*Dirigir el negocio familiar*
And besides,	*Y además,*
He doesn't see much challenge	*No ve mucho reto*

32.23 Mastering the interrogative

Volveremos a someterte a la disciplina de formular preguntas en inglés. Este ejercicio suele costar mucho trabajo a los alumnos, independientemente de su nivel, puesto que no están acostumbrados a formular correctamente el interrogativo.

Inventa una contestación y formula la pregunta que daría lugar a dicha contestación.

Teacher:	**Seven people were injured in the bus accident.**
Student:	**How many people were injured in the bus accident?**
Teacher:	**I did it for Peter.**
Student:	**Who did you do it for?**

Formular bien el interrogativo en inglés es de vital importancia y es algo que los profesores muchas veces descuidan, ya que les resulta más fácil hacer las preguntas y el alumno las respuestas.

32.24 Review: was/were born

Este punto sirve únicamente para practicar un poco más con "**was**" y "**were**", usando el verbo *'nacer'* (**to be born**) como pretexto.

Puede que te resulte sencillo, pero no conozco a nadie que pueda manejar con total agilidad la conjugación del verbo "**to be**" en el pasado. Mezclan "**was**" y "**were**" constantemente o simplemente se olvidan de "**were**".

32.25 Review: To last

(In present and past tense)

Aquí volvemos a repasar algo aparentemente sencillo: el verbo "**to last**" (*durar*).

Sin embargo, nadie usa nunca este verbo. No sé por qué.

Vamos a poner ejemplos:

How long did the meeting last?	*¿Cuánto tiempo duró la reunión?*
How long will the next class last?	*¿Cuánto tiempo durará la próxima clase?*
The First World War lasted four years.	*La Primera Guerra Mundial duró cuatro años.*
He won't last long in that job.	*El no durará mucho en ese puesto.*

32.26	**Review:** **To know how to**	*Sé cómo hacerlo* Así lo decimos en inglés **(I know how to do it)** En castellano no utilizáis *'cómo'*. Decís simplemente *'Sé hacerlo'*, *'Sé convencerle'*, etc. Pero en inglés, estás obligado a insertar "**how**", y tienes que pronunciarlo: */jáo/* Demasiada gente aquí en España lo pronuncia */jóu/*. **I know how to play baseball.** **Do you know how to repair a washing machine?**
32.27	**Other people**	*Algunas personas trabajan de día y otras personas trabajan de noche.* A continuación, te pongo tres traducciones de la citada frase. Solamente una es correcta. Tapa con la mano la respuesta más abajo y marca la frase que, en tu opinión, es la correta. **Some people work during the day and another people work at night.** **Some people work during the day and other people work at night.** **Some people work during the day and others people work at night.** La respuesta correcta es la segunda. Sin embargo, cuando mis alumnos hablan inglés, suelen usar la primera o la tercera, independientemente de su nivel de inglés. Es exasperante. La palabra "**people**" es siempre plural ("**people are**"). "**Another**" significa *'otro'*, es decir, se usa para singulares. **I want this magazine for now and another magazine for later.** *Quiero esta revista para ahora y otra revista para más tarde.* La palabra en plural "**others**" es un pronombre, no es un adjetivo. En la tercera frase citada arriba, está colocado como adjetivo calificativo de "**people**". Mira las dos frases siguientes: **Some books are thick and others are thin.** *Algunos libros son gruesos y otros son finos.* **Some books are thick and other books are thin.** *Algunos libros son gruesos y otros libros son finos.* En el primer ejemplo, "**others**" (con "**s**") es un pronombre. Sustituye a la expresión "**other books**". En el segundo ejemplo, "**other**" (sin "**s**") es un adjetivo que califica el sustantivo "**books**". Salvo excepciones raras, los adjetivos nunca llevan la "**s**" de plural.

33.1	**Fractions and percentages** *Percent* *Half* *Point (decimal point)* *Is the same as...*	Aquí seguimos con la revisión de fracciones, porcentajes, decimales y "**the same as**" **1/2 is the same as 50% (one-half is the same as 50%)** **1/4 is the same as 25% (one-fourth is the same as 25%)** Tienes que escribir 10 ejemplos de fracciones y leerlas en alto. He aquí ejemplos de fracciones: 1/2 – **One-half**; 1/4 – **One-fourth**; 2/3 – **Two-thirds**; 3/5 – **Three-fifths**; 5/8 – **Five-eighths** */eitzs/*; 6/7 – **Six-sevenths**; 2/9 – **Two-ninths**; 1/10 – **One-tenth**
33.2	**Number pronunciation**	Esta es la vigésima cuarta (**twenty-fourth**) vez que nos dedicamos al dictado y pronunciación de números. Recuerda: **Two hundred and thirty-three thousand eight hundred and fifty-four (233.854)** Recuerda también las comas en vez de los puntos. Así decimos números superiores a un millón: **Three million eight hundred and forty-six thousand nine hundred and eleven (3,846,911)** Escribe 20 números en un papel y luego pronúncialos en alto. Cada día deberás ir haciéndolo más rápido y poniéndotelo más difícil.
33.3	**Number pronunciation**	Seguimos aquí con la pronunciación y vocalización de los números. Aquellos números que no hayas sido capaz de pronunciar correctamente vuelve a leerlos en alto 5 veces cada uno. Estos ejercicios te van dotando poco a poco de una mayor capacidad para decir y entender números.
33.4	**Review of ordinal numbers and dates**	Se tarda mucho en dominar bien los números ordinales. Por eso, vamos a hacer este ejercicio en todas las unidades hasta la 35 inclusive. Te pediremos que digas un mes entero de fechas como sigue: **Saturday, the first. Sunday, the second. Monday, the third. Tuesday, the fourth. Wednesday, the fifth. Thursday, the sixth. Friday, the seventh. Saturday, the eighth. Sunday, the ninth, etc. etc. etc. hasta el día 31 (..., the 31st).**
33.5	**Review of dates**	En esta sección debes inventar 10 fechas y formularlas en alto en las dos formas conocidas. Britántico: **the twelvth of June, 1999** (literalmente: ***el duodécimo de junio, 1999***) Americano: **June twelvth, 1999** (literalmente: ***junio duodécimo, 1999***)

33.6	**Review of telling time**	Escribe 10 horas en un papel y dilas en alto. **It's 2 o'clock** **It's 15 minutes to 3:00** **It's ten-thirty** **It's five forty-five**
33.7	**Review** **from...to** **since...** **for...** **Ordinal numbers**	Este punto es una repetición del ejercicio diseñado para hacerte experto con: **1. El pasado simple vs. el presente perfecto** **2. "from... to" vs. "since"** **3. "since" vs. "for"** **4. Números ordinales (1st, 2nd, 3rd, etc.)** Te daremos un escenario. Por ejemplo: **Ana went to Stuttgart on the 1st and he's still there. Now it's the 10th.** Ante este escenario, debes expresar la situación con las dos formas posibles: **1. She's been in Stuttgart since the 1st.** **2. She's been in Stuttgart for 10 days.** El escenario que acabamos de ver es en el presente perfecto, ya que Ana sigue en Stuttgart. Ahora bien, imaginemos que ya no está allí: Ahora, por ejemplo: **Ana went to Stuttgart on the 1st and she returned to Verona on the 8th.** Ante este escenario, tendrías que decir: **1. She was in Stuttgart from the 1st to the 8th.** **2. She was in Stuttgart for eight days.** Escribe una frase con "**for**", "**from**" y "**since**" sobre cualquier otro escenario que se te ocurra.
33.8	**Review:** **Negative questions**	Aquí repasamos de nuevo el uso de preguntas negativas. Te pongo algunas: **Why weren't you there?** — *¿Por qué no estuviste allí?* **Why isn't she working now?** — *¿Por qué no está ella trabajando ahora?* **Why shouldn't I do it?** — *¿Por qué no debo hacerlo?* **Why aren't they ready?** — *¿Por qué no están listos?* **Why hasn't it arrived yet?** — *¿Por qué no ha llegado todavía?* **Why didn't we get an invitation?** — *¿Por qué no recibimos una invitación?* **Why weren't there any chairs?** — *¿Por qué no había sillas?* He destacado los verbos auxiliares, ya que en las preguntas negativas, es obligatorio usar la contracción.

33.9	**Translation booklet** **Vocabulary booklet**	**Translation booklet** y **Vocabulary booklet:** Recuerda: una lista al día y repasa la del día anterior. En la constancia está el secreto del éxito con un idioma.
33.10	**Phrasal verbs:** **To turn + preposition**	

To turn on	*Encender una luz o un aparato eléctrico.*	**Turn on the light. Turn it on now.** *Enciende la luz. Enciéndela ahora.* (Observa que cuando se usa el pronombre, éste se inserta entre "**turn**" y "**on**".)
To turn off	*Apagar una luz o un aparato eléctrico*	**Turn off the radio. Turn it off now.** *Apaga la radio. Apágala ahora.* (Observa que cuando se usa el pronombre, éste se inserta entre "**turn**" y "**off**".)
To turn up (1)	*Subir el volumen*	**Turn up the radio. Turn it up now.** *Sube (el volumen de) la radio. Súbela ahora.* (Observa que cuando se usa el pronombre, éste se inserta entre "**turn**" y "**up**".)
To turn up (2)	*Aparecer, hacer acto de presencia*	**The teacher didn't turn up for the class.** *El profesor no apareció para la clase.*
To turn out	*Salir como resultado o desenlace final*	**Don't worry. Everything will turn out fine.** *No te preocupes. Todo saldrá bien.*
To turn into	*Transformarse en o convertirse en*	**The frog turned into a prince.** *La rana se transformó en un príncipe.* **This problem is turning into a nightmare.** *Este problema se está convirtiendo en una pesadilla.*
To turn over	*Cambiar algo de cara arriba a cara abajo o viceversa. Darle la vuelta a algo*	**Turn over the omelet. Turn it over now.** *Dale la vuelta a la tortilla. Dale la vuelta ahora.* (Observa que cuando se usa el pronombre, éste se inserta entre "**turn**" y "**over**".)
To turn around	*Cambiar algo que está de frente a estar de espaldas o viceversa. Darse la vuelta o darle la vuelta a algo que está de pie*	**If Superman doesn't turn around, I won't be able to see his cape.** *Si Superman no se da la vuelta, no podré ver su capa.*

33.11

Most people

Most books

Most companies

Most of my friends

Etc.

La mayoría de la gente no sigue la política.	**Most people don't follow politics.**
La mayoría de la gente que conozco no sigue la política.	**Most of the people I know don't follow politics.**
La mayoría de mis amigos fuman.	**Most of my friends smoke.**

En inglés, se puede decir "**the majority of**", pero es una forma de hablar un poco más sofisticada. La gente normal dice simplemente "**most**".

Fíjate: No decimos "**the most**". La única vez que decimos "**the most**" es cuando estamos usando un adjetivo en sentido superlativo:

Toledo is the most interesting city in Spain.

Fíjate cómo usamos "**most**" para expresar *'la mayoría de'*:

Most of the time I drive to work.	*La mayoría de las veces voy al trabajo en coche.*
Most people have at least one TV.	*La mayoría de la gente tiene al menos un televisor.*
Most politicians live well.	*La mayoría de los políticos viven bien.*
Most of the politicians in Italy live very well.	*La mayoría de los políticos en Italia viven muy bien.*
Most flats have central heating.	*La mayoría de los pisos tienen calefacción central.*
Most young people speak English well.	*La mayoría de la gente joven habla inglés bien.*
Most big cities are dirty.	*La mayoría de las grandes ciudades están sucias.*

33.12 →

Listening, reading aloud + questions

Paula Eisenbach

Paula Eisenbach feels relieved today. Yesterday, she told her friend, Tom Sanders, that she had decided not to go to California with him during the Christmas holidays. Tom was very upset and they had a long argument. Finally, Paula had to tell him the truth. She told him that she enjoyed working with him and that she had learned a lot. Then she told him that she wasn't ready to have a deeper relationship. Tom got angry and told her that he didn't want her to help him anymore with the Disney drawings. Paula knew he would react that way. She had been helping him for almost two months and she was becoming more and more convinced that Tom wasn't a stable person. He was a brilliant artist but he was very introverted. He didn't know how to respond to people in a natural way. Last night, Paula called her parents in Munich and told them her decision. Her mother was relieved and her father told her that she had made the right decision. They told her they were thinking about spending a week in the Canary Islands during the Christmas holidays and asked her if she would like to go. Paula jumped at the opportunity. She was tired of the cold weather in Heidelberg. A few days in the Canary Islands would be the perfect remedy.

(Continúa)

← 33.12	**Listening, reading aloud + questions** (Continuación)	**Relieved** — *Aliviada* **Upset** — *Disgustado* **Argument** — *Discusión acalorada*
33.13	**Most of the time**	Este punto es una continuación del **punto 33.11**, pero centrado en la expresión "**most of the time**". **Most of the time** = *la mayoría de las veces* ó *la mayor parte del tiempo* **Most of the time I get to work early.** — *La mayoría de las veces llego pronto al trabajo.* **I spend most of the time answering letters.** — *Paso la mayor parte del tiempo contestando cartas.* **It's easy most of the time.** — *Es fácil la mayoría de las veces.* **Etc.** — *Etc.*
33.14	**Regular verbs in past** **Pronunciation of endings**	Ponunciación de verbos regulares en el pasado y en el presente perfecto. Usaremos la segunda columna de la lista de verbos regulares que aparece antes de la **unidad 22**. Para el uso del presente perfecto (*he aceptado*), usarás la expresión "**lately**" (*últimamente*). Esta expresión en inglés siempre va acompañada del presente perfecto. Diremos, por ejemplo: **Every day I ask.** *(Cada día pregunto.)* Y tú responderás diciendo: **Yesterday I asked.** *(Ayer pregunté.)* **Lately I've asked.** *(Últimamente he preguntado.)* Seguiremos este mismo patrón para todos los verbos de la segunda columna
33.15	**Quick irregular verb review**	Este ejercicio es idéntico al anterior pero con verbos irregulares. Diremos, por ejemplo: **Every day I do.** *(Cada día hago.)* Y tú responderás diciendo: **Yesterday I did.** *(Ayer hice.)* **Lately I've done.** *(Últimamente he hecho.)* Esta vez utilizaremos los siguientes verbos extraídos de la lista de los 70 verbos irregulares más relevantes expuesta antes de la unidad 22:

do / did / done	**feel / felt / felt**	**get / got / got o gotten**	**hear / heard / heard**
drink / drank / drunk	**fight / fought / fought**	**give / have / given**	**hold / held / held**
drive / drove / driven	**find / found / found**	**go / went / gone**	**hit / hit / hit**
eat / ate / eaten	**fly / flew / flown**	**grow / grew / grown**	**hurt / hurt / hurt**
fall / fell / fallen	**forget / forgot / forgotten**	**have / had / had**	**keep / kept / kept**

Eat / ate / eaten	Se pronuncia: */ it / éit / íten /*
Flew	Se pronuncia: */flu/*
Got o gotten	El participio es "got" en Reino Unido y "gotten" en EE.UU.
Grew	Se pronuncia: */gru/*
Hear/heard/heard	Se pronuncia: */ jir / jerd / jerd /*

33.16 → Other / another / the other / etc.

Mis alumnos siempre se equivocan con "**other**", "**another**", "**the other**", "**others**", etc. Se hacen un lío tremendo. Voy a desarrollar este punto en la página siguiente. Mientras, sin embargo, te pongo a continuación todas las posibilidades:

Give me another book... any book.	*Dame otro libro... el que sea.*
Give me other books... any books.	*Dame otros libros... los que sean*
Give me the other book you had yesterday.	*Dame el otro libro que tenías ayer.*
Give me the other books you had yesterday.	*Dame los otros libros que tenías ayer.*
Give me another (one)... any one.	*Dame otro... el que sea.*
Give me others... any ones.	*Dame otros... los que sean*
Give me the other you had yesterday.	*Dame el otro que tenías ayer.*
Give me the others you had yesterday.	*Dame los otros que tenías ayer.*
Give me the others ones you had yesterday.	*Dame los otros que tenías ayer.*

Vamos por partes:

1) "Another" es un adjetivo o un pronombre singular e indeterminado:

Adjetivo singular e indeterminado:	**I gave him another opportunity.** *Le dí otra oportunidad*
Pronombre singular e indeterminado:	**This beer is good. Can I have another?** *Esta cerveza está buena. ¿Puedo tomar otra?* **This beer is good. Can I have another one?** *Esta cerveza está buena. ¿Puedo tomar otra?*

Como pronombre, se puede decir "**another**" o "**another one**". Los dos significan lo mismo.

2) "Other" es un adjetivo plural e indeterminado:

Adjetivo plural e indeterminado: **Siempre va delante de sustantivos en plural**	**Sometimes I like it and other times I don't.** *A veces me gusta y otras veces no.*

Por "indeterminado", quiero decir que no se trata de algo concreto, sino de algo sin concreción: ***'otras veces'*** (no las otras veces).... ***'otra cerveza cualquiera'*** (no la otra cerveza específica que está al lado de la nevera, por ejemplo)

(Continúa)

← 33.16

Other / another / the other / etc.

(Continuación)

2) "The other(s)" es un adjetivo o un pronombre determinado, ya sea plural o singular:

Adjetivo singular y determinado:	**I want the other report that you had yesterday.** *Quiero el otro informe que tenías ayer.*
Adjetivo plural y determinado:	**I want the other reports that you had yesterday.** *Quiero los otros informes que tenías ayer.*
Pronombre singular y determinado:	**I don't want this. I want the other.** *No quiero éste. Quiero el otro.* ó **I don't want this one. I want the other one.** *No quiero éste. Quiero el otro.*
Pronombre plural y determinado:	**I don't want these. I want the others.** *No quiero éstos. Quiero los otros.* ó **I don't want these. I want the other ones.** *No quiero éstos. Quiero los otros.*

Resumiendo:

Another book	=	*Otro libro*
Another	=	*Otro*
Another one	=	*Otro*
Other books	=	*Otros libros*
Others	=	*Otros*
The other book	=	*El otro libro*
The others	=	*Los otros (o los demás)*
The other ones	=	*Los otros (o los demás)*

(Continúa)

33.17 →

Which one

The blue ones

Etc.

"**Which**" significa *'cual'* cuando la opcíon es entre dos cosas o tres como máximo:

Which book is yours, this one or that one?

¿Cuál es tu libro, éste o aquél?

Nota cómo uso "**one**" después de "**this**" y "**that**".

Las palabras "**this**" y "**that**" pueden ser adjetivos demostrativos y pueden ser pronombres demostrativos:

adjetivo demostrativo:	**This book is blue.** *(Este libro es azul)* **That book is red.** *(Aquel libro es rojo)*
Pronombre demostrativo:	**This is a book.** *(Esto es un libro)* **That is a pencil.** *(Aquello es un lápiz)*

(Continúa)

← 33.17 →

Which one

the blue ones

Etc.

(Continuación)

Ahora bien, las expresiones "**this one**" y "**that one**" no pueden traducirse como ***'esto'*** y ***'aquello'*** sino como ***'éste'*** y ***'aquél'***. Entra en juego la palabra "**one**" y te sorprenderás de las maneras en que "**one**" puede usarse. Veamos una larga conversación que ilustra lo que quiero decir:

There are two books on the table, this one and that one. This one belongs to me and that one belongs to Carlota. My book is the blue one and Carlota's is the green one. The blue one is a little bigger than the green one, but each one costs the same. I don't know which one is better, but I prefer the blue one, that is, the one on the chair. Carlota's, the one on the table, is about philosophy, which is usually boring. Mine, that is, the one on the chair, is about baseball, and I'm crazy about baseball. If you asked Carlota which one is the most intersting one, she'd probably say that hers, that is, the green one, is far more interesting than mine, the blue one. It's logical. The green one is about philosophy and Carlota is a philosopher.

Hay dos libros en la mesa, éste y aquél. Éste me pertenece a mí y aquél pertenece a Carlota. Mi libro es el azul y el de Carlota es el verde. El azul es un poco más grande que el verde, pero cada uno cuesta lo mismo. No sé cuál es mejor, pero yo prefiero el azul, es decir, el que está en la silla. El de Carlota, el que está en la mesa, es sobre filosofía, la cual suele ser aburrida. El mío, es decir, el que está en la silla, es sobre béisbol, y estoy loco por el béisbol. Si preguntaras a Carlota cuál es el más interesante, seguramente ella diría que el suyo, es decir, el verde, es mucho más interesante que el mío, el azul. Es lógico. El verde es sobre filosofía y Carlota es filósofa.

Si te resulta más sencillo, te lo pongo de otra forma:

This	=	*Esto*
This one	=	*Éste*
That	=	*Aquello*
That one	=	*Aquél*
The only one	=	*El único*
My book is green.	=	*Mi libro es verde.*
My book is the green one.	=	*Mi libro es el verde.*
Which one is yours?	=	*¿Cuál es el tuyo?*
Mine is the blue one.	=	*El mío es el azul.*
Mine is the big one.	=	*El mío es el grande.*
Mine is the one on the table.	=	*El mío es el (que está) en la mesa.*
Mine is the one over there.	=	*El mío es el (que está) allí.*
Mine is the one you saw yesterday	=	*El mío es el que viste ayer.*

(Continúa)

← 33.17 Which one / The blue ones / Etc. *(Continuación)*

Todo lo explicado hasta ahora en este punto es también válido para plurales. Veámoslo:

These	=	*Estos*
These	=	*Éstos* (en el plural no se dice "**these ones**")
Those	=	*Aquellos*
Those	=	*Aquéllos* (en el plural no se dice "**those ones**")
The only ones	=	*Los únicos*
My books are green.	=	*Mis libros son verdes*
My books are the green ones.	=	*Mis libros son los verdes.*
Which ones are yours?	=	*¿Cuáles son los tuyos?*
Mine are the blue ones.	=	*Los míos son los azules.*
Mine are the big ones.	=	*Los míos son los grandes.*
Mine are the ones on the table.	=	*Los míos son los (que están) en la mesa.*
Mine are the ones over there.	=	*Los míos son los (que están) allí.*
Mine are the ones you saw yesterday.	=	*Los míos son los que viste ayer.*

33.18 Review: It takes... / How long does it take...

Seguimos aquí repasando la expresión "**it takes**" (*se tarda*). Me perdonarás si vuelvo a insistir tanto en esta expresión, pero es culpa vuestra. Nunca os fijáis lo suficiente como para haceros con ella de una vez para siempre.

How long does it take to boil an egg?	**It takes 5 minutes to boil an egg.**
How long does it take you to tie your shoes?	**It takes me 15 seconds to tie my shoes.**
How long did it take Spain to expel Napoleon?	**It took Spain 5 years to expel Napoleon.**
How long will it take you to learn English?	**It will take me 3 years to learn English.**
How long would it take if you lived in England?	**It would take 8 months if I lived in England.**
Etc.	**Etc.**

33.19 **Make vs. Do**

Saber cuándo usar "**make**" y cuándo "**do**" es muy difícil. Yo diría que en el 20% de los casos es pura lógica: "**make**" significa *'hacer'* en el sentido de *'fabricar'* mientras que "**do**" significa *'hacer'* en el sentido de *'realizar'* o *'desempeñar'*. Sin embargo, el otro 80% de las veces, el saber cuándo usar el uno y cuándo el otro es pura memorización. Te pongo a continuación los usos más frecuentes:

DO		MAKE	
To do a job	*Hacer un trabajo*	**To make the bed**	*Hacer la cama*
To do a favor	*Hacer un favor*	**To make a change**	*Hacer un cambio*
To do business	*Hacer negocios*	**To make a choice**	*Hacer una elección*
To do nothing	*No hacer nada*	**To make a decision**	*Tomar una decisión*
To do something	*Hacer algo*	**To make a discovery**	*Hacer un descubrimiento*
To do exercises	*Hacer ejercicios*	**To make a fortune**	*Hacer una fortuna*
To do homework	*Hacer deberes*	**To make arrangements**	*Hacer preparativos*
To do housework	*Hacer labores de casa*	**To make a list**	*Hacer una lista*
To do better	*Hacer mejor*	**To make noise**	*Hacer ruido*
To do your best	*Hacer lo mejor*	**To make a living**	*Ganarse la vida*
To do a crossword puzzle	*Hacer un crucigrama*	**To make a mistake**	*Cometer un error*
To do research	*Hacer investigación*	**To make a phone call**	*Hacer una llamada*
To do an investigation	*Hacer una investigación*	**To make a promise**	*Hacer una promesa*
To do the shopping	*Hacer la compra*	**To make a request**	*Hacer una petición*
To do wonders	*Hacer maravillas*	**To make a speech**	*Pronunciar un discurso*
To do damage	*Hacer daño*	**To make an effort**	*Hacer un esfuerzo*
To do the dishes	*Lavar los platos*	**To make an appointment**	*Concertar una cita*
To do the washing	*Hacer la colada*	**To make preparations**	*Hacer preparativos*
		To make trouble	*Crear problemas*
		To make an offer	*Hacer una oferta*
		To make an excuse	*Poner una excusa*
		To make an impression	*Causar una impresión*

33.20 **Translation booklet** **Vocabulary booklet**

Translation booklet y **Vocabulary booklet:**

Recuerda. Una lista al día y repasa la del día anterior.

33.21 **Ever - never** **Drill work**

Seguimos aquí con aquel ejercicio en el que dices lo que nunca has hecho o lo que nunca ha sucedido.

Teacher:	*When did you last take my sister to a rodeo?*
Student:	*I've never taken your sister to a rodeo.*

33.22 Should have / Shouldn't have

Realmente no sé cómo decir estas expresiones en castellano. Parece que hay múltiples formas en tu idioma para esta única forma en inglés.

Veamos un ejemplo. Supongamos que tuviste un accidente de tráfico y te rompiste la nariz con el volante porque no ibas con el cinturón de seguridad puesto. ¿Cuál de las siguientes reacciones mías es la más correcta en castellano? Yo no lo sé.

No debiste conducir sin cinturón.

No deberías haber conducido sin cinturón.

No has debido conducir sin cinturón.

No tenías que haber conducido sin cinturón.

En inglés, existe una sola forma de reaccionar:

You shouldn't have driven without a seat belt.

Cuando haces algo que no has debido hacer, dices: **I shouldn't have done that.**

Cuando no haces algo que debiste hacer, dices: **I should have done that.**

No se puede usar ni "**must**" ni "**have to**" en estos casos. Fíjate en la diferencia entre "**must have**" y "**should have**":

They must have killed him.	*Debieron de matarle* (si no, no me explico cómo pudo morir)
They should have killed him.	*Deberían haberle matado* (yo en su lugar lo habría hecho)

En el primer caso, saco la conclusión lógica, según la evidencia, de que el hombre fue matado por ellos. En el segundo caso, hicieron mal, en mi opinión, en no matarle.

En este punto, te mostramos frases donde alguien se lamenta de no haber hecho algo. La respuesta tendrás que construirla con "**should have**" o "**shouldn't have**"

Teacher:	**I'm sorry I didn't wear a tie.** *(Lamento no haber llevado corbata)*
Student:	**You should have worn a tie.** *(Debías haber llevado una corbata)*
Teacher:	**I'm sorry I did it.** *(Lamento haberlo hecho)*
Student:	**You shouldn't have done it.** *(No deberías haberlo hecho)*

33.23 Translation booklet / Vocabulary booklet

Translation booklet y **Vocabulary booklet:**

Recuerda. Una lista al día y repasa la del día anterior. La constancia es la clave del éxito al aprender un idioma.

33.24 May have

"**May**" expresa posibilidad. Veamos un ejemplo en el presente y en el pasado.

Does it rain a lot in Thailand?	**I don't know. It may rain a lot, but I'm not sure.**
Did it rain a lot in Thailand last year?	**I don't know. It may have rained a lot, but I'm not sure.**

En la primera respuesta, digo *'puede que llueva'* **(it may rain)**

En la segunda respuesta, digo *'puede que haya llovido'* **(it may have rained)**

(Continúa)

← 33.24	**May have** *(Continuación)*	En este punto, formula frases en las que se exprese duda. Después responde con frases usando "**may have**". Ejemplos:

Teacher:	**I don't know if he went there by car or not.**
Student:	**He may have gone there by car, but I'm not sure.**
Teacher:	**I don't know if they won the game or not.**
Student:	**They may have won the game, but I'm not sure.**

33.25 Must (logical conclusion)

Si ves a un señor perfectamente trajeado saliendo de un Rolls Royce, es posible que digas:

Ese tío debe de estar forrado

En inglés, diríamos: **That guy must be filthy rich.** (**filthy rich** = *asquerosamente rico*)

¿Notas cómo usamos "**must**" para expresar una conclusión lógica según la evidencia? En este caso, "**must**" no tiene nada que ver con obligación. Te pongo dos ejemplos, uno como obligación y otro como conclusión lógica.

Obligación moral:	**They must find a good coach**	*Deben encontrar un buen entrenador.*
Conclusión lógica:	**They always win the league, so they must have a good coach.**	*Siempre ganan la liga, por lo que deben de tener un buen entrenador.*

I must be crazy to try to teach English to Spanish people. Do you agree?

33.26 Could have

"**Could**" significa *'podía'* o *'podría'*.

"**Could have**" significa *'podía haber'* o *'podría haber'* o *'habría podido'*

Estudia las siguientes frases. Creo que están clarísimas y obvian la necesidad de más comentario:

He could go if he had time.	*Podría ir si tuviera tiempo.*
He could have gone if he had had time.	*Podría haber ido si hubiera tenido tiempo.* *Habría podido ir si hubiera tenido tiempo.*

La primera frase está en el condicional del presente (Podría ir ahora...) mientras que la segunda frase está en el condicional del pasado (Podría haber ido ayer...)

En este punto, te diremos una frase como la siguiente:

They didn't take advantage of the opportunity to go there.
No aprovecharon la oportunidad de ir allí.

Al oír esta frase, tú responderás:

They could've gone there, but they didn't.
Podrían haber ido allí, pero no (lo hicieron).

Fíjate en la contracción de "could have" (could've). Se pronuncia más o menos: */kúdaf/*

33.27	**Translation booklet** **Vocabulary booklet**	**Translation booklet** y **Vocabulary booklet:** Recuerda. Una lista al día y repasa la del día anterior.
33.28	**Indirect questions (word order)**	Te voy a poner dos alternativas de tres frases distintas y tú dirás qué columna es la correcta: **Do you know what time it is?** / **Do you know what time is it?** **Do you know where Peter lives?** / **Do you know where does Peter live?** **Do you know who I am?** / **Do you know who am I?** La primera columna es la correcta. La segunda columna suena horrible. La pregunta aquí es "**Do you know**". El resto de la frase tiene que ir en forma afirmativa. Sólo se usa el verbo auxiliar o bien el verbo "**to be**" antes del sujeto en las preguntas directas: Pregunta indirecta: **Do you know where Peter lives?** Pregunta directa: **Where does Peter live?**
33.29	**Short answer drill and listening** **Comprehension exercise**	Este ejercicio es aquel en el que debes responder a un sinfín de preguntas a veces absurdas. Ejemplo: **Were there Tuareg tribes in Oklahoma last century? No, there weren't.** Cuidado, muchas de las preguntas son absurdas, lo cual exige un buen oído para captar el sentido de la pregunta. Ejemplo: **Can blind people work as photographers?** *¿Pueden los ciegos trabajar como fotógrafos?* Tú simplemente tienes que responder sí o no a las preguntas, usando el verbo auxiliar para rematar la respuesta: **Yes, it is** **No, there isn't** **Yes, she has** **No, they don't** **Yes, we were** **No, it shouldn't** Etc.

34.1	**Fractions and percentages** *Percent* *Half* *Point (decimal point)* *Is the same as...*	Aquí seguimos con la revisión de fracciones, porcentajes, decimales y "**the same as**" **1/2 is the same as 50% (one-half is the same as 50%)** **1/4 is the same as 25% (one-fourth is the same as 25%)** Tienes que escribir 10 ejemplos de fracciones y leerlas en alto. He aquí ejemplos de fracciones: 1/2 **One-half** — 5/8 **Five-eighths** */eitzs/* 1/4 **One-fourth** — 6/7 **Six-sevenths** 2/3 **Two-thirds** — 2/9 **Two-ninths** 3/5 **Three-fifths** — 1/10 **One-tenth**
34.2	**Number pronunciation**	Esta es la vigésima sexta (**twenty-sixth**) vez que nos dedicamos al dictado y pronunciación de números. Recuerda: **Two hundred and thirty-three thousand eight hundred and fifty-four (233.854)** Recuerda también las comas en vez de los puntos. Así decimos números superiores a un millón: **Three million eight hundred and forty-six thousand nine hundred and eleven (3,846,911)** Escribe 20 números en un papel y luego pronúncialos en alto. Cada día deberás ir haciéndolo más rápido y poniéndotelo más difícil.
34.3	**Number pronunciation**	Seguimos aquí con la pronunciación y vocalización de los números. Aquellos números que no hayas sido capaz de pronunciar correctamente vuelve a leerlos en alto 5 veces cada uno.
34.4	**Review of ordinal numbers and dates**	Se tarda mucho en dominar bien los números ordinales. Por eso, vamos a hacer este ejercicio en todas las unidades hasta la 35 inclusive. Te pediremos que digas un mes entero de fechas como sigue: **Saturday, the first. Sunday, the second. Monday, the third. Tuesday, the fourth. Wednesday, the fifth. Thursday, the sixth. Friday, the seventh. Saturday, the eighth. Sunday, the ninth, etc. etc. etc. hasta el día 31 (..., the 31st).**
34.5	**Review of dates**	En esta sección debes inventar 10 fechas y formularlas en alto en las dos formas conocidas. Britántico: **the seventeeth of March, 1999** (literalmente: ***el décimo séptimo de marzo, 1999***) Americano: **March seventeeth, 1999** (literalmente: ***marzo décimo séptimo, 1999***)

34.6	**Review of telling time**	Escribe 10 horas en un papel y dilas en alto. **It's 2 o'clock** **It's 15 minutes to 3:00** **It's ten-thirty** **It's five forty-five**
34.7	**Review:** **from...to** **since...** **for...** **Ordinal numbers**	Este punto es una repetición del ejercicio diseñado para hacerte experto con: **1. El pasado simple vs. el presente perfecto** **2. "from... to" vs. "since"** **3. "since" vs. "for"** **4. Números ordinales (1st, 2nd, 3rd, etc.)** Te daremos un escenario. Por ejemplo: **Paula went to the Canary Islands on the 21st and he's still there. Now it's the 25th.** Ante este escenario, debes expresar la situación con las dos formas posibles: **1. She's been in the Canary Islands since the 21st.** **2. She's been in the Canary Islands for 4 days.** El escenario que acabamos de ver es en el presente perfecto, ya que Paula sigue en Canarias. Ahora bien, imaginemos que ya no está allí: Ahora, por ejemplo: **Paula went to the Canary Islands on the 21s and she returned to Heidelberg on the 24th.** Ante este escenario, tendrías que decir: **1. She was in the Canary Islands from the 21st to the 24th .** **2. She was in the Canary Islands for three days.** Escribe una frase con "**for**", "**from**" y "**since**" sobre cualquier otro escenario que se te ocurra.
34.8	**Translation booklet** **Vocabulary booklet**	**Translation booklet** y **Vocabulary booklet:** Repasa la lista del día anterior antes de hacer una nueva.

34.9 Listening, reading aloud + questions

Nancy Johnson has a problem. If she had problems like this one every day, she and her family would be rich by now. Her problem is that she's been offered a job to decorate the home that George Clooney owns in Aspen, Colorado, the most famous ski resort in the United States. It would mean spending at least one week out of every month in Aspen. This evening, she will discuss the problem with her husband, Phillip, and then call Eddie Campbell to let him know her final decision. Eddie is a famous interior decorator and the most prestigious professor of interior design in California. He teaches at UCLA, which stands for the University of California at Los Angeles. He and his students often help the Hollywood rich to decorate their homes in Beverly Hills and Malibou Beach. He knows Nancy Johnson very well because they studied interior design together at the University of Kansas. Eddie and his students decorated George Clooney's home in Beverly Hills seven years ago. Last week, Mr. Clooney called Eddie, asking him to decorate his new home in Colorado. Since Eddie couldn't do it, he told Mr. Clooney that he had the perfect person for the job. Now Nancy has to make a decision. Her mother and sister live in Coffeeville, Kansas. Her sister is single. If they could come up to Lincoln from time to time to stay with the kids, then maybe Nancy could have time to go to Colorado and do the job. Also, she's sure that the technical school where she works would give the time off as well. It would mean a lot for the school to have a teacher who's decorating the home of George Clooney. "What will Phillip say?" she thought.

Resort	*Un lugar turístico donde pasar las vacaciones*
One week out of every month	*Una semana de cada mes* (observa cómo decimos "**out of**")
To let him know	*Para informarle*
Which stands for	*Que significa* (se usa "**stand for**" cuando decimos la significación de siglas)
Since	*Puesto que o ya que.* "**Since**" tiene este significado además de *'desde' o 'desde que'.*
Give the time off	*Conceder el tiempo libre* (**time off** = *tiempo libre – permiso*)
As well	Otra forma de decir *'también'*

34.10 Review: present or 2nd conditional

Aquí volvemos a hacer esas "conclusiones lógicas" que hemos visto antes. Es para practicar el condicional del presente (o lo que algunas llaman el 2º condicional). Ejemplos:

Teacher:	**I love my wife because she cooks well.**
Student:	**If she didn't cook well, you would love her.**
Teacher:	**I don't navegate the Internet because I don't know how to use a computer.**
Student:	**If you knew how to use a computer, you would navegate the Internet.**

Fíjate bien en las reglas de construcción: **If** + pasado, **would** + verbo

Construye 10 ejemplos más.

34.11 As long as / Provided (that)

Lo haré siempre que me respaldes.

Lo haré a condición de que me respaldes.

Nuestra forma en inglés de expresar la idea de *'siempre que'* o *'a condición de que'* es con las dos siguientes expresiones:

as long as...

provided (that)...

Pongo "**that**" en paréntesis porque es opcional incluirlo o no. Veamos ejemplos:

I'll wash the dishes as long as you dry them.
Lavaré los platos siempre que tú los seques.

We'll do the job provided (that) you pay us in advance.
Haremos el trabajo a condición de que Vds. no paguen por adelantado.

34.12 Review of "unless"

Esto es un repaso de nuestra forma de decir *'a menos que'* o *'a no ser que'*.

No lo haré a menos que me respaldes.
I won't do it unless you support me.

No iré a no ser que vayas conimgo.
I won't go unless you come with me.

Ejemplo:

Teacher:	**I'll do it only if you support me.**
Student:	**I won't do it unless you support me.**

Escribe frases como la del ejemplo y formúlalas de otra forma usando "**unless**".

34.13 Quite / Quite a lot of / Quite a few / Rather / Somewhat

Quite	= considerably
Quite a lot of	= a considerable amount or number of
Quite a few	= a considerable number of
Rather	= to a certain extent
Somewhat	= to a certain extent

"**Quite**" significa *'bastante'* en el sentido de *'considerablemente'*. Siempre le sigue un adjetivo:

I'm quite pleased with the results.
Estoy bastante contento con los resultados.
(...considerablemente contento...)

"**Pleased**" es un adjetivo. "**Quite**" le precede.

"Quite a lot of" significa *'bastante'* o *'bastantes'* en el sentido de "una cantidad o número considerable de". Siempre le sigue un sustantivo (en plural o singular):

I have quite a lot of free time.
Tengo bastante tiempo libre.
(...una cantidad considerable de tiempo...)
"Time" es un sustantivo. "Quite a lot of" le precede.

"Quite a few" significa *'bastantes'* en el sentido de "un número considerable de". Siempre le sigue un sustantivo en plural.

I have quite a few new customers.
Tengo bastantes clientes nuevos.
(...un número considerable de clientes nuevos...)
'Clientes' es un sustantivo en plural. "Quite a few" le precede.

"**Rather**" y "**somewhat**" significan *'algo'* o *'un tanto'* en el sentido de "en cierto grado". Siempre le sigue un adjetivo:

I'm somewhat disappointed with the results.

I'm rather disappointed with the results.
Estoy algo decepcionado con los resultados.
Estoy un tanto decepcionado con los resultados.
(...en cierto grado...)

Resumamos aquí el grado de "decepción":

I'm extremely disappointed.	*Estoy muy, pero que muy decepcionado.*
I'm very disappointed.	*Estoy muy decepcionado.*
I'm quite disappointed.	*Estoy bastante decepcionado.*
I'm rather disappointed.	*Estoy algo decepcionado.*
I'm somewhat disappointed.	*Estoy algo decepcionado.*
I'm a little disappointed.	*Estoy un poco decepcionado.*
I'm slightly disappointed.	*Estoy ligeramente decepcionado.*
I'm not disappointed at all.	*No estoy decepcionado en absoluto.*

34.14 → Review: Direct & indirect objects

I'm giving John the book.	*Estoy dándole a Juan el libro.*
I'm giving it to him.	*Estoy dándoselo.*
I'm showing María the picture.	*Estoy enseñándole a María la foto.*
I'm showing it to her.	*Estoy enseñándosela.*
I'm giving you the books.	*Estoy dándote los libros.*
I'm giving them to you.	*Estoy dándotelos.*
She's showing Peter and Tom the picture.	*Ella está enseñándole la foto a Peter y a Tom.*
She's showing it to them.	*Ella está enseñándosela.*

Cuando el complemento directo es un sustantivo (no un pronombre), normalmente ponemos primero el complemento indirecto seguido del complemento directo:

I'm	**giving**	**John**	**the book**
		(c. indirecto)	*(c. directo)*

Ahora bien, cuando ambos complementos son pronombres, lo hacemos al revés:

I'm	**giving**	**it**	**to him**
		(c. directo)	*(c. indirecto)*

Veamos ejemplos del uso de pronombres como complementos:

Están dándomelo	**They're giving it to me.**
Están dándomelos.	**They're giving them to me.**
Están dándotelo.	**They're giving it to you.**
Están dándotelos.	**They're giving them to you.**
Están dándoselo a él.	**They're giving it to him.**
Están dándoselos a él.	**They're giving them to him.**
Están dándoselo a ella.	**They're giving it to her.**
Están dándoselos a ella.	**They're giving them to her.**
Están dándonoslo.	**They're giving it to us.**
Están dándonoslos.	**They're giving them to us.**
Están dándooslo.	**They're giving it to you.**
Están dándooslos.	**They're giving them to you.**
Estoy dándoselo a ellos.	**I'm giving it to them.**
Estoy dándoselos a ellos.	**I'm giving them to them.**

Aprender a manejar con agilidad los pronombres complementos es un reto en inglés y en español.

(Continúa)

← 34.14

Review:

Direct & indirect objects

(Continuación)

Ahora bien, quiero centrarme ahora en algunos verbos que siempre crean problemas para los hispanohablantes:

To buy – *comprar*: Cuando compras algo a alguien, en inglés *'compras algo de alguien'*.

Se lo estoy comprando a Juan.
I'm buying it from John.

Al igual que en castellano *'das a'* y *'recibes de'*, en inglés *'vendemos a'* y *'compramos de'*.

To take – en este caso *"tomar"* o *"coger"* (este verbo también significa *'llevar'*)

Estoy cogiendo el libro a Juan. (ó *'Se lo estoy cogiendo'*)

I'm taking the book from John. (or "**I'm taking it from him**")

Al igual que en castellano *'das a'* y *'recibes de'*, en inglés *'damos a'* y *'cogemos o tomamos de'*

To ask for – *pedir*. Ya sabemos el verbo "**to ask**" (preguntar). Ahora bien, "**to ask for**" es *'pedir'*. Incluye la preposición "**for**", lo cual cambia un poco su tratamiento.

John is asking Mary for a book.	*Juan está pidiendo a María un libro.*
He's asking her for it.	*El se lo está pidiendo.*

En este caso, el orden de los complementos directo e indirecto no cambia al pasar a pronombres. Decimos literalmente: *El está pidiéndole por ello*. Cuando alumnos míos me dicen que les pida algo, suelen decir:

Ask it to me.

Esto no tiene sentido en inglés. Deben decir: **Ask me for it**. (*Pídemelo*.)

34.15 →

Review:

Direct & indirect objects

(Continuación)

Este punto sirve para reforzar aún más el uso de complementos directos e indirectos. Si no lo tienes claro todavía o si realmente no captas el concepto de "complementos", te pongo a continuación una explicación de los complementos tal y como se usan en castellano.

Direct object pronoun = pronombre de complemento directo

Indirect object pronoun = pronombre de complemento indirecto

Primero explicaré su uso en castellano. A lo mejor lo sabes mejor que yo, pero sé que muchos alumnos tropiezan con ellos porque no acaban de entender la teoría.

Los complementos directos en castellano son: *me, te, lo/la, nos, os, los/las*

Los complementos indirectos son: *me, te, le* (ó *se*), *nos, os, les* (ó *se*)

Un complemento directo recibe **directamente** la acción del verbo. Pongo el ejemplo con el sustantivo y con su pronombre:

Estoy enviando el paquete. *Lo estoy enviando.*

(Continúa)

← 34.15	**Review:** **Direct & indirect objects** *(Continuación)*	Un complemento indirecto recibe **indirectamente** la acción del verbo: *Estoy enviando el paquete a Juana.* *Se lo estoy enviando.* En este último ejemplo, *'Juana'* recibe **indirectamente** la acción del verbo *'enviar'*, ya que es el paquete el que está siendo enviado y que, por tanto, está recibiendo **directamente** la acción del verbo. Esta es la diferencia entre complementos directos e indirectos. Habrás oído la expresión "laísmo". Esto ocurre en España cuando una persona usa un complemento directo cuando debe usar un complemento indirecto: *La dije mis motivos.* Aunque me esté refiriendo a una mujer, debo decir: Le dije mis motivos. El complemento directo es "mis motivos" y el complemento indirecto es la mujer, y los pronombres *'lo'* y *'la'* solamente son complementos directos en castellano. En inglés, tanto los complementos directos como los complementos indirectos en su versión "pronombre" son los mismos: **me - you - him - her - it - us - you - them**
34.16	**Translation booklet** **Vocabulary booklet**	**Translation booklet** y **Vocabulary booklet:** Repasa la lista del día anterior antes de hacer una nueva.
34.17 →	**Phrasal verbs:** **To take + preposition** *(Continúa)*	

To take up	*Ocupar espacio o absorber tiempo*	**His chair takes up a lot of space.** *Su silla ocupa mucho espacio.* **He'll take up a lot of your time.** *El absorberá mucho de tu tiempo.*
To take off	*Despegar (avión) o quitarse (ropa)*	**The plane took off five minutes late.** *El avión despegó cinco minutos tarde.* **Take off your jacket. Take it off now.** *Quítese la chaqueta. Quítesela ahora.* (Observa que cuando se usa el pronombre, éste se inserta entre "**take**" y "**off**".)
To take out (1)	*Sacar, extraer*	*Take the pen out of your pocket. Take it out now* *Saque el bolígrafo de su bolsillo. Sáquelo ahora.* (Observa que cuando se usa el pronombre, éste se inserta entre "**take**" y "**out**".)
To take out (2)	*Invitar a alguien a salir o sacar un perro*	**I took my wife out to a nice restaurante.** *Invité a mi mujer a salir a cenar en un buen restaurante.*

34.17 Phrasal verbs: To take + preposition

(Continuación)

To take over (for)	*Asumir el control, sustituir o suplir a alguien*	**The military decided to take over.** *Los militares decidieron asumir el control.* **Can you take over for me?** *¿Me puedes relevar?* (sustituir)
To take care of (1)	*Cuidar*	**I have to take care of the children.** *Tengo que cuidar de los niños.* (Un sinónimo de esto es "**to look after**")
To take care of (2)	*Ocuparse de un asunto*	**Don't worry. I'll take care of it.** *No te preocupes. Yo me ocuparé de ello.* (Un sinónimo de esto es "**to handle**")
To take after	*"Parecerse a" en términos de comportamiento*	**You take after your father.** *Te pareces a tu padre* (en forma de actuar)
To take back	*Devolver algo con obligado desplazamiento*	**I have to take this book back to the library.** *Tengo que devolver este libro a la biblioteca.*
To take down	*Descolgar algo*	**When are you going to take down that picture?** *¿Cuándo vas a descolgar ese cuadro?*
To take apart	*Desmontar*	**I'll take it apart and you'll put it back together.** *Yo lo desmontaré y tú lo volverás a montar.*
To take on	*Asumir responsabilidad*	**I don't want to take on more responsibilities.** *No quiero asumir más responsabilidades.*

34.18 Review: There + to be

Estudiemos de nuevo cómo decir en inglés: ***hay, hubo, habrá, habría, ha habido, etc.***

Es siempre: **THERE + UNA CONJUGACION DEL VERBO "TO BE"**

Hay	**There is**	*Puede que haya*	**There may be**
Hay (plural)	**There are**	*Puede que haya habido*	**There may have been**
Hubo/había	**There was**	*Debe haber*	**There must be**
Hubo/había (plural)	**There were**	*Debió haber*	**There must have been**
Habrá	**There will be**	*Debería haber*	**There should be**
Va a haber	**There is going to be**	*Debería haber habido*	**There should have been**
Va a haber (plural)	**There are going to be**	*Tiene que haber*	**There has to be**
Ha habido	**There has been**	*Tiene que haber (plural)*	**There have to be**
Ha habido (plural)	**There have been**	*Parece haber*	**There seems to be**
Había habido	**There had been**	*Parece haber (plural)*	**There seem to be**
Puede haber	**There can be**	*Es necesario que haya*	**There needs to be**
Podría haber	**There could be**		
Podría haber habido	**There could have been**		

34.19 Review: There has been / There have been

En este punto, nos centramos en el presente perfecto de la expresión "**There + to be**".

There has been = *Ha habido* (para cosas en singular)

There have been = *Ha habido* (para cosas en plural) – algunos en España dicen *'han habido'*.

34.20 To meet vs. To know

El verbo "**to know**" tiene dos significados: saber o conocer

Sé lo que quieres.	**I know what you want.**
No te conozco.	**I don't know you.**

"**To meet**" significa *'conocer'* sola y únicamente en el sentido de *'trabar conocimiento con'*. Es decir, *'conocer por vez primera a una persona'*.

I like to meet different kinds of people.	*Me gusta conocer a gente de distinto tipo.*
I met my wife when I was 24.	*Conocí a mi mujer cuando yo tenía 24 años.*

No confundas estos dos verbos. Si dices, por ejemplo "**I knew him when he was 24 years old**", estás dando la idea de que el señor ahora está muerto (*Le conocía cuando él tenía 24 años*).

You meet a person only once. After that, you know him.

El verbo "**to meet**" tiene otros significados:

Reunirse con:	**We met with him for 3 hours.**	*Nos reunimos con él durante 3 horas.*
Quedar con alguien:	**Where shall we meet?**	*¿Dónde quedamos?*
Cumplir (condiciones):	**This meets the requirements.**	*Esto cumple los requisitos.*

34.21 To meet vs. To meet with

Aquí comparamos "**to meet**" en el sentido de *'conocer por primera vez'* con "**to meet with**" en el sentido de *'reunirse con'*.

Did you meet your boss last week?
¿Conociste a tu jefe la semana pasada?

Did you meet with your boss last week?
¿Te reuniste con tu jefe la semana pasada?

Do you like to meet people?
¿Te gusta conocer gente?

Do you like to meet with people?
¿Te gusta reunirte con la gente?

34.22	**To meet** **(To arrange a point of encounter)**	Aquí vemos "**to meet**" en el sentido de *'organizar un punto de encuentro'*. **When you get together with friends, where do you usually meet?** *Cuando te reunes con amigos, ¿dónde soléis quedar?* **They found a secret place to meet.** *Encontraron un lugar secreto donde juntarse.* **We can meet at the Iberia counter.** *Podemos quedar en el mostrador de Iberia.*
34.23	**Translation booklet** **Vocabulary booklet**	**Translation booklet** y **Vocabulary booklet:** Repasa la lista del día anterior antes de hacer una nueva.
34.24 →	**Listening, reading aloud + questions** Denise Johnson *(Continúa)*	 **Denise Johnson** – Last Friday afternoon, Denise Johnson had a big fight with one of her best friends, Pamela Stanley. They were playing a guessing game in the backyard of another friend, Jenny, who lives on the same block as the other two. The rules of the game were simple. One person had to think of someone famous and the other two had to ask "yes-no" questions to find out who the famous person was. The fight started because Pamela said "yes" when she should have said "no". Pamela was thinking of Greta Garbo and Denise asked her if she had blond hair. Pamela answered "yes". A few minutes later, after several more questions, Jenny guessed Greta Garbo. Immediately Denise told Pamela that Greta Garbo had dark hair, not blond hair. Pamela said she didn't care what color her hair was and she called Denise an idiot. Denise never liked to argue or fight, but she was tired of Pamela always wanting to be the boss. She called Pamela an idiot too and started to go home. When she turned around to leave, Pamela pushed her to the ground and started hitting her. Jenny ran into her house to get her mother. In less than a minute, Jenny's mother had separated the two girls. Denise's nose was bleeding and Pamela's dress was torn. Jenny's mother told them both to shake hands and to go home. They did what the Jenny's mother said, but they didn't speak to each other. Denise went home after Jenny's mother had given her a handkerchief to stop the bleeding. That night, Pamela called Denise to apologize. She said that her mother had told her that Greta Garbo had dark hair. Pamela wanted to apologize because the week before, Denise had invited her to go to the amusement park on Saturday with some friends and Pamela didn't want to miss the fun.

← 34.24 Listening, reading aloud + questions

Denise Johnson

(Continuación)

A guessing game	*Un juego de adivinanzas*
The backyard	*El jardín detrás de la casa*
On the same block	*En la misma manzana*
To find out	*Averiguar*
Jenny guessed	*Jenny adivinó*
She didn't care	*Le importaba un comino*
To argue	*Discutir*
When she turned around to leave	*Cuando se dio la vuelta para marcharse*
Pushed her to the ground	*La empujó al suelo*
Ran into her house	*Entró en casa corriendo*
Bleeding	*Sangrando*
Torn	*Roto* (rasgado)
To shake hands	*Darse la mano*
To apologize	*Pedir perdón*
Amusement park	*Parque de atracciones*
To miss the fun	*Perderse la diversión*

34.25 Regular verbs in past

Pronunciation of endings

Volveremos a hacer contigo ese ejercicio basado en la pronunciación de verbos regulares en el pasado y en el presente perfecto.

Usaremos la tercera columna de la lista de verbos regulares que aparece en la página de verbos regulares, presentada antes de la **lección 22**.

Para el uso del presente perfecto (***he aceptado***), usarás la expresión "**lately**" (***últimamente***). Esta expresión en inglés siempre va acompañada del presente perfecto.

Diremos, por ejemplo:	**Every day I accept.** *(Cada día acepto.)*
Y tú responderás diciendo:	**Yesterday I accepted.** *(Ayer acepté.)* **Lately I've accepted.** *(Últimamente he aceptado.)*

Ahora seguiremos este mismo patrón para todos los verbos de la tercera columna de la página de verbos regulares presentados antes de la lección 22.

34.26 Quick irregular verb review →

Este ejercicio es idéntico al anterior pero con verbos irregulares.

Diremos, por ejemplo:	**Every day I know.** *(Cada día sé.)*
Y tú responderás diciendo:	**Yesterday I knew.** *(Ayer sabía.)* **Lately I've known.** *(Últimamente he sabido.)*

(Continúa)

← 34.26	**Quick irregular verb review** *(Continuación)*	Esta vez utilizaremos los siguientes verbos extraídos de la lista de los 70 verbos irregulares más relevantes expuesta antes de la unidad 22:

know / knew / known	**lose / lost / lost**	**put / put / put**	**rise / rose / risen**
lead / led / led	**make / made / made**	**pay / paid / paid**	**run / ran / run**
leave / left / left	**mean / meant / meant**	**quit / quit / quit**	**see / saw / seen**
lend / lent / lent	**meet / met / met**	**read / read / read**	**sell / sold / sold**
let / let / let	**say / said / said**	**ring / rang / rung**	**send / sent / sent**

lead / led / led	Se pronuncia: */lid / led / led/ (dirigir, guiar)*
lose	Se pronuncia: */lus/*
mean / meant / meant	Se pronuncia: */min / ment / ment/ (significar, querer decir)*
say / said / said	Se pronuncia: */sei / sed / sed/*
pay / paid / paid	Se pronuncia: */pei / peid / peid/* (diferente a "**say**")
quit	Significa *'abandonar'* o *'dejar de'*
read / read / read	Se pronuncia: */rid / red / red/*

34.27	**Translation booklet** **Vocabulary booklet**	**Translation booklet** y **Vocabulary booklet:** Repasa la lista del día anterior antes de hacer una nueva.

35.1	**Fractions and percentages** *Percent* *Half* *Point (decimal point)* *Is the same as...*	Aquí seguimos con la revisión de fracciones, porcentajes, decimales y "**the same as**" **1/2 is the same as 50% (one-half is the same as 50%)** **1/4 is the same as 25% (one-fourth is the same as 25%)** Tienes que escribir 10 ejemplos de fracciones y leerlas en alto. He aquí ejemplos de fracciones: 1/2 **One-half** · 5/8 **Five-eighths** */eitzs/* 1/4 **One-fourth** · 6/7 **Six-sevenths** 2/3 **Two-thirds** · 2/9 **Two-ninths** 3/5 **Three-fifths** · 1/10 **One-tenth**
35.2	**Number pronunciation**	Esta es la vigésimo séptima (**twenty-seventh**) vez que nos dedicamos al dictado y pronunciación de números. Recuerda: **Two hundred and thirty-three thousand eight hundred and fifty-four (233.854)** Recuerda también las comas en vez de los puntos. Así decimos números superiores a un millón: **Three million eight hundred and forty-six thousand nine hundred and eleven (3,846,911)** Escribe 20 números en un papel y luego pronúncialos en alto. Cada día deberás ir haciéndolo más rápido y poniéndotelo más difícil.
35.3	**Number pronunciation**	Seguimos aquí con la pronunciación y vocalización de los números. Aquellos números que no hayas sido capaz de pronunciar correctamente vuelve a leerlos en alto 5 veces cada uno.
35.4	**Review of ordinal numbers and dates**	Se tarda mucho en dominar bien los números ordinales. Por eso, vamos a hacer este ejercicio en todas las unidades hasta la 35 inclusive. Te pediremos que digas un mes entero de fechas como sigue: **Saturday, the first. Sunday, the second. Monday, the third. Tuesday, the fourth. Wednesday, the fifth. Thursday, the sixth. Friday, the seventh. Saturday, the eighth. Sunday, the ninth, etc. etc. etc. hasta el día 31 (..., the 31st).**
35.5	**Review of dates**	En esta sección debes inventar 10 fechas y formularlas en alto en las dos formas conocidas. Britántico: **The first of February, 1999** (literalmente: *el primero de febrero, 1999*) Americano: **February first, 1999** (literalmente: *febrero primero, 1999*)

35.6	**Review of telling time**	Escribe 10 horas en un papel y dilas en alto. **It's 2 o'clock** **It's 15 minutes to 3:00** **It's ten-thirty** **It's five forty-five**
35.7	**Review** **from...to** **since...** **for...** **Ordinal numbers**	Este punto es una repetición del ejercicio diseñado para hacerte experto con: **1. El pasado simple vs. el presente perfecto** **2. "from... to" vs. "since"** **3. "since" vs. "for"** **4. Números ordinales (1st, 2nd, 3rd, etc.)** Te daremos un escenario. Por ejemplo: **Nancy went to Aspen on the 11th and he's still there. Now it's the 19th.** Ante este escenario, debes expresar la situación con las dos formas posibles: **1. She's been in Aspen since the 11th.** **2. She's been in Aspen for 8 days.** El escenario que acabamos de ver es en el presente perfecto, ya que Nancy sigue en Aspen. Ahora bien, imaginemos que ya no está allí: Ahora, por ejemplo: **Nancy went to Aspen on the 11th and she returned to Lincoln on the 14th.** Ante este escenario, tendrías que decir: **1. She was in Aspen from the 11th to the 14th** **2. She was in Aspen for three days.** Escribe una frase con "**for**", "**from**" y "**since**" sobre cualquier otro escenario que se te ocurra.
35.8 →	**Present perfect vs. past** *(Continúa)*	Aquí volvemos a comparar el presente perfecto con el pasado simple. Haremos ese ejercicio basado en las veces que **hiciste** algo ayer, la semana pasada, el mes pasado, etc. y luego cuantas veces lo **has hecho** hoy, esta semana, este mes, etc. Recuerda que el presente perfecto se usa en referencia a períodos de tiempo que todavía no han terminado. **She poisoned her first husband last year.** *Ella envenenó a su primer marido el año pasado.* **She hasn't poisoned her second husband so far this year.** *No ha envenenado a su segundo marido hasta ahora este año.*

← 35.8	**Present perfect vs. past** *(Continuación)*	

How much money did you win at poker last week? And so far this week?	**I didn't win any money at poker last week.** **I haven't won any money at poker so far this week either.**

35.9 **To look forward to**

Este expresión es muy corriente en inglés. Significa más o menos ***'esperar con mucha ilusión'*** un acontecimiento o un momento en el futuro.

Literalmente significa ***'mirar hacia adelante'***, pero su significado real es ***'tener ganas de que llegue un momento determinado'*** o como dije antes, ***'esperar con mucha ilusión un hecho o un acontecimiento'***.

Si se le dice a un hombre que ha ganado un premio que consiste en pasar una noche con la más popular "sex symbol" de Hollywood del momento, es casi seguro que la pregunta que le harán los periodistas será:

Are you looking forward to receiving your prize?

¿Espera con ganas recibir su premio?

Fíjate en el verbo "**receiving**" en la frase anterior. La expresión es:

To look forward to + gerund

I'm looking forward to meeting you.	*Espero con ilusión conocerte.*
We're looking forward to visiting your country.	*Esperamos con ilusión visitar tu país.*
I always look forward to getting away on the weekends.	*Siempre espero con ilusión alejarme de la ciudad los fines de semana.*

Es muy posible que hayas visto al final de una carta frases finales como las siguientes:

Looking forward to your reply.	*En espera de su contestación.*
Looking forward to receiving the shipment.	*En espera de recibir el envío.*
Looking forward to a long and prosperous relationship.	*En espera de una larga y próspera colaboración.*

35.10 Listening, reading aloud + questions

Ronny Perkins

Ronny Perkins lives in Monte Carlo in a flat that costs more money to rent than he earns. Although he would love to be independent from his father, Nigel Perkins, he always ends up having to ask him for money to maintain the standard of living that he likes. Ronny owns a yacht that he bought two years ago with money his father lent him. During the summer months, when the weather is nice, he rents his yacht to people who want to cruise around the Gulf of Lyon, all the way to the Balearic Islands. Ronny makes quite a bit of money during the summer, but by Christmas, he has usually spent all of it on fine dinners and lots of drinks. He's well known around Monte Carlo as a kind of playboy but no one lets him buy on credit. Nigel doesn't know what to do with the boy. He's already 30 years old and he doesn't seem to be going anywhere. Ronny, however, has his own ideas. He's trying to convince a rich family in Corsica to finance the purchase of four yachts, two for the Gulf of Lyon and two for the Canary Islands, where it's summertime all year round. The only problem Ronny sees in the deal is that the family from Corsica has a lot of strange businesses. Some rumors say that the family has connections with the Mafia. The head of the family, Giuseppe Turqui, has agreed to lend Ronny $400,000 to buy a yacht and will rent him two other yachts that belong to the family. Ronny hasn't told Nigel anything about the business deal which he's been working on for over eight months.

He would love to be	*Le encantaría ser* (el verbo **"to love"** significa *'encantar'* además de *'amar'* o *'querer'*)
Ends up having	*Termina por tener* – observa el uso de la preposición **"up"**, así como el verbo siguiente en forma de gerundio.
Standard of living	*Nivel de vida, tren de vida.*
To cruise	Se pronuncia */krus/*. Es un verbo que significa *'viajar en barco'*.
All the way to	*Hasta* (implicando mucha distancia.)
Quite a bit of money	*Bastante dinero.*
But by christmas	*Pero para cuando llegan las Navidades.*
He's well known	*Es muy conocido.*
As a kind of	*Como una especie de.*
The purchase of	*La compra de .*
All year round	*A lo largo de todo el año.*
Deal	*Operación de negocio.*

35.11 Translation booklet / Vocabulary booklet

Translation booklet y **Vocabulary booklet:**

Repasa la lista del día anterior antes de hacer una nueva.

35.12 →

Phrasal verbs:

To come + preposition

To come in(to)	*Entrar (en)*	**Come in.** *Pasa*. **He came into the room sweating.** *Entró en la sala sudando.*
To come out (of)	*Salir (de)*	**Come out.** *Sal (hacia mí).* En sentido contrario sería "**go out**" **She came out of her depression.** *Ella salió de su depresión.*
To come up (to)	*Cuando alguien se acerca a ti*	**The thief came up to me from behind.** *El ladrón se me acercó desde atrás.*
To come up	*Salir (un tema) durante una reunión o conversación.*	**The subject didn't come up in the meeting.** *El tema no salió en la reunión.*
To come up with	*Idear algo o aportar una idea*	**Peter came up with an idea that will solve the problem.** *Pedro sacó una idea que resolverá el problema.*
To come back	*Volver al punto de origen*	**Come back... I need you!** *¡Vuelve... te necesito!*
To come about	*Ocurrir (una serie de aconteci-mientos)*	**How did this come about?** *¿Cómo ocurrió todo esto?*
To come out	*Resultar, salir*	**Todo salió bien gracias a Dios.** *Everything came out fine thank God.*
To come down with	*Caer enfermo con*	**She came down with the flu.** *Ella cayó enfierma con gripe.*
To come off	*Despegarse*	**The stamp came off.** *Se ha despegado el sello.*
To come down to	*Reducirse a*	**It all comes down to a question of money.** *Todo se reduce a una cuestión de dinero.*
To come in handy	*Resultar útil*	**A pocket agenda comes in handy at times.** *Una agenda de bolsillo resulta útil a veces.*

(Continúa)

← 35.12 Phrasal verbs: To come + preposition

(Continuación)

To come to	*Salir por, ascender a*	**The total comes to 23 dollars.** *El total asciende a 23 dólares.* (Sale por $23)
Come on!	*¡Venga! ¡Vamos!*	**Come on... it's not that important!** *¡Venga! ¡Vamos! No es para tanto.*

35.13 Mastering the interrogative

Volvemos someterte a la disciplina de formular preguntas en inglés. Este ejercicio suele costar mucho trabajo a los alumnos, independientemente de su nivel, puesto que no están acostumbrados a formular correctamente el interrogativo.

Escribe contestaciones y formula la pregunta que daría lugar a dichas contestaciones, como en el ejemplo.

Teacher:	**I've known them for 25 years.**
Student:	**How long have you known them?**
Teacher:	**It'll be sent next week.**
Student:	**When will it be sent?**

Formular bien el interrogativo en inglés es de vital importancia y es algo que los profesores muchas veces descuidan, ya que les resulta más fácil hacer las preguntas y el alumno las respuestas.

35.14 Hope vs. Wait for vs. Expect →

To hope	*Esperar con ilusión* (o desear) *que algo ocurra.*
Wait for	*Estar a la espera* (aguardando) *de que algo ocurra*
Expect	*Prever que algo en concreto va a ocurrir*

En castellano, usáis el mismo verbo para los tres casos. Para mí esto es insólito, ya que los tres verbos citados son muy diferentes en inglés.

Te pongo a continuación frases que contienen cada una al menos dos de los verbos citados. Estúdialas para hacerte una idea de la diferencia.

I hope she's not expecting a baby!	*¡Espero que ella no esté esperando un niño!*
I expect I'll have to wait for him. He's always late.	*Preveo que tendré que esperarle. Siempre llega tarde.*
I hope you don't have to wait very long.	*Espero que no tengas que esperar mucho.*
The defendent is waiting for the jury to return. He's hoping for the best, but he's expecting the worst.	*El acusado está esperando que el jurado vuelva. Tiene sus esperanzas puestas en el mejor desenlace posible, pero en realidad espera* (prevé) *lo peor.*
I'm expecting an important phone call from John in about 15 minutes. If he doesn't call in 15 minutes, I'll stay here and wait for the call.	*Espero una llamada importante de Juan en unos 15 minutos. Si él no llama en 15 minutos, me quedaré aquí y esperaré la llamada.*

(Continúa)

← 35.14 Hope vs. Wait for vs. Expect

(Continuación)

We're waiting for them. We were expecting them 10 minutes ago, but now we're waiting.	*Les estamos esperando. Les esperábamos hace 10 minutos, pero ahora les estamos esperando.*
I expect a lot from my people and I hope they expect a lot from me too.	*Espero mucho de mi gente y espero que ellos esperen mucho de mí también.*
We were hoping to have a son, but now we know we're expecting a daughter.	*Nuestra ilusión era tener un hijo, pero ahora sabemos que esperamos una hija.*
I hope he doesn't forget the appointment, but I expect he will.	*Espero que no se le olvide la cita, pero seguro que sí.*
I was hoping that we wouldn't have to wait. Now I expect we'll have to wait quite a long time.	*Mi deseo era que no tuviéramos que esperar. Ahora preveo que tendremos que esperar mucho tiempo.*
I don't expect them to wait for me for more than 15 minutes.	*Yo no preveo que me esperen más de 15 minutos.*

To hope	*Tener esperanza o el deseo de que*
To expect	*Esperar con seguridad o prever*
To wait for	*Esperar* (con irritación a veces). *A nadie le gusta tener que* "**wait**".

35.15 Translation booklet / Vocabulary booklet

Translation booklet y **Vocabulary booklet:**

Repasa la lista del día anterior antes de hacer una nueva.

35.16 → Review: I want you to... They want us to... Etc.

En este punto, volvemos a repasar la forma en inglés de decir frases como *'quiero que vengas'* o *'me gustaría que vinieran'*, etc.

En castellano usáis la forma latina: Verbo + que + verbo en subjuntivo

Quiero + que + vengas

En inglés, usamos una forma totalmente diferente, lo cual hace que los españoles nunca logréis dominarla. Sin embargo, es sencillo. Presta atención.

Quiero	*ir*
I want	**to go**

Quiero que	*él*	*vaya*
I want	**him**	**to go**

Quiero que	*ella*	*vaya*
I want	**her**	**to go**

(Continúa)

← 35.16 Review:

I want you to...

They want us to...

Etc.

(Continuación)

Quiero que	*ellos*	*vayan*
I want	**them**	**to go**

Quieren que	*nosotros*	*vayamos*
They want	**us**	**to go**

¿Qué quieres	*que*	*haga?*
What do you want	**me**	**to do?**

¿Cuándo quieres	*que*	*lo haga?*
When you want	**me**	**to do it?**

Es sencillo en inglés, pero es muy diferente en español. Simplemente tienes que insertar un nombre o pronombre complemento (**me, you, him, her, us, them**) entre "**want**" o "**like**" más el verbo en infinitivo.

Me gustaría	*que*	*fueran más altos*
I would like	**them**	**to be taller**

Quiero	*que*	*mejores tu inglés*
I want	**you**	**to improve your English**

I want Spain to prosper.

35.17 Would you like me to...?

Este punto es simplemente una continuación del punto anterior, pero con el verbo "**to like**".

Quisiera que me escucharas un momento.	**I would like you to listen to me for a minute.**
Me gustaría que todo el mundo condujera con cuidado.	**I would like everyone to drive carefully.**

35.18 Phrasal verbs: →

To go + preposition

To go in(to)	*Entrar* (en)	**Go into the room.** *Pase a la sala.* (El que habla no está dentro) **I don't want to go into that question.** *No quiero entrar en esa cuestión.*
To go out (of)	*Salir* (de)	**Go out and call Mary** *Salga y llame a María.* **I like to go out with my wife.** *Me gusta salir con mi mujer.*
To go away	*Irse, desaparecer*	**He said good morning, turned, and went away.** *Dijo buenos días, se volvió y se fue.* **The itch went away.** *El picor se fue.*

(Continúa)

← 35.18

Phrasal verbs:

To go + preposition

(Continuación)

To go up to	*Acercarse a alguien o algo*	**I went up to the policeman to ask a question.** *Me acerqué al policía para preguntarle algo.*
To go on	*No parar, continuar*	**Go on.** *Sigue, sigue. No pares.* **He went on talking for hours.** *Siguió hablando durante horas.*
To go back	*Volver adonde estabas antes*	**She went back to her old job in IBM.** *Ella volvió a su trabajo anterior en IBM.*
To go off	*Estallar, sonar* (alarma o despertador)	**The bomb went off when I was parking my car.** *La bomba estalló cuando aparcaba mi coche.* **My alarm clock didn't go off this morning.** *Mi despertador no sonó esta mañana.*
To go out	*Apagarse por sí solo*	**Se fueron las luces.** *The lights went out.*
To go on strike	*Ponerse en huelga*	**My teachers never go on strike.** *Mis profesores nunca se ponen en huelga.*
To go over	*Repasar, revisar, ensayar* (un discurso o actuación)	**I need to go over this report before sending it.** *Necesito revisar este informe antes de mandarlo.* **Let's go over your presentation one more time.** *Ensayemos tu presentación una vez más.*
To go through (1)	*Pasar por, atravesar*	**I went through the intersection too fast.** *Atravesé el cruce a demasiada velocidad.*
To go through (2)	*Revisar con mucho cuidado*	**Go through the report before sending it.** *Repasa a fondo el informe antes de enviarlo.*
To go through (3)	*Pasar por algo difícil*	**My grandparents went through the Great Depression en the 30s.** *Mis abuelos pasaron por la gran depresión de los años 30.*

35.19 Regular verbs in past

Pronunciation of endings

Volveremos a hacer contigo ese ejercicio basado en la pronunciación de verbos regulares en el pasado y en el presente perfecto.

Usaremos la **primera** columna de la lista de verbos regulares.

Para el uso del presente perfecto (***he aceptado***), usarás la expresión "**lately**" (***últimamente***). Esta expresión en inglés siempre va acompañada del presente perfecto.

Diremos, por ejemplo:	**Every day I agree.** *(Cada día estoy de acuerdo.)*
Y tú responderás diciendo:	**Yesterday I agreed.** *(Ayer estuve de acuerdo.)* **Lately I've agreed.** *(Últimamente he estado de acuerdo.)*

Seguiremos este mismo patrón para todos los verbos de la primera columna.

35.20 Quick irregular verb review

Este ejercicio es idéntico al anterior pero con verbos irregulares.

Diremos, por ejemplo:	**Every day I set.** *(Cada día fijo.)*
Y tú responderás diciendo:	**Yesterday I set.** *(Ayer fijé.)* **Lately I've set.** *(Últimamente he fijado.)*

Esta vez utilizaremos los siguientes verbos extraídos de la lista de los 70 verbos irregulares más relevantes expuesta antes de la unidad 22:

set / set / set **shut / shut / shut** **sit / sat / sat** **sleep / slept / slept** **speak/spoke/spoken**	**spend / spent /spent** **stand / stood / stood** **steal / stole / stolen** **take / took / taken** **teach/taught/taught**	**tell / told / told** **think / thought / thought** **throw / threw / thrown** **understand/understood/ understood** **wear / wore / worn**	**win / won / won** **write / wrote / written** **become/became/become** **begin / began / begun** **blow / blew / blown**

throw / threw / thrown	**Se pronuncia:** */zróu / zrú / zróun/*
wore	**Pasado de "wear" – se pronuncia igual que** *'guerra'*: */war/*
won	**Pasado y participio de "win". Se pronuncia como el número uno:** */one/*
blow / blew / blown	**Se pronuncia:** */blóu / blu / blóun/*

35.21 → Review:

Negative questions

(Continúa)

Aquí repasamos de nuevo el uso de preguntas negativas. Te pongo algunas:

Why doesn't he like you?	*¿Por qué no le caes bien?*
Why isn't the report ready?	*¿Por qué no está el informe listo?*
Why shouldn't they come here?	*¿Por qué no deben venir aquí?*
Why aren't we on the list?	*¿Por qué no estamos en la lista?*

← 35.21	**Review:** **Negative questions** *(Continuación)*	**Why hasn't he called us?** — *¿Por qué no nos ha llamado?* **Why didn't they tell you about it?** — *¿Por qué no te lo contaron?* **Why wasn't there a doctor on the ship?** — *¿Por qué no había un médico en el barco?* He destacado los verbos auxiliares, ya que en las preguntas negativas, es obligatorio usar la contracción.
35.22 →	**Listening, reading aloud + questions** Michael Johnson *(Continúa)*	 **Michael Johnson** turned 15 last Saturday. He received four presents from his parents and three other presents from relatives. However, his biggest birthday surprise was when he woke up on Saturday morning. His father came into his room and woke him up. He showed him the front page of the sports section in the Lincoln newspaper. There, in the middle of the page, was a photo of Michael shooting a free throw. It took the boy about five seconds to wake up completely and realize what was happening. Then he remembered the big game the night before. His middle school team had beaten the Omaha Buffaloes 79 to 66. It was a surprise to everyone and Michael had scored 34 points. His father was proud of his son. He had never seen Michael play so well. He seemed to control the game. However, for Michael, his 34 points weren't the most important thing for him. He had held Ricky Tanner, the star of the Omaha Buffaloes, to only 12 points. Ricky had achieved an average of 36 points a game during the season and was considered the best young basketball player in the state of Nebraska. Michael's strategy was to follow his coach's advice. His advice was to pay no attention to the ball when playing defense, but to concentrate only on Ricky Tanner and follow him everywhere. Michael had the advantage that he was faster than Ricky Tanner, so he stayed with him everywhere on the basketball court. This was suffocating for Ricky and disastrous for his team. Michael's defensive effort had broken the Buffaloes' strategy.

← 35.22 Listening, reading aloud + questions

Michael Johnson

(Continuación)

Turned 15	*Cumplió los 15 años*
Relatives	*Parientes, familiares*
The front page	*La portada de un periódico o sección de un periódico*
Free throw	*Tiro libre*
Realize	*Darse cuenta de*
Middle school	La etapa escolar entre 12 y 14 años.
Had beaten	*Habían derrotado*
Proud	*Orgulloso.* Se pronuncia: */práod/*
He had held	*Había mantenido*
Had achieved	*Había logrado*
Advice	*Consejo, asesoramiento.* Siempre es singular en inglés.
To pay no attention to	*No prestar atención alguna*
But	*Sino*

35.23 in charge of

Esta expresión significa *'encargado de'* o *'responsable de'*. La incluyo aquí solamente para hacer hincapié en la pronunciación. Los españoles nunca pronunciáis esta expresión correctamente.

He aquí la expresión fonéticamente:

In charge of = */Enchárchaf/* (todo junto)

35.24 It depends (on)

It depends = *depende*

¿Por qué pongo esto aquí? Tres razones muy importantes:

1) La "s" tiene que oirse al final de "depends".

2) "It" es "it"... no "it's". Estoy harto de oír a mis alumnos decir: It's depend

3) La preposición que va después no es "of", sino "on".

La mitad de las veces, oigo a españoles decir: **It's depend of.** Esto suena horriblemente mal.

Hay que decir: **It depends on**

It depends on you.
It depends on me.
It depends on the weather.
It depends on several factors.
It depends on which boss you ask.
It depends on a number of possibilities.
It depends on which report you read.
It all depends on you.

35.25 Review: How long does it take...

Aquí volvemos a repasar la forma en inglés de decir *'tardar'*.

¿Cuánto se tarda...?	**How long does it take...?**	**It takes...**
¿Cuánto tardas...?	**How long does it take you...?**	**It takes me...**
¿Cuánto tardan...?	**How long does it take them...?**	**It takes them...**
¿Cuánto tarda él...?	**How long does it take him...?**	**It takes him...**
¿Cuánto se tardó...?	**How long did it take...?**	**It took...**
¿Cuánto tardaste...?	**How long did it take you...?**	**It took me...**
¿Cuánto se tardará...?	**How long will it take...?**	**It will take...**
¿Cuánto tardará ella...?	**How long will it take her...?**	**It will take her...**

Creo que sobran los comentarios. En inglés no existe el verbo *'tardar'*. Recurrimos al verbo "**to take**" (*llevar, tomar*).

Por tanto, en vez de de decir, *'tardo 3 horas en hacerlo'*, decimos:

Ello me lleva tres horas hacerlo. **(It takes me three hours to do it.)**

35.26 Planning to + infinitive / Thinking about + gerund

Este punto es muy importante.

Estoy cansado de verdad de oír a mis alumnos decir: **I think to go there tomorrow.**

Estáis traduciendo al inglés la expresión en castellano: *Pienso ir allí mañana.*

En inglés, no es una cuestión de pensar. Es de hecho un plan o una intención. En estos casos decimos:

Pienso ir allí mañana.	**I plan to go there tomorrow.** **I'm planning to go there tomorrow.** **I intend to go there tomorrow.**

Usamos el verbo "**to think**" cuando se trata de una reflexión o meditación:

I'm thinking about going there tomorrow.
Estoy pensando (en la posibilidad de) ir allí mañana.

No es un plan o una intención. Es simplemente un idea y estoy dándole vueltas en la cabeza, nada más. Recomiendo que te hagas con la expresión "**planning to** + infinitivo". Es una expresión fácil y muy socorrida para expresar tus intenciones.

I'm planning to study this manual from beginning to end.

They're planning to start the construction next week.

What are you planning to do this weekend?

Fíjate en la diferencia entre estas dos frases:

I'm thinking about retiring next year.	*Estoy considerando la posibilidad de jubilarme el año próximo.*
I'm planning to retire next year	*Pienso jubilarme el año próximo.*